宗教史の哲学

後期ヘーゲルの迂回路

下田和宣

若い知性が拓く未来

今西錦司が『生物の世界』を著して、すべての生物に社会があると宣言したのは、三九歳のことでした。以来、ヒト以外の生物に社会などあるはずがないという欧米の古い世界観に見られた批判を乗り越えて、今西の生物観は、動物の行動や生態、特に霊長類の研究において、日本が世界をリードする礎になりました。

若手研究者のポスト問題等、様々な課題を抱えつつも、大学院重点化によって多くの優秀な人材を学界に迎えたことで、学術研究は新しい活況を呈しています。これまで資料として注目されなかった非言語の事柄を扱うことで斬新な歴史的視点を拓く研究、あるいは語学的才能を駆使し多言語の資料を比較することで既存の社会観を覆そうとするものなど、これまでの研究には見られなかった溌剌とした視点や方法が、若い人々によってもたらされています。

京都大学では、常にフロンティアに挑戦してきた百有余年の歴史の上に立ち、こうした若手研究者の優れた業績を世に出すための支援制度を設けています。プリミエ・コレクションの各巻は、いずれもこの制度のもとに刊行されるモノグラフです。「プリミエ」とは、初演を意味するフランス語「première」に由来した「初めて主役を演じる」を意味する英語ですが、本コレクションのタイトルには、初々しい若い知性のデビュー作という意味が込められています。

地球規模の大きさ、あるいは生命史・人類史の長さを考慮して解決すべき問題に私たちが直面する今日、若き日の今西錦司が、それまでの自然科学と人文科学の強固な垣根を越えたように、本コレクションでデビューした研究が、我が国のみならず、国際的な学界において新しい学問の形を拓くことを願ってやみません。

第26代　京都大学総長　山極壽一

まえがき　「宗教史の哲学」という奇妙な冒険

タイトルに「宗教史」と入っているが、この本は世界の様々な宗教文化やそれらの歴史的展開について論じたものではなく、なにより哲学の本である。それなら、宗教とはなにか、宗教の歴史とはなにか、という問題を哲学的に考察したものか、というとそうでもない。それなのに「宗教史の哲学」と題しているのはどういうことか。このことはおそらく奇妙な印象を与えるかもしれないが、しかし実はこの奇妙さのうちにこそ、本書が狙いとしているものはある。

哲学者が宗教について語る。その必然性や必要性についてはおそらく議論の余地があるとしても、哲学はこれまで宗教をもっとも重要な課題のひとつとして受けとめてきた。その内容は哲学者によって千差万別であるが、宗教が哲学の重要な対象となること自体は、哲学史を少し覗いてみるだけでも確認できることだろう。しかしそれでも、自分に馴染みのある宗教だけではなく、文化的に多様な宗教の諸形態を記述する「宗教の歴史」ないし「宗教史」こそが、哲学的思索の中心に位置づけられる、ということは、ほとんどありえなかったように思われる。宗教史の多様性についての哲学的考察が皆無であったわけではないが、目立ってはいない。むしろそれをまったく無視して切り捨てる、というのもありうる反応だろうし、実際のところ、ほとんどそのように扱われてきたようである。

思考の内在的な自律性を標榜するのが哲学の知であるとし、それに対して、合理性を基準とした概念把握はおろか、直覚的な自己理解すらも拒む異他的な諸々の宗教現象を、宗教史が問題とする領域であると考えるのであれば、こうした事象が存在すること自体、哲学にとってひとつのスキャンダルに違いない。したがっても し、そのような宗教史的事象を受け入れることのリスクをあえて請け負いながら、哲学的思考が、真理の自己確信へと直進するのではなく、宗教史という「媒介」の領域へと迂回しなければならない、というのであれば、そのような哲学モデルの出現こそ、哲学史の異常事態として理解されるべきかもしれない。

十九世紀ドイツの哲学者ヘーゲル（Georg Wilhelm Friedrich Hegel, 1770-1831）は、まさにそのような奇妙な冒険を敢行した人であった。本書が全体として明らかにするように、彼がとくに晩年に歩んだ、宗教史をめぐる思索の遍歴、いわば「宗教史の哲学」とでも呼べるような思考の努力は、（いわゆる信仰により直接的に感得されるような、大文字の宗教的事実ではなく）多様化する宗教史的諸形態の探求を、体系哲学における任意の一対象というステータスを越えて、哲学の中心へと受け入れ、内在化させる。そうして、哲学と宗教という二項対立によって組み上げられてきたそれまでの宗教哲学とは異なる道筋が、異文化における諸宗教の「発見」という十九世紀前半ドイツの時代的背景に促されながら、ヘーゲル哲学において開かれてくるのである。彼はそれをいかにしてなしえたのか。その思索はいかなるものであり、どのような射程を持つものであったか。

これが本書の問題提起であるが、それにはもちろん、いままで顧みられてこなかった、ヘーゲル哲学の隠れた側面を掘り起こしたいという意図もある。後期ヘーゲルの宗教哲学には、『精神の現象学』と『論理学』を中心に組み立てられたヘーゲル像を突き崩すポテンシャルがある。宗教の歴史を哲学的自己認識の場面へと引き入れることは、ヘーゲル哲学に対して独自の論理を要求する。「宗教史の哲学」は、言ってみれば、哲学体系の最終的な外部において、「学への導入」としての『精神の現象学』を、いわば逆転することで成立する。それはまた、『精神の現象学』に対する晩年の自己批判と呼応するものである。しかし議論がなされるべきなのは、「学への導入」としての意識哲学というプロジェクトの挫折に関する是非ではなく、むしろヘーゲル自身が示していた、「意識経験の学」としての『精神の現象学』を超えたところではじめて実現する哲学的思索のあり方なのである。

西洋近代の哲学者によって宗教史がどのように記述されてきたか、という点を現代の実証的な宗教学の知見をもって批判し断罪する、というよりも、哲学的思考が宗教史に向かう必然性と、そこで立ち現れる思索のあり方を明らかにすること。それこそが、本書が持つ独自の視点である。哲学者による宗教論は、文化的な宗教現象を哲学的思弁によって都合よく捻じ曲げてきたものであり、もはや読まれる価値もない、という頻繁にくだされる最終審判に対して、哲学の立場から反論を試みる、というのはここでの課題ではない。本書の仕事はよりささやかなものであり、宗教研究というよりもむしろ哲学研究に対して次のように問いかけるものである。ヘーゲル以後の実証的な宗教研究の立場からの非難によって、さらにそれに同調する哲学研究によっても、覆い隠され、摘み取られてしまった問題領域があるのではないか。そうした視点からヘーゲル哲学を読みなおすことで、本書はさらに次のように問う。すなわち、ヘーゲルの思考において、宗教史が哲学的に主題化されることで根本的に鋳直されているのは、宗教現象そのものの記述ではなく、むしろ、宗教史を排除することで自らの内在的自律性を確保してきた、哲学的思考そのもののあり方だったのではないか。こうした反省もまた、「宗教史の哲学」の可能性をいま問うことには伴っている。本書は最終的に、宗教史が哲学の問題となるという出来事を、哲学に対する従来の支配的なイメージが根底的に問い直され、そこから距離を取ることによって、新たな思考が誕生する現場として理解するに至るだろう。

宗教史的多様性の面前で試みられる、哲学的思考の再構築。ヘーゲル「宗教史の哲学」は、宗教哲学的な知の、ないしはより一般的に、哲学的な知そのものの決定的な変容を表現するものである。この事態をヘーゲル哲学全体の核心として明らかにし、宗教の歴史へと迂回するその哲学的必然性の謎を解明すること、それこそ本書の関心にほかならない。十九世紀以来、宗教学が哲学的な思弁から離れ、実証的な経験学として形成されていくなかで、哲学探究が宗教史へとアプローチすることは、いずれの側からも忌避され、退けられてきた。本書の狙いはそうした大きな学問史の潮流に棹をさす、というものではもちろんない。むしろ考えたいのは、そのような学問的規律の形成のなかで見過ごされてきた、哲学に対する宗教史研究の意義であり、領域横断的ないし超領域的と語られる以上に、文化的事実へと食い込んだ知性の成立可能性なのである。

凡例

ヘーゲルの著作および講義録からの引用は、それぞれ以下の版に従う。本文引用の際には引用部分に「 」を付し、その後に（ ）内にて略号、『エンチュクロペディー』の節番号、〔講義録の場合は開講年、〕およびページ数を併記する。引用文中の〔 〕内は筆者による補足である。ヘーゲルによる注釈の場合は、節番号に続いて Anm. と示す。また、強調部分について、原典では表記に従い、訳文では隔字体（例えば K u l t u s）イタリック体（例えば *Vermittlung*）は傍点を用いて示し、大文字表記（例えば GEIST）は**太字**を用いて記述する。

全集

Georg Wilhelm Friedrich Hegel: *Gesammelte Werke*. In Verbindung mit der Deutschen Forschungsgemeinschaft, hrsg. von der Nordrhein-Westfälischen（1968-1995: Rheinisch-Westfälischen）Akademie der Wissenschaften, Hamburg: Felix-Meiner, 1968ff. [=GW.]

GW1 : *Frühe Schriften I*, hrsg. von Friedhelm Nicolin und Gisela Schüler, 1989, XVI, 656 S.

GW2 : *Frühe Schriften II*, bearbeitet von Friedhelm Nicolin, Ingo Rill und Peter Kriegel, hrsg. von Walter Jaeschke, 2014, VII, 714 S.

GW4 : *Jenaer kritische Schriften*, hrsg. von Hartmut Buchner und Otto Pöggeler, 1968, VII, 622 S.

GW9 : *Phänomenologie des Geistes*, hrsg. von Wolfgang Bonsiepen und Reinhard Heede, 1980, VII, 526 S.

GW11 : *Wissenschaft der Logik. Erster Band. Die objektive Logik* (*1812/13*), hrsg. von Friedrich Hogemann und Walter Jaeschke, 1978, XII, 441 S.

GW12 : *Wissenschaft der Logik. Zweiter Band. Die subjektive Logik* (*1816*), hrsg. von Friedrich Hogemann und Walter Jaeschke, 1981, X, 356 S.

GW13 : *Enzyklopädie der philosophischen Wissenschaften im Grundrisse* (*1817*), hrsg. von Wolfgang Bonsiepen und Kalus Grotsch, 2001, VIII, 774 S.

GW14, 1 : *Naturrecht und Staatswissenschaft im Grundrisse - Grundlinien der Philosophie des Rechts*, hrsg. von Klaus Grotsch und Elisabeth Weisser-Lohmann, 2009, VI, 282 S.

GW15 : *Schriften und Entwürfe I* (*1817-1825*), hrsg. von Friedrich Hogemann und Christoph Jamme, 1990, V, 333 S.

GW16 : *Schriften und Entwürfe II* (*1816-1831*), hrsg. von Friedrich Hogemann, 2001, VI, 610 S.

GW17 : *Vorlesungsmanuskripte I* (*1816-1831*), hrsg. von Walter Jaeschke, 1987, VII, 427 S.

GW19 : *Enzyklopädie der philosophischen Wissenschaften im Grundrisse* (*1827*), hrsg. von Wolfgang Bonsiepen und Hans-Christian Lucas, 1989, X, 552 S.

GW20 : *Enzyklopädie der philosophischen Wissenschaften im Grundrisse* (*1830*), hrsg. von Wolfgang Bonsiepen und Hans-Christian Lucas, 1992, X, 682 S.

GW21 : *Wissenschaft der Logik. Erster Teil. Die objektive Logik. Erster Band. Die Lehre vom Sein* (*1832*), hrsg. von Friedrich Hogemann und Walter Jaeschke, 1984, X, 448 S.

GW23, 1 : *Vorlesungen über die Wissenschaft der Logik I*, hrsg. von Annette Sell, 2013, X, 435 S.

講義録選集

Georg Wilhelm Friedrich Hegel: *Vorlesungen. Ausgewählte Nachschriften und Manuskripte*, Hamburg: Felix-Meiner, 1983-2014. [=V.]

V2 : *Vorlesungen über die Philosophie der Kunst, Berlin 1823*. Nachgeschriebenen von H.G. Hotho, hrsg. von Annemarie Gethmann-Siefert, 1998, CCXXV, 439 S.

V3 : *Vorlesungen über die Philosophie der Religion. Teil 1. Einleitung. Der Begriff der Religion,* hrsg. von Walter Jaeschke, 1983, LXXXVI, 423 S.

V4, 1 : *Vorlesungen über die Philosophie der Religion. Teil 2,1. Die bestimmte Religion. Textband*, hrsg. von Walter Jaeschke, 1985, XV, 648 S.

V4, 2 : *Vorlesungen über die Philosophie der Religion. Teil 2,2. Anhang*, hrsg. von Walter Jaeschke, 1985, V, 376 S.

V5 : *Vorlesungen über die Philosophie der Religion. Teil 3. Die vollendete Religion,* hrsg. von Walter Jaeschke, 1984, VIII, 375 S.

V6 : *Vorlesungen über die Geschichte der Philosophie, Teil 1. Einleitung. Orientalische Philosophie*, hrsg. von Pierre Garniron und Walter Jaeschke, 1994, LV, 504 S.

V9 : *Vorlesungen über die Geschichte der Philosophie* (*1825/26*), *Teil 4. Philosophie des Mittelalters und der neueren Zeit,* hrsg. von Pierre Garniron und Walter Jaeschke, 1986, XII, 438 S.

V10：*Vorlesungen über die Logik, Berlin 1831. Nachgeschrieben von Karl Hegel,* hrsg. von Hans-Christian Lucas und Udo Rameil, 2001, LI, 333 S.

V13：*Vorlesung über die Philosophie des Geistes, Berlin 1827/28.* Nachgeschriebenen von Johann Eduard Erdmann und Ferdinand Walter, hrsg. von Franz Hespe und Burkhard Tuschling, 1994, XXXV, 321 S.

旧版全集

Georg Wilhelm Friedrich Hegel, *Werke in 20 Bänden mit Registerband,* hrsg. von Eva Moldenhauer und Karl Markus Michel, Frankfurt am Main: Suhrkamp, 1986ff. [=W]

W16：*Vorlesungen über die Philosophie der Religion I,* 1986, 442 S.

書簡集

Briefe：*Briefe von und an Hegel,* hrsg. von Johannes Hoffmeister, Hamburg: Felix-Meiner.

Bd. 1（1785-1812）, 1969, XV, 516 S.

Bd. 2（1813-1822）, 1969, X, 509 S.

Bd. 3（1823-1831）, 1969, X, 476 S.

目次

第二部　歴史

「媒介された直接性」理論の展開と「学への導入」構想

第三章　証言しうる主体性の系譜学

序論　ヘーゲル「宗教史の哲学」はなぜ問われてこなかったのか
受容・研究の展開と現状

(1) ベルリン時代のヘーゲルと宗教史

ヘーゲルは十八世紀末から十九世紀前半にかけて活動し、晩年のベルリン時代（一八一八年―一八三一年）において宗教哲学に関する講義を行った。公刊された諸著作、あるいは講義のための直筆草稿の記述は限定的であるため、これらの講義について学生の筆記したノートが、その宗教哲学を知るための第一の資料となる。

大学の科目として宗教哲学が独立した一分野としてみなされ、神学あるいはかつての形而上学（自然神学、合理的神学）との、あるいは宗教に対する反理性的な見方との葛藤を経て制度化されていくなかで、宗教についての考え方が多様化する時代である。そのような時代状況を引き受けるかたちでヘーゲルの宗教についての思索は展開される。一方にヤコービや、ベルリン大学の同僚であったシュライエルマッハーの、感情に基礎を置く宗教理解をにらみつつ、ヘーゲルは宗教に関する哲学的な概念把握の可能性を擁護した。その努力は宗教哲学の歴史におけるひとつの画期としてみなされよう。しかしそれだけに、その思弁的な宗教理解、すなわち宗教を哲学的理性の展開とみなすその理解は、宗教に固有の領分を求める以後の世代の諸思想からは、過渡的なものとして位置づけられるのが常である。また、実証的な宗教史学の視点からは、その思弁性とともに、自文化としてのヨーロッパへの不当な偏重を伴うキリスト教中心主義も指摘されうる。

たしかに、彼独自の哲学的な意図ゆえに、あるいは情報資料の時代的限定のもとで、諸宗教に対するいわゆる「公平」な情報整理をヘーゲルの叙述に期待することはできない。それを純粋な宗教史の記述として読むなら、そこで生じるのはおそらく失望のみであろう。ヘーゲルによる哲学的宗教解釈のうちで、批判的再検討を要せずに宗教学的意味を持つものは少ないかもしれない。そもそも、宗教や神話のいわゆる「比較」（マックス・ミュラー）は、ヘーゲルの問題でなかった。

だとしても、それはヘーゲルが宗教史研究に対して無関心であったことを意味しない。その逆に、彼は諸宗教に対する新情報を積極的に受容し、そのつど知識を更新していったのである。しかも、ヘーゲルは、諸宗教の解釈についての細かな付け加えや、変更を行うだけではなく、宗教哲学全体の構造までをも躊躇することなく練り直していくのである。したがって、ヘーゲルが諸宗教を扱うに際し、その悪しき思弁の紋切り型で終始押し通した、という広く行き渡っているイメージは、事実に基づいたものではない。

ヘーゲルの宗教哲学は、複数の相互排他的な文化宗教から成る宗教の歴史を、排除したり二次化したりするのではなく、それを本質的な仕方で哲学の問題とし、考察に尽力し続けた。このことはまずベルリン期における宗教哲学講義の構成から見て取ることができる。本講義は、年度ごとに大きく異なっているが、それぞれに共通して、第一部では宗教の概念を、第二部ではキリスト教以外の諸宗教、そして第三部ではキリスト教を論じている。すなわちその叙述のほとんどが、具体的な諸宗教の記述にあてられているのである。にもかかわらず、これまでヘーゲル宗教哲学は、思弁的宗教哲学の代名詞のように扱われるか、せいぜいキリスト教の哲学であるかのようにみなされてきた。それによって宗教史記述そのものが持つ哲学的意義については問われてこなかったように思われる。それはどのような事情に基づくものであったのか。このことを、次にヘーゲル哲学受容の歴史を振り返ることで確認してみたい。

（2）宗教史への無関心　ヘーゲル宗教哲学の受容史

ヘーゲルの宗教哲学は、十九世紀ドイツ哲学史を決定する出発点であった。その解釈においてヘーゲル学派は分裂し、そこから多彩な思想が生まれた。したがって、ヘーゲル宗教哲学の批判的受容は、後の西洋哲学史一般の流れについて考えるうえでも、欠かすことのできない論点のひとつである（Löwith 1941, Schnädelbach 1983）。とはいえ、それらの批判的対決が対決者の立場に応じて展開される以上、そこで問題となる事柄もまた相応に限定されざるをえない。ヘーゲルの宗教史記述は、その並々ならぬ注力に反し、受容史において中心化されることなく、こぼれ落ちてきた側面にほかならない。

受容史によって形成された理解は時として非常に強固に、ある種の自明性として機能する。新たな研究の方向性を提起するためには、したがって受容史によって形成されたこの遠近法を自覚し、その視覚そのものの発生と展開を追跡することによって、そこから距離を取るという姿勢が必要であろう。とはいえ、ヘーゲル哲学受容の歴史は広大な領域に渡っているため、ここではいくつかのポイントに的を絞って見ていくことにしたい。この節ではまず、ヘーゲルの死後に始まる初期の受容から、十九世紀末に展開される新ヘーゲル主義の運動までを確認する。

第一に挙げなければならないのは、最初期における全集編集の問題である。ヘーゲルの急死（一八三一年）に直面し、すぐさま弟子や友人たちによって、ベルリン大学での講義も含んだ「全集」刊行の話が持ち上がる。講義についてはヘーゲル自身による手稿も利用可能であったが、多くは聴講者による筆記録が資料となる。問題はその編集方針であった。ベルリン大学への着任からその死に至るまで、ヘーゲルは計四回（一八二一年、一八二四年、一八二七年、一八三一年）宗教哲学に関する講義を行った。異なる年度の講義は、当然ながらそのつど構成や話の内容に相違がある。にもかかわらず、失われた全体の復元という旗印のもと、「ひとつの閉ざされた全体として、いわば一冊の書物として」世に出されたのが「故人の友人の会」版(1)である(Jaeschke 1993a, S.XLI)。この編集は、全年度の講義を強引に接ぎ合わせ、時に整合性を無視した極端な修正を施している。それによって、年度ごとの記述の変遷は覆い隠されてしまった。それどころか、無理な編集により生じた、ヘーゲルに責のない矛盾まで、「哲学的思弁」の名のもとで正当化されたのである。

マールハイネケによる宗教哲学講義第一版(一八三二)、ブルーノ・バウアーによる第二版(一八四〇)の目的は総じて、ヘーゲル本人の死によって中断してしまった哲学体系の補完的叙述であった。その後、編集者自身の宗教感情であったり、ヘーゲル未亡人の介入であったりと様々な問題点が指摘されるようにはなったが、結局一九二〇年代における比較的新しい編集(2)でも根本的な見直しはなされないまま、それが手に取りやすいズーアカンプ版(3)に採用されることで、現在まで広く流布することとなる(4)。

極めて思弁的で体系的な大哲学者、というヘーゲルのイメージは、こうした資料形態の歪みと無関係ではない。しかも、様々な宗教文化が対象となり、新情報の流入著しい宗教史記述であれば、編集者たちの関心は細部へと向かうことがなく、その核心へと急ぐことによって思弁的体系化、一面化を招く。事実、この分野ほど、ヘーゲルと編集者たちの哲学的意図の食い違いがはっきりと現れるのも珍しいと言えるだろう。プロテスタント神学者であったマールハイネケもさることながら、第二版編者のバウアーもまた、学派の論争を介して、その論争のもとで、ヘーゲル受容の領域を限定していく。それはまさに、ヘーゲル宗教哲学そのものの生成でもあったのである。

だとすれば、ヘーゲル学派の分裂形成こそ、ヘーゲル宗教哲学受容史において特筆すべき第二のポイントであると言えよう。しばしば指摘されるように、シュトラウスが『イエスの生涯』において史的イエスと信仰のキリストとを区別し、その歴史性に対して批判したのを皮切りに、はたしてヘーゲルがキリスト教についてどのように考えていたのかが弟子たちのあいだで問題となり、それを契機として学派の分裂が生じる。ここで注目したいのは、ヘーゲル哲学は宗教と一致するか、あるいは分離されるべきものか、キリスト教的か、無神論的か等の諸点が議論されていくなかで、宗教についての問題が、「異教」と区別される「キリスト教」に、あるいは「宗教一般」に収斂していったこと、それに伴って宗教史の問題が人知れず退場していったことである(5)。フォイエルバッハ、さらにはマルクスへと継承されていく人間学的、イデオロギー論的宗教理解において、諸宗教のもつ連関や宗教の歴史といった契機は必然的に周縁化されざるをえない。人間の「創作」であるはずの宗教は、たとえそれぞれに固有の形態を持っていたとしても、「民衆のアヘン(6)」として機能する点において差異はないからである。

ヘーゲル学派の議論が諸宗教の多様性についての関心を失い、宗教がキリスト教と同一視されていくのと並行して、ヘーゲルに対立する立場もまた、キリスト教へと、あるいは自己と超越者との関係へと焦点を合わせていくことで、諸宗教の歴史からは離れていく。その実存主義的傾向が第三のポイントとなる。ヘーゲル的一般者への批判から、シュティルナーの「唯一者」、あるいはキェルケゴールの「単独者」の思想が展開する。個を突き詰めた「主体性」へと到達するこれらの立場においてもまた、たしかに宗教は中心的な問題である。しかし自己の生きる宗教ではない他者の宗教も、すべてを包括する世界精神の理性的立場も、ここではまず問題にはなりえない。それどころか、宗教か哲学か、へと二択化された選択において、宗教史の問題は著しく重要性を縮小させていくことになるのである。

四つめのポイントとなる「新ヘーゲル主義」の出現もまた、宗教史の問題に意識を振り向けることはできず、むしろ問題関心からの離反を加速させていく。いわゆる「若きヘーゲル」の発見(7)や、『精神の現象学』再評価(8)において、硬直した理性的体系哲学とは異なったヘーゲルイメージが形成されていく。体系か生か、という二元論を背景とする作業のなかでは、宗教の問題は初期に見られる宗教的生の問題系へと縮減され、後期においてはじめて結実する「宗教史の哲学」という主題は、中心的関心から切り離されていくことになる。「現代の思想的状況」を受け、その問題的解決の糸口をヘーゲル哲学から取り出してこようとする試みは、総じて彼の宗教史記述に対して無関心である。それどころか、そうした受容傾向を支えていて、かつ二十一世紀前半の現在の哲学に至るまで変わることがないのは、哲学そのものが宗教史に対して持つ関心のなさと並行しているように思われる。(9)

歴史学的・文献学的な研究は、ともすれば恣意的な解釈態度へとつながる危険性を伴ったこれらの受容的対決から距離を置く。それは、ヘーゲルの時代の問題状況を再構成しつつ、諸文献の批判的検討から「真のヘーゲル」へと立ち戻ろうとするのである。とりわけ一九五八年に西ドイツで設立された「ヘーゲル・アルヒーフ」(一九六八年以降ボッフム大学に設置)が刊行する「歴史学的・批判的ヘーゲル全集」および「講義録選集」は、厳密な校訂と注釈のもとで、受容史的観点以外での旧全集の意義を事実的に無効化したと言えよう。(10)

新編集は、年度別、しかも採用するノートの種類を明らかにしつつ複数のテクストをそのまま提示する。年代別講義録の狙いとはまさに、それまで解釈史を惑わせてきた悪名高き「友人の会」版からの解放である。それは、諸年度の講義がそれぞれ固有の観点を持つこと、次々ともたらされる新情報に対するヘーゲルの咀嚼と対応の様子、それに合わせた構成の再検討、変更の努力の跡を如実に伝えてくれる。(11) それにより、ドイツ観念論と「西洋形而上学全体の完成」(Biemel 2007, Guzzoni 2005)、あるいは揺るぎない理性の体系家としてのヘーゲル、という行き渡ったイメージは、より「実情」に即した、苦闘する哲学者としてのヘーゲルへと転換する。

諸宗教および全体の構成変更は、ヘーゲル宗教史が持つ体系性の理念を考慮した場合、根本的な意味を帯びてくる。表面的に見れば、それは諸宗教の体系化への断念である。すなわち、「友人の会」版からの解放によって見えてくるはずであった「決定版」は結果としてどこにも見いだされなかったのである。「真のヘーゲル」再構成の断念を受け入れず、これらの諸講義に通底する思想を見いだそうとする行為は、いまや「友人の会」版への退行とみなされかねない。こうして結果するのが、いくつかの例外を除けば(12)、文献への哲学的関心の拡散であり、研究のトリヴィアリズムである。この状況が、ヘーゲル宗教史への哲学的関心を失わせ、以前と同様にヘーゲル宗教哲学をキリスト教論へと閉じ込めるか、あるいはそもそも、宗教哲学から離反する傾向をさらに深化させる。

（3）宗教史への関心と文化哲学の歴史

それでもなお、ヘーゲル宗教史へと向かういくつかの研究はすでに存在する。ここではキリスト教研究、宗教史研究、およびヘーゲル哲学研究からの、ヘーゲル宗教史への取り組みを見ることによって、さらなる問題設定の可能性を探る。

原始キリスト教の展開を、ヘーゲル歴史哲学を援用することにより解釈したフェルディナント・クリスティアン・バウアに始まる「チュービンゲン学派」の伝統に見られるように、とくにキリスト教の歴史的発生と信仰の普遍性の問題をめぐり、宗教史はキリスト教神学におけるひとつの固有の問題であった(13)。バウアに学んだオットー・プフライデラーは、その活動の最初期より「宗教の歴史」の問題に取り組みつつ(14)、ドイツ観念論と、同時代の比較宗教学の議論を積極的に結びつける(15)。

「宗教史の神学」（Leuze 2014）の問題系列を引き継ぐのはロイツェであるが、彼の研究の出発点はヘーゲル宗教史の解釈へと立ち戻ることにあった（Leuze 1975）。ベルリン期の宗教哲学講義のみならず、ヘーゲルの全著作から記述を補完し、宗教史記述の全体像を浮かび上がらせることで、ロイツェは現代における宗教学とヘーゲル宗教史とを積極的な対話へともたらそうとする。このように、二十世紀においてもなお、ヘーゲル宗教史はキリスト教神学におけるこの問題系のなかで重要な参照軸であり続けた。(16)

とはいえ、こうした神学的アプローチはやはりキリスト教の立場が前提としてあるため、概して解釈もまた、「キリスト教の絶対性と歴史性」(トレルチ)の議論へと限定されがちである。そこから生じるのは、キリスト教の哲学としてのヘーゲル理解であり、その結論において宗教史記述の意義は後退してしまう。

それに対し、十九世紀における宗教史学の発生と宗教哲学との緊張関係を歴史学的に主題化する試みは、ヘーゲル宗教哲学が持つ宗教史記述そのものとしての意義に着目する。キッペンベルクは『宗教史の発見――宗教学と近代』(Kippenberg 1997)において、「宗教史」という問題領域が、ヨーロッパ近代初頭における宗教哲学的思索において「発見」され、「宗教学」という今日的な学問のかたちへと整備されていくなかで生じてくる諸言説に光をあてる。それにより、この学問形態を生み出した十九世紀から二十世紀初頭にかけての知のあり方そのものを問うのである。そのなかでヘーゲル宗教史は正当にもロマン主義批判の文脈で扱われる。キッペンベルクによれば、ヘーゲルは「諸宗教の歴史から哲学的な宗教を再構成」(Kippenberg 1997, S.29)することを試みるために、宗教史から理性宗教へと進行する宗教哲学の流れを再び宗教史へと引き戻したのである。キッペンベルクの主題はむしろ実証的宗教学成立以降の展開にあるかぎりで、十九世紀初頭の宗教哲学における宗教史の問題はその序奏にすぎず、したがってヘーゲルに関する記述は簡素である。とはいえ、宗教学形成の大きな流れと当時の諸宗教をめぐる言説の布置にヘーゲルを置き据える作業は、ヘーゲルの思索の固有性を知るうえで不可欠であると言える。

しかしながら、宗教学史におけるヘーゲルの位置を問題として設定することによって、ヘーゲル宗教史記述が持つ「哲学」としての意義は見失われてしまう。こうした設定のもとでヘーゲルの宗教史は、その思弁性あるいはその他の要因のために、現代の実証的宗教史の仕事に遥か及ばない、よく見積もっても過渡的なものとして処理されることに留まるのである。

それに対してとくに近年では、社会の文化的多様化という時代背景から、ヘーゲル哲学について見直しが始まっており、その宗教史記述についての再評価もなされている[17]。ヘーゲルの宗教哲学は、自らになじみのある特定の宗教のみならず、他者の諸宗教へと向かいつつ、宗教的多様性への理解の可能性を示している。そこから、例えば「多くの宗教、ひとつの理性[18]」という観点を軸として、宗教史への哲学的アプローチの可能性が、ヘーゲル宗教史記述を題材として議論される。また、諸宗教に対するヘーゲルの記述を歴史的・理論的に改めて意義づけ、それを包括的に「歴史的諸宗教の哲学[19]」として性格づけるという試みもなされている。

ヘーゲル宗教史を主題化するこれらの取り組みには、たしかに本書の試みとも重なるものがある。多文化的時代状況の要請に応えるこうした新しい研究動向は、まだ緒に就いたばかりであり、今後の議論にもさらなる生産性が予想されるものである。しかしながら、本書はあえて別の観点から、ヘーゲル宗教史の主題化を試みたい。現代の主要な研究動向からあえてこのように距離を取るのは、多様化する社会状況における相互理解と対話的理性の構築という、それらの研究の狙いについて懐疑的であるからではもちろんない。そうではなく、ヘーゲル哲学の文化学的な理論的妥当性を問題とする前に、「宗教史の哲学」として成立する思考のモデルが持つ哲学的構造について、ここでは考えてみたいのである。ヘーゲルの個別的な宗教理解を批判的に検討するのではなく、むしろそれが全体としてどのような哲学モデルを提供するものであったのか――この問いはこれまで明確に立てられてこなかったように思われる。

問題はそれをどのような意味で求めるのか、そしてどのように求めていくか、というところにある。「現代的状況」といった枠組みではなく、ヘーゲルの直面した当時の思想的状況へと立ち返り、その位置を哲学史的に問うという作業はなお有効かもしれない。しかしなされるべきなのは、かの「ドイツ観念論」の流れを呼び戻すことではありえないだろう。「ドイツ観念論」という言葉は、それに属するとされる、フィヒテ、シェリング、ヘーゲルなどの、カント以後のドイツの哲学者たち自身が自称したものではない。にもかかわらず、「カントからヘーゲルへ」（Kroner 2006）という標語のもとで語られるその見取り図は、哲学史的な視点限定のもっとも広く行き渡った設定となっている。問題なのは、そうした哲学史研究のフレームが、先に見た現代に至るまでのヘーゲル受容史と同調しつつ、「宗教史の哲学」を無視し、その問題を排除してきた、ということなのである。

　ドイツ古典哲学に対する古典的な見方に対抗し、例えばグレーシュのように、「カントからヘーゲルへ」を「ヘーゲルからシェリングへ」と転換させることで、シェリングによる「神話」と「啓示」の哲学への展開にヘーゲル宗教哲学を位置づけることは、「宗教史の哲学」をめぐる問題史の構築という点で、ひとつの有効な試みでありうるだろう（Greisch 2002, pp.121ff, pp.175ff.）。しかし「消極哲学」に「積極哲学」を対決させるというシェリングの自己理解を踏襲しながら、「宗教哲学史」なるものを大きく記述しようとするのであれば、ヘーゲルはその過渡として、再び「ドイツ観念論」という研究枠組みのなかに埋もれていってしまうだろう。そうすれば、その「宗教史の哲学」もまた、理性主義の消極哲学として、否定的に意義づけられるに留まるのではないだろうか。

　歴史的な文脈づけを放棄する前に、再び問題そのものへと立ち返ってみたい。宗教の歴史を哲学的なレベルで問題とする、という観点で西洋哲学史を振り返ってみるならば、そうした知的努力が皆無であったわけではない、ということに気づくのである。しかし同時に、その確かに存在する思考の伝統が、西洋哲学の受容と研究において周縁化されてきた、ということ、それもまた認められなければならない。

宗教史記述を本質化させる哲学、という観点においてまず言及されるべきなのは、ジャンバティスタ・ヴィーコ（Giambattista Vico, 1668-1744）であろう。その主著である『新しい学』によれば、古代における諸々の神話・宗教によって形成された「詩的性格（caratteri poetici）」は、理性によって退けられるべき妄想ではなく、「想像的普遍（generi o universali fantastici）」であるとされる（Vico 1977, pp.197f.）。ヴィーコによれば、神話物語に語られる諸々の形象としての「想像的普遍」は、たしかに概念的普遍とは異なるが、概念的思考能力を欠くとされる古代人にとっては、世界を認識し規定するための不可欠な手段であったはずだという。それどころか、神話的諸形象は、現代人による思考の諸概念に対しても無関係なものではなく、むしろそれらを用意するものであった、とされる。このような理解において、宗教の歴史への探求は、哲学的な自己知に対して本質的な意味を獲得する。それをヴィーコは、哲学と結合する「文献学（filologia）」（Vico 1977, p.91, p.178）として説いたのである。哲学史に対する一般的な見方で、ヴィーコのこの側面がクローズアップされ、歴史的に位置づけられることは少ない。この十七、十八世紀イタリアはナポリの哲学者はせいぜいのところ、「クリティカ（判断術）」優位の論理学に対して「トピカ（発見術）」の重要性を説いた点が強調され、デカルト派の敵対者と性格づけられるに留まるのが常である。しかしながら本書の視点から強調したいのは、宗教史への探求を哲学的に必然化させる、その思考の革新的な意義である。

二十世紀前半において、「文化哲学（Kulturphilosophie）」という呼称を自らの哲学の旗印として掲げ、文化・歴史的諸現象を哲学の課題として中心化したのはエルンスト・カッシーラー（Ernst Cassirer, 1874-1945）であった。たしかに彼自身、「生」という一元的原理へと還元傾向のある「生の哲学」との対決において、自らの哲学的態度を提示するという方法を採っていた（Cassirer 2010, S.46ff.）。しかし文化哲学的な態度が、哲学的理性の自己批判であるかぎり、それは哲学の主要動向への単なる反動としてではなく、哲学という営みに対する根本的かつ積極的な異議申し立てとしてみなされるべきであろう。文献学を合流させ、従来の理性主義を戒めたヴィーコとともに、カッシーラーもまた精神の顕現を文化的諸現象へと拡大して認めることで、哲学的自己認識の枠組みを根底から組み直す。歴史的諸文化への問いにおいて尋問されているのは、むしろ哲学的認識それ自身のあり方なのである。(20)

ヘーゲルによる宗教史記述の哲学的意義を探る、という本書の問題設定は、こうした歴史的文脈をひとつの背景とするものである。もちろん、この文脈を網羅的に主題化することは、本書の課題そのものではない。しかし、ヘーゲルという、これまで哲学史の主軸とみなされてきた哲学者の本質を「宗教史の哲学」という視点から把握することは、文化哲学と呼ばれる思考の伝統を改めて浮上させ、その可能性を問うことの、第一歩ともなりうると考えられる。

（4）文化哲学によるヘーゲル批判とその問題点

近年のヘーゲル研究において、ヘーゲル哲学が持つ文化哲学的な問題領域への親近性を指摘するものも見られはする。例えばロージャはヘーゲルの「実践的個体性」の概念に着目し、ヘーゲル実践哲学における学的次元と陶冶形成（Bildung）の次元の区別を導き出す（ロージャ 二〇〇九）。後者の次元は学としての哲学の課題を越えて、文化という枠組みに位置づけられるべきものである。この二つの系列を緊密に絡み合わせる連関、主観的、客観的、絶対的精神の複合体としての「内的世界」がヘーゲル哲学の中心を形成している、とするロージャの視点は、芸術や宗教の意味を、歴史ではなく実践へと定位させることを除けば、文化哲学という観点においてヘーゲルを読み直そうとする本書の試みと共通の狙いを持っていると言えよう。

しかし依然大きな傾向としてあり続けているのは、ヘーゲルと文化哲学を積極的に関係づけることに対する慎重な態度である。例えばヤメは『文化哲学ハンドブック』の「ヘーゲル」の項目において、ヘーゲルの思索において「文化」という概念が欠如していることを挙げることで、本来的に文化哲学的と呼べる他の思想家の営みとヘーゲルの「精神哲学」とを区別しようとする（Jamme 2012, S.90ff）。シュネーデルバッハもまた、精神哲学／文化哲学という対立構図のもとでヘーゲルの過渡的な役割を指摘することで、そこからの対照として現代的文化哲学のあるべき姿を描き出そうとする。彼によれば、ヘーゲルはゲーレン的な「文化存在としての人間」というコンセプトを先取りしながらも、「精神」という「全体論的」な概念を梃子とし、「全体論的解釈学としての文化の現象学」（Schnädelbach 2008, S.202）を企てることで、あらゆる外面性を止揚することへと向かう「全体主義的文化主義」ないし「思弁的文化主義」に帰結した（Schnädelbach 2008, S.204）。それゆえこの思弁性がヘーゲルと文化哲学とを決定的に分かつのである、と結論づけられる。

明らかなように、ヘーゲルと文化哲学の積極的な関連づけが拒否されることの根源は、思弁的精神哲学からの解放という図式を前提とする文化哲学側の自己理解にある。カッシーラーは『シンボル的形式の哲学』「序論」において、精神の具体的全体へと向かうかぎりで、ヘーゲルの『精神の現象学』を評価する。しかし他方で、ヘーゲルの場合、「概念の自己運動において自己同等的に留まるリズムを叙述する弁証法的方法の法則」（Cassirer 2010, S.13）に思考を徹底させることで、諸形態のすべてが「絶対知」へと向かう前段階として位置づけられており、それによって必然的に概念と認識の優位が帰結するという。また後年の講演「文化哲学としての批判的観念論」ではさらに、ヘーゲル『精神の現象学』末尾を引用し、そこに記された「内化・想起」の概念をヘーゲル的精神哲学の核心として捉えつつ、その「本質的に今」へと歴史的事象を解消する歴史哲学的態度を批判する（Cassirer 1979, p.80）。それによれば、事象を自己へと「内化」し、それを非感性的な形態で「想起」するという精神の行為は、事象を自己へと引きつけるというかたちで現在化することであり、それによって過去的なものの特性は消失してしまう、とされる。

二十一世紀初頭ドイツにおける文化哲学の代表的な論客であるコナースマンの批判的視点も、ヘーゲルの「歴史」という概念に注がれる。彼によれば、ヘーゲルの歴史哲学は、自らの哲学を保護するために文化をトリヴィアルなものとしている。その結果、ヴィーコからカントを経てカッシーラーへと至る批判的文化哲学の系譜において、ヘーゲルの思索は主題的に取り上げられる余地を持たない（Konersmann 2010, S.88f.）。コナースマンによれば、たしかにヘーゲルは「陶冶形成」として文化を論じるが、概念的な「発展」という相のもとで見られたそれは、「ゲルマン的近代」への到達を定められた必然性の記述へと縮減され、「普遍的批判の契機として近代を無批判的に肯定すること」（Konersmann 2010, S.101）を帰結する。ヘーゲルの関心は文化的事象に対する感受性とは別のところにあり、それに対してコナースマンは、あくまで「文化的事実」に依拠しその独立性を救済することこそ、文化哲学の仕事にほかならないとする。このようにして、歴史哲学から文化哲学へ、という哲学史的な位置取りのもとで、非同一性の哲学としての文化哲学的自己認識が定められる。

以上、文化哲学によるヘーゲル批判を見てきたが、それらは総じて、それぞれの時代意識のうえに成立しているものであったと言える。精神哲学から文化哲学へ、あるいは歴史哲学から文化哲学へという線引きにおいて導き出されようとしている、否定を介した自己肯定は、それがある種の図式化、単純化を伴ったものである以上、問い直される可能性をどこまでも排除できない。少なくとも、文化哲学という思索の意義確定がなされるべきであるならば、研究が文化哲学の立ち位置をそのまま引き受ける必要はないわけである。それがなにを見てきたか、と同様に、それがなにを見落としてきたかを問題とすることで、事柄を明らかにすることもできる。文化哲学が哲学としての自己理解へと向かうべきであるとすれば、ヘーゲルからの執拗な距離化によって探究の道を閉ざすことが、果たしてその企図にとってなお有効であるかどうか、いま一度問い直されてもよいだろう。

我々はまずヘーゲルの思索が宗教の歴史へと向かって行くその現場を捉えなければならない。ヘーゲル的「宗教史の哲学」は、時代のどのような思想的状況の要請に基づくものであったのか。あるいは、彼自身のベルリン期の体系哲学においてどのような位置を占めるものであったのか。これらの問題を明らかにすることで浮かび上がってくる枠組みこそ、「宗教史の哲学」の全体像を理解するための不可欠なフレームとなるはずである。

本書の考察はしたがって以下のように進められる。まず確定されるべきなのは、「宗教史の哲学」が本来的に機能するヘーゲル哲学の思索圏である。ここではそれを「後期ヘーゲル哲学」という枠組みにおいて求めていく。ヘーゲルの体系哲学において、「宗教」は「絶対的精神」として、「芸術」および「哲学」とともに位置づけられるが、この位置づけは古くイェーナ期（一八〇一年―一八〇七年）に遡る。その後も絶対精神論という枠組み自体に大きな変化は見られないため、その観点に留まるのであれば、「後期ヘーゲル哲学」という枠組み設定は不可能なはずである。そこで第一部では、晩年の『エンチュクロペディー』の分析を通して、ベルリン期特有のヘーゲルの問題意識を明らかにすることから始める。それにより、宗教哲学講義における問題の焦点もまた明らかになるであろう。続く第二部では、「歴史」という観点からヘーゲルのベルリン期の特色をさらに明確にするため、『精神の現象学』に対する彼の自己反省を取り上げることで検討を開始する。問題は、「学への導入」というコンセプトに対する、ヘーゲル自身の見直し、およびその見直しに促された哲学史記述の構想にかかっている。「後期ヘーゲル哲学」の基本路線を確認したうえで、第三部ではヘーゲル宗教哲学における宗教史記述を読解する。ヘーゲルの宗教史的宗教哲学は、他の哲学的諸領域に還元されない独自の課題を持つ。それはなおかつ、哲学的思考の自己認識にとって不可欠なものとして理解される。はたして、宗教史を自らの課題として引き受ける哲学的思索とはいかなるものであるか。哲学的思考はその場面で、自己を変容し、再構築することを迫られていく。そのあり方を素描することが、本書全体の課題となる。

注

（1）*Georg Wilhelm Friedrich Hegel's Werke, Vollständige Ausgabe durch einen Verein von Freunden des Verewigten, Zwölfter Band: Georg Wilhelm Friedrich Hegel's Vorlesungen über die Philosophie der Religion: Nebst einer Schrift über die Beweise vom Daseyn Gottes.* hrsg. von Philipp Konrad Marheineke, Berlin: Duncker und Humblot, 1842, VI, 483 S.

（2）*G. W. F. Hegel, Sämtliche Werke, Vorlesungen über die Philosophie der Religion, Band 12 Teil 1: Begriff der Religion.* 1925, XI, 326 S. Band 13 *Teil 2: Die bestimmte Religion.* 1927, IX, 247 S. Band 14 *Teil 3: Die absolute Religion. Mit einem Anhang: Die Beweise vom Dasein Gottes,* 1929, XI, 244 S. hrsg. von Georg Lasson, Leipzig: Felix-Meiner.

（3）G. W. F. Hegel, *Werke in 20 Bänden, Werke 16: Vorlesungen über die Philosophie der Religion I,* 1986, 442 S. *Werke 17: Vorlesungen über die Philosophie der Religion II. Vorlesungen über die Beweise vom Dasein Gottes,* 1986, 544 S. hrsg. von Eva Moldenhauer und Karl Markus Michel, Berlin: Suhrkamp.

（4）ラッソンの編集態度は、講義録出版に続いて出版された彼の『ヘーゲル宗教哲学入門』にもやはり表れている（Lasson 1930）。

（5）岩波哲男氏もまたシュトラウスによる図式の単純化を指摘している（岩波 二〇一四、九五ページ）。

（6）「宗教的貧困は一方で現実的貧困の表現であり、他方で現実的貧困に対する抵抗である。宗教とは抑圧された被造物のため息であり、精神なき状態の精神として、心ない世間の胸の内である。それは民衆のアヘンである」（Marx 1844, S.378）。

（7）一九〇五年に出版されたディルタイの『ヘーゲルの青年時代』（Dilthey 1921）を皮切りに注目を集め、さらに一九〇七年にはノール編纂による『ヘーゲル青年期神学論集』が出版されることで、初期ヘーゲル研究は二十世紀におけるヘーゲル復興を後押しすることになった。

(8) コジェーヴによる『精神の現象学』講義（Kojève 1947）に触発されたフランス哲学における受容、あるいはフィンク（Fink 1977）、ハイデガー（Heidegger 1977, Heidegger 1980）などによる現象学的問題意識のもとでのヘーゲル読解を参照。リクール（Ricoeur 1988）もまた、ヘーゲル宗教論における「表象」を主題化しながらも、その考察が主に踏み込むのは『精神の現象学』「宗教」章であり、ベルリン期の宗教哲学もまたその延長にあるとみなしている。

(9) 二十世紀後半における英米哲学にもまた、ヘーゲルに対する肯定的な受容が見られる（大河内 二〇一五）。しかも、単にそのテクストを分析哲学的に読解するというだけではなく、分析哲学そのものが新たに展開する契機として、ドイツ観念論の諸哲学が関心を集めている。それは、時代状況を受けつつ、ヘーゲル文献学をさらに反省的に進めようとするヘーゲル研究者の関心と合致してはいる。とはいえ形而上学が再び取り上げられるようにはなっても、ヘーゲル宗教論、あるいはその宗教史記述が同じ水準で取り上げられることはまれである。

(10) 山﨑 一九九五、とりわけ「補論一 『宗教哲学講義』の旧版の問題点と国際共同編集版の意義」、二三八―二八一ページ参照。

(11) イェシュケによれば、講義の変化は「宗教哲学の根拠づけの問題の継続的な深化の結果」（Jaeschke 1993a, S.VLIII. XLIV）として捉えるべきである。二十世紀後半における日本のヘーゲル研究も、文献研究の進展を積極的に受けとめ、そこから、「偉大な体系家ヘーゲル」という人口に膾炙したヘーゲル像を打倒するための「新視角」を提示することに向かってきた（加藤 一九九九）。

(12) 新版講義録を十分に踏まえながら、ヘーゲル宗教哲学に独自の課題を描き出すものとして、イェシュケと山﨑純の研究が挙げられる。宗教哲学講義録の編者であり、ヘーゲル・アルヒーフ所長として、イェシュケが提起するのは「宗教における理性（Vernunft in der Religion）」という理念である。初期から晩年の講義に至るまでのヘーゲル宗教論の展開を踏まえながら、宗教哲学に与えられた独自の哲学的任務を取り出すイェシュケの仕事には、残念ながらその広汎性ゆえに、具体的に宗教史へと踏み込んでいくための余地が失われてしまっている（Jaeschke 1986）。山﨑の仕事もまた幅広く形成史を扱い、かつ講義における問題状況を再構成することで、一八三一年講義において全面化する「国家と宗教の関係」をヘーゲル宗教哲学の中心的テーマとして取り出す（山﨑 一九九五）。

(13) ツァッハフーバーの指摘によれば、ヘーゲル哲学に出会う以前にバウアは、おそらくクロイツァーの『古代諸民族、とりわけギリシア人の象徴系と神話体系』（一八一〇―一八一二）の影響下で、後年の問題系の萌芽をすでに示していたことが、彼の『象徴系と神話体系、あるいは古代の自然宗教』（一八二四―一八二五）から伺うことができる、としている（Zachhuber 2017, S.290f.）。クロイツァーについては、ヘーゲルのエジプト解釈に関連して、本書の第三部第二章で扱う。

本書からさらに進んだところで、ヘーゲルからバウアへ、あるいは、クロイツァーから十九世紀の原始キリスト教研究へ、という系譜もまた明らかにされるべきであろう。

(14) ヒェルデはバウアとシュトラウスの系譜にプフライデラーを位置づけ、最初期の一八六九年『宗教、その本質と歴史(*Die Religion, ihr Wesen und ihre Geschichte*)』からすでに非キリスト教的諸宗教への関心が示されていると説いている(Hjelde 2010, S.23)。

(15) その問題意識は、『歴史的基礎に基づいた宗教哲学(*Religionsphilosophie auf geschichtlicher Grundlage*)』(一八七八)、『宗教と複数の宗教(*Religion und Religionen*)』(一九〇六)へと結実する。

(16) 宗教史学の立場からは、例えばハンス=ヨアヒム・シェプスもまたヘーゲル宗教史に取り組んでいる(Schoeps 1955)。

(17) 「間文化哲学(Interkulturelle Philosophie)」の分野では、キンマーレを中心にヘーゲル哲学に潜在する文化対話の理性を顕在化しようとする仕事がすでになされている(Kimmerle 2005)。また、権左武志は「文化接触」による地平融合という観点のもとで、ヘーゲル歴史哲学を読み解く(権左 二〇一〇)。

(18) 二〇〇七年五月にナポリにて催されたシンポジウム「普遍性と複数性の間にある宗教の哲学」では、文献学的整理を越えて今日的な問題状況を明らかにするためと銘打たれ、ヘーゲル宗教哲学が問題とされた。刊行された論文集では「1. 宗教の止揚、それでも宗教?」「2. 近代の理論としてのヘーゲル宗教哲学」、「3. 諸宗教の複数性」という三つのセクションにてその可能性が吟味されている(Nagl-Docekal&Kaltenbacher 2008)。

(19) Labuschagne&Slooweg 2012参照。ヘーゲルが宗教史において扱う諸宗教の個別的アンソロジーのかたちをとった論文集であるが、編者が強調するところによれば、哲学的アプローチと近年の経験的な宗教学的アプローチとのディスカッションのもと、「歴史的諸宗教の哲学」が持つ「より広い、現代的重要性についての包括的な見方」と「総合的なアウトライン」(Labuschagne&Slooweg 2012, p.xxii)について提供することを目的としているという。「ヘーゲルが論証するのは、人間存在が自身の自由を、宗教を通じて表現するということである」とコッベンが「前書」においてまとめているところに従えば、自然の力からの超出という精神の自由が、宗教間の合理的な議論を可能にする、という理解がここには認められよう。

(20) 歴史的諸文化の事実と哲学との関係をこのように捉え、文化への問いを自己への問いへと直結させるとき、先ほど見た時代設定そのものが哲学的な意義を帯びて現れうる。現代ドイツにおける文化哲学の展開は、今日の文化的状況を問うのではなく、文化的と規定できる諸要素が思索に対して持つ動揺の契機を叙述しようとするのである。その源泉のひとつであるハンス・ブルーメンベルクは、「隠喩学(Metaphorologie)」のプロジェクトにおいて、自律的であるべきはずの哲学者たちの諸言説において、決定的な場面において出動が要請される「隠喩」の働きに着目する。隠喩が思考において果たすのは、ブルーメンベルクによれば、概念的に把握できないものを思考へと導入することである。語りえぬものについて沈黙するのではなく、大いに語ってきたのが哲学者という言説主体の実際の姿である。そこからカントあるいはウィトゲンシュタインのように理性あるいは言語の批判へと再帰的に翻るのではなく、ブルーメンベルクをはじめとした現代の文化哲学者はまさに歴史的に出現した哲学的言説を自らの仕事場とする。概念へと置換することの不可能ないくつかの特権的な隠喩である「絶対的隠喩」(Blumenberg 2013, S.16) は哲学的言説の内部に開いた外部への風穴である。後期ブルーメンベルクによる「非概念性の理論 (Theorie der Unbegrifflichkeit)」(Blumenberg 1997, S.85ff. Blumenberg 2007) が表現するところによれば、哲学者もまた隠喩を用いて語らざるをえなかった、というこの確認可能な歴史的事実が示しているのは、感性的現実の直接的な表出ではない。むしろ哲学的言説における隠喩の存在は、「現実の絶対主義」としての自然状態からの「距離化」という人間的行為の痕跡なのである (Blumenberg 2006, S.9ff.)。科学の登場によって神話が取り除かれなかったのと同様に (Blumenberg 2006, S.303)、隠喩もまた、抽象的な思考が導き出す無根拠に対してつきつけられる規定性の謎である。さらに、「隠喩学」の着想において決定的なのは、「絶対的隠喩」そのものが思考の触媒となりつつ、概念史に還元されることなく独自に歴史的変容の過程を持つということである。「歴史的な意味地平と視覚様式そのもののメタ運動論 (Metakinetik geschichtlicher Sinnhorizonte und Sichtweisen selbst)」(Blumenberg 2013, S.16) と名づけられるこの視点こそ、文化的歴史的多様性を引き受けながらもニヒリズムへと結論しない積極性を提供する。隠喩の系譜学はその原初に起源としてのもともとの自己を提示するのではなく、そのような起源への到達不可能性のうえにあって、にもかかわらず、自己もまたコンテクストを持つことを明かす。そこで示されるのは、絶対的な「起源」ではなく、あくまで「変容」が織り成すテクストとしての自己なのである。それは形而上学的な実体性のカテゴリーを避けつつ、現象学的な還元の哲学を拒み、同時に哲学的解釈学のオプティミズムとも距離を取るものである。課題となるのはいわゆる「理性の他者」ではなく、むしろ理性自身が抱え込んでいる他者的な性格であると言えよう。哲学的言説における隠喩の持つこの性格は、世界との身体的関係性の基盤として、脱宗教的時代におけるニヒリズム的意識や、科学技術的意識にまで沈殿している「宗教的諸観念」(氣多　一九九九、一五三ページ) と共通するものであるかもしれない。

いずれにせよ、ブルーメンベルクの思想に影響を受け、歴史的、文化的探求を哲学の現場とする文化哲学の作業には、様々な諸学の知見を活用することができるという積極性がある (Konersmann 2010, S.80)。その可能性は現在大規模に進行する「哲学の自然化」の傾向に抗うかたちで、文化哲学の伝統がそうであったように、あたかも影のようにはりついている。しかしながら、その射程は単なるカウンターパートに留まるものではないはずである。本書はヘーゲル哲学をこの系譜上にて読み解くことの可能性を提供するものである。それは反動の歴史、異端の歴史としてではなく、哲学史の大きな流れとして文化哲学の歴史を描き出すことの第一段階であり、それによって文化哲学としての哲学を積極的な営みとして認定することへとつながるはずである。

第一部　宗教

ベルリン期ヘーゲルの問題意識と哲学的宗教概念の文化論的転換

はじめに　宗教の歴史が哲学の問題となるのはいつか

ヘーゲルは生涯を通して宗教に関心を払ってきた。とりわけ、歴史的諸宗教に対するヘーゲルの関心は、その思想形成の端緒から見られるものである。例えば、彼のギムナジウム時代の日記は我々が参照できる最初期の資料であるが、その一七八六年の記述には、素朴な民衆や一般人の啓蒙が、その時代の宗教によって方向づけられている、といった考えがすでに現れている（久保 一九九三、二六ページ）。一七八七年八月十日の日付が残されたギムナジウムの課題作文「ギリシア人とローマ人の宗教について」（GW1, S.42-45）では、民族あるいは国民という概念のもとで、これらの異教についての考察がなされる。学生ヘーゲルが宗教についてここで注目するのは、民族的生におけるその発生という観点である。それらの表象がいかに不合理なように見えようとも、我々自身もいかに間違いに陥りやすいかを踏まえて、寛容に接するべきである、と若きヘーゲルは訴えている。その直後の神学院時代、ベルン期、フランクフルト期における「民族宗教」という観点の重要性については、すでに指摘されているとおりである（藤田 一九八六、三二ページ以下）。西洋以外の諸宗教についての言及も、やはり最初期から見られる。ローゼンクランツの伝える、「東洋人の精神」（GW2, S.589-593）で始まる断片には、概ね否定的で醒めた記述ではあるが、この時期のヘーゲルの関心が表れている。

このように、ヘーゲルはその思想形成の初期段階から、諸々の宗教に対して積極的な関心を示していた。とはいえ、その知見が明確に「宗教の歴史」として系列づけられるのは、イェーナ期における「自然法」論文（一八〇二）においてである。さらに『精神の現象学』（一八〇七）「宗教」章では、オリエントの諸宗教からキリスト教に至るまでの拡充された宗教史記述が、その哲学との内的な結びつきを伴って構成されているのである。

そうだとしても、これらの考察と、晩年の宗教哲学講義とを即座に結びつけ理解することは妥当であろうか。モチーフの同一性が思想内容の同一性を保証すると前提し考えることは、そこで目指されている思索の独自の方向性を見失いかねない。初期と後期の考察全体を、いくつかの共通する諸観念だけで結びつけることはできないのである。そこでここでは、本書の主題である、ベルリン期の宗教哲学講義へと向かうために、後年に整備されたヘーゲルの哲学体系における、宗教の歴史の位置づけについて確認することにしたい。

イェーナ期より明確な形態をとり始めたヘーゲルの哲学体系は、ハイデルベルク期（一八一六年—一八一八年）に出版され（一八一七年）、晩年のベルリン期（一八一八年—一八三一年）においてさらに改訂がなされた『哲学的諸学のエンチュクロペディー要綱（以下『エンチュクロペディー』）』（第二版一八二七年、第三版一八三一年）において日の目を見た。それは哲学体系の構造だけを抽出した、大学講義用の便覧にすぎないものではあったが、そこにはヘーゲルの構想していた「哲学的諸学」の構造連関が明瞭に書き出されている。

その最終版である第三版において「宗教」は、第一部「論理学」、第二部「自然哲学」に続く、第三部「精神哲学」のなかでも最後に位置する第三章「絶対精神」に見いだされる。その章の序文にあたる第五五四節で述べられているように、「絶対精神」は「自己において永遠であるとともに自己へと還帰し、かつ還帰した同一性であり、精神的なものとしての、唯一にして普遍的な実体であり、自己とそれに対して実体がそのものとしてあるような知における根源的な分割」（GW 20, §554, S.542）と規定される。それに続く文には次のような規定がある。

宗教は、一般的にこの最高の領域として特徴づけられうる。それは主体から発しつつ、その主体においてあるとともに、客観的に絶対精神から発するものとして考察されるべきであるが、そこでの絶対精神とはその教団における精神としてあるものである。（ebd.）

このように、絶対精神としての宗教は、主観的契機と客観的契機に、すなわち人間的意識と神的理念の関係として考察されうるが、その区別は任意の外的なものではなく、内的な自己分割として把握されるべきだとされる。ここに表現されている、自己分割とそこからの同一性回復の運動こそが、絶対精神の根本規定とされるものである。

まず注意したいのは、ここでの絶対精神が「教団における精神」である、とされている点である。宗教的共同体としての教団を積極的な契機として受け入れ、それを客観性の担保とする宗教形態は、ここではっきりと述べられていないが、ただキリスト教のみである。それに続く第五五五節もまた、宗教という契機から絶対精神の特性を述べたものである。

> 絶対精神の主観的意識は、本質的に自己のうちにおけるプロセスであり、その直接的にして実体的統一が、客観的真理についての確信としての、精神の証言における信仰である。信仰は、同時にこの直接的統一と、かの区別された諸契機の関係としての統一を含んでおり、暗示的な、あるいはより明示的な祭儀としての祈りにおいて、対立を精神的解放へと止揚し、この媒介によってかの最初の確信を保存し、その具体的な規定、すなわち和解、精神の現実性を獲得するというプロセスへと移行したのである。（GW20, §555, S.543）

これらの諸概念については後に詳しく検討することとして、ここであらかじめ指摘しておきたいのは、「祈り」が「祭儀」として制度化されるのはただキリスト教の教団のみだということである。つまりヘーゲルがここで「絶対精神としての宗教」として念頭に置いているのは、やはりキリスト教に限定されているのである。

このことは「絶対精神」章で、「A．芸術」と「C．哲学」を仲介するのが「B．啓示宗教」（五六四節—五七一節）とされていることからも明らかである。というのも、ヘーゲルが「啓示宗教」と規定し「真の宗教」（GW20, §564, S.549）として評価するのは、ただキリスト教だけだからである。

神が子となり、自らの死を経て回帰する、という、キリスト教的三位一体の神の運動態は、まさにヘーゲルの構想する「精神」の絶対的な構造に等しく、それを「表象（Vorstellung）」の次元において表現するものである。「知性」の主観的能力を示すこの表象という規定が用いられるのは、ひとつには、同じく主観的精神の用語によって類比的に規定された、「絶対精神の直観」としての「芸術」と、「絶対精神の概念」としての「哲学」を接続し、これらの学問的諸領域を絶対精神の働きとして統一的に理解するためである。さらにヘーゲルはこの語（Vorstellung, sich vorstellen）の形態を転倒させ、「自己を前に立てる（sich vor sich stellen）」を意味として込めることで、一方で宗教が属する表象としての前概念的次元と、自己を啓示する「精神としての神」というそのあり方を、重ねて表現するのである。

このように、芸術、宗教、哲学を連関づけるという体系形成の課題のもとで、宗教史が考察の課題となることはない。というのも、任意の諸宗教ではなく、キリスト教のみが、「絶対精神の表象」としての宗教、哲学と「内容」を共有する宗教にふさわしい、とされるからである。体系論の要請において、他の諸宗教を考察することは不要である。だとすれば、宗教史記述の本来的な場所はどこに求められるべきなのだろうか。

まず着目したいのは、宗教に対して与えられたこの表象という規定である。同書第三版「序論」では、表象と概念の関係について次のように述べられている。

感情、直観、欲望、意志などの諸規定が、それらが知られるかぎりで、通常では諸表象と呼ばれることで、一般に言われうるのは、哲学とは諸々の観念、カテゴリー、詳しくは概念を、表象と置き換えるものである、ということである。諸表象一般は観念と概念の隠喩としてみなされうる。しかし、諸表象があるということで、思考にとってのその意味や、その観念や概念がただちに知られるわけではない。逆に、諸々の観念や概念を持つことと、それに対応する諸々の表象、直観、感情がどのようなものであるか知る、というのもまた別のことである。(GW 20, §3 Anm. S.42)

つまり、表象を概念の「隠喩」として理解し、前者を後者へと置換することが哲学の使命である、とする一方で、ヘーゲルは両者の対応づけについての困難についても言及しているのである。表象を知ることと、それが概念として持つ意味を知ることとは別であり、それと同様に、諸々の概念がいかなる表象と対応するかは自明ではない。表象は、一方でその原理そのものの演繹を哲学体系の課題としつつ、他方で常に概念的体系の外を指し示しているのである。「絶対精神の表象」として規定される宗教にも、当然、表象としての同様の性格が予想されよう。したがって宗教史に場所が与えられるとすれば、それもやはり哲学体系の外部への連接を除いてほかにないはずである。だとしても、宗教が持つ歴史は、哲学にとって二次的な存在でしかない、と結論づけることは許されるのだろうか。ヘーゲル哲学は本当に、哲学体系に属することのない要素を軽視し、排除した、と非難されうるのだろうか。

このように、さしあたり宗教史の問題は、概念と表象、哲学と非哲学の関係をめぐる一般的問題に根ざしたものとして明らかになる。それらの関係性は、哲学と宗教の問題のみならず、『エンチュクロペディー』が叙述する「哲学的諸学」の構想と、一般的な「経験科学」との対立の問題としてもまた捉えられている。ヘーゲルにとって「理念」ないし「絶対者」の学としての「哲学」とは、「真なるものが具体的なものとしてただ自己において自己を展開させ、自己を統一へと集め取り、集め保つものとして、つまり総体性としてのみある」から、「本質的に体系」であるとされる（GW 20. §14, S.56）。しかし以下に確認していくように、ヘーゲル哲学は常に自らが体系でありつつも、「経験科学」に対して開かれたものであるように構想されているのである。ヘーゲルが確保した体系の完結性と開放性という二重の性格を理解するために、本章では、従来の研究において主題化されることの少なかった「追考」という概念に着目する。

第一章　「追考」の論理　自己化する知と体系化の根底[1]

第一節　ベルリン期の書評活動における「追考」

「追考する（熟考する、よく考える、nachdenken）」というドイツ語の動詞を構成するnachという分離の前綴りには、「後続」、「追加・反復」、「近接」などの意味が含みこまれているが、ヘーゲルはこれらの語義を利用することによって、思考が経験に対して本来的に持つ位置を表現している。すなわち「追考」とは「諸対象への関係において働くものと見られる場合」（GW20. §21. S.65）の思考であり、端的に「あるものについて」の思考（ebd.）であるとされる。したがってそれはある事柄を対象とする場合の経験的・対象志向的な意識であり、その点で「論理学」の境位となる自己回帰的な「純粋思考」とは、一見して区別される。とはいえ、ヘーゲルはベルリン時代において、この「追考」こそ自身の立場であると標榜するようになる。では、なぜ思考ではなく「追考」なのか。本節では、ベルリン期の活動に即して、この点についてまず確認することにしたい。

ヘーゲル学派の機関紙とみなされる雑誌『学的批判年報』において、ヘーゲルは「反論」という題の書評を発表した（GW16. S.216-274）。「反論」は、一八二九年に異なる論者によって発表された五つのヘーゲル論に対して、ヘーゲル自身が論評を加えるという企画として予定されていたが、実際に書かれたのは匿名の『ヘーゲルの学説について。もしくは絶対知と現代の汎神論』、およびシューバルトとカルガニコの共著『哲学一般と、とりわけヘーゲルの哲学的諸学のエンチュクロペディーについて。後者に対する評価への寄与』に対する批評だけであった。ここではシューバルトとカルガニコのものに対するヘーゲルの態度に注目したい(2)。

ヘーゲル哲学を正しく理解し評価するために、シューバルトとカルガニコはヘーゲル哲学（ないしは哲学一般）へ無条件に賛同することも、関心を共有することも拒否し、「完全に哲学の領域の外」（Schubarth&Cargarnico 1829, S.3）に立って判定を行うことが必要であるとする。彼らの拠り所とする「哲学の外部」とは、これまで哲学を享受することのなかった大勢の常識的な人々の立場である。そのような位置に身を置くことによって明らかになるのは、ヘーゲルないしは哲学一般の高慢である。ヘーゲルは何事も概念的な思考の境位にまで高めることが必要であり、それによってその本質が把握されうると主張する。しかし、「政治家、宗教家、芸術家、発見を行う天才といった、もっとも高次の意味において物事からなにかを勝ち取ることができる人は、考えてはいないのであって、彼らはそこで哲学的に考えてはいなかったのだから、彼らがもたらす結果には、真にして完全なる思想を産出しなければならないという要求などないのである」（Schubarth&Carganico 1829, S.72）。シューバルトとカルガニコはこうした見解のもとで、経験的諸領域と哲学とを対立したものとして捉え、両者を切り離すことで諸分野を哲学の軛から解放することの必要を説く。この見方からすれば、諸領域を強引に概念によって覆い尽くそうとしている（と彼らの理解する）ヘーゲル哲学こそ、哲学なる不遜の典型である、ということになる。

哲学不要論と容易に結びつく著者たちの論評に対して、ヘーゲルは次のように反論する。「神が世界を理性的に創造したということ、しかしこの理性的内容は感性的直観においてはまだ理性的な思想という形式を備えてはおらず、この形式は人間の追考によってはじめて産出されるということ、自然の個々の諸形態と諸現象と関わる諸学が学問であるのはただ、没理性的な外面性の感性的な仮象に散らされた個別的な物事を普遍的に性格づけることによって規定し、それらを類、種や法則へと還元するからであるということ、類、種、法則、普遍的特長などは観念の諸形式であるということ」（GW16, S.266）、これらのことに注意を振り向けるならば、諸事実から概念や観念を遠ざけるということが、いかに空虚で非生産的なことであるか明らかだろう、とヘーゲルは主張する。つまりヘーゲルからすれば、「政治家、宗教家、芸術家、発見を行う天才といった、もっとも高次の意味において物事からなにかを勝ち取ることができる人」はたしかに「思考」してはいなかっただろうが、彼らが生み出した諸成果は、ただ「追考」によってはじめてもたらされる普遍的形式においてのみ、真に正しく評価されるのである。この主張の根拠についてヘーゲルはここでは明らかにしていないが、「追考」という概念によって、諸領域と哲学との肯定的な関係性が獲得されようとしていることは明らかである。

ヘーゲルはまた『ハーマン著作集』に対する書評（一八二八）において、「天才」ハーマンの偉業に触れながら、ハーマンには欠けていた「追考」という課題について述べている。ハーマンの精神にはたしかに「一致の原理」（GW16, S.170）が根付いており、その点をヘーゲルは高く評価する。しかしハーマンは諸矛盾の一致をブルーノに従って着想しただけであり、「丸められた拳を平らな手のひらへと開くこと」（ebd.）の労苦を彼は引き受けることがなかった。ヘーゲルによればこの労苦は一方で、「現実において自然の体系へ、国家、法や人倫の体系へ、世界史の体系へと展開する労苦」（ebd.）として、神が引き受けた労苦である。この労苦は「知的な組織化の展開された体系」としての人間精神を帰結するが、その本性である思考の働きが本質的に「神的展開」の「追考」であるとされていることに、ここでは注目したい。思考は「神的展開の表面をまずは超えていく、ないしはその展開について追考することによって、そこへと入り込んでいく、次いでその場で神的展開を追考する、という能力」(ebd.) である。ここには「追考」に二つの意味が認められている。まず、思考は神的展開を対象として前提し、それ「について (über)」、そして「後から」、考えるという意味がある。次に、その作業によって神的展開そのものに沈潜し、それに「付き従って考える」という意味もまた、ここに認めることができる。

この「追考」の労苦は、「神が自己自身からその丸められた球の形態を取り去り、啓示する神となった後には、思考する精神の使命であり、明白な義務」(GW16, S.170ff.) であるとされる。明らかなように、ここでヘーゲルは、ハーマンに欠けていた「追考」の労苦を自らの使命ないし義務として任じているのである。純粋な思考ではなく「追考」を自らの課題として提示することには、したがってヘーゲルの関心の所在が明確に表示されていると言える。ここでは、非哲学的諸領域によって発見された真理を、非真理として排斥するのではなく、その結果を追跡し、それに付き従って考えることが求められている。とすれば、「追考」とは諸領域の労苦を引き受けることであり、あくまで事柄に沈潜し、そのなかにおいて活動するという思考の形態である、と考えることができる。歴史そのものの陶冶形成の成熟を待って「黄昏に飛び立つ」とされる有名な「ミネルヴァの梟」(GW14.1, S.16) とは、まさにこの「追考」の形象にほかならない。

とはいえこのような精神の活動はいかにして可能なのだろうか。それは経験的な諸事象に没入する態度といかなる点で異なるのであろうか。どのような仕方で、事柄を離れずに、思考の普遍性を達成できるというのだろうか。

第二節　「予備概念」における「追考」の理論展開

ヘーゲルの考える「思考」概念は、狭義には「知性」の学的把握である「精神哲学」「心理学」において主題的に分析されるが、むしろ「論理学」の全体こそ、その全面的展開の叙述であると言える。それに対し「追考」が言及されるのは、「論理学」本論ではなく、その導入部においてである。本節では第二、第三版『エンチュクロペディー』「予備概念」の前半部（一九節―二五節）における「追考」論の記述を確認し、経験的受容と思考的自立を両立させる「追考」のあり方について考察する。

（1）予備概念二〇節―二三節の「追考」論

「予備概念」は、「論理学」を「純粋理念の学、すなわち思考という抽象的な境位における理念の学」（GW20, §19, S.61）と定義するところから始まる。そこで当然、思考とはどのようなものであるかが問題となり、さしあたり日常的な意味での思考の用法に則って、「主観的な精神的作用ないしは能力」とみなされている思考と、その活動の産物である「観念（思想、Gedanke）」[3]の本性が、簡略的ではあるが、分析されていくことになる。

まず思考ないしその対象である観念は、ともに「普遍的なもの」、「抽象的なもの一般」とされる。思考を行為として捉えるなら、その軸となるのは「自我」である（二十節）。また思考は諸々の観念との関係に「必然性」を付与するものである。普遍性と必然性というこれらの規定によって、観念は、「個別性」や「相互外在」を特徴とする「感性的なもの」や、「表象」といった他の「主観的作用の産物」と区別される（二〇節注解）。

次に、思考は対象との関係において働くものとして見られた場合、「あるものについての追考」（GW20, §21, S.65）であるとされる。すでに触れたように、思考は本質的に、あるものの「後から」、それに「付き従って」考えるものとして、対象とそれについてのさしあたっての意識への現れである感性的なものや表象に先立たれている。(4) すなわち、思考が働きだす前に、事柄の形成はすでに終わっているのである。「事前の思考（Vor-den-ken）」ではなく、「事後の思考（Nach-denken）」である「追考」は、観念を産出するが、それは無からの創造ではなく、個別的なものとしての感性的なもの、あるいは表象を普遍的なものへと変換させる作業であり、それによって対象の「本質的なもの、内的なもの、真なるもの」を捉えるとされる（二一節）。

では実際に「追考」が働くとき、対象や思考それ自身にとってなにが起こっているのであろうか、という考察が続く。それらの個別的なものに対して、普遍的なもの、必然的なものとしての思考が働くとき、対象の感性的なあり方、表象的なあり方には「変化」がもたらされる。この「変化」によってのみ対象の偶然性、個別性が克服され、その「真なる本性」が獲得される。とすれば、対象の「直接的」な感得ではなく、むしろ対象の変化という「媒介」こそが、対象の真理へと至る唯一の道として示されることになる（二二節）。

それとともに思考は「私の働き」でもあるから、対象は「思考する私の精神の所産」であるとされる。そのような精神活動によって産出されるものが観念であるとされるが、それは対象の「客観的な観念」であると同時に私の「主観的な観念」でもある。つまり思考は新たな観念を産出することによって、自己をその観念として知るのである。ここで成立しているのは、私の所産が対象の真なる本性であり、対象の真なる本性が私の所産であるという再帰的で「単一な自己への関係」である。この関係性のもとで、思考は対象の真なる本性に「そこに居合わせている（dabei seyn）」とともに、「自己の－もとに－ある（bei-sich-seyn）」。ヘーゲルは客観的でありつつ主観的でもあるという思考のこの性格を「自由」と呼び、ここで示されたプロセス全体の帰結を「客観的観念」と表現している（二三節およびその注解）。主観的思考といえども真理と自己関係にあるのであれば、思考そのものの学である「論理学」は、その「形式」とともに「内容」をも問題とすることができる。このように思考と観念の本性が客観的なものとして提示されたところで、ヘーゲルの構想するところの「思弁的論理学」が、理念的内容を考究する学としての「形而上学」と一致する旨が述べられる。こうして、一九節に挙げられていた、「純粋理念の学」という「論理学」の定義はさしあたり説明されたことになる。

（2）「私」の刻印

感覚から表象へ、そして思考へと連続的に推移する「知性」についての「予備概念」での簡素な記述は、精神哲学講義および『エンチュクロペディー』「心理学」の議論を参照することによって補完することが可能だろう。それらの記述によれば、知性とはまず「直観作用」として規定される。直観はさしあたり空間的に存在する物的な対象に対する知の直接的・受動的なあり方である。しかしそれはすでに精神自身の作用であるがゆえに、精神自身の能動的な働きかけも加わっている。「注意」（GW20,§448, S.444）とされるこの作用が、直観にもやはり働いている。それならば、直観されたものとしての対象はもはや端的に存在する対象であるということはできない。直観による対象の受容は、それがどれだけ受動的に見えようと、注意という精神の能動的な働きかけと、それによって「私」という印が対象に刻まれることがなければ、成立しえない。対象への没入ではなく、むしろ精神と対象との距離と、距離を置いて自立した精神の働きかけこそが、対象の受容を可能にしているのである。つまり、受動的な対象受容、ないしは対象への完全な没入と従来では考えられていた直観の作用において、まさに精神が萌芽的に発生してくるのである。

さらに、精神は直観対象が感性的に現前していないときでも、それを再現前させ、表象させることができる、という力能を持つ。感性的ではない、「止揚された存在」としての対象は「像（図像、心像、Bild）」と呼ばれるが、それは「精神の宝庫」ないしは、保存されている諸規定の明確な連結を欠いていることから「精神の夜」とされるような自己意識のうちへ、無意識的に保存されている。心像は多様であるが、「暗い竪穴」ないしは「無意識的な竪穴」（GW20, §453Anm., S.446f.）と呼ばれる単一な自己意識の深みへと「取りまとめ」（GW20, §454, S.447）られているのである。

このような一連の事態を、ヘーゲルはドイツ語の「Erinnerung」という一語のもとで表現している。この語は通常であれば「想起」、「思い出すこと」ないし「記憶、思い出」を意味するが、ヘーゲルはその語形態に注意を促す。「Erinnerung」には、感性的対象を「内化、内面化する（innerlich machen）」という精神の行為の側面がある。あるものを「思い出す」という行為、すでに過ぎ去っていった感性的対象を観念的に再生させる精神の行為には、対象の直接的感性的なあり方が精神によって捨て去られ、包み込まれる、という事態が含まれている、というのである。(5)

「追考」論との関係でもっとも注目すべきなのは、知性が対象を心像として「私」へ「内化」するとき、その内化によって対象には「私のもの」であるという印が刻まれる、という点である。新たになにかを見たり聴いたりするときも、私は対象のもとにありつつも、暗闇ないしは竪穴としての自己に潜りこみ、そしてその私のもの、ないしは端的に私自身を対象として引き出してくる。つまりかつて私に内化されたものとしての心像を再現前させ、「思い出す」のである。この「内化・想起」の運動をヘーゲルはとりわけ「自己のうちへ行くこと（Insichgehen）」と呼ぶ。

しかし「内化・想起」は、いまだ思考にまで達することのない「表象」のレベルにおける精神の行為である。というのも、像はそのつどの行為によってのみ現前するため、そこでの対象はそのものとしてのあり方や自立性を保持しえないからである。すなわち「内化・想起」は自己と対象との完全な同一的関係性を表現できていないのである。

そこで要求されるのが「記憶」による像の保持と「言語」の反復による固定化のサポートである。もはや像ではなく「名前」こそ、客観性を獲得しつつ再産出されるという独自のあり方を得る。とはいえ「知性によって創出された直観としての名前を内化・想起することは同時に外化（Entäußerung）である。その外化において知性は自己自身のうちに措定されている」（GW20. §462. S.460）とされるように、名前はむしろ「内化・想起」の完成として捉えられるべきであろう。

名前の「内化・想起」において、知性は自己のあり方を放棄して対象のもとにあるとともに、知性自身でもあり、対象もまた対象自身の客観的な「存在」を保持する。ヘーゲルはここに、本来的な「思考」（GW20. §465. S.465）の構造を見て取る。このような心理学的導出の理論には、思考に関するヘーゲルの着眼点が明らかに示されている。それは、判断や推論などの論証能力ではない。むしろそれ以前に成立し、それらの論理的活動を支えるような、思考とその産出である「観念」のあいだにある同一的関係性であり、対象が自己であり、自己が対象であるという必然的、普遍的な自己関係の成立なのである。この必然性、普遍性が「学」の立場を保証する。

この意味で「内化・想起」は、直観と思考とを橋渡しする「表象」としての中間的な知である。それはいまだ思考の必然性と普遍性を備えてはいない。しかしそれでも、前思考的な直観や表象の領域においても、すでに「私」の刻印がなされている、ということは認められなければならない。というのも、対象はただ、この精神の認知によって存立するからである。このように、心理学での議論は、精神的諸能力、とりわけ思考を、対象成立の場における自己関係性の確立という点から提示するのである。

（3）「追考」論はなぜ必要だったのか

「予備概念」の議論に戻ろう。「小心理学」とでも呼ばれるべき「予備概念」の主題は、精神哲学における心理学とは異なり、知性の純粋な分析にあるのではない。ヘーゲルの目的は、経験的な「追考」が客観的思考へと高まることを、その成立をたどることによって簡潔に示すことにあった。思考が普遍的、必然的な観念を産出するために、経験的な事柄から離れる必要はない。むしろ事柄に沈潜し、それに付き従って「追考」することのうちで、客観的観念は獲得されるのである。前節で確認した、シューバルトとカルガニコによる批判、すなわち哲学と経験科学の領域とは共存してはおらず、むしろはっきりと切り離して考えるべきである、という批判に対して、ヘーゲルは「追考」の理論を用いて、まさに経験科学の領域に哲学への通路が見いだされることを示したのである。

とはいえ、「追考」の理論は、論理学への導入という観点からすると、余計なものであるようにも思われる。なぜなら論理学は「純粋理念の学」であるから、本来的には心理学で主題化されるべき「追考」の話を混ぜ込まなくとも、思考と観念との自己関係的な本性を直接的に提示することで、論理学の純粋な端初としての「存在」を導くこともできたはずである。実際に、『論理学』初版（一八一二）「序論」では、思考やその規定を単に主観的なものとみなしたところに成立する伝統的な形式論理学に対する批判から、「論理学」が純粋に形式的・抽象的なものではなく、自身で内容を調達しうること、つまり「論理学」と「形而上学」との一致が導かれていた（GW11, S.14-16）。さらに、『エンチュクロペディー』初版（一八一七）の論述では、「論理学」の定義（十二節）から「論理的なものの三側面」の話がまず展開され（十三節–十六節）、それから即座に「論理学」が内容を持つこと（十七節）、「形而上学」と一致すること（十八節）が叙述されていた（GW13, S.23-27）。

加筆された第二版、第三版の「予備概念」でもまた、かつてのこれらの議論を踏襲することで、即座に「論理学」の概念を獲得することも、ヘーゲルには可能であったはずである。にもかかわらず、ヘーゲルは新たに「追考」の議論を入れ込んできたのである。ではなぜ、『エンチュクロペディー』を改訂する際に、感性的なもの、表象という経験的なものについての自己止揚の論理が、導入的議論として新たに配置される必要があったのであろうか。このような疑問が当然生じてくるのである。

第三節 哲学と経験科学 「追考」理論の応用

体系への導入として、なぜ「追考」なのか。改訂『エンチュクロペディー』のなかから、その問いに対する手がかりを探ってみよう。ヘーゲルは「予備概念」に先立つ『エンチュクロペディー』「序論」十二節およびその注解において、「経験科学」からの哲学の生起の可能性について以下のように論じている。元来、思考は「直接的で論弁的な意識」としての「経験」を自ら出発点とするが、理念へと高まるにつれて経験から遠ざかるものであった。それに対して「近代における追考」（七節およびその注解）としての経験科学は、特定の対象への関心（inter-esse）を持ち、「そこに居合わせること（dabei-seyn）」としての経験を介しながら、普遍的なものとしての法則へと至ろうとする。たしかにそれらの学は直接的な素材を並列的に取り扱うだけで、経験と法則との必然的な関係を措定できていない。

とはいえ、経験科学のこのような悟性的態度が、逆説的に、刺激となって時代の「必然性への要求」を高めるのだ、とヘーゲルは言う。つまりここでは、経験科学にある種のポジティブな性格が認められているのである。とくに注目したいのは、経験科学の「居合わせ」が、特殊なものを哲学に取り入れられるように準備しつつ、「特殊化に対する、それゆえまた自己の発展に対する無関心」（GW20, §12Anm. S.53）がもともと根づいている哲学的思考に、この内容へと入っていくように強いる力を含んでいるとされている点である。それについてヘーゲルは次のように述べている。

> 思考の最初の抽象的な普遍性に関して、経験に哲学の発展は負うべきであるということは正当かつ根本的な意味を持っている。経験科学は一方で現象の個別性を知覚することに留まらず、普遍的規定、類、法則を見いだすことによって、哲学とは反対にではあるが、思考しつつ素材を仕上げてきた。そのようにして経験科学は特殊なもののかの内容を、哲学に受け入れられうるように準備するのである。他方で経験科学は思考それ自身に対してこの具体的諸規定に進み入らせるような強制力を含んでもいる。（GW20, §12 Anm. S.54）

たしかに、思考が内容を受容することは、「客観的観念」の構造において見たように、それを哲学自身の産出する観念として変化させ、自己関係を構成することを意味している。したがって「この内容を受け入れることにおいて、なお付帯する直接性と所与性とが思考によって廃棄されるので、それは同時に思考が自己自身から発展することでもある」（ebd.）とされる。思考は自らの出発点である経験に対して「恩知らず」（GW20, §12Anm. S.53）であり、否定的な態度を取ることによって、思考の内在性という学的性格を保持する。この点において、思考しつつも経験に留まろうとする諸学と、ヘーゲルの構想する哲学的諸学の体系とは袂を分かつ。

とはいえ、哲学的な思考の「自己のもとにあること」は、経験科学の成果において、経験の事柄に対する「そこに居合わせていること」のただなかで、自己へと還帰する反省として達成される。ヘーゲルによれば、その反省を可能にし、促進させるのは、まさに経験科学による準備と強制力である。実証的態度と反哲学が時代の雰囲気を形成するなか、ヘーゲルはこれらの機能を最大限に活用した。なぜなら経験科学と可能なかぎり協調的な道を歩むことは、増大し続けるそれらの知見に対して絶望的な戦いを挑むことなく、哲学という営為になお場所を与える唯一の方策だったからである。

ここで提示されている経験科学と哲学との関係の構造は、前節で確認した「追考」の議論に基礎づけられていると考えられる。「予備概念」の議論と同様に、「序論」十二節での主題もまた、経験的思考と哲学的思考との関係にあった。しかしここでは、「経験的内容の受容は思考の自己発展である」というテーゼを根拠づける論理が明示されてはいない。この命題は、哲学的思考への通路としての経験的思考の機能が確保されていてはじめて可能となるはずである。そうだとすれば、そうした思考の特性についての解明こそ、「予備概念」の「追考」論である、と考えることはできないだろうか。

前節の末尾において、なぜ晩年のヘーゲルは改めて、「論理学」「予備概念」に、すなわち『エンチュクロペディー』全体の導入部にあたる位置に「追考」の理論を配置したのか、ということを問うた。これまで確認されたように、「追考」の理論は単なる認識論の位置を超え、「序論」で示された学問観全体、すなわち「哲学的諸学」と呼ばれる独自の構想に密接に関わっている。それゆえまさに、「追考」の理論は体系の導入部に配置され、読者に対してその全体を読解する際の道筋をあらかじめ提供しながら、哲学的認識への希望を失わぬよう求めているのだと言えよう。

第四節　哲学的な意義を持つ実証学

「追考」の理論こそ、『エンチュクロペディー』が経験科学の内容を受け入れつつ、自立的体系の学であることを保証するものであり、死亡宣告の下された哲学という時代遅れの知的営みを、彼なりの仕方で救済しようとした努力の痕跡なのであった。とはいえ、哲学と諸学とのこのような肯定的な関係性は、すべての経験科学に認められうるのだろうか。「エンチュクロペディーとして、学はその特殊化の詳細な展開において叙述されず、特殊諸学の端初と根本概念に制限されなければならない」（GW20, §16, S.57）と「序論」で述べられているように、『エンチュクロペディー』の内部において諸学の具体的展開と哲学との連関が論じられることはない。十六節注解ではまた、「哲学的エンチュクロペディー」が内的統一を欠いた単なる知識の寄せ集めとしての「エンチュクロペディー」と区別されるほか、「実証的」とされる学も、ここで取り扱うことはできないとされる。実証的な学には、例えば紋章学のような、素材と配列が徹頭徹尾偶然的であるものと、端初と原理は合理的であり、哲学に属するが、その展開は外的偶然性の領域に属しているものとに分けられる。ヘーゲルは後者の実証学に、法律学、自然科学、博物学、地理学、医学、そして歴史学などを含めている。ヘーゲルによれば、これらの諸分野は「素材の有限性」、「形式の有限性」、「認識根拠の有限性」を、それぞれに固有の度合いにおいて備えているという。「哲学的エンチュクロペディー」とこれらの実証学との関係は一見すると排他的、対立的であり、実証学の進展が哲学体系に対して寄与するところはないように思われる。

ところがヘーゲルはある種の学において、「学的叙述の形式」だけは経験的であるが、「聡明な直観が単に現象にすぎないものを概念の内的系列と同じように秩序づける」（GW20, §16Anm. S.58）場合があることを報告している。例えば「思慮深い実験物理学、歴史などは、こうした仕方で、自然および人間の出来事と事実についての理性的な学を、外的で、概念を反映する像のうちに表現するだろう」（ebd.）とされる。たしかに「思慮深い実験物理学、歴史など」は「哲学的エンチュクロペディー」の叙述対象にはならない。しかし、ヘーゲルは「概念を反映する像」という規定によって、これらの実証学と哲学との肯定的な関係を捉えたのであった。「外的で、概念を反映する像」としての「思慮深い実験物理学、歴史など」こそ、諸学における哲学の展開可能性をもっとも明瞭に表現している実証学である。

たしかにこの意味で、それらの一握りの学にはある程度の誉れが与えられるだろう。とはいえ、「哲学はこのように自らの発展を経験科学に負うとともに、諸学の内容に対して思考の自由の（アプリオリなものの）本質的な形態と必然性の確証を与える」ことによって、「事実が思考の根源的で完全なる自立的活動の表現と模写になる」（GW20, §12Anm. S.54）とされるように、それらの諸学にあらかじめ備わっている哲学への適性を頼りにせずとも、哲学はあらゆる経験科学の提供する事象に対して、それらが自らの像であることを認識しなければならない。それによって「経験的内容の受容」を「思考の自己発展」とすることが可能となり、したがって哲学の体系もまた可能となるのである。先に「ハーマン書評」において確認したように、像の真理は所与として与えられているものではなく、あくまで内容との取り組みによって産出されるべきものである。その作業こそが具体的な「追考」のあり方であるとすれば、「追考」とは前提された理想ではなく、学を成立させるために能動的に遂行される作業理念であると改めて規定することができるだろう。

第五節　哲学史的対決から、非哲学に対する自己弁明へ

哲学体系は、逆説的であるが、経験と歴史を排除するのではなく、受容することにおいてのみ形成される。しかしそれによって哲学は経験と歴史に還元されてしまうのではなく、思考の「自己発展」としての自立性を保ち得る。この二重性こそ、「序論」十二節注解における「経験的内容の受容は思考の自己発展である」という基盤的命題の意味であり、「哲学的諸学」の全体を支える基礎である。

シューバルトとカルガニコのように、哲学と諸学を切り分けようとすることが一八二〇年代後半ドイツの主要な思潮であった。そうした時代的な雰囲気が後押しするなかで、増大し続ける諸学の知見を闇雲に追いかけることは、哲学をもはや不要のものであるとみなすことにつながりかねないだろう。しかしヘーゲルがこの危険を恐れなかったのは、「追考」という方法理念を整備し、それに依拠しつつ学的実践を遂行することによって、経験のなかで哲学を生かす道を見いだしたからにほかならない。こうした体制を構えることによって、ベルリン期におけるヘーゲルの活動は独自の思索圏を形成しているのである。

ここでのヘーゲルの関心はもはや、イェーナ期の活動や『精神の現象学』を支配していたものとは別のところで息づいている。その仮想敵はもはや、カントでも、フィヒテやシェリングでもない。彼の哲学にとって問題なのはいまや、哲学的問題の内部抗争ではなく、むしろ、時代の実証主義的な反哲学の傾向なのである。思想的な「コンステラチオン（Konstellation, 布置状況）[6]」の変更は、ヘーゲルに新たな理論形成を強いる。後に詳しく見るように、『精神の現象学』が叙述する「意識経験」の弁証法は、ベルリン期においてはもはや「学」へ

の不可欠な前提とみなされなくなる。その代わりに新しく浮上したのが「追考」の理論なのである。実証的な知を避け、思弁的自己に閉じこもるのではなく、むしろ経験的な知へと沈潜する。それによって、ヘーゲルは実証的諸学の隆盛するなかで、なお哲学が生き残る道を模索したと言えよう。大学のなかでどれほど学派的な取り巻きに囲まれていたとしても、学問状況全体を俯瞰してみれば、思弁哲学はすでに時代に追い詰められた窮鼠であった。ヘーゲルもそうした哲学の危機を十分に自覚していたはずである。それを我々は、『精神の現象学』に認められていた「学への導入」という根本性格を放棄してまで（この事情については本書の第二部で詳しく確認する）、「追考」の理論を練り上げる、というヘーゲルの決断にはっきりと看取することができる。それはある意味で、正面衝突を回避し、生きのびるための戦略変更であった。迂回はしかし活路となる。これから明らかにしていくように、そこで生み出された「まわり道」の思考こそ、後期ヘーゲルの基本姿勢を形作っていくのである。

注

（1）以下の記述は拙論、下田 二〇一二に依拠する。
（2）イェシュケによれば、ヘーゲルにシューバルトを紹介したのはゲーテであり、シューバルトがヘーゲルに対して論陣を張るようになった後も、ゲーテは直接論争に加わることはなかったものの、どちらかと言えばシューバルトに加担していたとしている。とすれば、この論争の背後にヘーゲルとゲーテとの哲学的な対立関係を見ることも可能である。なお、カルガニコについての詳細は不明（Jaeschke 2003, S.303ff）。
（3）ドイツ語「Gedanke」は通常「思想」と訳されるが、「思考の対象」という意味で、この文脈では「観念」という訳語を選択した。
（4）「序論」第1節では、両者の関係が以下のように述べられている。「――意識は時間的な順序では諸対象の表象をそれらの概念よりも先に形成し、そのうえ思惟する精神はただ表象作用を通じて、表象作用へと向き合ってのみ、認識と概念把握へと進行するのであるから、……」（GW20, §1, S.39）。

（5）本書全体を通して、Erinnerung はその二重の意味を込めて「内化・想起」と訳出する。一八二七／二八年精神哲学講義では、「内化・想起」は次のように定義される。「像を知性へと内化させること（Innerlichmachen des Bildes in die Intelligenz）、外へと消え去るのではなく、知性のなかへと消えていくこと、私に属している像をある直観へと結びつけること、それが本来的な内化・想起である」（V13, S.200）。

（6）思想史研究の手法としてのコンステラチオン研究については、Mulsow&Stamm 2005参照。「ドイツ古典哲学」研究においてコンステラチオン研究を積極的に導入しているのはヘンリッヒである（Henrich 1992）。「ドイツ観念論」の諸思想を複眼的視点から捉え直すフレームワークについては、大河内 二〇一六参照。

第二章　「媒介された直接性」の問題とヤコービ批判

第一節　「追考」の論理構造としての「媒介された直接性」

前章において確認されたのは、「追考」の論理が、「論理学」の地平を切り開くのみならず、経験の受容と内容の発展を一致させ、経験科学と哲学との否定的な調和を実現することで、「哲学的諸学」の理念を支える基盤となることであった。それを提示する『エンチュクロペディー』「序論」第十二節およびその注解では、「哲学的諸学」の普遍性について、次のように述べられている。「思考に固有の、自己に還帰した、したがって自己において媒介された直接性（アプリオリなもの）は普遍性であり、その自己のもとにあること一般である」（GW20, §12Anm., S.53）。ヘーゲルは、思考が対象に向かい、「そこに居合わせ」つつ、自己を発見するという構造を「追考」と呼んだわけであるが、ここではそれに固有の自己反省の運動が、「思考に固有の、自己に還帰した、したがって自己において媒介された直接性（Die eigene aber, in sich reflektierte, daher in sich vermittelte *Unmittelbarkeit* des Denkens）」という様相により性格づけられる。だとすれば、関係性一般を指示する「媒介（Vermittlung）」と、関係性の撤廃を表現する「直接性（Unmittelbarkeit）」という、一見して相反する二つの概念に対するヘーゲルの吟味こそ、「追考」の体系を実現する鍵を握っているのではないだろうか。そこで本章では、これらの対概念に着目して考察を続けることにしたい。

凝縮された十二節注解の記述はいわばその体系のマニフェストであるが、ヘーゲルの狙いは思考の再定義を超えたさらにその先に定められている。上の引用は次のように続けられる。

その直接性には自己における満足があり、そのかぎりでアプリオリなものは特殊化に対して無関心であるが、同時に自らの発展に対しては馴染みあるものとみなす。宗教も同様であり、それが発展したものか未発達なものか、学的な意識へと形成されているのか素朴な信仰と心に留められているのかはあるとしても、満足と至福に関する〔思考と〕同じ強度の本性を所有しているのである。(GW20, §12 Anm., S.54)

「媒介された直接性」の構造は、学的思考のみならず、前哲学的、前概念的領域である宗教にもまた見いだされうる。すなわち、「媒介された直接性」の謎を解明することは、ヘーゲル哲学一般の課題として、この矛盾的概念の成立根拠を探る論理学的考究がまずは要求され、具体的には『論理学』第二巻「本質論」の全体がその論述にあてられる(1)。他方で、ヘーゲル哲学は、宗教などの実在的対象の領域において、自己媒介する直接性の実現を見いだす、という課題も持っているのである。

第二節　ヤコービにおける直接性と媒介の概念

「媒介された直接性」は、すでに「追考」の理念において確認したように、「論理学」と「哲学的諸学」の立場を開く理論的支柱として導入されていた。さらにここで着目したいのは、その概念が持つとある論争的な側面である。

ヘーゲルに先立って、直接性と媒介という対概念を自らの思索の基軸として捉え、ヘーゲルとは反対に、それらの決定的な分離に自らの「非哲学」としての立脚点を定めていたのは、ドイツ古典哲学の影の主導者とされるフリードリヒ・ハインリヒ・ヤコービ（Friedrich Heinrich Jacobi, 1743-1819）であった。(2) ヘーゲルのヤコービ解釈は常に一定していたわけではなく、そのつど揺れ動いている。(3) しかし、信と知とのあいだには克服しがたい断絶がある、というヤコービ固有の問題意識に、ヘーゲルは生涯において変わらず関心を抱いていた。

これまでのヘーゲル研究においても、ヤコービの重要性はすでに十分に指摘されている。(4) しかしヘーゲルのヤコービ論が多様であるという事情のもとで、どの資料をもって考察の対象とするかは論者のテーマとその関心に任されているのが実情である。(5) ともかく、本書の課題は、ヘーゲルのヤコービ解釈の展開すべてを網羅することではない。しかし、後期ヘーゲルにおける「媒介された直接性」理論の射程を明らかにする、という課題のもとで、ベルリン期のヤコービ批判は不可欠なのである。

(1) 信の存在論

まず、ヤコービの基本思想を確認するために、『モーゼス・メンデルスゾーン氏宛書簡におけるスピノザの教説について』（以下『スピノザ書簡』）およびその第二版（一七八九）に付された「第七付録」を参照しよう。(6) ヤコービによる立論は、直接的な信と媒介的な知とが互いに相容れない性格を持つとされる点に集約される。事実的対象からの「啓示」を内的な「感情」において直接的に受け取ることで形成される無制約的な確信、それがヤコービにおける「信（Glaube）」である。それはまた、「人間の認識と活動すべての基盤的要素」（SB. S.125）

とされているように、あらゆる活動の基礎となる、根本的で純粋な究極的経験である。それに対して、論証的な「知（Wissen）」による判断や推論等の媒介的操作は、それが「制約された諸制約の連関のなかで」（SB. S.261）展開されているかぎり、それらをいくら積み重ねても、論理的体系の外部にある実在的対象にたどりつくことはできない、とされる。

「第七付録」によれば、信と知の活動領域がこのように区別されるのは、両者が互いに独立した因果連関の形式に従っているからである。すなわち信が服しているのは「直接性」を対象との関係特徴とする経験的因果性としての「原因（Ursache）」であり、それに対して知は「媒介」を旨とする論理的因果性としての「理由（Grund）」に従う（SB. S.282）。そのために両者は互いに異なった活動領域を構成するのである。この規定によって、ヤコービは知によって信を捉えようとするあらゆる哲学的な企てを「つじつまの合わないもの」として批判したのであった(7)。

超感性的なものは、知ではなく、信によって、すでに把握されている。これがヤコービのテーゼである。明らかなように、ここでの信とは、特定の実定宗教における教義・信条を受け入れる「信仰」を意味してはいない。同様に、敬虔主義的な内面的心情に基づく体験ともまた異なったものがある。ヤコービにとっての信とは、ある個人においてはあったり、また欠けていたりするものではない。ヤコービはメンデルスゾーンに訴えて言う。「我々は皆信じることにおいて生まれ、信じることに留まらなければならないのです。それはちょうど我々が皆社会において生まれ、社会に留まらなければならないように。「全体が必然的に部分に先立つ」のです」（SB. S.115）。このように、ヤコービの信とは、社会と個人の関係との類比において捉えられた「全体」である。この見解に従うなら、「ある人が信を持つ」のではなく、むしろ個人が信に持たれると言うほうが正しいだろう。信がなければ人間は人間として存在しえない。そのような意味で、ヤコービの信は人間の存在論的条件であり、その活動全体の起源なのである。[8]

「全体が必然的に部分に先立つ」という原則はまた、認識論的な基礎へと転用される。あるものについて、その確実性がすでにして与えられているのではないならば、我々はそれについて知りうることはない、とヤコービは言う。「客観的確実性」に基づく個別的な認識には、「主観的確実性」が先立つ。それは対象に対して保証を与えるものとしての、根源的な自己確信であり、自己とともに対象が「ある！」という「事実」（SB. S.261）の経験である。そこから獲得される直接的確実性なるものの概念こそ、認識の起源であり、かつあらゆる知の第一根拠であるべきものである。というのも、対象と一致する自己の確実性を欠くならば、ある表象は、たとえ感性的な事物の直観であっても、虚偽的な妄想として処理されるからである。[9] 言い換えれば、直接的確実性という場において、「然り」と証言されるもののみが、精神にとっての真である。この主観的自己確信こそ、ヤコービにとっての信であり、「精神としての神」の活動にほかならない。

(2)　ヤコービ思想のアポリア　知はいかにして信へと立ち返ることができるのか

「啓示」として開かれる根源的全体性としての信がすべての基盤である。このような視点に留まるかぎり、知の媒介は、信の直接性とは区別されてはいるものの、それに反して働くものではもはやない。知が信から独立せず、信に基づいて展開されるとき、それをヤコービは「生きた哲学（die lebendige Philosophie）」（SB. S.132, 138）と呼んでいる。「生」は、ヤコービによれば、信の領域にある活動性である。「生きた認識は生そのものから生まれ育つ」（SB. S.140）とされるように、考え方はまず生き方に基づく。生の展開は「歴史」をその舞台とする。それゆえ「生きた哲学」は「ある民族の思考様式」（SB. S.138）として、歴史の諸段階における各時代の精神の反映である。したがって「生きた哲学」を遂行するのは、個々人の恣意ではなく、歴史的に展開する生そのものである。このように、ヤコービの信の存在論は、「歴史的生の哲学」という射程をも備えている。[10]

知が信に根差しているのであって、その逆ではない。「人間の悟性は自らの生、自らの光を自己のうちに持ってはいない」（SB. S.114）。このことを忘却したのが、スピノザを始めとしたあらゆる自己完結的な「論理的悟性の体系」としての諸哲学である、とヤコービは断罪する。しかし、知が信という非知的なものに根源を持つ、という結論から、ひとつの問題が生じる。ヤコービはあらゆる知が自らの根源であるはずの信に基づくべきことを求めながらも、知から信へと至る道を遮断しているように見えるのである。知による論証は媒介であり、信をもたらす啓示の直接性とは決定的に区別される。したがっていくら推論を積み重ねても、知は自らの根源に還ることはできない、というのがヤコービの基本テーゼであった。[11] ヤコービは自らの「生きた哲学」構想のもとで、学者の知よりも、「未開人」（SB. S.144）、「子ども」、「民間的な常識」（SB. S.319）において表現される知のあり方について高く評価している。だとするなら、ヤコービが我々に勧めているのは、知性を捨て自然に帰れ、ということなのだろうか。

避けがたく知を持つものとしての人間は、いかにして自らの知を放棄し、「信の視点」へと立ち返ることができるだろうか。知から信へと還帰することの可能性について、ヤコービは、とにかく「決死の跳躍、とんぼ返り（Salto mortale）」（SB. S.20）しかない、と主張する。たしかにこの問いに知によって答えを与えることは、信の直接性を再び知の媒介へと混ぜ込むことにつながるわけである。したがって、その積極的な答えを回避することはヤコービの立場にとって当然だと言える。しかしその結果、この「決死の跳躍」はメンデルスゾーンによって「空虚への飛躍」（SB. S.178）であると批判され、ヤコービは「盲目的な信仰の伝道者」というレッテルを受けることになったのである。[12]

第三節　「直接知の立場」に対するヘーゲルの批判

ここからは、ヤコービ的な信の立場に対し、ヘーゲルがどのような態度を取ったかを確認していくことにしよう。後期ヘーゲルにおけるヤコービ論としては、一八一七年の「ヤコービ著作集第三巻書評」がもっとも重要な資料のひとつとなろう。しかし「書評」という資料形態もあって、そこにはヤコービへの過度の賛辞も目立っており、ヘーゲルの本音を見極めるのは難しい[13]。この「ヤコービ礼讃」が強調されると、ヘーゲルのヤコービ評価の転換が、そのころになって直接の知己を得たという外的な事情に還元されてしまいかねない[14]。したがって本節では、ヘーゲルの最終的なヤコービ評価であり、「ヤコービ書評」で提出された発想を、ヘーゲルが自らの体系において捉えなおしている、『エンチュクロペディー』第三版「予備概念」におけるヤコービ論を考察の対象としたい。すでに第一章では、「予備概念」前半における「追考」論を確認したが、それに直接続くヤコービ論は、その議論とも大きな関連性を持っているのである。

「予備概念」後半部（二六節—七八節）には、「観念（思考）の客観性に対する態度」と題された小さな哲学史（以下「三つの態度」）が置かれている。問題のヤコービ論は「A．形而上学」、「B．一．経験論および二．批判哲学」と並ぶ、「C．思考の客観性に対する第三の態度　直接知」と題された節（六一節—七八節）にある。「三つの態度」全体の検討、およびこの小哲学史が「論理学」の「導入」として位置づけられていることの意味については、本書の第二部第四章において取り扱うため、ここではヤコービ論としての「直接知」論の検討に集中することにしたい。

その哲学史的叙述によると、「批判哲学」への対立から、「第三の態度」としての「直接知（das unmittelbare Wissen）」は現れる。「直接知の立場」とは、「思考を特殊なものにすぎない働きとして理解し、そうすることで同時に思考には真理を把握することができないと説明する立場」（GW20. §61. S.100）である。そこでは、「批判哲学」と同様に、客観的真理は認識において把握できないとされる。しかしその不可能性の理由は、「批判哲学」のように悟性の「諸カテゴリー」を「主観的」と規定するからではなく、目下の立場が、諸カテゴリーをそれ自体で「制限された諸規定であり、制約されたもの、依存的なもの、媒介されたものの諸形式」（GW20. §62. S.100）であり、すなわち特殊的で有限的だと考えるからだ、とされる。ヘーゲルによれば、この立場を代表する思想家としてのヤコービ（GW20. §62Anm. S.101）は、無限なものを有限化するだけの働きとして、思考を規定している。そこでは、概念把握や説明とは「あるものを他のものによって媒介されているものとして示すこと」（ebd.）として理解されるのみである。それに対し、無限なもの、無制約なものとしての「神」は、「制約された諸制約を通して」（ebd.）進行する媒介的な認識連関の外にある。こうして無制約者と思考規定との対立が結果し、悟性規定から無限なものへと推論することの不可能性が、ヘーゲルに言わせれば、歴史的にはじめて主張される（六二節）。つまり、「直接知」の登場によって、悟性そのものの有限性が、はじめて根本的に洞察されたのである。

しかしヤコービにとって、とヘーゲルは言うのであるが、悟性の無力は人間における真理把握の全面的な不可能性を示すものではない。ヤコービ思想の眼目は、真理が人間の存立基盤であるかぎりでの理性、すなわち精神にとってたしかに存在すると主張することにある。ヤコービにおいて理性とは、制約する能力であると同時に、そうした側面とは別に、それ自体で「神についての知」（GW20. §63. S.102）としてのあり方をも有する。そのような意味での理性が有限な内容に関わる「媒介された知」に対する「直接的な知であり信」（ebd.）と呼ばれる。精神は直接的に無制約的なものに触れている。そうした信の境地においては、無制約者の表象と存在の確実性とがいまだ分かたれないままなのである（六四節）。

ヘーゲルが「直接知」を高く評価するのは、そこに哲学が古来より求めてきたものがすべて表現されている、と見るからである。「直接知」の思想には、思考と存在の直接的かつ不可分な統一が言い表されている（GW20, §64Anm., S.104f.）。「直接知の立場」が哲学と異なっているのは、それが哲学に対して「排他的態度」を取り、対立するという点だけである（GW20, §64Anm., S.105）。

しかし媒介に対するこの排他的態度こそ、ヘーゲルによれば致命的なのである。「直接知の立場」は、直接性と媒介との関係を排他的なものとして捉え、「媒介を排除すること」（GW20, §65, S.106）によってのみ真理が獲得される、と主張する。しかしヘーゲルによれば、媒介を排除することは、直接性を、媒介と対立する一面的で抽象的な原理へと矮小化する行為でしかない。すなわち、媒介との厳格な対立によって、無制約的な知であるはずの「直接知」はむしろ制限され、有限性へと落ち込んでしまうのである。それは結局、「ある！」という自己感情を、自己のうちで再確認するという「抽象的自己関係」（GW 20, §74, S.114）にすぎない。

こうして、有限知の克服という「直接知の立場」が標榜した試みは挫折せざるをえない。つまり、知の体系に対して、それが無を根拠とする「ニヒリズム」だと暴き立て批判するヤコービ自身が、ヘーゲルの立場からすれば、抽象的な無へと落ち込んでおり、その結果、ヤコービの信の発想こそが、実はもっともニヒリズム的なものを招来するものであったとさえ言うことができる(15)。

実際には、一面的な直接性も、一面的な媒介もそれだけではありえない。むしろ認識は、両者の必然的な相関において進行するのだ、というのがヘーゲルの主張である。「直接知」が自らの主観的確信において存在を見いだすということも、ヘーゲルによれば媒介作用の一側面にすぎない。しかもその媒介というのも、「外的なものとの、外的なものを通じた媒介」ではなく、「自己自身において自己自身を完結させているものとして」の媒介なのである。その真の媒介による認識についてヘーゲルは次のように表現している。

しかしある内容が真なるものと認識されうるのはただ、それがある他のものと媒介されていない、つまり有限ではないかぎりでのみ、したがって自己を自己自身と媒介し、そのようにして媒介と直接的な自己関係がひとつであるかぎりでのみなのである。(GW20, §74, S.114)

知の媒介に敵対することによって、「直接知の立場」はこの事実を見失ってしまう。「直接知の立場」が自明とする直接性と媒介との対立は、「単なる前提と任意の断言」にすぎない。とすればそれは、「学へと立ち入ることに際して」(GW20, §78, S.117)、放棄されるべき前提や先入見のひとつとみなすべきであるとヘーゲルは結論づける。[16]

第四節　経験科学と直接知　直接性と媒介の切り離し

ヘーゲルの解釈によれば、知の内部における直接性の発見こそ、ヤコービ最大の功績であった。しかしヤコービは、媒介と直接性を相互排他的に捉えたために、結局はその発見を正しく理解しなかった。そうして見れば、信の直接性に自閉する「直接知」と、対象に固執して自己を喪失する「経験科学」とは、一見すると対立しているようではあるが、実は、媒介と直接性の相互排他性という点で重なり合っていることがわかる。『エンチュクロペディー』「序論」十二節注解に見たように、経験科学の知は、自らの素材となる内容を受容するために、経験、すなわち「そこに居合わせていること（dabeisein）」（GW 20, §7Anm., S.46）を必要とする。その知は常にアポステリオリであり、ヘーゲルが学において不可欠であるとみる普遍性としての、内容の自発的で内的な展開がない。他方で、直接性を保持するためにあらゆる媒介を拒否するヤコービは「自己のもとにいること（beisichsein）」へと自閉する。対象か自己か、という違いはあるが、直接性へと固執する両者の立場は、こうして表裏一体の関係にあることが明らかとなる。

「追考」の理論および「自己において媒介された直接性」の概念は、こうして隣り合う二つの同時代的思潮への対抗として引き合いに出される。時代の反哲学的立場は、直接性と媒介を切り離すことで、哲学的な知の限界を定め、哲学を無力化しようとする。この戦いに対しヘーゲルは、直接性と媒介の和解を試みることでそれらの攻撃に対抗するのである。

注

（1）ヘーゲルは、『エンチュクロペディー』第三版六五節注解において、ヤコービを批判する文脈で次のように述べている。「『論理学』第二部全体、本質についての教説は、直接性と媒介の、本質的に自己を措定する統一についての論考である」（GW20, §65Anm., S.107）。著作『論理学（*Wissenschaft der Logik*）』は大きく「客観的論理学」と「主観的論理学」の二部から成り、第一巻「存在論」（一八一二年）と第二巻「本質論」（一八一三年）は前者に、第三巻「概念論」（一八一六年）は後者に属している。

「自己において媒介された直接性」の解明は、「直接性と媒介の、本質的に自己を措定する統一についての論考」としての第二巻「本質論」全体の叙述が該当する、とされている。この意味で、媒介と直接性の概念は対象的に主題化されるのではなく、むしろ「本質」の全面的な展開においてそれらの諸相が示される。すなわち「本質論」の叙述全体が、媒介と直接性の統一についての証明となっているのである。『論理学』の構成全体から見るならば、「本質論」が扱う「本質の論理」は、「存在論」と「概念論」をつなぐ仲介であり、純粋な抽象的直接性である「存在」を、「具体的普遍」としての「概念」へと連結させる。

存在から概念への接続は、「直接性と媒介の、本質的に自己を措定する統一」を叙述することによってなされる。したがって「媒介された直接性」とは、「本質の論理」が構成される問題の場所そのものであり、その実現は叙述の目標であるところの、概念であると考えられよう。そうだとすれば、まずは、本質が問題として浮上する現場、すなわち存在からの「移行」こそが確認されるべきである。それによってヘーゲルが媒介と直接性の概念をどのように取り出し、いかにしてそれらの統一が把握されていくのか、という問いに対する考察の方向が理解されることだろう。

「本質論」冒頭の記述を参照しよう。「存在の真理は本質である」（GW11, S.241）という言葉によって、「本質論」は始められる。「純粋理念の学」としての『論理学』は、「直接的なもの」としての存在から考察を始め、もっとも無規定的なものから内在的に規定を見いだしていくことで、学的叙述に求められるべき普遍性と必然性を保とうとする。この発展の過程は、したがって無規定なものに規定を見いだす作業であり、直接的なものを離れてその真理を媒介として確認する。とすれば、直接的なものとしての存在の真理が「直接的ではないもの」、「存在ではないもの」であることを証示するのが「存在論」の課題であり、その結果を受けて存在の背後にある非直接的な真理を主題化するのが「本質論」である、と整理することができよう。

ヘーゲルがここで注意を促すのは、存在の真理が非直接的なものである、ということはただ、存在が自らの背後にある真理へと、自己を超え出ていくという「運動」においてのみ認識される、ということである。存在のこの自己超出は、直接的に知られるものではなく、ただ「媒介された知」（ebd.）として確保されうる。この移行をヘーゲルは、「内化・想起（er-innern）」の働きとして語りつつ、そこから「ある」ではなく「あったもの」として、「本質」の次元を描くのである。

> 知が自己を直接的な存在から内化・想起することによってはじめて、この媒介を通じて知は本質を見いだすのである。——言語は「ある（Sein）」という動詞に、存在した（gewesen）という過去時制のうちに本質（Wesen）を保持している。というのも本質とは過ぎ去った、しかも無時間的に過ぎ去った存在（das vergangene, aber zeitlos vergangene Sein）だからである。（ebd.）

したがって本質は、存在の否定ではあっても、「存在論」で主題化されるような単なる「無」ではない。すなわちそれは、両者の直接的な転換運動である「生成」を帰結するような、存在と無の弁証法ではもはやない。存在の論理を超えた枠組みとして見いだされる直接性と媒介の論理構造は、存在が「自己のうちへ行くこと」と表現される「内化・想起」の運動においてはじめて機能するのである。

このように、本質は、直接的なものとしての存在とはまったく異なる位相に属するものとして示されながら、「止揚された存在（das aufgehobene Sein）」として、存在そのものに内在する自己否定的な運動の帰結として明らかにされる。直接的なものは媒介へと転化する。すなわち媒介は直接性に対峙するものとして外的に提示されるのではなく、直接性の否定でありながらその真理なのである。それゆえ認識におけるこの移行は、存在そのものが自己の外へ、ではなく「自己のうちへ行くこと（Insichgehen）」と表現されるように、存在にとって内的に遂行される、というのである。

とはいえ、存在の否定としてまず措定された本質は、「規定を欠いた単純な統一」（ebd.）として、あらゆる有限的なものを自己に外的なものとして遠ざけることもありうる。そのため本質を存在から切り離し、存在の諸規定を排除する「抽象であるところの外的な否定」（GW11. S.242）の可能性が依然として残されてしまっている。こうした「外的反省」によって把握される場合、本質は「自己のうちで死んでいる空虚な無規定性」（ebd.）でしかない。そうだとすれば、それは再び存在の直接性へと転落し、運動としてあるはずの自らの本性を喪失してしまう。しかしここで把握されるべき本質とは「純粋本質という抽象」ではなく、「他であることと規定性が自己を止揚する否定性」（ebd.）なのである。

ここに、「本質論」独自の課題が認められることになる。ヘーゲルは本質の抽象的把握と本来的把握を区別し、後者を断定的に提示するのではなく、本質自身が自己の規定を充実させていく過程を叙述しようとするのである。本質の運動は存在の直接性から離れつつ、その距離化において自己を確保する。ここでの本質は、いまだ「存在の第一の否定」（GW11. S.243）にすぎず、本質の媒介は存在の「直接性」と切り離されることで、諸々の区別や規定に対し、自らの「定在（Dasein）」を失った反省的抽象にすぎない。しかしその運動は、ヘーゲルによれば、自己にふさわしい「定在」を付与するところまで展開する。そうして自らの定在の自立性を確保する本質こそが最終的に「概念」として捉えられ、「本質論」は「概念論」へと移行する。

この関係性の論理、すなわち媒介の論理と諸類型こそ、「本質論」の論述対象にほかならない。概念の定在は存在の定在とは異なり、たしかに直接的なものであるが、本質の媒介を排除するものではない。むしろ本質の媒介においてはじめて実現する直接性、すなわち「自己において媒介された直接性」こそ、本質の運動が必然的に向かう目標としての概念である。この意味で、「存在論」と「概念論」とを接続する「本質論」の全体は、先に見たように、「直接性と媒介の、本質的に自己を措定する統一についての論考」とされるのである。

（2）　近年におけるヤコービ研究の進展、および「ドイツ観念論」から「ドイツ古典哲学」への研究フレームの転換と拡大（イェシュケ 二〇〇六）によって、反動的、反啓蒙的な宗教思想家としてのヤコービ像は訂正され、思想的時代状況におけるヤコービの主導性が、共通の認識となりつつある（久保 二〇一〇）。それに伴って、哲学の領域におけるその積極的な意義を探る研究も出されている（Schick 2006）。さらには、ヤコービ的「生」の実在論がもつ現代哲学との親近性、先駆的性格もまた指摘されてきた（Bollnow 1966）。ヤコービを中心とする時代の思想的「布置状況」の実証的な再構成によって、いわゆる「ドイツ観念論」の形成、完成、離反として単線化されてきた哲学史記述は反省を求められることになるだろう。

（3）ヘーゲルによるヤコービ解釈の変遷については拙論、石川 二〇〇九参照。

（4）山口祐弘氏はヤコービの果たした知性批判とそれに対するヘーゲルの批判とを、「反省」概念を軸として整理している（山口 二〇一〇）。

（5）そのためヘーゲルのヤコービ観については一貫した像を結んでおらず、それどころか、専門的で詳細な研究が進めば進むほど一層、統一的な像を提出することが困難となっているように思われる。そういった試み自体稀であるが、ガヴォルの研究は例外で、初期から晩年にいたるまでの形成に即して、その時代におけるヤコービへの関係について通時的に考察している（Gawoll 2008）。

（6）『スピノザ書簡』からの引用は以下の版を参照する。Friedrich Heinrich Jacobi, *Über die Lehre des Spinoza in Briefen an den Herrn Moses Mendelssohn*, hrsg. von Klaus Hammacher und Irmgard Maria Piske, bearbeitet von Marion Lauschke, Hamburg: Felix-Meiner, 2004, XI, 374 S. また、引用ページについてはSBという略号を用いて示す。

（7）ザントカウレンは「原因」と「理由」の区別にヤコービの理性批判の核心を見つつ、哲学者としてのヤコービ、あるいは哲学論争におけるヤコービという側面に焦点を絞る（Sandkaulen 1999）。

（8）その意味で信こそ人間の「イデア」であり、「形相」である、とされる。一八一九年「第三版序言」には次のような言が見つかる。「原真理的なもの、原美的なもの、原善的なものの前史を人間は思考する精神の内に見るのであるが、人間はこの歴史を有しているがゆえに、精神が彼の内で、そして彼を超えて生きているということを知っている」（SB, S.341）。

（9）例えば夜の墓場で幽霊に遭遇したとする。それがもし仮に本当に幽霊であったとしても、その感性的事実が受け入れがたく、にわかに「信じ難い」と目を擦るのは、その経験が自己の信念体系にそぐわないからである。一八一九年の「第三版序言」では、「信」とは「真の理性主義が我がものとして承認するところの理性の原的な光」であり、「見えないものに対する揺るがぬ信頼」（SB, S.316）として規定される。見えないものへの信頼は見えるものへの信頼より偉大で強力である、とヤコービは言う。なぜなら、信じられないものを見たとき、我々はそれを「妄想」だと思うからである（ebd.）。

（10）ヤコービにおける信の存在論と生きた哲学との接続については拙論、下田 二〇一五参照。

（11）第四、第五の基本命題を参照。「Ⅳ．論証の道はすべて宿命論に陥る」（SB, S.123）。「Ⅴ．我々はただ類似物のみを論証しうる。証明というのはすべてすでに証明されたものを前提しているのであって、その原理となるものが啓示である」（SB, S.124）。

（12）この問題に対する解決をヤコービの思想展開に見ることもまた可能であるように思われる。『スピノザ書簡』第二版（一七八九）から三十年の後、最晩年の一八一九年、ヤコービは新たな序文を付し、第三版として公刊した。明らかにヤコービは、以前に増して自らの思索における知の役割を強調するようになっている。たしかに彼の基本的立場は変わらず信にある。にもかかわらず、ヤコービはここで、まさに知の事柄の問題として、『スピノザ書簡』全体を読み直すように、読者を促しているのである。

ヤコービが自らの思索の道程を回顧して述べるには、「私には知られざる神への思慕が生得的にあって、それを知性にもたらすこと」（SB, S.339）を以前より望んでいた、とのことである。たしかに「学校向けの体系を仕立てること」がヤコービの目的であったわけではない。むしろ「神をあらゆる学の第一根拠として発見し、至る所で再発見することという要求」を満たすことこそ求められるべき事柄であった、という。それが、かつての言葉で言えば、「私のもっとも内的な生」に基盤を持つ「生きた哲学」の課題であり、それは「歴史的生」や「諸制度」の次元から、抽象的な認識体系としての「学」までをも含みこむものであった。ヤコービは自らの内的確信を次のように述べている。「私の哲学が基盤を置いていたかの直接的な精神の、すなわち神の意識は、単なる自然の、悟性の学以上のなにか、自然学と論理学以上のなにかであろうとしたすべての哲学に対して、礎石にして要石として役立たなければならない」（SB, S.347）。

このような学問論的な枠組みでかつての思索を振り返った場合、非知としての信は、知を基礎づける真理として捉え返される。その種の「真理」は、悟性的な諸原理のみに従おうとする従来の体系的な哲学が「真理」として措定するものとは区別される。それは「私の創造物ではなく、その創造物こそが私であるところの真理」（SB, 338）、ないしは「単に学的である以上の紛れのない真理」（SB, 352）である。ヤコービが求めているのは、その「真理」に基礎づけられた、単に学的である以上の「学」なのである。もしある学にとって、その基盤となるべき純正な「真理」が欠如しているならば、その学は「論理的発出論」に陥ることで、「すべてを無にする無」となる。このような無は、ヤコービに言わせれば、「実際に誰もが求めることもなく求めることもできない無、それがその人にとって純粋な真理として最終的に提示されたとしても、すべてに勝るほどに愛することはできない無」（SB, S.314）であった。

哲学体系のニヒリズムに対して、ヤコービは自身の「真の理性主義」ないし「真の学」を「自己自身と神とを証言する精神」（SB, S.348）として規定する。「自己と神について証言すること」は、かつてより信のあり方とされていたものである。つまりヤコービは、信それ自体を真理ないしは学として規定することによって、媒介知とは違う知のあり方を求めた、ということができる。

これらの言に従うなら、ヤコービは当初より、まさに学の基礎づけを目指し、悟性的な諸原理に従う学とは違う学を構想していたのであり、盲目的な信仰をひたすら説こうとしていたのでは決してなかったのである。この点はカントやメンデルスゾーンの批判に対する回答である。とはいえこれだけであれば、すでにかつての「生きた哲学」の構想や、「あらゆる人間的認識と活動の基本的要素」という信の定義に含まれていたものを、言葉を変えて述べてみたにすぎない。

一八一九年「第三版序言」に独自の考察はむしろここから展開される。真の学の知は、では、なにを、いかにして「知る」のであろうか。その点について、ヤコービが提出する概念こそ、「非知の学（Wissenschaft des Nichtwissens）」ないしは「知ある非知（ein wissendes Nichtwissen）」と呼ばれるクザーヌス的な響きのある構想である（SB. S.349）。それらは「あらゆる人間的な知はただ中途半端なものであり、中途半端なものであり続けるほかない、という認識のもとに」（SB. S.316）ある。つまりその認識とは、知の限界を「知る」ことを意味する。認識の起源は認識によっては根拠づけられえず、我々はそれについて無知であり、これからも無知であるだろう、ということを「知る」ことである。そしてまた、その中途半端な知を超え、「無知の知」としての認識に至るのはただ、「理性によって我々に与えられた啓示に対する信」だけであると確信すること、これらの知がまさに「非知の学」の内実である。「決死の跳躍」は「空虚への飛躍」（メンデルスゾーン）ではなく、知の限界を包括する認識への「飛躍」だったのである。

しかし、この飛躍はどのようにして生じるのだろうか。つまり、いかにして知の限界を自覚し、それを超えるものとしての信ないしは真理の立場へと転換することができるのだろうか。一八一九年に至って、ヤコービはようやくこの問題についての積極的な答えを用意した。それは同時に、常に論争的な形で思索を行ってきたヤコービの自己弁明でもある。

「非知の学」はいかにして生起するのか。それは、一言で言えば、そのつどの「好機」（SB. S.351f.）を見て、哲学体系の内部へと掘削しつつ、その根底に無を露開させ、その矛盾と限界を暴露することによって、である。スピノザに対する批判を例にとってヤコービが言うには、「スピノザ主義」には「論理的悟性使用という面」から見たら到底打ち勝てないものがある（SB. S.347）。だから『スピノザ書簡』は「スピノザ主義」に対して別の哲学体系を対置しようとして書かれたものではない。たしかにスピノザ的な思弁は自己自身から出発して「精神を欠いた必然性すなわち実体」に達するだけであり、その立場は「私が決死の跳躍と名づけたところの飛躍を介して」（SB. S.348）克服されるべきである。しかし、とヤコービは言う「しかし精神を欠いた必然性と実体こそまさに、それに対して確固として力強い態度を取るわけなのだから、私を引き揚げる風切り羽根（Schwungfeder）なのである」（ebd.）。

「すべては実体である」という命題に精神は強力に反対する。それは悟性の「制約された諸制約の連鎖」のなかに留まるかぎり、自らの根拠に向かうことはできないからである。つまり、スピノザ哲学の内部に留まってそれを詳細に分析することの意味とは、「確認する（bestätigen）」だけで「根拠づけること（begründen）」はできない（SB. S.347f.）という思弁の無力さと、それに基づく「スピノザ主義」の根底にある無を暴くことにあり、また、その暴露によって「スピノザ主義」とは別の、その限界を超えるような場へと向かおうとする感情を惹起させることにあったのである。このようないわば「否定の道」は、自らの思想を悟性的に提示することが禁じられているヤコービにとって残された唯一の方策であり、信の直接性を知の媒介に還元することなく、知を信に、飛躍のための「風切り羽根」として奉仕させる方法だったのである。

このことはヤコービが「論争」（SB. S.347）というネガティヴなスタイルで常に思索していたことの理由でもある。彼は自らの哲学が、単なる断言ではなく、哲学として機能するためには、他の諸体系の内部に潜む病理としての無を開示するという作業が不可欠であると考えていた。しかし論争の相手が同一であるということはなく、そのつどの相手の出方次第でこちらの取り組みも変化する。ヤコービ自身が述べているように、それは「好機によって（durch Anlässe）」（SB. S.351）もたらされるものでしかありえないような思索である。

さらに、このことが意味しているのは、「非知の学」が、自らの根拠を「知―ではない（Nicht - Wissen）」ものとして明らかにするという、「否定」の行為を不可欠なものとして含んでいるということであると考えることができる。その行為はどこまでも知の媒介によるものでしかない。しかし否定を欠いて飛躍はなく、信の立場はありえない。そういった意味でヤコービの論争的作業は欠くことのできない知の媒介として位置づけられるのである。

以上のように、最晩年の思想において、ヤコービは知を積極的に位置づけるに至った。知は自らの限界を自覚することによって、自らの根源である信へと還っていく。還ってきたところからすれば、知は全体性の経験である信の否定として生起したものであり、信への還帰は、否定であるところの否定によってなされる、ということが理解される。このようにヤコービの思索過程を図式的に整理することは、単にヘーゲル的な読みこみのなせる牽強付会な業であろうか。むしろ、ヤコービ自身がヘーゲルに近づいたのだとは言えまいか。

（13）「ヤコービ書評」において、ヘーゲルはヤコービを「否定の否定」（GW15, S.11）という自己反省的運動に基づく「精神」概念の発見者として位置づける。ヤコービは、ヘーゲルの時代とそこに生きる人々にとっての大きな「転換点」であった。ヤコービの訃報に触れたヘーゲルは一八一九年三月二六日付ニートハンマー宛書簡で次のように綴っている。「彼は時代と個人の精神的教養形成のひとつの転換点を形成した人のひとりであり、わたしたちがそこで自身の実存をイメージするような世界にとっての確かな拠り所のひとつでありました」(Briefe, Bd 2, S.213)。

(14) 興味深いことに、晩年のヤコービは次のようにヘーゲルを評価している。曰く、ヘーゲルは、たしかに「飛躍なき思想の道」をたどったのではあるが、それでもヤコービ自身とともに、「スピノザ主義を超えて自由の体系へと向かった」人であった。一八一七年五月三十日、ヘーゲルによる「ヤコービ著作集第三巻書評」が出てすぐのこと、ヤコービはネエプにあてて次のように書き送っている。「ヘーゲルと私の違いは次のところにあります。それは彼がスピノザ主義…〔中略〕…を超えて自由の体系へと向かったのですが、それも少しだけマシな仕方で、いややはり同じでしょうか(ですから結局はまた同じなのですが)、飛躍のない思想という方法でそうしているという点こそ、それです。わたしならば飛躍によるところなのですが」(Jacobi 1827, S.466)。ヤコービにとっても、ヘーゲルは無視できない存在であった。

(15) ヘーゲルはゲッシェルの『無知と絶対知についてのアフォリズム』についての書評(一八二九)のなかで、無知を自らの立場とする態度に対してゲッシェルの投げかける「それもまたニヒリズムではないか」という問いかけに賛同し、ヤコービの原理を、「ただ無限な実在のニヒリズム」であり、しかもその肯定的な形式としては「汎神論」である、とするゲッシェルを高く評価している(GW16, S.194)。ゲッシェルによるヤコービ解釈についてはJonkers 2004参照。

(16) 「C. 直接知」節の議論は以上であるが、ここで「予備概念」の形成についてひとつ注意しておきたい。一八一七年に公刊された『エンチュクロペディー』第一版の「予備概念」では、伝統的形而上学とカント哲学への言及が見られるにもかかわらず、「直接知」は論及の対象にはなっておらず、したがって「導入のための哲学史」としての「三つの態度」はいまだ構成されていない(GW13, §12-37, S.23-35)。編集者ゼルの調査によれば、一八二五年論理学講義においてはじめて「直接知」が論じられ、第二版以降の『エンチュクロペディー』において見られる「三つの態度」の構成がようやく整うことになった(Sell 2010, S.65-83)。ヤコービに対する評価の高まりが如実に表れている「ヤコービ書評」は『エンチュクロペディー』第一版と同年(一八一七)に出されているが、この書評においてすでに、「直接知の哲学者」としてのヤコービは知の媒介に対して排他的ではあるが、「媒介の止揚である媒介作用(ein Vermitteln, welches Aufhebung der Vermittlung ist)」を通して「理性の直接性(Unmittelbarkeit der Vernunft)」(GW15, S.8)に至る道を獲得していた、という後年の「直接知」論と同様の評価を与えられていた。しかし注目すべきなのは、そこからただちに、「予備概念」に見られるような「直接知の立場」を決定的な契機とする哲学史を構成するには至らなかった、ということなのである。最終的にヘーゲルは、ヤコービの立場を歴史化し、系譜学的観点から批判を行うことによって、その立場を取りこみつつ、それとの差異化によって自らの哲学を際立てる、という仕方を選んだ。この意味で、「三つの態度」における「直接知」論こそ、ヤコービに対するヘーゲル哲学体系に対して持つもっとも内的な評価であり、その対決こそベルリン期ヘーゲルの差し迫った課題であったと考えることができるのである。

第三章　ヘーゲル宗教哲学と「直接知」の問題

これまで改版『エンチュクロペディー』「予備概念」に示された「追考」の議論、およびその核となる「媒介された直接性」の概念について検討することで、ベルリン期ヘーゲルに固有の問題意識を探ってきた。「媒介された直接性」は『論理学』「本質論」において叙述される本質の運動構造そのものであるが、それはヤコービ的な「直接知の立場」に対する批判として具体化する。経験において経験を超出する「追考」の可能性は、実証的な「経験科学」への批判であるとともに、ヤコービ的な信の立場に対する挑戦でもある。経験科学と「直接知の立場」は、知と信という見かけの対立を形成してはいる。しかしヘーゲルの洞察は、それらが共通して、媒介と直接性を切り離すことで自身の立場を確保しようとするところに目をつけるのである。時代を席巻するその分離が目指すのは、ヘーゲルによれば、哲学の無効化である。だとすれば、「媒介された直接性」の確立をもってそれらの時代的思潮と対峙するヘーゲルの向かう先はただ、哲学知の擁護と復権へと定められているはずである。しかもそれは、両方の立場を超えた新しい立場を積極的に打ち立てるというのではなく、それぞれの内側へと潜りこみ、吸収しつついつの間にか反転させている、という仕方で実行されていたのであった。

このような予備的考察を経て、本章ではヘーゲルの宗教哲学に関するベルリン時代の講義に取材し、それによって「直接知」をめぐる問題をさらに掘り下げていくことにしたい。本書全体の中心課題は、宗教哲学講義

第二部、第三部における宗教史記述である。しかしその検討に先立って、ここではまず、これまでの考察と関連させながら、講義の序論、および第一部を扱う。それによって、ヘーゲルが開示する宗教哲学という思索の領域がなにを問題としているのか、なぜそこでは必然的に宗教の歴史が問題とされなければならないのか、宗教の歴史とは宗教の概念にとってどのような意味を持つのか。これらのことが、ベルリン期特有の問題意識のもとで明らかにされなければならない。そこでの理解の鍵こそ、「媒介された直接性」の概念と、ヘーゲルによる媒介概念の再構築にほかならないのである。

第一節　宗教哲学講義の課題と、それに関する資料的な問題

宗教哲学講義に関する、現在利用できる資料のほとんどは、全集第十七巻に収められた、一八二一年の手稿といくつかの断片的な草稿を除けば、ヘーゲルの手によるものではなく、複数の記述者による講義筆記録である。諸講義を通覧することで際立つのは、それらのあいだにある共通性よりもむしろ差異である。ヘーゲルは絶えず講義の編成を練り直し、変更していく。

先立つ第一章と第二章の考察によって、錯綜する宗教哲学講義を検討する基準となるものは得ることができたはずである。それはすなわち、「哲学的諸学」を導く「追考」の理念と、「直接知の立場」の批判によって組み上げられる「媒介された直接性」の概念である。これらこそ、ベルリン期特有の問題意識を構成するものである。いまや、それらの定める焦点をもとに、諸講義を解読することがなされなければならない。以下にまずは諸講義に共通する宗教哲学の大きな枠組みを見ることで、それらの基礎となるものを確認する。それから年

度別に序論と第一部を、主にヘーゲルの「直接知」批判の観点から読解する。

（1）宗教哲学講義の大枠

宗教哲学講義全体のもっとも大きな区分は、四つの講義すべてに共通している。すなわちまず「序論」において宗教哲学に関する哲学体系上の位置づけや、他の領域に対する独自性、方法などが述べられる。本論は、第一部「宗教の概念」、第二部「規定的宗教」、第三部「完成した宗教」と題される三部構成を採っている。敷衍すれば、第一部は宗教とはなんであるかについての理論的考察であり、続く第二部はキリスト教以前の諸宗教に関する歴史的考察、第三部はキリスト教論である。それぞれの部門の関係は後に詳しく触れるが、先立って簡潔に言えば、第二部の宗教史記述は、「宗教の概念」の「実現」として、その真理性の証明であり、キリスト教は実現した宗教と「宗教の概念」の一致として、宗教そのものの「完成」である、とされる。そのようにして、キリスト教こそ『エンチュクロペディー』「絶対精神」論で提示される「絶対精神の表象」としての「宗教」であり、かつ「表象」の領域で表現される精神的活動の限界点を形成する。そのように、すべての講義は、宗教と、「概念」としての立場である「哲学」との内容的な同一性と形式的な差異を指摘し、後者への必然的な接続を予告して終了する。

（2）宗教哲学講義序論の構成とその変遷

宗教哲学の立場とそれ独自の課題を表明するのが宗教哲学講義「序論」の使命である。しかしその構成には年度ごとに少なからぬ相違が見られる。一八二一年の「草稿に従った序論」には、後の講義に見られる節区分が存在しない。そこではまず、最高かつ絶対的なもの、すなわち「神」を対象とする意識としての「宗教」を持つということが、「動物」と「人間」とを分かつ決定的な境界であると述べられる。神を意識することにおいて世界の謎、思考の矛盾、感情の苦痛は解消され、永遠なる真理と平安とがもたらされる。それによって人は「彼らの生の**日曜日**」（V3. 1821. S.4）を得ることができる。

すでにこの点から、ヘーゲルの宗教に対する基本的な構えを見て取ることができる。すなわち宗教とは「意識」の事柄であり、論理学的絶対者とは異なり、宗教的絶対者としての神とは、人間的意識との相関にあるものである、という捉え方がそれである。ここでヘーゲルが強調しているのは、宗教が究極的な感情体験のようなものではなく、むしろそれが常にすでに人間的な事実として成立している、ということである。「宗教とは各人において対自的に存立していなければならない**事柄**であり――実体からして**新しいもの**、**縁遠いもの**を人間のなかに入れ込むなどということが問題ではないのである」（V3. 1821. S.8）。それは人間にとって疎遠なものではなく、すでに知られたものである。宗教についての認識、すなわち「宗教哲学」が可能となる条件は、この宗教の事実性において担保される。「まさに重要なのは、人間において宗教**が持つ**、**人間のその他の世界観**、**意識**、**認識**、目的、**関心との相関**である。この相関に、**哲学的認識**は関係し、本質的に作用するのである」（V3. 1821. S.10）。こうして宗教哲学は、絶対者に面した人間の自己理解として成立する。このような規定に基づき、さらに「認識の勇気、真理と自由の勇気を宗教に」（V3. 1821. S.27）という標語を掲げることでヘーゲルは、信仰と知、宗教と哲学との和解を目指す。

この時点ですでに、後年において「直接知」の問題として定式化される事柄が現れてはいる。すなわちヤコービのように、信仰の直接性と知の媒介を切り離すのではなく、それらの和解を表現する論理、すなわち「媒介された直接性」を構築することで、両者の調和を達成する、という理念である。とはいえ、ここではまだ、いわゆる「ヤコービ問題」が考察の中心に据えられることはない。

一八二四年宗教哲学講義「序論」は、その内部が五つの節に細分化され、構成がより明確になる。「A．宗教哲学の宗教全体に対する関係」では、宗教と宗教哲学のあり方が、ヴォルフ風の伝統的な自然神学、悟性神学との対比のもとで規定される。ヘーゲルがそこで強調するのは、絶対者ないし論理的な理念と「神」の区別である。神の「意味」とは絶対者であるが、それは純粋な論理的形式にあるのではなく、直観や表象へと啓示され、現象するものである。その仕方を問題とするのが、他の哲学的学問へと還元されない宗教哲学の固有域を形成する。それについてヘーゲルは次のように述べている。

こうして我々が宗教哲学において神の理念を考察するのであれば、我々は同時にまた我々に面前する神の表象の仕方をも持っている。神はただ表象し、自己自身のみを前に立てる（er stellt nur sich vor und nur sich selber vor）。このことは絶対者の定在の側面である。宗教哲学において我々はそのように絶対者を、単に観念の形式においてのみならず、その顕示の形式においても対象とするのである。――したがって普遍的理念はその端的に具体的な意味において把握されるべきであり、そこには現象する、自己を啓示するという規定が存している。この定在の側面はそれ自体でまた哲学において考えられるべきであり、観念によって把握されるべきである。（V3. 1824. S.36）

ここで強調されているのは、宗教に特有の「表象」の契機であり、自己を現象させ、顕現させる「精神としての神」（キリスト教の神）のあり方である。その神理解がヘーゲル的宗教哲学を根本的に性格づける。「精神とは自己を顕示するもの、現象するもの、しかしその現象において無限であるものである」（V3. 1824. S.37）。宗教哲学が提供するのは、その視点における絶対者の認識である。

現象する神についての十分な理解のためには、現象以前の概念的考察だけではなく、表象や祭儀、そしてそれらの歴史的展開としての「宗教史」が課題として要求されるべきである。いわゆる「理念ないし絶対者の特殊な諸形態化」（V3, 1824, S.36f.）において「精神としての神」を捉える、ということこそ、宗教哲学の中心的作業となる。一方で感情宗教論、他方で悟性神学と距離を取りつつ、中間的で、極めて人間的な諸事象に宗教の核心を捉え、感情でも、形而上学的神概念でもなく、神話や祭儀などの具体的な歴史的形態化に、ヘーゲルは考察の中心を置く。そこでは、精神の総体性を、歴史文化的次元における宗教現象へと向かうことで把握する、という「文化哲学的な宗教哲学」への道が開かれているのである。

続く「B．時代の要求に対する宗教哲学の態度」節、および「C．実定宗教に対する宗教哲学の関係」では、宗教哲学と、哲学を拒む教会的な信条との対比がなされる。神を認識する、ということは神の三位一体的なあり方をその現象の相において確認することにほかならない。「思考する理性によって神を認識し、それによって真理の本性についての生き生きした、具体的な表象を獲得すること」（V3, 1824, S.43, 44）が肝要であるとすれば、教会神学と哲学との表面的な対立関係は解消されるべきはずである。ここから「真理と自由の勇気」（V3, 1824, S.44）を持って神認識へと向かうことが時代の要請として確認される。

実定宗教の問題は、「D．予備問題」で、精神哲学的観点から次のように定式化される。「自己を対象化する精神は、本質的に自己に表象の、所与的なものの、精神が対峙する他の精神に対して現象するものの形態を与える…〔中略〕…精神は表象の形態において対自的になる。精神が対峙する他者に対する他者の形態において、宗教の実定的なものが生み出される」（V3, 1824, S.54）。宗教の実定化を、本質からの頽落と捉えるのではなく、「表象」という精神的活動の一局面として把握することこそ、ヘーゲルの言う宗教を認識することにほかならない。宗教の実定性とそれについての具体的な精査は、ヘーゲル宗教哲学の課題にとって内的な意味を持つ、ということも、このように最終的な認識目標である「精神」のあり方から導き出されるのである。一八二四年講義では、最後に「E．我々の論考の道のりについての概観」として、講義全体の三部構成の概略が示されて終了する。

（3）一八二七年講義序論における「直接知」批判

一八二四年におけるこのような五節構成の「序論」に対し、一八二七年講義の序論は、「A．哲学一般に対する宗教哲学の関係」、「B．時代の諸要求に対する宗教学の関係」「C．我々の対象の考察の概略」の三部構成へとまとめなおされ、「人生の日曜日」としての神に対する人間の関係という宗教の規定から（A節）、神の認識が時代の要請する課題として提示され（B節）、講義全体の構想が素描される（C節）。

表面的に見るなら、これらの叙述は単に一八二四年のものを踏襲し反復したものである、とされかねない。しかし細部に目を凝らすなら、ここにもまた新たな要素を認めることができる。時代の要求に従って宗教哲学の課題を定式化するB節で、同時代における「哲学と神学の結びつき」として、教理に無関心な「自然神学」と並び登場するのは、前章で検討したヤコービ的な「直接知」なのである。いまや時代を支配する確信とは、「宗教が、神が人間の意識において直接的に啓示されており、宗教とはまさに、人間が直接的に神について知っている、ということである。この直接知が、宗教と、あるいはまた理性や信仰と呼ばれる」（V3. 1827. S.70）。このように、一八二七年講義において、直接知の問題は、宗教哲学が解決すべき時代の課題として提示されるのである。すでに見たように、一八二七年は、「直接知」批判を含む「予備概念」節を新たに付け加えた、『エンチュクロペディー』第二版が出版される年であった。そこで展開された直接知批判が、ここでは宗教哲学の問題として捉え返されており、講義全体の議論構成にも反映しているのである。

「序論」での「直接知」批判は、こうである。「私が信じるということには、私の精神の証言が属している」

（V3. 1827. S.71）という「直接知」の原理は、外的権威を排し、内的な良心の権威を、信仰の源として据える。その対抗的な行為は、ここではルターによる宗教改革と比較される。ルターは旧教のヒエラルキー体系に対抗し、「キリスト教を原始キリスト教時代の単純なものまで立ち返らせること」（V3. 1827. S.76）を試みた。その結果、教義は最小限度まで縮減し、「人倫的なもの、人間の関係」（ebd.）についての知もまた、宗教とは切り離されることとなった。しかしこの切り離しによって、神的なものと人的なもの、宗教的なものと世俗的なものとの対立が生じた。対立とはしかし、ヘーゲルによれば、絶対的なものの把握にふさわしくない。「知の直接性、意識の事実」（V3. 1827. S.80）とは畢竟、有限なものでしかない。したがって絶対的なものとしての神と人の関係を対象とする宗教哲学に入門するためにはまず、「直接知」と「媒介知」の対立を終わらせておくべきである。そこで肝要なのは、「直接知」か「媒介知」か、信仰か知かの択一を迫るのではなく、「媒介知、それも同様に単一に自己において、直接的な自己関係であるような、媒介知」（ebd.）を捉えること、そこに開ける地平において宗教を哲学することである。

明らかなように、ここでもまた「媒介された直接性」の論理が活用され、それによってヘーゲルは自身の宗教哲学の場を開こうとする。しかし注意すべきなのは、その論理が宗教に適用される際に出現する、論理学や学的体系そのものとは区別される独自の位相である。ルターとの比較において、「直接知の立場」は知の媒介を排除するとともに、あらゆる関係性に対して敵対的になることが確認された。「人倫的なもの、人間の関係」こそ、宗教の成立する場であり、純粋論理的絶対者ではなく、人と向かい合う「神」、神と対峙する「人」の事柄こそが、論理学に解消されない、宗教哲学固有の場をなすのである。

第二節　神と宗教の概念をめぐる考察法の錯綜

（１）「宗教の概念」の体系　一八二一年講義第一部

これまで各年度講義の「序論」を通覧することによって、ヘーゲルがそのつど置く力点の変化を明らかにした。ここで本書が注目するのは、一八二七年講義における「直接知」批判の中心化であるが、それは「序論」の議論に限定されない。本節では宗教哲学講義第一部を考察の対象とし、その変遷に注意を払いつつ、一八二七年に実現する「神についての知」の体系において機能する「直接知」批判の射程を確認する。

宗教哲学講義第一部は「宗教の概念」と総じて題されてはいるが、その編成や考察のスタイルは年度ごとに大きく異なっている。一八二一年の「手稿に従った宗教の概念」は、「（a）宗教一般の概念」、「（b）宗教的立場の学的概念」、「（c）この立場の必然性」、「（d）芸術と哲学に対する宗教の関係」の四節から成る。宗教は、すでに見たようにヘーゲルの強調するところによれば、神の概念としての「客観的側面」と、人間的意識に関する「主観的側面」から成る。「一方は他方の象りである。一方から他方の側を理解することを学ぶ」（V3, 1821, S.99）とされるように、神の概念と宗教的意識とは相互参照的な関係にある（a節）。宗教的意識は単なる日常的な意識の立場とは異なり、真なるもの、絶対的なものに対する意識である。それは「いわば意識の状態としての思弁的なもの」（V3, 1821, S.115）であり、こうして宗教において思弁的なものは意識化される。例えば「祈り」は、思考とは異なり純粋な方向性を示しているだけであるが、そこに神と人との自己関係を認めることができる（b節）。宗教的立場は日常的有限的意識とは決然と区別されはするが、その日常的なものとまったく無縁なものでもない。むしろ人間が意識であり、世界との対立が極まる場面において、それを超出する契機として宗教が求められるのである（c節）。

最後のd節では、「絶対的に普遍的なもの」としての真なるものを対象とする他の学問的領域との区別のもとで、宗教哲学の輪郭が描かれる。直観としての芸術、概念としての哲学から宗教を区別するのはその「表象」の形式である。ここではとくに、宗教的意識が対象に対して持つ表象的な関係性について、「精神の証言（Zeugnis des Geistes）」という言葉によって表現されていることに注意が必要である。

客観的**真理**が私に対してあるなら、私は自身を放棄したのであり、私に対してなにも保持せず、同時に**この真理を**私のものとして**掌握し**、――抽象的な自我である――私をそれと同一視したが、**純粋な**、**無欲な自己意識**をそのなかに保ったのである。この関係は**信仰**と呼ばれ、それは私の側から言えば**自体的**であり、私のうちにあり、内容は私と一致していて、私のうちの私の**精神**がそれに対して行う**証言**（Zeugnis meines Geistes in mir dafür）である――その証言は歴史記録的な、学識的なものではない。しかしそれは**概念の必然性**なき証言であり、諸規定もまた私の諸規定として具体的であり、連関である。（V3, 1821, S.152f.）

精神の証言、一般に、神的な悟り、生まれ、教育、習慣――別様には知られることのない――、奇跡、歴史的なあり方、そして言葉と文字から〔生成する〕。（V3, 1821, S.154）

「精神の証言」としての信仰は、前哲学的な自己関係の構造を示している。「予備概念」節における「追考」の議論を想起するなら、「精神の証言」が行うのは、「追考」によって対象に必然性と普遍性が付与させる以前の、表象的な対象形成であり、概念の秩序に先立って、「私」の刻印を押す作業である。したがってその対象認容に概念的な普遍性と必然性を見ることはできない。「追考」論と同様、ここに思考の、あるいは哲学の必要性が説かれる。

このように、「精神の証言」という規定は、ヘーゲルの理解する宗教的信仰のあり方を指示するという点において、すべての宗教哲学講義において重要な位置を占めている。我々は本書の最後、第三部第四章という本書の結論部において、とりわけ一八二七年講義におけるヘーゲルのキリスト教論について考察する際に、再びこの概念へと帰ってくるだろう。一八二一年講義では、それはいまだ議論の中心において活用されてはおらず、特別な機能も与えられてはいない。一八二一年の考察はむしろ、宗教の概念の内実と、それを扱う学問上の必然性、および他領域との区別、という体系的な関心に主眼を持つものである、と言えよう。

(2)『精神の現象学』的考察法　一八二四年講義第一部

「宗教の概念」の体系的考察に終始する一八二一年講義第一部に対し、一八二四年講義の第一部でヘーゲルは構成を考察の方法に従って大きく見直している。主題は変わらず「宗教の概念」である。しかしここでの考察は、以前のように神の概念から始められるのではない。まず意識経験一般を対象とする章が新たに設置され、そこから導出された結果をもとに、次章においてはじめて、宗教概念の体系的位置づけが論じられるのである。

前半部である「A．経験的観察」章はさらに五つの節、すなわち「(a) 直接知」、「(b) 感情」、「(c) さらに規定された意識」、「(d) 有限性と無限性の関係」、「(e) 思弁的概念への移行」に区分される。まずa節でヤコービの「直接知」が、b節でシュライエルマッハーの「感情」の宗教論が、c節で「表象」に依拠する批判哲学とそれ以後の宗教哲学が検討され、その有限性と限界が示される。それによってヘーゲルは思弁的宗教論へと移行することを目指すのである。「我々の時代の一般的教養において生じている哲学的と呼ばれている諸見解」（V3. 1824. S.165）を批判的に検討することを通じて、自らの思弁的宗教哲学へと道を開こうとする叙述の方法は、d節においてさらに明確な形態をとる。「有限性と無限性の関係」と題された本節では、人間的有限性の形式を、「感性的有限性一般」、「反省による有限性」、「精神において、精神に対してある有限性の形式」（V3. 1824. S.193）として段階的に位置づけ、その発展の必然性を分析する。

第一に「自然的存在、自然的現実存在一般の立場」（ebd.）では、生命体一般の排他的個別性について述べられる。その段階に属する「感覚的意識」では、「死」によって自らの有限性が開示される。「ここ〔死〕に有限性の中断、有限性からの離れ去りが入ってくる。この有限性からのこの離れ去りは意識においてはしかし、死と呼ばれるものだけではなく、この有限性からの離れ去りは思考一般である――そこに思考が働いているかぎりで、すでに表象においても〔この離れ去りはある〕」（V3. 1824. S.194）。

この考察により、第二の「反省の立場」へと叙述は進行する。反省としての思考は自らの有限性を開示するとともに、無限性との対立を意識する。それは多様と統一、他者と一者の様々な対立を帰結するのだが、有限性と対立する無限性は、その対立によって有限化された無限性である。それに対し、第三の、「最高の立場」としての「理性」（V3. 1824. S.205）は、「自我がこの個別性において自己の放棄を行なった、そして行う」（V3. 1824. S.206）立場とされる。このような自己放棄、自己否定によって特徴づけられる理性の有限性は、もはやその無限性と対立するものではない。私の自由は、客観を否定するのではなく、むしろ客観によって保持される自由である。この「思考する理性一般の立場」こそ、ヘーゲル哲学が叙述しようとする宗教のあり方にほかならない。

そこから続くe節において、観察の立場そのものの限界が指摘される。「宗教の地盤を見つけるために、我々は観察という抽象的関係を放棄しなければならない。我々はこの経験的立場を離れなければならないのである」（V3. 1824. S.218）。この宣言により、続く「宗教の思弁的概念」の考察が正当なものとして要求されることになる。

このように、一八二四年宗教哲学講義第一部の構成は、意識の場を手がかりとしつつそれを超出する地点に宗教を設定するという点に特徴を持つ。つまり、感性的直接性から思弁的概念への高まりを叙述するという点で、ここには明らかに、「意識経験の学」としての『精神の現象学』からの応用が見られるのである。感性的確信から知覚を経て悟性へと展開し、自己意識、理性へと進展する意識経験の弁証法の論理は、宗教哲学のいわば導入としての第一部A章では、宗教の現象学として、「宗教の思弁的概念」を正当化する。このように、ここには『エンチュクロペディー』的な体系的概念導出とは異なったかたちでの、宗教的立場の正当化を見ることができよう。

しかしこうした新たな議論構築によって、「直接知」や感情など、宗教哲学の本来的な要素であるはずの事柄が、「宗教の思弁的概念」に至るまでの前段階として処理されてしまう、という結果がもたらされる。たしかに、それらに対する本格的な検討を欠いていた一八二一年講義と比較するなら、宗教の主観的契機が議論に組み込まれただけでもひとつの視野の拡大として理解されるだろう。しかし『精神の現象学』的な発展図式を取り入れることは、「直接知」などの前哲学的な形式に関する具体的形態を、宗教哲学的考察から排除するかのような印象を与えざるを得ない。

事実、続く一八二七年講義では、ヘーゲルは「経験的観察」の節を削除し、再び神の概念から論述を開始するという構図を選択することになる。こうした構成変化の錯綜はなにを意味するのだろうか。

（3）汎神論批判と「精神としての神」 一八二七年講義第一部「A．神の概念」章

一八二七年宗教哲学講義第一部は三章からなり、それぞれの章は「A．神の概念」、「B．神についての知」、「C．祭儀」と題される。そのうちB章は「（a）直接知」、「（b）感情」、「（c）表象」、「（d）思考」の四節に区分される。

ここからすでに明らかなように、神の概念から議論を始めることで、ヘーゲルは経験から思弁へ、という『精神の現象学』的方法によって宗教的立場を正当化する、という一八二四年の方法を放棄している。それに伴い、一八二四年講義「A．経験的観察」章のいくつかの議論は、一八二七年講義では「B．神についての知」章に組み込まれることとなった。これによって意識をめぐる諸問題は、宗教哲学へと至るまでに解決すべき予備問題ではなく、むしろその中心としてみなされることとなる。この配置転換は、神と人との関係というかたちで確保されていた宗教独自の位置づけをより強調するものである。しかしだとしても、日常的意識と宗教的概念を厳密に区別し、そのうえで両者の必然的な接続を確保する、という一八二四年の問題意識もまた解消されていった、と断言できるのだろうか。まずは一八二七年講義第一部の議論を検討し、その構成の独自性を確認することで、この問題へと立ち返ることにしよう。

「A．神の概念」章におけるヘーゲルの中心課題は、「汎神論」に対する批判的考察であり、それを通して自らの立場である「精神としての神」を設定することにある。「宗教の概念」とは、「神は絶対的真理、すべての真理であり、主観的に言えば、宗教のみが絶対的に真の知である、ということ」（V3. 1827. S.266）である。その境地は、ここでは有限的意識の自己超出に求められるのではなく、体系哲学全体の結論である、とされる。このような断言によって帰結する神の抽象性を危惧しながら、ヘーゲルは「汎神論」の分析を通してそれを開く、という方策を取るのである。

汎神論的把握によれば、神は自己閉鎖的に充実した普遍性であり、多くの人格神ではなく、ただ「一者」のみが絶対的に存立するものとして認められる。このようにして、神の本性は「絶対的実体」(V3, 1827, S.269) として把握される。シェリング的「同一哲学」に代表されるこのような「スピノザ主義、汎神論」に欠けているもの、ヘーゲルによればそれは、自立的な「主体性」への視点である。実体と主体を否定的に把握するかぎりでは、絶対的なものとしての神の概念には到達しえない。

それに対してヘーゲルが求めるのは、絶対的実体として閉塞することなく、自己を主体として露わにする「精神としての神」のあり方である。そして精神が自己を開示するその場こそ、「神についての知」としての意識の諸契機にほかならない。

第三節　信仰の直接知と宗教の媒介　「B．神についての知」章

一八二四年講義では、「直接知」や「感情」の問題は、それらに依拠するヤコービやシュライエルマッハーへの批判に伴って、思弁的宗教哲学の前段階において否定的に論じられるだけであった。それに対し、一八二七年講義第一部「B．神についての知」章では、それらの主観的諸契機もまた、宗教哲学的体系の内部へと積極的に位置づけられる。「直接知」や「感情」は、ただ議論から排除されるのではない。ここでヘーゲルはより冷静に、神と人間的意識との関係という宗教についての根本規定のもと、それらの契機を考察の中心に引き入れ、宗教において持つべき本来的な位置を見定めていこうとする。

前節で見たように、一八二七年講義序論では、他の年度に比べ、ヤコービ的「直接知の立場」への着目が前

面化している様子を確認した。第一部でもまたその傾向は顕著である。表題に現れているとおり、信仰論としてのB章「（a）直接知」節、および「（d）思考」節「（β）直接知と媒介知の関係」項においてヤコービが焦点となっていることは言うまでもないだろう。それ以上に、B章「神についての知」章の全体、あるいはそれに続く「C．祭儀」章も含めて、「神についての直接的な知」へと宗教的意識を切り縮めたヤコービに対し、むしろ宗教現象の広がりへと宗教哲学の視線を転換させるものであるとするなら、これらの議論全体がヤコービ批判のもとに成立している、と考えることもまた可能であるように思われる。

（1）宗教の契機として「直接知」を取り込む

まずB章「（a）直接知」節（V3. 1827. S.281ff.）について確認しよう。神についての意識こそ、宗教一般の立場であることを、ヘーゲルは「精神としての神」という規定から導き出したわけであるが、その形式においてもっとも単純なのは、「直接知」である。神が存在していることについての確信である「直接知」は、宗教の「主観的側面」としての「信仰」として、「客観的側面」としての「表象」あるいは「思考」からは切り離されている。「確信とは内容と私の直接的関係である」（V3. 1827. S.282）。他方で、その自己確信は、神への確信、しかも私とは独立に存在するものとしての神についての確信でもある。この二重性には、確信と真理の対立とその統一が同時に表現されている。しかし「直接知」による確証はただ、「私がそう思ったからだ」という形式にまで縮減され、感覚的直観も、論証的思考も排除されてしまう。「信じるとはしたがってある確信であるが、それを持つに際し、直接的感性的直観も、この感性的直接性もなければ、同時に、この内容の必然性についての洞察を持つこともないようなものである」（V3. 1827. S.284）。ヤコービの立場がまさにそうであったように、「直接知」は自らの正当性や来歴をはじめ、自らに対する「なぜ」を求めるいかなる問いにも答えることはできない。

ここでのヘーゲルによるヤコービ評価もまた二義的である。一方で、「直接知の立場」は自己証言のみを権威化することによって、他者による証言や教会の権威から良心を解放する。他方でそれはあらゆる媒介に対し排他的となる。この点は以下のようにまとめられる。

しかし信仰の絶対的本来的根拠、ある宗教の内容についての絶対的証言とは、精神の証言であり、奇跡でもなければ、外的な、史実による保証ではない。ある宗教の真の内容は、その保証のために、この内容が私の精神の本性に適しており、私の精神の要求を満足させるものであるという、自らの精神の証言を持つ。私の精神は私自身について、その本質について知る――このことは直接知でもあり、永遠に真なるものについての絶対的な保証であり、信仰と呼ばれるこの確信の単一の、真の規定である。（V3, 1827, S.285）

しかしここでもっとも注目すべきなのは、ヘーゲル自身も信仰のあり方を「直接知」として積極的に規定し、自らの宗教哲学の枠組みのなかで肯定的に位置づけている、ということである。フォスも指摘しているように、ヘーゲルはヤコービの立場を単に排斥するのではなく、自らの宗教理解への統合を図っているのである（Vos 2004, S.337）。この点は、他の資料における「直接知の立場」への批判や、他の年度の宗教哲学講義に比べ、ここではより明瞭なものとなっている。

（2）経験の次元における「媒介された直接性」

宗教的意識の直接性は思考の媒介を排除しない、というヘーゲルの主張は、思考の媒介もまた宗教のテーマとなりうる、という観点をその裏面に持っている。それを実際に主題化しているのが、一八二七年講義第一部

B章「（d）思考」節である。例えばキリスト教神学の伝統にある「神の存在証明」の諸類型はそうした宗教的な媒介知の典型であり、したがってヘーゲル宗教哲学において肯定的に分析される（「（γ）神への高揚としての宗教知」節）。しかしそれに先立って問われることになるのは、ここでもやはり、いかにして媒介的な知と直接的な知との表面的な対立を避け、媒介を宗教的な直接性としての信仰へと接続するか、という難題である。

B章d節「（β）直接知と媒介知の関係」項はその問題に対する宗教哲学の内部における回答である。「媒介された直接性」の理念を宗教の領域において見いだすという関心のもとで、ここでもヘーゲルはまず信仰と知、直接知と媒介知との表面的な対立関係を指摘したうえで、その対立の抽象性を糾弾することから始めている。注目すべきなのは、その考察が、直接知の経験的な性格に着目してなされている、ということである。「意識の事実」としての「直接知とは経験的な知である」（V3. 1827. S.303）。したがって、とヘーゲルは言うのであるが、直接知の考察は経験的な地平においてなされるべきである。このように、「本質」の弁証法的運動によって「媒介された直接性」が実現する過程を追跡する本質論的、論理学的な分析とは対照的に、ヘーゲルはそれに関する経験的事象の分析を、ここでは正当化するのである。それは単に考察法の問題としてではなく、宗教哲学の扱う「媒介された直接性」がどのような領域にあるものなのかをほのめかしている。

思弁的考察ではなく、「経験的な仕方で」（ebd.）事象を観察することで明らかなのは、ヘーゲルによれば、孤立した直接知も、同じく孤立した媒介知もありえない、ということである。というのも、経験的であること、有限的であることそれ自体が媒介だからである。「直接的であるものは、同様に媒介されており、直接性そのものは本質的に媒介されている。有限な現実存在というのは、それらが媒介されている、ということである」（V3. 1827. S.304）。例えば「星」や「動物」をはじめとしたあらゆる事象はその生起や来歴、あるいは空間的な位置関係を持つ。あるいは人間もまた、時に「父」、時に「子」として、そのつどの関係性において表示されるが、同時にその人間の実存は直接的なものとして現象しうる。

そうだとすれば、あらゆる媒介を欠いたいわゆる「直接知」は経験において存在しないことになる。そのことについてヘーゲルは次のように強調する。

直接知なるものは存在しない。我々は直接知を媒介知から区別する。直接知とは、我々はそのもとで媒介の意識を持たない知のことである。しかしそれは媒介されている。感情を我々は持つ。それは直接的であるようである。我々は直観を持ち、それは直接性の形式のもとで現象する。ある直観を見てみるなら、はじめに私は知ることであり、直観することであるが、第二に私はある他なるもの、ある客観を知る、つまり私はただ客観を媒介して知るのである。（V3. 1827. S.305）

経験的媒介の場面はこのような感覚知覚の現場に限定されない。むしろここでの要点は、宗教的な知、すなわち直接的確信としての信仰の成立と保持に伴う媒介の可能性にある。

いかなる可能的な宗教においてであろうとも、誰でも知っているのは、その人がその宗教において教育を受け、教えを授かった、ということである。この教え、この教育が私に知を施す。それは教義によって媒介されている。（V3. 1827. S.306）

個人の信仰を媒介するものは宗教的教義であるが、その教義も「啓示」によって媒介されている。教義形成に関わった啓示は現在のものではなく、すでに「過去のもの」である。しかし「宗教はただ自己意識においてのみ存在する。それ以外のどこにも宗教は現実存在しない」（ebd.）。すなわち啓示の過去性と信仰の現在性を媒介するものが教義であり、宗教教育なのである。こうした過去的媒介と信仰の直接性の相互関係について、ヘーゲルは次のように説明を試みている。

　ここにはプラトンの言う古き事柄、つまり人間はなにも学ばず、ただ想起するのみ、という事態がある。つまり人間は生まれながらにして自らのうちに備えているものがある、というのである。外的な、非哲学的な仕方で言えば、人は生まれる前の状態において知っていた内容を思い出す、ということである。それは神話的に表現されているが、そこにあるのは、宗教、法権利、人倫といった人間におけるあらゆる精神的なものは、ただ呼び起こされるのみである、ということである。人間はそれ自体としては精神であり、真理は彼のなかにあり、かくして真理は彼のなかにおいて意識へともたらされなければならない。（V3, 1827, S.307）

信仰もまた、ここで「呼び起こし」とされる精神の作用に依存している。その想起的媒介は確信の直接性を排除せず、むしろそれを形成し保持するように作用する。それはあたかも自己の内面から内在的に湧き上がる。そのとき、媒介は背後へと退いていく。このような宗教的信仰の独特の直接性を、ヘーゲルはここで「精神の証言」の具体的形態として提示している。

　精神は精神に証言を与える。この証言は精神に固有の内的な本性である。そこにある重要な規定は、宗教とは機械的に人間へと引き入れられているものではなく、人間自身において、その理性、自由においてあるものだ、ということである。この知がなんであるか、この宗教的感情、この自己啓示が精神においていかなる性質を持つのか、ということを我々が呼び起こされていることの相関から抽象して考察するのであれば、それはたしかにあらゆる知と同様に直接性であるが、それは自己において媒介をも含んでいるような直接性なのである。知の直接性が媒介を排除することは、まったくもって、ない。（V3, 1827, S.307）

「精神が精神を証言する」ことが可能なのは、精神がそこに精神自身を見いだすからであるが、それが可能となる条件として、無数の媒介が前提されている。にもかかわらず、そこで見いだされたものがまぎれもない精神の自己であるかぎり、無数の関係性は背後へと退き、自他の関係性は消失する。それはまさに、先に見たように、「追考」の手前で、「内化・想起」が、「私」の印を刻印することで対象を形成する、という表象形成の構造と一致する。すなわち信仰の確信もまた、媒介されてはいるが直接性を保持するものとして、「媒介された直接性」というあり方を持つのである。

一見すると、ヘーゲルの議論は伝統的な信仰と知の対立と和解をめぐるものとして理解されうるだろう。しかし注目されるべきなのはむしろ、対立解消のために呼び出された道具立てであり、それが持つ歴史的なものへの視線である。すなわち、教養形成や宗教教育などの観点も巻きこみつつ、現在的な信仰的確信の可能性を、「呼び起こし」の論理として具体化する議論の構造には、信仰と知の問題を超えて、現在と過去、あるいは宗教の歴史性という観点が、ここにはすでに含みこまれているのではないだろうか。

(3) 私がベルリンにいる、ということ

ヘーゲルは至るところに「媒介された直接性」を見いだそうとする。d節β項の最後に挙げられているのは、例えば「数学の結論」、「デッサンすること」、「音楽を演奏すること」、これらもまた、結果として直接的に提示されはするが、計算や証明、あるいは日々の練習などの媒介があってこそ生起しうるのだ、と述べられている。

「直接知の立場」の主張を否定する実例の提示は、『エンチュクロペディー』「予備概念」「C．直接知」でも見られる。その六六節では、「直接知」の仮定する「事実」は、考察を「経験の領域へ、心理学的現象へ」(GW20, §66, S.107) と導くとされる。しかし、その経験的事実を観察することで明かされるのはむしろ、「直接知

の立場」による主張とは反対のこと、すなわち、いかに直接的に現象する事柄でも、無数の媒介のもつれあいの結果としてのみ生起しうる、ということである。例えば「数学者、およびある学問に通暁した人々」は問題の解決を「直接的に現在において」（ebd.）持つが、それはまた非常に混みいった分析に由来するものである。

ここでの実例の提示は、学問や芸術といった特別な知的分野に留まらない。「教養ある人々」はやはり「直接的に現在において」様々な観点や原則を持つが、それらは「ただ様々な角度からの追考と長い人生経験から出てきたものである」（ebd.）。「追考」の直接性は、ここでは人生経験に導かれた決断に等置される。しかもその類の知識は、意識において直接あるのみならず、「それどころか外へと向かう活動において、そしてその手足において」（ebd.）保有されている、とされる。身体化された人間的行動一般に「媒介された直接性」は見いだされる。そのもっとも極端な例は「私がベルリンにいるということ」（GW20, §66Anm. S.108）という、単純な実存の事実である。

ヘーゲルはこれらの洞察が「些末な」ものであると認めており、個々の事例について踏み込まず、ただ、もっとも単純なものであっても媒介されている、という結論を確認することに留まっている。しかしそれは「媒介された直接性」の契機を経験において見いだすことが、哲学的に副次的な意味を持つものでしかない、ということを意味しない。ヘーゲルの「媒介された直接性」の理論は、思考そのものをもまた包含する射程を持つものである。(1) 我々がすでに確認したところでは、「追考」とは、対象と自己とのあいだに自己関係を創設するものであり、そこで両極の同一性を確保することによって対象を自己として捉える作用であった。習慣としての直接性もまた、こうした自己化の構造を備えている。難しいことを考えるとなかなかしっくりこず、記憶の定着も薄く、終いには頭が痛くなる。ところが事柄に対して熟考するうちに、その考えがすっかり自分のものになる、ということは珍しいことではない。一八二七年宗教哲学講義では、同様の事例として、「納得

（Überzeugung）」（V3, 1827, S.298）という心理現象が、思考における直接的確信として取り上げられている。媒介的な思考の作用（判断や推論）においてもなお、「ああなるほど」と得心する心情的な直接性の契機が備わっている。このまさにありふれた事柄こそ、「追考」における「媒介された直接性」の、経験的な次元における実現にほかならないのである。

たしかにそうした日常的現象は経験的な領域に属しており、ヘーゲル的な学の目指す思弁的な領域には到達していない。しかしそれが無視することのできない意味を持つのは、まさに宗教が、神と人間的意識との関係の事柄として、現象の次元との関わりを排除できないからである。先に見た宗教教育の議論において焦点であったのも、まさに無数の媒介（Vermittlung）が背後へと退き、脱媒介化（un-vermittelt）し直接化することで、過去的なものが現在的なものへと転換し生成するという、宗教的確信のあり方であった。信仰の直接化という出来事が意味するのは、宗教に対する概念把握を断念することではもちろんない。むしろその概念把握という作業が、宗教的確信と、それを可能化し形成する媒介へと開かれることにより遂行されるということ、それがヘーゲル宗教哲学の確信的主張を成しているのである。

こうした宗教哲学構想を特徴づけているのがヤコービ的「直接知の立場」への批判とそこからの距離であることは、もはや繰り返すまでもないだろう。しかしもっとも劇的な転換は、媒介と直接性の二項対立からその克服へ、という哲学史的発展にあるのではない。ヤコービによって不可能とされた、媒介概念についての新たな使用を、ヘーゲルは平然と、いかなる抵抗もなく行っている。むしろこのことこそが、本書の観点にとってはるかに重要なのである。ヤコービ的二元論が存していたのは、「思考」の論証的媒介と、「信」の体験的直接性においてであった。すなわち、「歴史的なものの媒介」、「過去の経験による媒介」、といった語法は、ヤコービにとっては禁じられていたはずである。というのも、すでに見たように（本書の第一部第二章第三節参照）、歴史はむしろ「生きた哲学」として、生の直接性の領域に属す事柄だったからである。ヘーゲルはその禁止を意に も介さず乗り越えてみせる。それによって媒介概念は思考の領域から、歴史文化的なものへと拡張する。歴史 的なもの、文化的なものの媒介、という新たな語用法の概念史的生成と、それを利用しつつ形成される「媒介 された直接性」、というこの二段構えの理論的改築こそが、ヘーゲル宗教哲学を理解するためのもっとも重要 な鍵となるのである。

第四節　文化的宗教哲学の成立

(1) 宗教哲学の文化論的転回

そうした観点のもとで宗教哲学講義の発展を見ると明らかなように、信仰的確信の現在に関わる媒介が歴史的なものに関わるという指摘は、とりわけ一八二七年講義において前面化しているのである。たしかに、一八二四年宗教哲学講義第一部でも、すでに神の「直接知」にある媒介構造が、「難しいピアノ曲」(V3, 1824, S.209)や、あるいは「コロンブスのアメリカ発見」に例えられていた。コロンブスの航海はまさに手探りであり、成功の保証はなかったわけであるが、一度発見され、航路が確定してしまえば、困難は軽減あるいは無化されることで、「多くの人がその後を追った」(ebd.)。「この直接性のあり方(アメリカへの渡航路が自明なものとして定着したこと)は多くの先行する個別の諸媒介、諸考察、諸活動の結果である。直接的に現象するこのような活動の本性は、じつはその現象とは異なっている。それがそれ自体であるところのものは、媒介でありうるのである」(ebd.)。

しかし、その議論を受けてヘーゲルが提示する宗教的な実例は、一八二七年講義に見られるような、宗教教育や「呼び起こし」としての「精神の証言」ではない。宗教的な「媒介された直接性」を備えた典型的な契機とは、一八二四年のヘーゲルによれば、「祈り」(ebd.)である。「思考(denken - dachte - gedacht)」を語のうちに含む「祈り(Andacht)」は、自己を有限的なものとして知ることで自己を断念するものである、とされる。それは意識の内部にありながら、意識を超えた契機であり、自己媒介としての絶対的否定性である。この規定によって、宗教哲学第一部はA章「経験的観察」からB章「思弁的概念」への移行を果たし、意識の立場を乗り越えて宗教を考察する地平へと繰り出す。

それに対し、一八二七年の展開で注目されるべきなのは、宗教を表現する現象の多様性であり、それらを「神についての知」として中心的に考察するという議論構成である。「直接知の立場」に対する批判は、宗教哲学における文化的、歴史的媒介の考察を本質化させる。宗教的諸現象はもはや宗教の本来的概念を指し示すだけのものではなく、そのもので宗教哲学に固有の対象となるのである。それはすでに見た「直接知」や「感情」のみならず、宗教の「客観的側面」を「思考」(神の存在証明)と並んで形成する、「図像」や「神話」といった宗教表象も含んでいる。さらにその線上に「祭儀」が位置づけられる。つまり、これらの諸契機に関する考察は、一八二四年講義とは異なった独自の体系化を持つのである。したがって以下では、この違いに留意しながら、一八二七年における宗教表象論の独自性を明らかにする。まさにそこで、ヤコービ的「信の存在論」や、シュライエルマッハー的「感情神学」とも異なった、ヘーゲル独自のいわば「文化的宗教哲学」が開かれていくのである。

（2）暗い知　象徴的図像と神話の次元

宗教的表象について論じるにあたり、ヘーゲルはまず、その形式的特性に注意を促している。それはまさに、『エンチュクロペディー』で見た「絶対精神の表象」という宗教の規定を具体化するものである。「宗教的な内容がさしあたり表象の形式においてある、ということは、先に言われたこと、すなわち宗教とは絶対的真理の意識であり、しかもすべての人間に対してあるような真理の意識である、ということと結びついている。このように絶対的真理はさしあたり表象の形式においてある。哲学はそれと同じ内容、すなわち真理を持つ」（V3. 1827. S.292）。宗教が備えている表象の形式は、万人向けの絶対的真理の意識であり、それに対して哲学の概念は公共的ではありえず、むしろ秘教的である。

先に見たように、哲学の使命は表象化された絶対者の内容を概念の形式に転換することにある。「哲学はただ、我々の表象を概念へと変換する以外にはなにもしない。内容は常に同一のものに留まる」（ebd.）。「哲学的諸学」の理念を基礎づける「追考」の理論は、表象から概念への形式転換というこの枠組みを体系形成の問題に応用したものであった。それに対して宗教的表象論は、「追考」以前にある絶対者の形態を叙述するものである、と言える。哲学による形式転換において取り出されるべき内容とは、宗教として意識化される絶対者にほかならない。宗教的表象論は、「追考」論の前提として、まさにその前概念的な「絶対的真理の意識」についての考察なのである。

だとしても、宗教における表象的な知のあり方と、その公共性という規定は、理論的にどのような意味を持つのであろうか。「（c）表象」節の議論をさらに追跡してみよう。「対象的なものとして自らの面前に持つものについての意識」（V3. 1827. S.292）としての宗教的表象は、まず空間的な「図像」と、時間的な「歴史物語（歴史、Geschichte）」の形式に大別される。一般に図像は「そこで表象の主要的な内容、主要的な在り方が直接的な直観から取り出されているような、感性的諸形式」（V3, 1827, S.293）であり、感性的ではあるがそのものとしての意味を持つのではなく、むしろ「象徴的なもの、寓意的なもの」（ebd.）として、超感性的なものを迂回的に指示しているとされる。例えば『旧約聖書』「創世記」に記された「善悪についての智恵の樹」は、感性的なものとしての樹ないしは食べ物としての実を直接的に表示しているのではなく、直観することのできない意味を持つ（V3, 1827, S.293f.）。

同様に、時間的な表象形式としての「歴史的なもの」についてもまた象徴的性格が理解される。例えば「キリストの事跡」（V3, 1827, S.294）は、人間による行動と結果の物語として外面的、感性的性格を備えていると同時に、「神的な歴史」として、神の行いそのものの叙述であるとされる。ヘーゲルによれば、この二重性格は「神話」（ebd.）一般に見いだされる構造である。総括してヘーゲルは、「このようにして宗教においては多くの形式があるが、我々は、それらがただ隠喩であるということを知っている」（V3, 1827, S.293）と述べている。すなわち宗教における叙述や表現は、たしかに感性的な表象でもってなされるが、その「本来的な意義」は別のところにある、ということであり、記述される事柄が史実であったかどうか、ということよりも、それが別に指示している意味の方が重要なのである。宗教的諸表象におけるこの隠喩的転義と、その役割について、ヘーゲルは次のように論じている。

> これらの〔人倫的なものの〕普遍的な諸力はしかし表象そのものに対してあるわけではない。表象にとって歴史は、それが現象においてあるような歴史〔歴史物語〕として表現されるというあり方においてある。しかしやはりその観念、概念が、まだいかなる明確な訓練も受けていなかった人々にとっては、そのような歴史においてなおかの内的な力が含まれているのである。彼はその力を感じ、かの諸力についての暗い意識を持つのである。（V3, 1827, S.295）

表象的な仕方では、社会歴史的関係の諸力を、普遍的な方法で捉えることができない。そこでは、歴史は、ヘーゲル歴史哲学が要求するような、概念の自己発展の相において把握されることはなく、したがって精神の諸力を顕示する必然的な展開として示されることはないのである。表象能力に限定される人々にとって、「歴史（Geschichte）」は、「現象においてあるような歴史」、すなわち「歴史物語（Geschichte）」に留まる。しかしむしろ考慮されるべきなのは、そのような歴史物語としての歴史であったとしても、それを引き受ける精神にはそれ独自の仕方で、理念的なものが考えられている、という指摘のほうである。その仕方が、ここで「かの諸力についての暗い意識」と言われていることの内実である。引用部を続けて見てみよう。

〔一方で〕歴史的なものはしたがってそのものとしては、表象に対してあるものであり、他方で図像があるが、宗教とは、慣習的な意識にとって、〔つまり〕慣習的な教育を受けた意識にとっては、本質的にまさにそのような仕方で、さしあたり感性的に現前するような内容、時間において継起し、次いで空間において並列する行為と感性的諸規定の系列である。内容は経験的で、具体的であり、多様である。その結びつきは空間においては並列的で、時間においては継起的である。しかし同時にこの内容は内的なものである。つまり、精神に作用するものはそこにある精神そのものである。主観的精神は内容のなかにある精神に対して証言を与えるのであるる――さしあたり、この内容のなかにある精神が意識にとって作り上げられていないような、暗い承認によってであっても。（ebd.）

概念的思考に通暁していない人々に対し、真理は閉ざされているのではなく、表象的かつ慣習的な仕方で、それはすでに提供されている。空間的図像と時間的歴史物語という宗教的表象の一般形式は、しかしそのつどの慣習的意識にとってあるかぎりで、一様ではなく、多様性をもって現象するだろう。宗教史上に現れる数々の神話や神名がその具体例となる。それらはたしかに、概念の「明るさ」（すなわち必然性と普遍性）に比される、表象特有の「暗さ」を例外なく持つだろう。ともかくいずれにしても、ヘーゲルが「精神の証言」と呼ぶ信仰形態はこの次元に属するのである。精神は精神を証言する、とは、「追考」の「媒介された直接性」の手前で行われる、ある特定の内容に対する「暗い承認」である。自分にはなぜだかわからないが、それはたしかに私だ、という信念が宗教的確信のあり方だとすれば、そこで宗教史上において信じられてきた神話や神名こそ、その客観的側面としての宗教的表現とみなされうるのである。

こうしてヘーゲルは、図像や神話としての宗教的諸表象を、その「暗さ」を保ったまま探求の現場へともたらそうとする。先にも触れたように、その行為は図像や神話を、悟性的なわかりやすさへと解釈し、説明することとは対極にある。悟性的なわかりやすさは、概念の明晰さとは無縁であり、ヘーゲル的神話学はそのような啓発的な神話解釈とはいかなる関係もない。このことは、宗教的諸表象の「暗さ」を考察の対象とし、精神的なものの前概念的形成という観点から諸々の宗教へと向かう「宗教史の哲学」の実相を捉えるうえで重要であるように思われる。

第五節　祭儀論の射程

（1）宗教哲学の結論としての祭儀論と哲学

ヘーゲル宗教哲学は、信仰的直接性から離れ、宗教的諸表象の多様性を考察の枠内へともたらす。こうした戦略を理解するうえでなお欠かせないのが、ヘーゲルによる祭儀論の射程を明らかにすることである。というのも、宗教の実践的側面としての「祭儀」[2]は、「直接知の立場」による宗教理解からは排除されてきたものであり、それとはまったく対照的に、ヘーゲルにとっては、宗教哲学講義第一部の結論となる契機だからである。それゆえ、祭儀論もまた「直接知の立場」に対するヘーゲルの批判の一側面として、あるいはその最たるものとして理解することができるのではないか。だとすれば、その意味で祭儀論は、ヘーゲルによる文化的宗教哲学の核となる考察であると言えるのではないか。

宗教哲学における祭儀論は、しばしば宗教と国家というテーマのもとで取り上げられてきた。[3]しかしここで注目したいのはむしろ、祭儀が持つ「哲学」との独特の関係である。「そのかぎりでやはり哲学とは絶えざる祭儀のようなものである」（V3. 1827. S.334）。この際立った章句は一八二七年の祭儀論にのみ登場するものであり、旧版のいわゆる『宗教哲学講義』には採用されることがなかった。旧版の祭儀論は一八二四年講義に依拠してきたのであるが、第一部全体の構成区分では逆に一八二七年講義に従っているため、甚大な不整合が生じているのである。したがって新版講義録が公刊されるまで、この記述が日の目を見ることはなかった。このような事情から、この記述についての解釈も、この記述を備えた祭儀論の検討も、これまでまだ十分には行われていないように思われる。[4]

（2）信仰の完成態としての祭儀　一八二四年の祭儀論

一八二四年宗教哲学講義では、「表象」としての神への「理論的関係」は、いまだ規定的であり、制限的である、とされる。

第一の側面〔神への理論的関係〕を我々は表象とも呼んだが、それはまた本質的には神の存在における側面としても示されうるのだということが理解されなければならない。というのも神が存在する、ないしは神は定在するというのは、言い換えれば神が端的に意識と関係するということなのだから。神は規定されており、それはまだ真の神ではない。神がその定在、その現象において、もはや規定されておらず、制限されていないというかぎりで、神は絶対的に現象する精神である。(V3, 1824, S.237)

理論的関係としての表象は神を対象的なものとして把握する。意識に知られ、表象されることにおいて、神は対象として制約される。ヘーゲルによれば、表象が持つ有限的、制約的関係を克服することが、神への「実践的関係」としての祭儀に求められる課題である。

表象的態度を克服する祭儀の基盤は、ここでは「精神の証言」としての「信仰」に求められる。

真なる信仰については、私の精神の証言ないしは精神についての精神の証言と定めることができる。このことには、信仰においてはそれ以外のいかなる外的な内容も座を占めることはないということが含意されている。精神はただ精神についてのみ証言するのであって、外的なものについてではない …〔中略〕… 信仰の真の根拠〔理由〕は信仰そのものでしかない、つまりそれこそ精神が精神について証言するということなのだから、精神の証言とは言うまでもなく自己において生きているものというこの自己媒介のことなのである。認識とはこれを解釈することである。このことをしっかりつかんでおくことが大切だ。(V3, 1824, S.238)

このように、先鋭化された主観的内面性が信仰概念の核を形成しているため、それは表象的な「存在の側面」としての理論的関係と対比され、「自由の側面」と呼ばれる。しかし人間は様々な「自然的規定」、つまり身体や環境による物質的制約によって、主観的恣意や偶然にまとわりつかれているために、「精神の証言」としての自己関係はいまだ可能的なものとしての理想に留まっている。

信仰は自らの実現のために主観性の陶冶形成を必要とする。ヘーゲルが祭儀に見るのは、このような特殊な状況や主観性を放棄して純化する機能である。祭儀が持つこの否定的側面は「供犠」として具体化される。供儀において自らの所有物や獲得物を焼くことで、人間は自らの有限性をも焼き払い、神にすべてを委ね渡す。それに対して「祝祭」は祭儀の肯定的側面として、神からの糧を分かち合い、享受するなかで、神との統一を実現するとされる。

しかし供儀は外的所有の放棄でしかなく、死が与えられるのも自己自身に対してではないため、これらの儀式は結局のところ象徴の域を出ない。つまり供儀や祝祭には「真剣さ」が欠けているのである。このような儀礼の抽象性に対して、「人間、個人、諸民族、諸国家の不幸」（V3, 1824, S.260）が経験され、根源的統一からの離反が自覚されるとき、「実体的統一を回復するためのより真剣な否定」としての「懺悔」（V3, 1824, S.261）が要求される。懺悔が供儀と区別されるのは、その否定が外的所有にではなく、自己の内面を放棄することで主観性の純化を目的とするからである。

精神の証言としての信仰は懺悔が完全に遂行されるとき実現する。主観が自らの特殊性を断念するとき、自然的規定性から完全に純化された主観性が実現し、それと同時に神と人との単一な自己関係が現出する。これが一八二四年祭儀論の結論である。

（3）無制限的信仰と制限的意志　一八二七年の祭儀論

一八二四年祭儀論において、信仰は祭儀の実践的基盤であり、祭儀が実現へと向かうその目的であった。信仰と祭儀のこのような連続的な関係づけに対して、「成熟した祭祀論の要諦」[5]と評される一八二七年祭儀論では、信仰は祭儀的実践と明確に切り離される。新たに「直接知」として規定される信仰は、表象に代わって、いまや表象や思考を含めた理論的関係を代表するものとなる。

この配置転換において注目すべき点は、「意志」の役割の強調である。一八二四年では「私の特殊な主観性は剥き落とされるべき莢である」（V3. 1824. S.249）とされていることからも理解できるように、意志はひとつの「自然的規定性」でしかない。それに対して一八二七年では祭儀の基礎が、「神だけが現実であるから、私は神において私の真理と現実を持つべきである」（V3. 1827. S.332）と意志することに認められる。信仰の自己関係とは結局のところ対象への没入であり、関係の解消としての自己忘却にほかならない。そのように評価を転換することで、一八二七年のヘーゲルは、「私を真理において知る」という無限で無制約的な関係を達成するある種の他なるもの、有限性、制約性すなわち関係性を求めていくことになる。

こうした観点のもとで、意志ははじめて本来的に機能する。「無制限性」を特徴とする知に対して、ある「目的」を持ち、対象を求める「欲求」において、私は対象でないものとして規定され、限界づけられている。要するに、「この主観性と客観性の分離」（V3. 1827. S.330f.）は、意志においてはじめて現れるのである。こうしてヘーゲルによれば、意志は本来的に「制限的」だとされる。(6)

ここでヘーゲルは「祈り」、「供犠」、「懺悔」という三つの形態を分析しているが、その際それらに共通する意志の役割を強調している。祭儀の第一形態である「祈り」は、理論的関係における観想的な信仰とは区別される。「祈りの情熱や暖かさ」（V3. 1827. S.333）がここでは重要である。たしかに祈りの目的は対象への専心であるが、しかし祈る主体はその有限的なあり方を否定しつつも自らを主体のままに保ち、対象のもとに居合わせているのである。これは一八二四年講義で祈りが対象への没頭と自己忘却として規定され、その自己関係の成立が宗教哲学的考察を「経験的観察」から「思弁的概念」へと導く鍵として捉えられていたことと対照的である。

第二の形態である「供犠」において、神との和解が外面的な形態において与えられる。「否定作用は祈りのうちにあり、供犠によって外面的な形態をも手に入れる」（V3, 1827, S.334）。祭儀における否定性の極まりが、「自らの主体性の放棄」としての「懺悔」である。供犠が外面的な事物の放棄に留まったのに対して、ここで神に捧げられるのは「自らの心」である。つまり自らの私的な情念や意図を払いのけ、内面を浄化することによって「純粋に精神的な地盤へ」（V3, 1827, S.334）自らを高めていく。

信仰概念の変化と制限的意志の機能とに着目するならば、一八二四年講義との違いは明白だろう。焦点は主体の自己放棄的行為にある。とりわけ懺悔において先鋭化されているように、主体による主体の放棄は主体の消滅を意味しない。言い換えれば、自己の断念としての主体の宗教的行為には、自らが神へと高まりながら、にもかかわらずなお意識的な人格的自己が保たれているという逆説的な関係が表現されているのである。

（4）「直接知」批判としての祭儀論

意志論を中心として祭儀論を組み直す一八二七年講義祭儀論において、その「直接知の立場」に対する批判は鮮明なものとなっている。一八二四年講義において、祭儀は信仰を基盤とするかぎりで神との自由で自己に内在的な関係を保持することができた。問題は宗教的確信としての信仰を、宗教的実践としての祭儀といかにしてつなげるか、という点にあった。その連続性を確保することは、祭儀として表現される外的諸事象に対する哲学的考察の道を開くはずであった。

それに対して一八二七年では、議論の前提として、「直接知」としての信仰と祭儀とのあいだには大きな断絶が設定されている。連続性ではなく、この非連続性こそが、ここでは哲学的祭儀論の可能性を担保するのであった。信仰に代表される神との理論的関係は、「内容と私の直接的関係」をその主要契機とする。しかしヘーゲルの指摘するところによれば、絶対的対象への没入といういわばこの関係なき関係には、いまだなお欠けているものがある。それは対象そのものではなく、むしろ「私」という主体の契機である。つまり「直接知」としての信仰は、神と人との絶対的な関係を表現しきれていないのである。

たしかに「精神の証言」としての信仰において、神と証言する主体の関係は自己関係として、関係なき関係が達成されているように見える。しかしこの理論的関係において、両契機のあいだにはいかなる制約もない。したがってこの直接的、無媒介的な同一性において、関係は関係ではなくなっている。一八二七年のヘーゲルが求めるのは、あくまで無限な「関係」であり、媒介のただなかにおいて獲得される直接性、すなわち「媒介された直接性」である。したがって、「私を真理において知る」という絶対的な関係を達成するためには、ある種の他なるもの、有限性、制約性が必要とされるのである。そこで取り上げられたのが、意志の制限性であった。

さしあたりこのようにして、対象を意志することにおいて自己の自己性とともに対象の対象性が獲得される。意志が欲求において留まるかぎり、意志とその目的との乖離は決定的である。しかしこの意志が「行為」へと結びつくとき、再びこの乖離は突破されるという。宗教におけるこの行為こそ、祭儀なのである。「祭儀において神は一方に、私は他方に存在するが、その使命とは私と神を私のうちで結び合わせ、私を神において知り、神を私において知ることなのである」(V3, 1827, S.331)。祭儀において意志の分裂は克服され、信仰の直接性が現実において回復される。それは神に対する理論的関係と実践的関係との統一である。

かといって実践的関係が理論的関係にまったく回収されてしまうわけではない。「私が神の許にあって恩寵のうちにあるということ、神の精神が私のうちで息づいているということを享受し感ずること、私と神が合一し、和解しているのを意識すること、それが祭儀の最内奥に秘められたものである」(V3, 1827, S.333)。あくまで神は神として、私は私として保たれたままに、私と神との合一を私が意識することにおいて、祭儀は成立する。もはや指摘するまでもなく、この関係こそ、宗教において求められていた「媒介された直接性」にほかならない。

このように、一八二七年における祭儀論は、意志という契機を手がかりとして意識の立場を乗り越えることにより、新たな宗教哲学的思索を立ち上げる、という試み全体と結びつく。それは、あらゆる媒介を排除するところで啓示される真理を内在超越的に捉えようとした「直接知の立場」の対極に位置するものである。ヘーゲル宗教哲学は、いわば文化的、歴史的媒介の復権において成立するのであり、祭儀論はその理論的な要となっている。それだけではない。次に見るように、祭儀は宗教的諸契機のなかで、もっとも哲学へと近づくものなのである。

(5)「絶えざる祭儀としての哲学」

祭儀の最高形態である「懺悔」において、信仰する主体は神を前にして自らの主体性を放棄する。それによって主体は逆説的に「純粋に精神的な地盤へ」(V3, 1827, S.344) と高まっていく。

心と意志が真剣に徹底的に普遍的なもの、真なるものへと陶冶形成されるならば、人倫(Sittlichkeit) として現象するものが現存することになる。そのかぎりで人倫はもっとも真なる祭儀である。しかしその場合でも同時に真なるもの、神的なもの、神についての意識が結びついていなければならない。そのかぎりにおいて、哲学は絶えざる祭儀のようなものである。哲学は真なるものを、その最高の形態において絶対精神や神とされる真なるものを自らの対象とする …(中略)… 真なるものを知るということには、自らの主観性や個人的なうぬぼれの主観的な思いつきを払いのけ、思考することにおいて純粋に真なるものに従事し、客観的思考のみに従って振舞うということが属している。このように個別的な主観性を否定することは、本質的で必然的な契機である。
（V3, 1827, S.334f.）

ここでヘーゲルは祭儀を人倫と、そして哲学と結びつける。意志の自己放棄が露わにするのは、有限的な自己を超えた、自己の真理としての人倫である。それは客観的なものにおける自己発見であり、その意味で、「客観的思考」へと高まる「追考」と同一の構造を、祭儀は備えている。

ここでも出現する「客観的思考」については、すでに「追考」論の検討に際して確認したとおりである。考えることにおいて、私は対象のもとに居合わせつつ、同時に私自身のもとにも居合わせている。対象のもとに「居合わせ」つつ同時に「自己のもとにある」という思考の「自由」が、宗教哲学の場では、神と人とのあいだにおいて様々な形態をとって実現するとされてきた独自の関係性に重ねられる。宗教的祭儀とは、その究極的な形態にほかならず、そこにもまた、主観的思考と客観的観念のあいだに「媒介された直接性」が成立している。「追考」と祭儀のこの類比により、宗教と哲学は隣り合うのである。

両者はそれぞれの仕方で、主体と対象の絶対的関係を構築している。そのうち概念の境地にある哲学だけが普遍性や必然性を伴う「絶えることのない、持続的（beständig）」な性格を備えており、他方で祭儀はそのつど行為が行われるたびにこの関係を実現する。しかし明らかなように祭儀のこの一過性は表象に特有のものであり、それに対して哲学の持続性は概念の普遍性と必然性を表現したものと考えられる。したがって「絶えざる祭儀」とは、「神学としての哲学」であり、ヘーゲル的な弁神論の端的な表現として、宗教と哲学の内容上の連続性をこのうえなく強調した表現なのである。

祭儀と哲学との類比は、宗教を哲学に接近させるとともに、哲学的思考を、宗教儀礼の実践において実現する事柄へと接近させる。祭儀はそれ自体で哲学的な性格を備えており、自らの人倫を開示する。その純化の徹底によって開かれるのは抽象的なイデアの世界でも、神秘的な彼岸的世界でもなく、共同的な歴史的世界、すなわち「人倫」にほかならない。

第六節　「宗教史の哲学」への予備的結論

これまで本章では、先行する第一章、第二章での検討を引き継ぐかたちで、ベルリン期のヘーゲル宗教哲学講義第一部を読解してきた。「追考」と「媒介された直接性」の理念、およびそれらを導く「直接知の立場」への批判は、ここに祭儀論として極まった。ヤコービへの批判的態度は、思考の媒介のみならず、文化的、歴史的媒介への定位によって可能となる宗教哲学のあり方を求めていったのであった。それは哲学知の擁護であるとともに、歴史文化的事象を哲学の考察領域に組み入れることを要求する。ここに、神話や祭儀として多様に出現する宗教的諸現象を考察の中心として据える、いわば「文化的宗教哲学」が成立する。すでに明らかなように、宗教の文化的次元は、ヘーゲル宗教哲学にとって、並列する諸々の課題のひとつにすぎないものではない。むしろ、祭儀において実現する神と人との関係と、そこで表現される無限性こそ、宗教の本来的な次元における絶対的なものとして理解される。このような基本的な構えが、歴史的諸宗教の分析を宗教哲学的に根拠づけ、要求しているのである。

さらなる問題は、究極的に懺悔として形態化し、制度化する前哲学的な、決断的な主体の構造と生成にある。自己を放棄することで自己を回復しうる祭儀の可能性は、宗教一般に認められるものではなく、ただ三位一体的な「精神としての神」と、その神形態を証言するキリスト教的主体性に限定される。それは宗教的、すなわち表象的な次元においてヘーゲル哲学に固有の精神の概念を表現する。懺悔する主体が自己を放棄しつつ本来的自己を新たに獲得するように、精神は自己の抽象的なあり方を外化する。自己放棄の果てに精神が自己を取り戻す現場、それをヘーゲルは「歴史」の過程に見て取る。したがってこの「精神の自己外化」という理念を歴史の問題系において検討するのが、続く第二部の課題である。

注

（1）ヘーゲルは『エンチュクロペディー』「精神哲学」「A. 人間学」四一〇節注解において、「習慣」としての思考の直接性について次のように述べている。「完全に自由な、自己自身の純粋な境位において活動する思考も、同様に習慣と周知を必要とする。習慣と周知は、直接性の形式であるが、それによって思考は、私の個別的自己が妨げなく、浸透して所有するものなのである。この習慣によってはじめて、私は思考するものとして私に対して現実存在する。思考しつつ自己のもとにあることのこの直接性さえも身体性を備えて（Selbst diese Unmittelbarkeit des denkenden Bei-sich-sein enthält Leiblichkeit）いて（慣れない長考は頭痛をもたらす）、自然的規定を魂の直接性へと形成することで、習慣はこの感覚を防ぐ」（GW20, §410Anm., S.418）。ここで述べられていることは、思考の媒介が習慣的に身体化することで直接性の領域に移されるという事態である。

（2）「祭儀」という訳語について。ドイツ語 Kultus はラテン語 cultus を語源とするものであるが、この語は宗教的な祭祀、儀礼、礼拝のほかに、耕作や習慣、教養といった語義を備える多義的な語である。ヘーゲルは「神に対する人間の実践的関係一般」という意味でこの語を術語化しているため、より広い意味領域を指すこともある「儀礼」（社会的儀礼等）を避け、「神を祭ること」を意味する「祭儀」という訳語を選択した。なお「祭祀」という語はとりわけ神道的なものを惹起させるため、避けた。岩波 二〇一四、二六七ページ参照。

（3）例えば古くはハイムが否定的な文脈ではあるがこの結びつきについて指摘している（Haym 1857）。彼の論調では、祭儀すなわち宗教から国家へと論を移行させることによってヘーゲルは国家を神格化している、というわけである。それに対して岩波哲男氏はヘーゲルをプロイセンの御用学者に仕立て上げるハイムの批判を退けながらも、「国家にして初めて完成した礼拝である」というハイムの要約を適切なものと評している（岩波 一九八四、三八六ページ参照）。しかしハイムおよび岩波氏の指摘には共通して旧版編集に由来する問題点がある。『宗教哲学講義』旧版では、祭儀論の直後に「国家と宗教の関係」と題された節が配置され、その上「主観性のこの修正［祭儀］が …〔中略〕… 人倫として完成し、この道を通って宗教は習俗へ、国家へと向かう」（W16, S.235）とされている。しかしこの節は一八三一年講義において急遽組み入れられたものであり、その背景には七月革命やイギリス選挙法改正といった歴史的出来事がある（この点については山﨑 一九九五、二〇五ページ以下参照）。

（4）新版講義録の編者であり以前から原資料に近いところにいたはずのイェシュケもまた、この箇所に触れながらも積極的な解釈を行ってはいない（Jaeschke 1986, S.270）。

（5）山﨑 一九九五、一四九ページ。一八二七年版の訳者である山﨑氏はまた他所において「第一部に関しては、ヘーゲルの成熟した思想としては、二七年の講義が優先されるべきである」（山﨑 一九九五、一四二ページ）とも述べている。

（6）「自由意志」ないし「意志」を決定的な契機とするのは法哲学における議論である。『法哲学』「序論」でヘーゲルは自由意志を法権利の根拠として規定している。その第四節注解（GW14.1, §4Anm., S.31f.）では、理論的態度としての思考と比較しつつ、実践的態度としての意志もまた、対象との自己関係を成立させうるとされる。そこでの観点はその無制約性に当てられるように、意志の制約性を際立たせる一八二七年宗教哲学講義の議論とは対照的である。

第二部　歴史

「媒介された直接性」理論の展開と「学への導入」構想

はじめに　『精神の現象学』への自己批判と宗教史

（１）『精神の現象学』「宗教」章における宗教史の記述

ヘーゲルの哲学形成の過程において、宗教史記述がはじめて本格的に姿を現すのは、『精神の現象学』（一八〇七年）「宗教」章においてである。すでに触れたように、初期の民族宗教論、フランクフルト期に成立する思弁的宗教概念、およびイェーナ期に端を発しベルリン期まで通底する体系的宗教概念のいずれにおいても、宗教史記述を哲学的に要求するものではない。それに対し、学的体系の知の成立を主題化する『精神の現象学』では、宗教は哲学へと発展する精神の前段階的形成という観点で扱われ、それゆえ宗教の概念そのものの形成と実現もまた問題となる。すなわちここではじめて、宗教史は哲学的考察の必然的課題として浮上してくるのである。だとしても、『精神の現象学』の宗教史記述を、後のベルリン時代におけるそれの原型として認めることはできるのだろうか。

「宗教」章の記述を確認してみよう。まず、意識経験の弁証法的運動を対象とする『精神の現象学』の随所において、「絶対的実在一般の意識」（GW9. S.363）としての宗教は出現してきた、とされる。しかし本来的に見るならば、宗教は、「精神の完成」（GW9. S.366）として、先行する意識や世界の諸形態を統括する契機として位置づけられる。とはいえ、ここではようやく「宗教の概念」が生起したばかりであり、まだその全体が提示されていない。したがって「宗教」章の課題は、宗教としての精神の実現を叙述することに求められる。「精神全体、宗教の精神は、再び自らの直接性から、精神とは自体的あるいは直接的になんであるかを知ることへと到達する運動であり、精神がその意識に対して現象する形態が、自らの本質に完全にふさわしく、自身がどのようであるかを精神が直観することを達成する運動である」(ebd.)。諸々の宗教的形態は、宗教が自己の概念を知ることに至るための諸段階として位置づけられる。ここに歴史的諸宗教の検討が必然性を持って開かれてくる。

精神がこの運動において生み出すものとは、ともにその現象の完全性をなす諸々の精神としてのその諸形態であり、この運動そのものが、その個別的側面を、あるいはその不完全な現実性を通した精神の完全な現実性の生成なのである。(GW9, S.368)

精神の現実性が、現実の歴史と対応する諸形態として捉えられることで、宗教の歴史を考察することは、哲学的に内的な意味を獲得する。宗教の概念をその形態のもとで確認することは、その概念の実現を確認することであり、それによってはじめて、精神の完成された概念は獲得される。[1]

(2)『精神の現象学』の課題

「宗教の規定性」、「宗教の規定的形態」(GW9, S.366) への着目、あるいは表象から概念への移行といった議論構成と問題意識は、ベルリン期の宗教哲学講義にも共通する。しかし忘れてはならないのは、「宗教」章の議論はあくまで『精神の現象学』という著作の内的な問題設定から導かれたものであり、したがってそれが持つ根本的な方向性に、その論述全体は依存している、ということである。『精神の現象学』の課題とは、出版当初に付けられていた「学の体系　第一部」という題名が示すとおり、継続し論じられるはずの「学の体系」への「導入」として考えられていた。「この学一般の、ないしは知の生成はこの精神の現象学が学の体系第一部として叙述するものである」(GW9, S.24)。

ヘーゲルやこの時代の哲学者たちが想定する「学」は、有限な知を超えた「絶対者」の立場である。そこに至るための導入が必要である、という認識は、一方で、天才的直観によって絶対的な認識が達成されるとするロマン主義的な見方に対する距離、およびイェーナ初期に顕著であったシェリング的な同一哲学への、あるいはフランクフルト期におけるヘルダーリン的な愛の合一哲学への依拠に対する、ヘーゲルの自己批判より生じている。学ないし絶対者の立場をただ「断言」するだけではなく、それがいかに成立するかを示すことが必要である、というわけである。

同時に、「学への導入」の必要性は、ヘーゲルが考える学ないし絶対者に関わるものでもある。ヘーゲルによれば、絶対者の構造は、非同一性という他者の契機、有限性の契機、「不正」ないし「偽」（GW9. S.29ff.）という否定的契機を消失させることによって獲得されるものではない。というのも、すでに論文「信仰と知」（一八〇二年）で触れられていたように（GW4. S.354ff.）、あるいは『精神の現象学』「悟性」章でも主張されているように（GW9. S.99ff.）、有限性から逃避することによって実現する無限性は、有限性との対立を解消することがないからである。したがって絶対者および絶対者への関わりは、他者の外ではなく、他者において自己と関わるという仕方において追求されなければならない。真理をそのような運動性における「主体」として把握することによって、ヘーゲルは伝統的な「実体」を真理として把握する見方に対して転換を試みる。「体系そのものの叙述によってのみ正当化されなければならない、という私の考えによれば、真なるものは実体としてではなく、主体として把握し表現することがなにより重要なのである」（GW9. S.18）。ヘーゲルが真理として求める「精神」とは、他者を介して自己へと還帰する特有のこの関係性にほかならない。

「学の根拠であり地盤」としての「絶対的に他であることにおいて純粋に自己を認識すること」（GW9. S.22）というこの精神の境地が成立する必然性を証明する、という『精神の現象学』の課題にとって活路となるのは、「意識」の持つとある特性である。続く「序論」で論じられるように、意識は自己としての「知」と、その内容である「自体（Ansich）」という契機を、分裂的にではあるが内包している。相互参照的な関係にあるこれらの二つの契機は、それらのあいだの不等性の解消を目指して自己を変化させる。すなわち知の新たな形態化に伴って、対象もまた新たに姿を変えるのである。意識の「経験」とは、この弁証法的運動であり、そこでの新たな対象形態の出現にほかならない（GW9. S.60）。歴史や宗教をも含み込んだ意識の諸形態の系列は、際限なく進展するのではなく、「それがもはや自己自身を超える必要がないところ、それが自己自身を見いだし、概念が対象に、対象が概念に一致するところ」（GW9. S.57）において、その運動を終結させる。それが意識経験の目標としての「絶対知」であり、学と呼ばれる知の形態である。しかしそれは、経験する有限な意識においては隠された目標であり、意識経験を「純粋に観望する」ところの「我々」にのみ明らかである（GW9. S.61）。

「宗教」章の議論もまた疑いなくこの枠組みにおいて機能するものである。したがって、ここでの宗教史記述と、ベルリン期の宗教哲学講義におけるそれとを、安易に同一視することはできず、両者の差異を単に記述の質量に関わる点にのみ認める解釈には警戒すべきである。ベルリン期の宗教史記述は、『精神の現象学』の宗教史記述と並び立つものではない。それどころか、『精神の現象学』に出版当初認められていた根本的な性格を積極的に排除するところに、本来的な「宗教史の哲学」は成立する、ということを本書では強調したい。ここで明らかになるべきなのは、「学への導入」としての『精神の現象学』とは、根本的に異質な思考法そのものなのである。

（3）意識経験と諸事象の形態化　『エンチュクロペディー』第二五節注解における、ヘーゲル自身による『精神の現象学』構想の再吟味

ヘーゲルは後年、『精神の現象学』のもともとの題名である「学の体系　第一部」という文言を削除している。「哲学的諸学」の体系である『エンチュクロペディー』では、意識経験に関する議論は、もはや「学への導入」を担うこともなく、「主観的精神」の一部として論じられるに留まる。(2) 西洋哲学の歴史に燦然と輝く屈指の大作といまでもなお見なされるかの『精神の現象学』は、ヘーゲル自身の手によって、同名の小さな一節へと成り下がったのである。

この変化の問題、およびヘーゲルの死によって途絶した改版計画を含め、後年における『精神の現象学』の位置づけに関しては、研究史上で集中的な議論が重ねられてきたとは言い難い。たしかに、「意識経験の学」と「精神の現象学」という二重書名の問題、あるいはそれに関する著作の内在的整合性の問題については、すでに多くの考察がなされている、ヘーゲル研究における古典的問題のひとつと言えよう。(3) しかしその問題についての研究の多くは、『精神の現象学』そのものへと関心を集中させており、したがって、『精神の現象学』以後のヘーゲルの思索の独自性について積極的に問うことがなかった、というのもまた事実である。たしかに、『精神の現象学』およびそこで想定されていた体系と、『エンチュクロペディー』として具体化する体系とを区別する理解は一般的である。(4) しかし、その把握が古典化されることによって、ヘーゲルの思想に対する理解は、現象学か体系か、の二者択一へと狭められていったのではないだろうか。(5) そのような設定のもとでは、イェーナ期の体系構想と、ハイデルベルク期、ベルリン期の『エンチュクロペディー』が、現象学を欠いた体系として一括に語られてしまう。本書の提唱する「後期ヘーゲル哲学」という研究枠組みが一般的ではないのも、このような『精神の現象学』を過度に特権化ないし中心化したヘーゲル哲学解釈が背景にあるからである

ように思われる。(6)

これから見るように、ヘーゲルは『精神の現象学』に認められていた著作の根本的な性格を晩年に再吟味していた。『精神の現象学』に特化したヘーゲル解釈は、こうしたヘーゲル自身の自己理解に反しているわけであるが、問題はそれだけではない。つまり、現象学的体系から現象学を欠いた体系、すなわち概念の自律的自己展開によって可能となる哲学体系へ、という二者択一的な発展史の道すじを描くことによって、現象学体系の挫折のみに注意が向けられ、「意識経験の学」への自己反省によってヘーゲルが新たに開こうとしていた思考の可能性を隠してしまうのである。これらのことを踏まえ、ここではまず、『精神の現象学』に対するヘーゲル自身の自己言及から確認することにしたい。

『精神の現象学』から二十年、一八二七年に公刊された『エンチュクロペディー』第二版「予備概念」の第二五節注解には次のような回顧的記述が見られる。

私の『精神の現象学』は、それゆえその出版に際しては学の体系第一部と題されていたが、そこでは、精神の最初の、もっとも単純な現象、すなわち直接的意識からはじまり、それ自身の弁証法を哲学的な学の立場に至るまで発展させる道のりが取り上げられている。その哲学的学の立場の必然性は、この進展によって示されるのである。(GW20, §25 Anm., S.68)

意識経験の弁証法的な過程が学の立場を必然的に開示する、という同著の出版当初にあった公式的な見解が、このようにまずは繰り返される。問題は以下に続く部分である。

そのために、単なる意識の形式的なものに留まっていることはできなかった。というのも哲学的な知の立場は同時にそれ自身においてもっとも内実に富んだ、もっとも具体的なものだからである。それゆえ結果として明らかになるように、その哲学知の立場は、例えば道徳、人倫、芸術、宗教といった意識の具体的な諸形態をも前提としている。そのため、内実の、すなわち哲学的学に固有の部門の諸対象の発展が同時に、かのさしあたりただ形式的なものに制限されながら現れる意識の発展に入ってくるのである。(GW20, §25Anm., S.68f.)

「直接的意識」からはじまる弁証法の目標である学的立場は、理論哲学のみならず、自然と精神を包括するあらゆる諸学の基盤であるはずである。そのことを明らかにするべき『精神の現象学』の叙述は、「単なる意識の形式的なもの」からはじめつつ、その内部構造から、意識の立場を超出する契機を見いだすことで、「それ自身においてもっとも内実に富んだ、もっとも具体的なもの」としての哲学知の立場へと接続することを目標としていた。したがって当然のごとく「道徳、人倫、芸術、宗教といった意識の具体的な諸形態」が、『精神の現象学』の後半、「精神」章以降の展開において考察の対象とされていたわけである。

しかしここでヘーゲルは突然、過去における自身の決定的な意識哲学的発想を前にして立ち止まってみせる。考察全体の「結果として明らかになる」のは、たしかに意識が精神的諸事象を相手取る「具体的な諸形態」と化し、さらにそこから絶対知へと高まる必然性であった。その意味でそれらの諸形態は哲学知の前提として露わとなる。ところが、それらの「意識の具体的な諸形態」に関わる、ヘーゲルがここで「内実、すなわち哲学的学に固有の諸分野の諸対象」と呼ぶものの「発展」は、意識そのものの発展と重なるものではなく、あるいはそこから産出あるいは形成されるものでもない。それはむしろ意識経験に先行し、かつ諸事象に対する意識経験を可能とする要素なのである。そうだとすれば、その発展形成は意識経験からは独立した場所でなされていたのでなければならない。哲学知は歴史文化に関わる「意識の具体的な諸形態」を前提とするが、それらの諸形態はまたそれらが内容とするものの形成をさらに前提としているのである。

ここから、ヘーゲルは「学への必然的導入」であったはずの『精神の現象学』の顚末について次のように総括する。

自体的なものとしての内容が意識に対して振舞うかぎりで、いわば意識から隠れて（hinter dessen Rücken）、かの発展は進行しなければならない。叙述がよりもつれたものとなるのも、具体的部門に属しているものが部分的にすでにかの導入に入ってきてしまっているからなのである。（ebd.）

ヘーゲルがここで問題にしているものこそまさに、『精神の現象学』が出版当初与えられていた体系の第一部門という位置づけと、宗教をはじめとした諸事象との関係にほかならない。すでに確認したように、いまだ哲学知ではない意識の立場にとって、「自体的なものとしての内容」と知のあいだには乖離があるとされた。この距離のために、意識経験の叙述は内実あるいは内容そのもののあり方を問題にすることができなかった。そもそも、知と内容の不等性を原動力とする意識経験の弁証法が、最終的に意識からの超出を導き、学の立場を必然的に開示するのであれば、意識の現れに徹する同書のそうした目的に鑑みて、内容そのものを問題にする必要もなかったわけである。

それに対して『エンチュクロペディー』「予備概念」で提起されているのは、『精神の現象学』が自らの枠組みを確定する際に排除した「内容そのものの発展」という観点である。独自の形成運動力を持つ事柄の発展は、「意識から隠れて」いながらも、意識経験に紛れこみ、それを潜在的に方向づける。意識経験は学に先立つ導入的記述として、精神的諸事象の内容を学的に主題化することが許されていない。にもかかわらず、「意識経験の学」の叙述は、意識における知の内的な相関者として、それらの形成を前提せざるをえない。

ここにひとつの「もつれ」が生じる。自体的内容の形成が意識経験とは独立になされるのであれば、それは意識における知の相関者であるとしても、両者のあいだに相互参照的に互いを高めあう弁証法的関係も、解釈学的「循環」もありえないのである。こうして、『精神の現象学』の、とりわけ後半の叙述は、意識経験の概念化された必然的な「発展(Entwicklung)」をもはや標榜することができず、むしろ、互いに還元不可能な諸要素の思弁的な「もつれあい(Verwicklung)」の記述に留まっている、とされるのである。

本書第二部が考察の出発点とするのは、ヘーゲルのこの晩年の自己反省である。すなわち学への導入という事柄について、いまや問い直されるべきなのである。しかし、この反省を経てもなお導入が可能かどうか、『精神の現象学』はなおその立場を保持しうるか、という問いそのものは、本書の本来的な課題となる「宗教史の哲学」の検討にとっては、二次的な意味を持つにすぎない(7)。明らかにしたいのはむしろ、導入という事柄の変化に伴って表面化する、ヘーゲル的思考そのものの変容であり、その先に実現する哲学のあり方なのである。

注

(1) ここでは、その諸契機として、「A. 自然宗教」でオリエントの「光」の宗教、インドの「植物と動物」崇拝、エジプトの「工作者」の宗教、「B. 芸術宗教」でギリシアの芸術と宗教、「C. 啓示宗教」でキリスト教が、それぞれ論じられることになる。最終的に「啓示宗教」はたしかに「精神の完成」を明らかにするが、しかしそれ自身「意識」の立場、あるいは「表象」の立場に留まっており、それを止揚することによって「絶対知」が成就するとされる(GW9, S.422)。

(2) 縮小された「精神の現象学」は、精神の萌芽としての自然的な「魂」論である「人間学」と、理論的知性を課題とする「心理学」の間に収められる。そこで言及されるのは「意識」、「自己意識」、「理性」の契機に限定され、著作『精神の現象学』で後半の半分を占めていた、宗教を含む精神史的考察は、そこに含まれてはいない。自然的な魂から、理論理性としての知性の概念を導き出すこと、それが『エンチュクロペディー』における「精神の現象学」節の目的であるにすぎないのである。

（3）著作の一貫性をめぐってはペゲラー（Pöggeler 1961, Pöggeler 1973）とフルダ（Fulda 1965, Fulda 1966）の論争が有名である。著作『精神の現象学』が同時に「意識経験の学」と題されている、という二重書名問題、とりわけ「理性」章と「精神」章の接続に関し、ペゲラーが文献学的精査から切断を見いだすのに対し、フルダは全体の構想の統一性はその理念によって保証されていたと主張する。論争の経緯とその意義、あるいはその後の『精神の現象学』研究の進展については飛田　二〇〇六が詳しい。

（4）とりわけ、イェーナ期における体系構想の研究が進展し、後年の体系との連続性が認められることにより、それだけいわゆる「現象学体系」の特異性が際立てられていくことになる（原崎　一九九四）。

（5）この傾向はまた、二十世紀における『精神の現象学』再評価によってもまた強化されてきたように思われる。例えばハイデガーによる『精神の現象学』解釈を参照（Heidegger 1997）。ガダマーもまた解釈学の歴史における『精神の現象学』の役割を、シュライエルマッハー以上に強調する（Gadamer 2010, S.172ff.）。記念碑的なフルダの研究（Fulda 1965）も、一九六〇年代という時代における哲学的解釈学の影響が顕著であり、『精神の現象学』を体系の最初ではなくその最後に位置づける独自の解釈には、本書も負うところが多いのであるが、やはり再検討の余地はあろう。

（6）そのような択一を避け、ヘーゲル体系の未完成を説き、あるいは体系における現実的生への開放性を見ようとする研究も存在する。体系的な「思考の閉鎖性」を説くキンマーレに対する久保陽一氏の批判を参照（久保　二〇一〇、七四ページ）。久保氏によれば、学的体系を超出する実践的連関は『エンチュクロペディー』にも認められるものであり、体系の完結性と現実的生への開放性は、すでにイェーナ初期に示されているとおり、互いに排他的なものと捉えてはならない（久保　二〇一〇、七二ページ）。

（7）この箇所に言及する諸研究のほとんどは、もっぱらの『精神の現象学』と『論理学』への限定された関心から、この枠組みに囚われている。ブレンダン・トイニッセンは二五節注解に触れつつ、ここでは『精神の現象学』の導入性格が疑われているのではなく、むしろ導入コンセプトの多様化こそ見られるべきである、としている（Theunissen 2014, S.63ff.）。

第一章　概念的発展と歴史的形態化

『エンチュクロペディー』「予備概念」二五節注解で問題とされているのは、学において扱われるべき諸対象が、前哲学的であるはずの意識経験において出現せざるをえないということ、およびその諸対象自身が、意識経験から独立に、内容的発展を持っており、そのため意識経験の叙述は錯綜する「もつれ」を含んだものであった、ということである。しかも、意識から隠れている「自体としての内容」は、ここでは理念の学である「論理学」で論じられる思考諸規定ではなく、あくまで「道徳、人倫、芸術、宗教といった意識の具体的な諸形態」に関わる精神的諸事象として理解されている。これらの晩年における指摘が示す思考の新たなあり方を明確にするため、本章では先の引用部で用いられていた「発展」および「意識の具体的な諸形態」という語に着目することで考察をはじめることにしたい。

第一節　区別・自己止揚・自己確定　論理的なものの三つの側面

発展という発想はヘーゲル哲学全体の基盤であると言って間違いないであろう。それはまず、『エンチュクロペディー』が概説する「哲学的諸学」の構想にとっての基礎でもあった。ヘーゲルによれば、学的な知のあり方は、普遍性と必然性を備えた体系でなければならないが、それが担保されうるには、叙述における内在的な原理が求められなければならない。『精神の現象学』では自律的で必然的な記述を可能とするその原理は意識経験の弁証法的運動に見いだされていた。それに対して、哲学体系そのものの展開において依拠されるのは、「概念」がもつ諸契機の連関である。「予備概念」の末尾「論理学の詳しい概念と区分」（七九節―八三節）では、「純粋理念の学」である「論理学」の叙述に先立ち、その本論で論述され、しかもその論述の方法までをも担う「論理的なもの」の本性が告示される。

この箇所の冒頭で「論理的なものは形式の点では三つの側面を持つ」（GW20, §79, S.118）とされる。その三側面とは、「存在論」、「本質論」、「概念論」からなる「論理学」の三つの部門に対応するものではなく、むしろ「それぞれの論理的に実質的なもの、それぞれの概念あるいは真なるもの一般の諸契機」（GW20, §79Anm., S.118）であるという。したがって「論理学」のみならず、「自然哲学」および「精神哲学」からなる「哲学的諸学」の体系が、一般的に思考および諸概念の境域を離れないかぎり、ここで開示される三つの側面は学的に取り扱われうる諸事象のすべてに通底するものとみなされなければならない。

注目すべきなのは、ヘーゲルの哲学全体において堅持される、思考ないし概念としての論理的なものの有り様が、単一の性格ではなく、このように三つの側面からなる複合において捉えられている、ということである。思考がある側面からすれば悟性的であるということをヘーゲルは否定しない。ある規定や区別を立てながら、それらのもとに留まる「悟性としての思考」（GW20, §80, S.118）は、制限された抽象的なものに関わる有限的思考であるが、それもまた思考に内属する欠くことのできない機能として位置づけられるのである。このように、ヘーゲルのここでの関心は、悟性的思考に対して理性的思考を称揚するのではなく、むしろそれらの総体を思考の不可欠な要素として機能的に把握し、連関的統一のもとで提示することにある。

論理的なものの第一の側面である「抽象的ないし悟性的側面」がもたらす諸規定の断定に対し、思考は否定的な振舞いを見せることがある。それが論理的なものの第二の側面としての「弁証法的ないし否定的‐理性的側面」と呼ばれる契機である。第八一節でヘーゲルはこの側面を悟性的側面から独立して扱うことで生じる思考態度としての「懐疑主義」、およびその否定的思考を技法として体系化する伝統的、あるいはカント的な「弁証論（Dialektik）」の立場を、思考そのものに内在する「弁証法（Dialektik）」の契機から明確に区別している。思考の否定的側面を、他の機能から独立させるならば、その反省は悟性的諸規定に対する外的な振舞いに留まる。すなわちそれは「孤立した規定性を超え出て、それに関係すること」（GW20, §81Anm. S.119）でしかないのである。

それに対して悟性的側面と弁証法的側面とを同一の思考における連関として捉えるならば、「弁証法とはこの内在的超出であり、そこでは悟性的諸規定の一面性と制限性とが、そのとおりのものとして、すなわちそれらの否定として表現される。すべての有限的なものとは、自己自身を止揚するものなのである」（ebd.）。ひとつの側面として捉えられた否定的思考は、悟性の打ち立てた規定や区別に対して、外側から加えられる抽象的反省ではない。悟性的諸規定は、自らが一面的であり、制限されたものであると示されることによって、自らの限界を確定しつつ超え出て行くのである。そしてこの超出の結果である自己確定こそ、論理的なものの第三の側面としての「思弁的ないし肯定‐理性的なもの」（GW20, §82, S.120）にほかならない。

弁証法的否定とは、外的反省の抽象ではなく有限なものの自己止揚である、という認識は、このように思考の諸性格を連関のもとで統一的に把握することに依拠する。そしてここで獲得される思考連関の内在性こそ、ヘーゲルが学的叙述に際して活用するものにほかならない。「したがって弁証法的なものこそが、学的進行の運動する魂をなし、ただそれによってのみ学の内容における内在的な連関と必然性が生じる原理であり、かつそこにおいてもっぱら有限なものを超える、外的ではない真の高まりが存しているのである」(GW20, §81, S.119)。

こうして、概念の自己否定的運動こそ、ヘーゲルの想定する学の絶対性(すなわち普遍性と必然性)を担っているのであり、我々の目下の対象であった発展の概念は、まさにこの事態を叙述する術語として特権化されているのである。論理的なものに固有の三契機の構造が学そのものの原理として設定されているかぎり、それは論理学の対象である論理的なものそれ自体だけではなく、先にも触れたように、後に続く「自然哲学」および「精神哲学」の領域においても見られるものでなければならない。したがって「予備概念」第二五節注解で語られていた、道徳、人倫、芸術、宗教といった「内実の、すなわち哲学的学に固有の部門の諸対象の発展」もまた、概念の自己運動の視点に立つことではじめて学的に、すなわち「内的連関と必然性」をもって叙述されうる事柄なのである。

第二節　精神の発展と植物のメタファー

以上のように、ヘーゲルの目指すところは常に、あらゆる事象において、この概念の自己運動を見いだし、それを発展の内在的系列として学的に記述することである、と言うことができる。とはいえ注意しなければならないのは、例えば宗教のような、論理的なものの本来的な叙述である論理学を超えた領域において、それはいかに把握されるのか、という点である。概念的発展こそ、ヘーゲル哲学の対象であるとともに、その方法でもある、ということはすでに見た。しかし第二五節注解において同じく確認されたように、『精神の現象学』が叙述する意識経験は、意識にとって顕在することのない要素によって、その展開は複層化し、諸要素のもつれあいを露呈させることになった。だとすれば、このようなもつれあいを避けながら、非論理学的主題における内在的連関と必然性を概念把握することはいかにしてなされるのであろうか。

概念の自己発展が自己自身を限界づける点は、まず論理学の終わりにおいて生じる。論理学全体の結論である「絶対的理念」は、「純粋概念とその実在性との統一」(GW12, S.253)であり、したがって存在の直接性を自らのうちに備えている。しかしこの非自己的なものは、絶対的な理念に対してもはや異他的なものではない。したがって、概念から存在への移行としての「自然」は、それがいかに自己否定的であろうとも、理念の「自由」に基づいた行為の所産であり、「純粋理念の学」としての論理学の枠組みを超えて、実在的諸事象に対する学を継続的に開始するための操作となりうるのである。だとすれば、この自由な「概念の自己放棄」が、『精神の現象学』においてもたらされた混乱にあたることはない。

より複雑な問題は、自然ではなく、精神の領域において見られる。精神は自然からの概念の自己還帰であり、両者のあいだの対立の克服である。一八二七/二八年精神哲学講義において、ヘーゲルは精神の本性について、「自らがなんであるかを産出することであり、顕示、啓示へ、意識へともたらすこと」(V13, 1827/28, S.6)であると述べている。自己を規定し、明らかにするという運動性のもとで捉えられた精神、『精神の現象学』における規定を用いるなら、実体ではなく主体としての精神は、彼岸的なものに留まる抽象的普遍性ではなく、むしろ自己を規定化、有限化し、かつその有限性を解消することで達成される「具体的普遍性」(V13, 1827/28, S.26)の構造を備えている。すなわち論理的なものの有する自己否定的運動性としての発展をもって、精神は自らを定義するのである。「精神は自己を発展させる、〔すなわち〕その特殊性、制限性、規定性は変化するが、自己を鍛え上げ、そこに自己を保持することによって、精神は変化しないのであり、それはこうした産出者であるが、自己が措定する自己のものである」(V13, 1827/28, S.180)。

このように、ヘーゲルによれば精神もまた、概念的自己発展の運動性において把握されうるものであり、そのかぎりで精神の学的把握としての精神哲学全体は可能となるとされる。しかしそれにも増して強調されるのは、精神が自己発展の構造を自らの型とするということではなく、むしろその理念を十全に体現するということである。

発展の概念は精神においてはじめて本来的な場所を得る。このことはどのように理解できるのであろうか。ポイントとなるのは、精神特有の発展のあり方である。論理的なものとしての概念の発展が規定・区別（第一の否定）、自己止揚としての否定（否定の否定）、自己確定という過程を辿るのと同様に、精神もまた「否定の否定」という仕方で発展する。この事態を描写する際にヘーゲルがもっとも好むのは、「植物」の比喩を用いる説明法である。例えば哲学史講義では、学の最大の成果である哲学を「花」になぞらえて、次のように述べている。植物の「芽」が葉や茎へと展開し、そして花へと、ないしは「子ども」が「大人」へと成長するような場合、自らを豊かにしながら、なおかつ自己は他者になるのではなく、自己のもとにある（bei sich selbst sein）。変容しつつ自己であることを失わないこと、「現出する他のものが即自的にあるものと同一である」（V6, 1825/26, S.215）こと、それこそまさに、学の唯一の方法である概念の発展なのである。

この動性を存在論的、かつ認識論的に表現するのが「即自（自体、an sich）」と「対自（für sich）」という対概念であるが、それをヘーゲルはアリストテレスの「潜勢態（デュナミス）」と「顕勢態（エネルゲイア）」の独自の訳語としてあてはめてみせる(1)。種子、あるいは萌芽としての概念は、いまだ木の全体ではない。それは木としての全体の本性を保有するものであったとしても、そのことを確証するために、それは自らの種子としてのあり方を否定し、放棄しなければならないのである。したがって種子から木へと自己否定的に展開し、花へと結実していくことこそが、種子のなんであるかを明らかにする認識なのである。このように、とりわけ自体的なもののの顕勢化を、それ自身が自己へと対峙することであると明確に目的論的に捉えることによって、ヘーゲルは学の発展プロセスがなにより内在的な認識の事柄であることを強調するのである。

第三節　形態化の哲学――『法哲学』における発展と形態化

事実、こうした説明法は、ヘーゲルが好むもののひとつである。哲学の課題は、あくまでこの発展という形式における内在的認識の有機的組織を把握することにほかならない。だからヘーゲル自身、この比喩を手放すことはしなかった。とはいえ、このような植物有機体モデルを用いた敷衍が、ヘーゲルの考える精神的発展の論理をすべて汲み尽くすものであるか、さらに考えてみる必要がある。精神が、植物や動物といった自然的なものと区別されなければならないとすれば、精神の発展を植物の比喩で語ることには、それなりの危険があるはずである。

植物の比喩が問題視されうるのはおそらく、概念的発展の認識を完遂することがもっとも困難であるとされる、精神的諸事象、すなわち歴史的文化的な事柄が主題となるときではないだろうか。それは、「予備概念」第二五節注解において、『精神の現象学』のプログラム全体について反省を促した「道徳、人倫、芸術、宗教といった意識の具体的な諸形態」に関わる問題であり、また先取りして言うならば、本書全体のテーマである宗教史の問題と関わるものであろう。

しかしその具体的検討に踏み入るにはまだ早い。その前に、ここではまず、歴史的文化的な諸形態に関するヘーゲルの理論的考察を確認しておくべきであろう。すなわち、「法権利」と「世界史」についての「客観的精神」の学、および宗教を含む「絶対精神」の学についてのヘーゲルの見解がそれである。純粋な論理学とは異なるこれらの領域においては、哲学的考察もまた、「時間的なもの」や「一時的なもの」に関わらざるをえない。そこでヘーゲルがなおも、学的認識の内在的連関と必然性という厳密なる要求を掲げるのであれば、その認識はいかなるあり方を見せるのであろうか。すなわち時間的なものや一時的なものを、いかにして精神の発展の契機として捉えることができるのであろうか。

この問題に対して鍵となるのが、「形態（Gestalt）」ないし「形態化（Gestaltung）」という術語によって示される事柄である。一八二一年の『法権利の哲学要綱（以下『法哲学』）』「序文」では、形態化という事象のあり方と、それに対する哲学的思索の取るべき方策とが次のように示されている。

そこで重要なのは、時間的なものと一時的なものの仮象において、内在的なものである実体と、現在的なものである永遠なものを認識することである。というのも、理性的なものは、理念と同義であるが、それがその現実性において、同時に外的実在へと入り込むことで、諸形式、諸現象、諸形態化の無限の豊かさに現れ、その核心を彩りある皮で覆っているからである。その皮の中に意識はさしあたり住み込んでいるが、概念がはじめてその皮を突き破ることで、内的な脈動を見つけ、それを同時に外的な形態化においてもなお痛烈に感じ取るのである。（GW14.1, S.14）

精神の発展は概念の弁証法的発展であり、理念として、自己の抽象的なあり方を否定し、「その現実性において、同時に外的実在へと」入りこみつつ、そこで自己を確認する。すなわち一見して偶然的、個別的に見える諸事象を、精神的自己の純粋な在り方の放棄という、内在的発展の契機として捉えられることによって、学的把握の展望が開かれる。時間的なものと一時的なものは、精神の形態化であるかぎりで、理性的なものをなお宿しているると理解されうるのである。

意識と概念の二元論がここでも現れている。しかし注目すべきなのは、意識は概念のように形態化の（またしても植物の比喩で語られる）「皮」を破って「核」へと到達することはできない、ということだけではなく、意識の領域そのものが、この触れることのできない形態化作用によって形成されている、という点である。ここで、『エンチュクロペディー』「予備概念」第二五節注解で言及されていた「意識の背後」にある発展が、精神の形態化であると示されるのである。『精神の現象学』が対象とする意識経験は、「道徳、人倫、芸術、宗教といった意識の具体的な諸形態」の根拠であるものに遡ることはできない。すなわち諸事象が形態化する精神的発展の過程そのものは、意識経験には開示されず、ただその背後にあって、意識経験をむしろ駆動させているのである。

このように、精神の哲学は、論理学や自然の哲学とは異なり、具体的には諸事象の形成において概念の発展を見る「形態化の哲学」という位相を取る。ここでの課題はあくまで形態化の過程において概念の発展を見ること、言い換えれば偶然的個別的な見かけを取る対象について、それを精神の形態化の結果として把握し、位置づけることである。したがって、『法哲学』では、「形態化の哲学」は歴史的に具体化される諸事象の形態に携わりながら、それらが表現する際限のない多様性に深入りする必要はない、とされる。

では、この作業はヘーゲルによってどのように遂行されるのであろうか。「序文」に続く『法哲学』「序論」では冒頭で、「概念がその現実化において自らに与える形態化」が、純粋な概念の形式とは異なるが、理念の本質的な契機であることが提示される。「概念が自らの現実化において自己に与える形態化は、概念そのものの認識にとって、単に概念としてあるという形式から区別された、理念の別の本質的な契機である」（GW14,1. §1. S.23）。つまり、論理学的対象とは異なるこの独自の形態化こそ、『法哲学』の主題にほかならない、というのである。「自由意志」の活動によって産出され、客体化される「法権利」が、理念の発展を取るかぎりで、客観的精神の哲学的把握は可能となる。それは「道徳」、「人倫」、「国家」として、発展の段階による相違はあるものの、「絶対概念」の、「自己意識的自由」の「定在」として、「神聖なもの」に留まる（G14.1. §30. S.46）。したがって法権利を構成する諸要素のあいだにもまた、概念の弁証法的自己発展の形式が把握されるのであり、それがこの領域における諸事象への「内在的連関と必然性」に基づいた考察を可能にするのである。

このように、『エンチュクロペディー』「予備概念」「論理的なものの三側面」において提示されたものと同じ「弁証法」が、『法哲学』でもその学的性格を保証するものとして述べられる。「普遍的なものの特殊化を解消するだけではなく、また生み出すものとしての、概念の運動的原理」（GW14.1. §31Anm. S.47）である弁証法は、「内容自身の魂」であり、有機的内在的な仕方で諸々の「枝」や「果実」を生じさせる、とヘーゲルはここでもまた植物の比喩を用いて述べている。彼によれば、我々がなすべきことはその運動になにか外的に付け加えることなしに、ただ追跡し、それを「意識へともたらすこと」（ebd.）だけである、という。

『法哲学』第三一節注解で、このように自らの考える学的な手続きの重要性、内在的方法の可能性を繰り返し力説したあと、ヘーゲルは続く第三二節で次のように付け加えている。

> 概念の発展における諸規定は一方ではそれ自体で諸々の概念であるが、他方で、概念というのは本質的に理念であるから、諸規定は定在の形式においてあり、自己を生み出す諸概念の系列は、それゆえ同時に諸々の形態化の系列である。このように諸規定は学において考察されなければならない。（GW14.1. §32. S.47）

「序文」と同様、ここでも概念が理念であるという点がとりわけ強調されていることから、概念の自己還帰的弁証法の運動構造としての精神の働き、すなわち他であることにおいて自己を取り戻すという動性において、定在という形式の役割が言及されていることは明らかである。それをヘーゲルはここで「形態化の系列」と呼んでいるが、すなわち概念の定在化としての形態化の働きは、概念的発展の一契機であり、不可欠な要素として学の考察対象となる、というのである。

問題はしかし、ここでの主題が「純粋理念の学」としての論理学ではなく、「客観的精神」の領域における形態化にある、という点に存している。すなわち存在、あるいは純粋概念の論理学的規定化ではなく、自由意志が様々な法権利として自己を規定し、有限化することが、ここでは見られようとしているのである。そこから、ヘーゲルは節の本文に続けて次のように注解している。

> 思弁的な意味で概念が定在するという仕方とその規定性は同一である。しかし注意されるべきなのは、その結果がさらなる規定された形式である諸契機は、理念の学的発展における概念諸規定としてはそれ〔結果〕に先立つが、諸形態化としての時間的発展においてはそれ〔結果〕に先行しないのである。(GW14,1, §32 Anm., S.47f.)

「思弁的な意味で」、すなわち論理学的視点においては同一とされる二種類の発展が、ここで明確に区別されている。すなわち「理念の学的発展」と「時間的発展」であり、それらの対応する規定形式としての「概念諸規定」と「諸々の形態化」である。

『法哲学』「序論」の末尾にあたるこの箇所での要点は、概念的発展とは異なる時間的発展としての形態化の系列が、学的認識に対してどのような意味を持っているのか、ということにある。概念の自己発展のもとで行われるその理念的考察は、論理学的規定作用の内在的系列をなし、先行と後続の必然的関係が確証される。それに対して時間的発展としての形態化の側面では、この関係は必ずしも保証されていない。すなわち、ある種の事象がすでに現存するからといって、それが概念の次元における発展の確証を示すものとなるわけではないのである。

にもかかわらず、時間的、歴史的な形成という側面は、社会的、文化的事象が対象となる場合には、概念の自己発展を自らの原理として標榜する学の視野にも入ってこなければならない。この二つの系列をいかに調停し、「客観的精神」の学をいかに打ち立てるかという課題への解決策が、自己外化する「理念」というコンセプトを媒介とすることで、時間的形成を精神自身のもう一つの作用、「発展の別の側面」とみなし、精神の自己形態化として把握するという所作だったのである。

第四節　形態化と陶冶形成　歴史における形態化と学的叙述

概念の自己発展の相へと容易に解消できない対象の時間的形成を、精神の形態化として把握することで、それについて学的に扱う展望を開く、というのがヘーゲルの方策であった。ヘーゲル哲学の歴史的部門については、歴史の出来事を概念の系列に強引に結びつけている思弁がしばしば非難の的となる。しかしすでに確認されたように、ヘーゲル自身による概念的発展と時間的形態化の区別を踏まえるならば、印象はどうあれ、そうした強引な結びつけをヘーゲルが意図していたと考えることはもはやできない。

たしかに形態化の相もまた、精神の発展の一側面であるかぎり、概念的発展の系列へと重なってくる。あるいは前者において後者を捉えることが、「客観的精神」の学が、学として成立する基盤となろう。それこそヘーゲルの捉える、概念の発展としての「歴史」であり、「歴史哲学」の領域を形成する。とするならば、形態化の視点というのもやはり都合のいい方便であり、結局は前提となる論理的諸概念を歴史過程にあてはめることで、いわば歴史の絶対的観念論を構築することがヘーゲルの狙いであったということになるのだろうか。しかしそのように断定する前に、形態化という概念が用意する射程について、ここでもう少し詳細に検討することにしたい。

前節の最後に挙げた『法哲学』「序論」末尾の第三二節注解は、形態化が持つ特有の性格について、さらに次のように続けている。

> そのようにして、例えば家族として規定されている理念は、概念諸規定を前提とし、それらの結果として、それ〔家族〕は続けて叙述されていくことだろう。しかしこれらの内的な諸前提が、対自的にもまたすでに諸々の形態化として、すなわち所有権、契約、道徳性などとして現存している、ということは、発展の別の側面であり、それはただより高次の完成された陶冶形成（Bildung）においてのみ、規定の諸契機が本来的に形態化したこの定在へと、結果をもたらしたのである。（GW14.1, §32 Anm., S.48）

先に確認したように、法哲学的諸対象の取り扱いに際して、概念的発展の側面と時間的発展の側面とは区別されなければならない。例えば「家族」という概念を「所有権、契約、道徳性」という論理的に先行する諸概念から「内在的連関と必然性」にしたがって導出する、というのは「法権利の哲学」の仕事である。他方で、「所有権、契約、道徳性など」という契機は、そうした学的導出とは無関係に、「対自的にもまたすでに諸々の形態化として現存している」、すなわち概念として把握されているわけではないが、事象として明らかに成立が認められていることがある。しかもそれらの事象の成立は、「家族」という別の事象を概念的に導くわけでもない。それどころか、形態化の領域においては、「家族」という形態が「所有権、契約、道徳性など」の諸契機に先立つことも十分に考えられるのである。

こうした区別にもかかわらず、ヘーゲルは形態化的形成もまた精神が持つ「発展の別の側面」であると言う。そこで提示されるのが「Bildung」という概念である。通常は個人的な「教養」あるいは公共的な「文化」を意味する語であるが、ヘーゲルはその動詞形「形成する（bilden）」に着目し、この語の本義を構築的な動性において捉える。つまり、いわば「陶冶形成」としての「ビルドゥンク」が示すのは、諸契機の形態化を可能にするものであり、諸形態としての成立を支えるものなのである。「より高次の完成された陶冶形成」という語法が示すとおり、そのプロセスは段階的である。したがってある任意の契機が形態化されることの可否、すなわちそれが現実化することの可否は、概念の論理的必然性ではなく、陶冶形成の進み具合によって峻別されるものであり、またある種の契機が形態化していること、「対自的にもまたすでに現存していること」、すなわちその観念がある社会的な枠組みにおいて自明なものとして通用していること、それによって陶冶形成の進展の度合いも測られるのである。

このように、時間的発展としての形態化の概念は、歴史としての陶冶形成の観点と結びつく。歴史は精神的なものの陶冶形成である。ここには、たしかに精神的なものと対比された、自然的なものからの脱却というモチーフがある。しかし同時に、脱却すべき自然的なものへと精神が形態化する事態としても捉えられるのである。すなわちヘーゲルによって把握される世界史の運動とは、「出来事という直接的な自然的現実性の形式をとって精神が形態化すること」（GW14.1, §346, S.275）である。精神はこの「出来事という直接的な自然的現実性の形式」へと自己を外化し、形態化しつつ、形態の内部から自身の限定性を克服することで、自己の本性である自由を実現する。

このように、歴史を形態化と脱形態化の二重構造として捉えることには、「自由の意識の進歩」という目的論的な歴史哲学的課題設定が伴っている。この叙述構造が、『精神の現象学』における意識経験論が当初備えていた構成と重なる、というのは明らかである。すなわち意識経験が学を開示する可能性を内在的に有する非学的なものとされていたのと同様に、形態化する諸々の「民族精神」はその形成と解体において「自然的直接性の形式から解放する世界精神の活動」（GW14.1, §352, S.278）を示す。このように、歴史哲学では意識経験ではなく歴史の過程そのものが、ある種の導入として、哲学へと利用されるのである。

歴史の哲学的利用の意図は、とりわけ法権利の哲学において取り扱われる諸概念に関連している。一方で歴史の概念そのものは、法権利の哲学の結論である。しかし他方で、歴史的形態化は、法権利の哲学が対象とする諸概念を現実化させる。「人倫的生のこの真の形態化の歴史は普遍的世界史の事柄である」（GW14.1, §273Anm., S.226）。ヘーゲルの考察によれば、その完成は近代世界における立憲君主制へと自らを成熟させることと一致する。概念の自己発展を把握する哲学的考察は、たしかに実際の歴史的な形態化には依存しないとされる。しかし同時に、ヘーゲルは諸概念の歴史的形態化が考察の前提となることを雄弁に語ってもいるのである。「ミネルヴァの梟」の形象もまた、それについてのひとつの証言者でありうる。「哲学がその灰色に灰色を重ねて描くとき、生の形態は年老いたものとなっており、灰色に灰色をもってして若返るのではなく、ただ認識されうるのみである。ミネルヴァの梟は、黄昏はじめにようやく飛び立つのである」（GW14.1, S.16）。あたかも学知が歴史的形態化の終了を待ってはじめて可能であるかのごとくである。

第五節　歴史的形態化において意識される自由

ここで我々は本章の考察のきっかけであった、『精神の現象学』における宗教史の考察と、その自己反省としての『エンチュクロペディー』「予備概念」第二五節注解を再び引き合いに出すことができる。ヘーゲルの第一の主著では、「学への導入」という理念のもと、宗教が哲学的立場である絶対知の地平へと意識経験を移行させる最後のステップとして捉えられていた。ところが後年では、ヘーゲルの想定する学の立場は、「道徳、人倫、芸術、宗教といった意識の具体的な諸形態」をすでに前提としており、そのため意識経験は自らの限界内でそれらを扱いはするが、それらの内容はもともと学によって本来的に対象化されうるのであり、そのかぎりで意識の立場はそれらを把握することができないとされる。精神的諸事象の発展は、いわば「意識の背後」で生成し、かつ意識のあずかり知らぬかたちで、しかも意識経験そのものを左右する。ヘーゲルが新たに重視するものこそ、まさにこの、精神的諸事象の「自体としての内容」そのものが発展を持つ、という認識にほかならない。本章の確認で明らかになったところでは、その発展とは論理学の概念的発展とは区別される時間的発展としての形態化であり、歴史の陶冶形成として具体化される精神の自己実現のプロセスなのであった(2)。

さらに注目すべきなのは、歴史における形態化の過程が「自由の意識の進歩」と定義されていたことである。ここでもまた問題は意識である、ということを見逃してはならない。精神の本性としての自由の発展は、『精神の現象学』的意識経験の背後にある。しかしそれは意識と切り離されていることを意味しているのではなく、むしろ意識経験とは別のところで意識を、形態化という仕方で形成するのである。すなわち「道徳、人倫、芸術、宗教といった意識の具体的な諸形態」が形成されるのは、意識経験においてではなく、それに先立つ歴史の過程においてほかにはないのである。この側面を重視するなら、「自由の意識の進歩」とは、精神の自由が歴史において意識される過程を表現するものであると考えられる。ヘーゲルの好んで用いる表現を使えば、精神の自由は「意識へともたらされる」、あるいは「意識へと来たる」とされる。いわばこの自由の意識化の過程は、意識経験を介在させることなく、むしろ意識の具体的な諸形態そのものの形成を担うことで、少なくともそれらの精神的諸事象に対する学的な把握の準備となるのである。

「予備概念」第二五節注解においてヘーゲルが確認を求めていたのは、意識経験に先立つ事柄の形成という次元の存在であり、だからこそ意識経験は「学への必然的導入」とはなりえないことであった。とはいえ、たとえそうだったとしても、『精神の現象学』、とりわけ「精神」章および「宗教」章の試みについて、ヘーゲルがすべて撤回したと考えるのは、彼が死の直前まで同書の第二版を企てていたことからすると、誤りであろう。少なくとも、この第二五節注解という小さな注意書きにおいて促されているのは、『精神の現象学』という書物に対する読解の方向を転換することである、と言うことはできる。かつては、同一哲学への対抗から直観の立場を退けつつ、かつ自然的意識の運動性を媒介として絶対的な学の地平を開く、ということが課題としてあった。それに対して、ベルリン期での「哲学的諸学」のコンセプトにおいては、学と経験のあいだを接続する、というかつての問題意識を残存させつつ、自らの哲学の仮想敵をもはやなんらかの哲学的立場に設定するのではなく、他の諸学に代表される反哲学的な実証主義的態度に見て取った。これらのことは、本書の第一部において確認したとおりである。ヘーゲルはここで、そのような布置状況の変化を受け、意識哲学的な設定から抜け出しつつ、諸事象そのものの記述へと新たに舵を取り直しているのであり、その変化に、経験概念の変容が伴っているのである。学と経験との接続は、意識経験ではなく、いまや諸学の経験に、あるいは歴史における形態化の思索に求められていく。

注

（1）ヘーゲルは発展の運動を説明する際に、「即自」と「対自」という概念を用いるが、その説明には年度ごとに若干の違いを指摘できる。一八二三／二四年では両契機がそれぞれ「素質、能力、デュナミス、ポテンチア、即自的にあること（Anlage, Vermögen, δύναμις, potentia, Ansichsein）」、「対自的にあること、現実、アクトゥス、エネルゲイア（das Für-sichsein, die Wirklichkeit, actus, ἐνέργεια）」と割り振られている（V6, 1823/24, S.145）。それに対して一八二五／二六年では「即自」と「現実存在」との同一が「対自的にあること」とされ、それは「自己知」であり、植物にはない契機であるとされている（V6, 1825/26, S.218）。

（2）『精神の現象学』における「形態」を著作の「根本概念」として着目するのは、Kohl 2003である。

第二章　精神の自己外化

『精神の現象学』最後の段落が語るもの

第一節　書き換えられた『精神の現象学』「序文」

晩年に企てられながら日の目を見ることのなかった、『精神の現象学』第二版とは、どのようなものでありえたであろうか。導入なき意識経験の叙述は、はたしてなお何事かを表現しえたのだろうか。その完成はヘーゲルの死によって道半ばで途絶したのであり、我々はこの問いかけに対して明確な解答を持ちえない。確認できるのは、途中まで書き換えられたその「序文」のみである。ところが、そこに現れた、著作第一版では見られなかった叙述が、「予備概念」第二五節注解で提示された問題に対して重要な示唆を果たしているように思われるのである。

ヘーゲルは、『精神の現象学』「序文」において、世界史的陶冶形成が学に対して果たす寄与について説いていた。「世界史の途方もない労苦」（GW9, S.20）の成果によって、学の内容はすでに「それ自体としては」もたらされている。したがって我々がなすべきなのは、それを「対自存在の形式」へと転換させること、本書の考察に近づければ、表象を概念へと転換させることだけである。この主張においてヘーゲルは次の文を書き換える。初版ではこうである。

もはや、定在を自体的にあることへ、ではなく、ただ、自体を対自的にあるという形式へ転換することが肝要であり、そのあり方が詳しく規定されるべきである。(es ist nicht mehr das Daseyn in das Ansichseyn, sondern nur das Ansich in die Form des Fürsichseyns umzukehren, dessen Art näher zu bestimmen ist. GW9, S.26)

それが後に出版された『精神の現象学』（一八三一年、一八四〇年）では、ヘーゲルの死の直前になされた、次のような補填が収録されている。

もはや、定在を自体的にあるという形式へ、ではなく、ただ、もはや単に起源的なものでもなければ、定在へと沈み込んだのでもない、むしろすでに内化・想起された自体を、対自的にあるという形式に転換することが肝要である。この行為のあり方が詳しく論ぜられるべきである。(es ist nicht mehr das Daseyn in die Form des Ansichseyns, sondern nur das weder mehr bloß ursprüngliche, noch in das Daseyn versenkte, vielmehr bereits erinnerte Ansich in die Form des Fürsichseyns umzukehren. Die Art dieses Thuns ist näher anzugeben. GW9, S.26Fuß.)

一見すると、些細な書き換えであり、例えば世界史の労苦のように、発想そのものを初版『精神の現象学』に見いだそうと思えば不可能ではないかもしれない。しかし「自体」および『精神の現象学』に対する「予備概念」の反省を経た後に、その問題系列に関わるものとして書き加えられた資料として、考察の価値がないものでもないであろう。

問題は、この「もはや単に起源的なものでもなければ、定在へと沈み込んだのでもない、むしろすでに内化・想起された自体」という表現が示唆しているものである。意識経験の叙述において、「自体」は「知」の相関者であり、知の運動変化に伴って、それ自身新たな形態をなすとされた。したがって弁証法的運動としてのこの意識経験が、「自体」の認識根拠であるとともに、その存在根拠でもありえたわけである。しかし後年の反省によって前面化したのは、その「自体としての内容」が意識の経験とは独立に自身の発展の過程を持つ、ということであった。その過程は精神の歴史的形態化という仕方を取る。それらはすべて前章で確認したとおりであるが、この箇所での「もはや単に起源的なものでもなければ、定在に沈み込んだものでもない」という表現はそうした内容の、「世界史の労苦」としての先行的な形成と形態化を、より強調するものである。こうして当該箇所の書き換えは、後年のヘーゲルの問題関心の反映として読むこともできるのである。

「内化・想起（Er-innerung）」とは、「自体」のこの形態化のあり方を描写する概念にほかならない。歴史が「内化・想起」の過程であるという表現は、その時間的発展において、特定の定在が否応なく過ぎ去り、消滅すること、しかしその定在的な消滅が次の形態の根拠となるということ、さらにその新たなる生成が過去の規定との連続性のうちに把握されることで、歴史としての同一性が確保されるということを比喩的に言い表している。そしてこの「内化・想起」という語の類比的な使用によって、ヘーゲルの言う「時間の形而上学」は、本書の第一部第一章で確認した、精神哲学的な「表象」の理論と結びつく。

たしかに、歴史の「内化・想起」に関するこれらの発想そのものは新しいものではない。例えば、すでに『精神の現象学』第一版「絶対知」章の最終段落において、歴史が「内化・想起」の過程であると言及されてはいる。しかしすでに確認されたように、この主題は『精神の現象学』を超えた、しかも導入としての意識経験というコンセプトを不可能にするところで成立するものである。そうだとすれば、『精神の現象学』は、すでにその内部において、後年の自己反省へとつながる要素を胚胎していたことになるだろう。その構想ははたしてどのような思索圏を開くものであったのか、それについての考察を以下の課題としたい。

第二節　「絶対知」章後半部の課題

本書第二部の導入において確認したように、『精神の現象学』の結論部である「絶対知」章前半において、宗教を媒介とした「絶対知」の成立が宣言されていた。絶対知は、意識経験の全過程を振り返り、それらを自らの契機として概念把握することで、学の普遍性と必然性の要件を満たすとされた。それに対して「絶対知」章後半で概略的に述べられるのは、そのようにして獲得された学がいかなる体系として提示されうるのか、ということである。

「絶対知」章第一八段落において、ヘーゲルは『精神の現象学』全体の叙述を経たことによって、意識に固有であった自己と真理の区別が無効化し、絶対知ないし学の立場へと移行したことを宣言する。学の叙述原理はもはや意識経験ではなく、概念自身の自己限定による純粋な有機的連関である。こうして、『精神の現象学』は論理学への導入という自らの目的を果たすはずである。では、それはもはや必要のない、使い終わった梯子のように打ち捨てられるべきかと言えばそうではない。「学の純粋な諸概念を意識の諸形態というこの形式において認識することは、その〔学の〕実在性の側面を成す」(GW9, S.432) と言われるように、学に固有の境位が開かれた後でも、『精神の現象学』は学に対して積極的な役割を与えられているのである。

このように、絶対知によって基礎づけられるのは論理学だけではない。ヘーゲルが絶対知としての精神という概念を積極的に活用するのは、むしろそれ以外の、非論理学的諸対象に関する学的な取り扱いなのである。実体ではなく主体として把握された精神は、自己を自己であるものとしてのみならず、他であることにおいて自己を認識する。自己認識の動的性格は「自己を外化すること（sich entäußern）」だと端的に表現される。「精神の自己外化」は、一方で自己の抽象的なあり方を否定し、「断念」することを意味する。しかし他方で、精神は他的なものへの没入において自己を認識すること、「序文」で詩的に語られているように、「死において生を得る」のが「精神の生」であるという（GW9, S.27）。『精神の現象学』全体の叙述によって導き出されたこの結果を、自らの前提とし、それを充足することが、論理学に続く実在的諸哲学の課題となる。

第三節　感性的意識への自己外化　『精神の現象学』の自己確証

続く「絶対知」章第一九段落において、ヘーゲルは絶対知の三つの外化について語っている。まず絶対知は、すでに前段において触れられたように、克服されたはずの意識の立場へと自己を外化する。

学はそれ自身において、純粋概念の形式から自己を外化するというこの必然性と、概念が意識へと移行することを含んでいる。というのも自己自身を知る精神は、まさに自らの概念を把握するがゆえに、自己自身との直接的な同等性であるが、それは自らの区別において直接的なものについての確信、言いかえれば、我々が出発したところの感性的意識なのである。精神の自己の形式から精神がこのように自らを解放することは、精神の自己知の最高の自由と確かさである。（GW9, S.432）

「絶対的に他であることにおいて自己を認識すること」として定式化された絶対知は、自己と対象とが同一であるという「単一な自己関係」という側面を持つが、この「自己自身との直接的な同等性」は、「直接的なものについての確信」として、『精神の現象学』の出発点であった感性的意識と共通した形式である。

ここでの論点はむしろ、両者の共通性に言及することにより、『精神の現象学』全体の議論が備えるべき学としての性格を、ほかならぬ学の立場から導出することにある。有限的意識の克服は、それを絶対知としての学から切り離すことでも、両者を質的な連続性のもとで捉えることでもない。自らの一切を放下し、自己とはまったく別の形態において自らを認識することこそ、学の絶対性を示すものである。それゆえここに、自己外化という否定的な関係を設定することによって、ヘーゲルは学と自然的意識との非連続的な連続性を表現し、それを両者の和解と捉える。「精神の自己知の最高の自由と確かさ」を示すこの和解こそ、学の立場と、その正当化としての『精神の現象学』自身の正当性を確証する最終的な審級であり、それはまた著作の成立に先立つイェーナ期の思索において課題であった無限性への思索が持つひとつの成果であると言える。

第四節　空間への自己外化としての自然

しかし、と続く二〇段落でヘーゲルが限定しつつ言うには、意識への外化が、精神の自由を示す唯一の行為ではない。

とはいえこの外化はなお不完全である。それは自己自身の確信が持つ対象への関係を表現しているが、その対象はまさに関係のうちにあることで自らの十全なる自由を獲得しなかったのである。知は単に自己のみならず、自己自身の否定的なもの、すなわち自らの限界もまた承知している。その限界を知る、ということは自己を放棄し能うということを意味する。この放棄とは、そこにおいて、精神が自ら精神へと生成することを、自由で偶然な出来事という形式で、すなわち自らの純粋な自己をその外なる時間として、同様にその存在を空間として直観的に表現する外化である。（GW9, S.433）

ここで目を引くのは、「精神の自己外化」という行為が、自己の限界の自覚に導かれた、自らの自己放棄であり、自己犠牲であると述べられている点である。精神の知は、すべての事象を直接的に我有化するものではなく、否定を介して対象と関係するものであるという点は、すでに「他であることにおいて自己を認識する」という絶対知の構造において確認されたものである。言い換えれば、その知が学であるための要件として、もちろん必然性は要求されるが、それは「自由で偶然な出来事という形式」のもとに見られるのでなければならない。こうした他性への要求が、自己内関係を前提とする意識の場合には脆弱であったわけである。「自由で偶然な出来事という形式」において認識される必然性とは、「精神が自ら精神へと生成すること」のうちに認められるべきであり、その場面を、ヘーゲルはここで「時間」と「空間」として提示するのである。

論理学として捉えられる精神の境域は概念であった。したがって、ここでのように、精神が自己の限界を知りつつその限界の向こうで自己を認識すべきだ、と要求されるとき、問題となる領域は概念ではなく、非精神的な形式において「直観的に表現される」ものであるはずである。ここにおいて、精神哲学の枠内で非精神的要素が求められてくる。すなわち直観性の形式における時間と空間であり、それらと精神とを否定的に関連づけた領域としての「歴史」と「自然」である。

一方で、精神の「存在」として示される空間は、自然と呼ばれる。それは「精神の生き生きした直接的な生成」、あるいは「外化された精神」（ebd.）である。ヘーゲルは自然をここでは精神への生成という観点のもとで把握している。精神は自然と自己を区別しつつ、それを自らの誕生地として理解する。いわば「主体を作り上げる運動」（ebd.）として、非精神的である自然において精神が自らを認識することが、「自然」の学的把握に要求される前提にほかならない。しかもそのようなものとしての自然において、精神は概念ではなく「直観的に表現される」というのである[1]。

第五節　時間への自己外化としての歴史

以上のような自然観の提示と並行して開示されるのが、精神の時間への自己外化としての歴史というコンセプトである。『精神の現象学』最終段落では、それが凝縮され、比喩を散りばめつつ、直観的に語られている。その具体的検討に際してとくに注目したいのは、この歴史形式に関する直観性あるいは表象性についてである。

精神の生成の別の側面、すなわち歴史とはまさに、知りつつ自己を媒介する生成であり、時間へと外化された精神である。しかしこの外化はその外化自身の外化でもある。否定的なものは自己自身の否定的なものだからである。（ebd.）

「時間へと外化された精神」として把握される歴史は、直観形式の差からのみ自然と区別されるのではない。「絶対知」章の前半で触れられていたように、時間は感性としての形式自身を根絶やしにする感性形式である。時間の層において維持されるものはなにもないという「時間の形而上学」を利用して、ヘーゲルはここで歴史を精神の「知りつつ自己を媒介する生成」という自己否定的関係の組織そのものとして説明する。それに対して時間的発展を持たない自然は無力である、というヘーゲルの見解はこの時間観に由来しており、その対比から精神の本来的な外化の行き先として、歴史が特権的な重要性を帯びて浮上する。

この生成は諸精神の緩慢な運動と継起を表現している、それは諸々のイメージの画廊であるが、そのイメージの各々が精神の完全な富を備えており、自己が自らの実体であるこの富全体へと貫入し、こなさなければならないというまさにそれゆえに、そこでのイメージはゆっくりと動くのである。(ebd.)

歴史を「イメージの画廊」という比喩を用いて語るヘーゲルの思考は、本書の観点にとって重要である。歴史が持つこのイメージ的性格は、自然においても確認されていた精神の外化の直観性の、ひとつのヴァリエーションであると考えられよう。しかしそれはもはや単なる直観とは区別された、「精神の完全な富を備えた」諸々のイメージである。歴史が時間へと自己放棄した精神と捉えられるかぎり、そこで形成される諸々の諸形態は精神自身の他的なあり方の固有な諸契機として肯定的に捉えなおされる。しかしその形成は否定的プロセスをとる。つまり、自然においてそうであったように、精神は直接的感性的に形態化されるわけだが、そこでは諸形態は持続的に維持されるものではないのである。「時間の形而上学」として理解される論理のもとで、それらの形態は自己の直接的なあり方を止揚し、不在化する。すなわち現在的なものが過去化するのである。そこで残存するのは直観そのものではなく、表象されるイメージだけが保存される。現在的直観のこの消去と不在の系列こそ、まさに「イメージの画廊(eine Galerie von Bildern)」として現成する事柄にほかならない。

ヘーゲルの精神哲学的な規定のもとでさらに定式化するなら、自然が直観の形式にあるのに対し、歴史はまさに表象の領域に属している、と言えよう。歴史の時間的過程が一様な空間化され計量されうる時間ではなく、「緩慢（träge）」であるという性格も、歴史的過程のこの特有性を如実に表現している。イメージとしての時代精神の形成は、様々な否定的形態化とその解消の総体であり、そこで精神として実現するには、まさに時間がかかる。(2) その様子がここでは精神が自らの富へと「貫入（durchdringen）」し、「こなす（verdauen, 消化する）」という言葉で叙述されているのである。

第六節　「内化・想起」としての歴史

このように、時間的な熟成の必要性において、歴史は「精神の自己外化」の形式でありながら、自然とは明確に区別される。さらに、歴史的自己外化の時間性は、表象に固有の性格であると理解される。この引用に続き、ヘーゲルはまさに「内化・想起」という精神哲学的術語を用いて、この事態を次のように表現する。

その完成が、精神がそうであるところのもの、すなわちその実体を十全に知るということに存していることで、この知は精神が自己のうちへ行くことであり、そのなかで精神は自らの定在を去り、自らの形態を内化・想起に委ねるのである。精神は自己の内へと行くことにおいて、自らの自己意識の夜に沈んだのであるが、その消え去った定在は、その夜に保存されていて、この止揚された定在――それ以前の、しかし知から新たに生まれた定在――は、新たな定在であり、すなわちひとつの新たな世界と精神の形態である。あたかも先行するすべてのものが精神にとって失われており、先立つ諸精神の経験からなにも学ぶことがなかったかのように、その世界では精神は振り出しに戻って、その直接性から始めなければならず、そこから再び自己を育てあげなければならない。しかし内-化（Er-Innerung）はそれらを保存したのであって、内的なものであり、実際には実体の高次の形式なのである。したがってこの精神が自らの陶冶形成を、ただ自己からのみ出発しているかに思えつつ、振り出しに戻って始めるのであっても、精神の開始するところは同時に高次の段階にある。（GW9, S.433）

歴史的に形態化する諸要素は、時間とともに生成し、そして消え去る。先行するものは後続する精神にとって、新しい、すなわち否定的であり、一見して忘却的である。しかしその否定的過程において先行する諸要素は無へと回帰するのではなく、「精神の自己意識の夜」において保たれつつ、「新たな定在であり、すなわちひとつの新たな世界と精神の形態」として機能する。この無意識的な蓄積の過程は、同時に精神が「自己のうちへ行くこと（sein Insichgehen）」として精神が精神自身を認識する、という積極的な意識を持っている。

このように、こうした精神哲学的な歴史把握の背景にあるのはまさに「内化・想起」の理論であると言える。本書の第一部第一章で見たように、外的対象の直観は内化され、想起される像ないしイメージとして保存される。同様に、歴史の過程において生み出される諸形態の根底に存するものも、このような「止揚された定在」であり、その作用としての「内化・想起」として捉えられる。さらに『論理学』「本質論」では、精神的、非感性的像形成の活動である「内化・想起」は、存在から本質への移行、つまり存在の過ぎ去り（GW11, S.241）として、理念化の活動の一歩と捉えられていた。ヘーゲルは精神哲学的考察を軸に、純粋論理学的規定を超えて、真理論と時間論とを「内化・想起」概念のもとで結合させていたわけである。この結びつきの成立可能性にこそ、「学の外化」論において、歴史の「内化・想起」という規定が引き合いに出される理由があると言えよう。

しかしそれと同時に注目したいのは、ここに現れた「精神の自己意識の夜」という表現である。表象論においては、直観像を保存する自己意識は、概念の明晰さないし明るさと対照される竪穴の暗さに比されていた。

たしかに想起された心像には「私」という刻印による観念性が付与され、感覚的直接性は止揚されているが、そこにはいまだ普遍性と必然性が欠如している。このことは、本書第一部の「追考」論でも見たとおりである。とすれば、ヘーゲルは歴史を表象形成の過程に投影することで、過程全体が有するべき同一性を「精神の自己意識」として措定しているだけではない。その傍ら、歴史が「夜」と表現されうる表象特有の暗さの次元に属していること、先に区別されたとおり、概念的発展の秩序ではない時間的発展における形態化の秩序に属していることが、とりわけここで明確化されているのである。

第七節　玉座のメタファーと歴史の目標

しかし問題は、表象として把握された歴史が、概念による哲学的思考とどのように関係づけられるか、という点に極まる。

この仕方で定在において形成される精神の国は、ある継起をなす。そこではあるものが他のものを引き継ぎ、各々が世界の国を先行するものから引き受けたのである。その目標は深みを啓示することであり、その深みとは絶対概念のことで、それを啓示することがつまりは精神の深みを止揚することである、言い換えれば精神の延長を止揚することである。延長とは、自己のうちへ行くこの自我の否定性であり、その否定性が精神の外化あるいは実体なのである。そして精神の時間とは、この外化がそれ自体において自己を外化することであり、そのようにしてこの外化が、その延長ならびにその深みにおいて、自己にとってある、ということである。目標、絶対知、あるいは自己を精神として知る精神とは、自らの道のりにおいて、諸精神を内化・想起することであるが、諸精神はそれら自身に即して自体的にあり、自らの国の組織化を全うしているのである。(GW9, 433f.)

「内化・想起」としての歴史過程は、陶冶形成として積極的な契機を産出し、「内化・想起」のとりまとめ作用において個々の要素は一定のまとまりをなす。それがここでは「国(Reich)」と比喩的に呼ばれる単位にあたる。それがどのような集合であるかはここでは具体的に語られない。しかし少なくとも、「精神の国」、「世界の国」は自らの枠内だけで自足するものではなく、やはり時間の相のもとで、自ら新たな国へと否定的に接続する契機となり、先行する要素の限界と新たな形態の産出が統一的、連続的に把握される場合、それが「精神の自己外化」としての歴史と理解されることは明らかである。

ここで注目したいのは、その継起がある「目標」を持つとされる点である。(3) それは「絶対概念」としての深みを啓示すること、あるいはそれを止揚することだとされる。先に確認したように、「内化・想起」の過程は前概念的な、「自己意識の夜」へのとりまとめとして遂行される。したがってその形態化のプロセスは本来的に、概念の明晰さには還元できない、深みがもつ暗さのもとにあるはずである。しかしその暗い過程のなかで、精神は否定的に自己を取り戻す。このことが、「精神の自己外化」としての歴史には把握されるべきであるとヘーゲルは言う。

この議論構成は、意識経験という前概念的な弁証法的過程の、概念への自己超出という『精神の現象学』全体が自らのプロジェクトと設定したものと重なっている。しかしここではそれが意識経験ではなく、歴史において見られているのである。しかもそれは、意識への外化についての段落において先に確認したように、意識への相対的な外化ではなく、絶対的な他なるものに対する絶対的な自己外化、自己放棄である点で、精神哲学の究極点に触れるものとして捉えられているのである。言い換えれば、絶対的な他における自己復帰という運動の否定性こそ、ここで述べられる本来的な「精神の延長」、「精神の時間」に該当する。[4] それは「知」と「自体」の運動ではもはやなく、むしろ「自体」そのものが形成されていく過程である。

このように、歴史の「内化・想起」の過程を精神の自己による「外化」として理解し叙述すること、すなわち、表象の次元において活動する概念の運動を把握すること、それこそ歴史哲学に課せられた課題であると言えよう。この内在性が歴史を学的に把握する可能性の根拠であり、したがってその過程にある諸精神は、「それら自身に即して自体的に（an ihnen selbst）あり、自らの国の組織化を全うしている」のでなければならない。

そして最後の締めくくりとしてヘーゲルは以下のように述べる。

> 諸精神の自由な、偶然性の形式において現象する定在という側面からするそれらの保存は、歴史であるが、それらの概念的な組織化という側面からすればそれは現象する知の学である。両者を合わせたところの、概念的歴史が、絶対精神の内化・想起とゴルゴダを、精神の玉座の現実性、真理、確信を形成する。それなしでは絶対精神も生気を失った孤独なものであろう。ただこの精神の国の杯からのみ、精神の無限性は精神に泡立ち溢れる。（GW9. 434）

ここでは三つの歴史的過程が区別され、さらに精神そのものとの関係がほのめかされている。まずは「諸精神の自由な、偶然性の形式において現象する定在という側面」からこれまで述べられてきた時間的な「内化・想起」の過程を捉えるなら、通常の歴史である、とされる。本書の前章で見た区分に従えば、概念的発展に対する時間的発展としての歴史的形態化がそれにあたると考えられよう。他方で、「それらの概念的な組織化という側面」にしたがえば、それは「現象する知の学」であるとされる。後者について、ほとんどの研究では、『精神の現象学』で主題化された意識経験であるとされるが、本段落の冒頭で言及された「知りつつ自己を媒介する生成」という規定を踏まえるなら、この側面も歴史過程に見いだされる一性格であると理解すべきであろう。つまり時間的形態化と概念的発展の区別がここでは述べられているのである。

重要なのは、これらの二つの側面のどちらも欠かすことなく、「両者を合わせたところ」の「概念的歴史」こそが、「絶対精神の内化・想起とゴルゴダを、精神の玉座の現実性、真理、確信を」形成する、とされている点である。「ゴルゴダ（Schädelstätte）」はキリストの磔刑が行われた場のことであるが、この場合その形象に託された、歴史過程の自己止揚を比喩的に示すものである。歴史哲学の課題は、「内化・想起」の時間的形態化において形成される深みから、自己回帰の一点を発見し、諸精神の否定的な自己止揚の継起において概念的発展を確保することにある。

明らかなように、ここでの構想においても、概念的発展のみならず、時間的形態化が不可欠に要請される、という歴史哲学的主張が現れている。とはいえ、そうした繰り返しを確認するために、この箇所を参照したのではもちろんない。むしろここで見られるべきなのは、「絶対精神の内化・想起とゴルゴダ」として定式化される「概念的歴史」と、精神そのものとの特有の関わり、端的に言えば、歴史と精神、ないし非哲学と哲学の関わりなのである。

その関係性を考察するうえで、ここで登場する「玉座」というメタファーは意味深い。「概念的歴史」は「絶対精神の内化・想起とゴルゴダを、精神の玉座の現実性、真理、確信を形成する（bilden）」、しかも「それなしでは絶対精神も生気を失った孤独なものであろう」とされる。ここでは、歴史の「陶冶形成（Bildung）」を精神の本質として把握するという自己外化の理想が語られている、というだけではない。たしかに、玉座のメタファーのみを頼りにして過剰に解釈を行うことは避けなければならない。しかし、ここでの叙述を、哲学的理性の正統性を歴史過程に担保させるものとして捉えるのであれば、非哲学的次元にある歴史と哲学との関係性に、新たな方向性が示されている、と言えるのではないだろうか。つまり、『精神の現象学』の叙述全体が前提としていた「非哲学から哲学へ」という「導入」の方向性を逆転させるものが、この規定にはあるのではないか。たとえ「それなしでは絶対精神も生気を失った孤独なものであろう」としても、自己外化の可能性が精神に確保されるとともに、それが実現することで、すなわち歴史が「概念的歴史」として概念把握されるかぎりで、孤独であることはない。そのためには、「非哲学から哲学へ」というこれまでの方向性を転換させ、「哲学から非哲学へ」と向かいつつ、そこから回復するかたちでの哲学が試みられなければならない。そうだとすれば、ほかならぬ非哲学のうちに哲学が獲得する「精神の玉座」は、哲学への橋渡しを役割とするだけの「はしご」ではもはやありえない。

さらに注目すべきは、歴史における「像（Bild）」と「陶冶形成、形像作用（Bildung）」との連関である。先に見たように歴史は「諸々の像からなるひとつの画廊」とみなされていた。歴史もまた、理論的精神としての知性と同様に、「直接的なものの過ぎ去り」において「私」の刻印された像を形成する。印の押された像は、ほかならぬその歴史のものとして収蔵される。知の問題として考えるなら、この像は直観知ではなく、表象知である。それゆえ像は概念知の境位である学を用意していると考えることもできる。「内化・想起」がそうした中間的な知であることはすでに見たが、歴史の過程が「内化・想起」であるとされるとき、それもまた概念の自足に至る前の不安定な、いまだ探求の領域に留まっているような状態を表現しているのではないだろうか。たとえそれが確実に学の「深みを啓示する」ことを自らの目標とされているときでさえも、歴史は歴史であるかぎり探求的であるのではないか。

この仮定は、「精神の自己外化」論の主眼を思い起こすときに確かなものとなる。学が自らの純粋な形式を放棄するのは、自らの絶対性のためであり、「学の実在性の側面」を確保するためであった。したがって歴史が即座に学の形式を取ることはない。つまり、歴史は概念の必然性に従って学的に展開するのではなく、「自由で偶然的な出来事」の形式において、ただ「内化・想起」するだけ、つまり像を象るだけなのである。しかしただそのようにのみ、もっとも自己と遠くかけ離れたものが自己へと連絡しているということは示されうると言えよう。それこそヘーゲルの考える、学が実在するということの意味であると考えられる。

『精神の現象学』の提示する学の構図においては、どこまでも探求、発見の領域が保護されている。しかもそれがほかならぬ「絶対知」のための保護である、ということを明確に考慮する必要がある。精神の他者を精神自身が要求することによって構成される「精神の自己外化」論であればこそ、概念の外化である表象知の次元がどこまでも求められてくる。その知のあり方は「内化・想起」という知性と歴史の活動において確認される。歴史に即してより具体的に見るなら、それは「陶冶形成」としての歴史の像形成の作用である。その作用の継起が作り成す画廊は、いわば概念の外的領域において確保された体系である。それは学の内的必然性によって先行的に形成されるものによって媒介された体系ではない。むしろ学の以前、ないしは以後において学的体系を包囲し、その「玉座」となるべきところで獲得される、緩やかで力動的な連関なのである。(5)

第八節　意識の背後にあるものの歴史

以上のようにして『精神の現象学』は幕を閉じる。歴史を精神の自己外化として自己完成する時間的な「内化・想起」の過程であるとするここでの叙述は、意識や自然についてと同様に、要綱的なものに留まり、したがって多様な解釈を許す断片的な比喩の羅列にすぎない。そうした記述にならざるをえない理由は、とりわけ最終段落で語られた事柄が、著作『精神の現象学』の構想をはるかに超えたものであるとすれば、納得できる話であろう。ヘーゲル自身、著作執筆の時点では、他に言うべき言葉を持たなかったのではないか。玉座メタファーは、『精神の現象学』を締めくくるにふさわしい表現であったのだろうか。あるいは同書における導入プロジェクトの限界を示すものであり、かつ後年における自己反省を予告するものでもあったのではないだろうか。自己外化の理想が語っていたのは、哲学と歴史文化的な事柄との弁証法的な関わりである。だとすれば、それを具体的に展開しうるのは、「意識経験の学」ではなく、諸々の歴史記述だということになろう。

ところで本書の主題である宗教史の記述もまた、一八二七年の宗教哲学講義において次のように明言されているように、そのプロジェクトに組み込まれるものである。

それゆえそれらの諸条件は歴史的にも現れているのであって、私はそれらが現実的に存在してきた歴史的なあり方を内化・想起するだろう。つまり我々はそれらを特殊な諸形式において歴史的諸宗教として学び知るのである。真なる学、精神の学、その対象が人間である学では、そのような具体的対象の概念の発展は、その外的な歴史でもあり、現実においても存在したのである。そのようにして宗教のこれらの形態は時間において継起的に、空間において並列的に存在したのである。（V4, 1827, S.415）

この箇所について、および宗教史における「精神の自己外化」理論の展開については、本書第三部で主題化するとして、現段階ではなお歴史一般に関する問題に留まりたい。

「精神の自己外化」の理念と、「歴史の内化・想起」の理論としてここで示された有限性領域の哲学的テーマ化が、ベルリン期の諸講義活動において実現したとすれば、『精神の現象学』は導入という性格を修正しつつも、その発想の一端を後々まで伝えたと言うこともできる。それは「予備概念」第二五節注解の自己反省によって、『精神の現象学』そのものが備えていた主題よりもさらに際立ってくるのである。とすれば、先に本章第六節で見た、哲学の向かうべき「すでに内化・想起された自体」という晩年の『精神の現象学』第二版「序文」の表現についても、この問題圏から理解するべきだろう。精神の「自体」は、歴史の「陶冶形成」において、「内化・想起」というかたちで、すでに意識経験に、そして学にも先立っている。その表象的形成の暗さを概念的な明るさへともたらすこと、しかもそれを歴史自身の「意識化（zum Bewusstsein bringen）」のプロセスとして記述すること、この二重性が「概念的歴史」の課題をなす。そうだとすれば、真の導入とは、「自体」の前概念的形成と表象的なものの自己止揚を追跡する作業として、歴史を記述することによってなされうると言うことができる。

本書はこの想定のもとで、まずは、ベルリン期において明確に「導入」として提示される哲学史のコンセプトへ向かう。第二五節注解の反省がある以上、たとえ導入コンセプト自体が晩年において維持されるにしても、いくらかの変質がそこには認められるはずである。先取りすれば、そこで示される事柄とは、「非哲学から哲学へ」という方向以上に、「精神の自己外化」という理念が差し向ける「哲学から非哲学へ」のアプローチとして提示されるものとなる。

注

（1）とはいえ、ここで語られている自然がはたして「自然哲学」で主題化される自然と同一であるかどうか、改めて考えてみることもできるかもしれない。というのも明らかなように、ヘーゲルはここで、『エンチュクロペディー』において表現される「哲学的諸学」の概念的発展の秩序に従うことなく、絶対知としての精神の規定から学的諸領域への直接的接続を導きだしてみせるからである。加藤尚武氏の指摘によれば、ここで開示された構想が、明確な形で実現することはなかったが、とはいえ「この構想は精神哲学全体が帯びる「歴史」性を暗示している」（加藤 一九八〇、二一一ページ）。

歴史哲学講義では、精神の存在の空間への現れとして、自然が民族精神の不可欠で必然的な基礎として捉えられることになる。また『法哲学』第三四六節では、「出来事という直接的な自然的現実性の形式」への精神の形態化としての歴史は、その諸段階を直接的な自然的諸原理を持つこと、そのかぎりでそれらの民族的諸現象は「精神の地理的人類学的現実存在」（GW14,1, S.275）であるとされる。

しかしここではこれ以上、この箇所での自然概念がどのような射程を持つものであるか、それがいかに後年の歴史哲学へと展開するのか、検討を深めることはできない。ただしこれから見ていくように、空間への外化としての自然に対して、歴史が精神の時間への外化として、同様に哲学体系の概念的発展の秩序とは別に捉えられていることを踏まえるなら、ここに自然を精神の自己認識の場へと引き入れ、精神に関わるかぎりでの自然、いわば文化的自然としての「地理的なもの」（歴史哲学）を哲学的に導出し、哲学的地理学を歴史哲学への助走として据えるヘーゲルの操作を読み取ることもできるだろう。あるいはさらに、我々が第一部において検討した、「媒介された直接性」の理論のもとで捉えられた「祭儀」もまた、空間的に展開される精神の自己であるというかぎりで、精神の空間的自己外化による形態化として捉えることもできるように思われる。

（2）一八二三年芸術哲学講義では、滞留する緩やかな流れが「形態化」という運動のもとで捉えられている（V2, S.148）。一八二七／二八年精神哲学講義では、「想起・内化」の過程において時間の流れの緩急がつく、とされている（V2, S.199）。そこでの知性とは、「像の緩慢な時間」であり、知性の内容に対する時間の意義が語られる（V2, S.200）。

（3）『法哲学』第三四三節では、精神の所行としての精神の歴史が、精神の自己展開、ないし自己把握として規定される。「外化」はその把握の完了であり、精神はその把握を改めて把握しなおすことで、外化から改めて自己へと戻ってくる運動として語られている（GW14, 1, §343, S.274）。

（4）レイーディは歴史ないし時間の進行が持つ否定性と、精神の否定性における「本質的な類似性」について指摘している。しかしヘーゲルの思索がアナロジーに基づいたものであるかどうかは慎重に検討すべきである（Leidi 2009, S.239）。

（5）レイーディはノヴァーリスやヘルダーリンらロマン主義者らによる「想起」概念の先行的使用との関係性を指摘した（Reidi 2009, S.262-270.）。だが、ヘーゲルにおいてその概念が持つ課題、すなわち「学」と「表象知」との関係における「想起」というテーマはむしろ、ヴィリーンが見るように、ヴィーコ、ヘルダーの系譜にあるように思われる（Verene 1985）。

第三章　『精神の現象学』以後の導入コンセプト

第一節　導入としての哲学史

宗教から哲学への移行は、ヘーゲル宗教論のひとつの重要なモチーフである。その検討にあたって、我々は『精神の現象学』「宗教」章の読解からはじめた。ところがその途上で、意識経験を介した学への導入というアイデアを問題視する晩年のヘーゲルの自己註釈を取り上げた。『精神の現象学』が主題化する「意識経験」は、その背後に精神的な諸事象の歴史的形態化を前提とするがゆえに、学的体系の第一部門とはなりえない。この反省に伴っているのは、導入あるいは移行概念の弱体化である。とはいえ、それは導入のコンセプトそのものの放棄を意味するものではない。意識経験に代わるものとして、歴史的形態化の叙述が際立って現れるのである。

この観点から、本章ではベルリン期の哲学史講義を取り扱う。はたして歴史的形態化は、前章で確認されたような、「ミネルヴァの梟」としての学を飛び立たせる時間的な陶冶形成の成熟という側面において、導入たりえているのであろうか。自己を生成の層において認識するという課題からしてみれば、その記述はまさしく中心的な役割を狙いうるだろう。しかし、これから本章で主題化したいのは、歴史記述に対してヘーゲルが認める、とある別の側面である。それは歴史の過程そのものではなく、歴史を記述することが提供するある種の認識と言えるだろう。そしてこの側面に焦点を合わせることで、ヘーゲルの考える移行のモチーフは、宗教と哲学との関係を、しばしば語られる「神話からロゴスへ」という定式を越えたところへと導くのである。要するに、非哲学から哲学へ、哲学から非哲学へ、という転換を導く思考のあり方を理解することこそ、宗教史記述を検討する際にも決定的であると予測されうるのである。

ここで歴史哲学ではなく、「哲学史の哲学」について考察するのには二つの理由がある。まず、哲学史は論理学的側面と歴史的側面を備えたものとして明確に提示されている、ということがある。『エンチュクロペディー』「序論」第一三節で次のように示されているように、哲学史は論理学の表象として位置づけられることで、歴史の表象性格の問題が思考諸規定の発展に連関しつつ前面化してくるのである。

> 外的な歴史に固有の形態において、哲学の生起と発展はこの学の歴史として表象される（vorgestellt）。この形態は理念の発展諸段階に偶然的な継起という形式と、諸原理とそれらが諸々の哲学において遂行されることとの単なる差異という形式を与える。（GW20, §13, S.54f.）

哲学史の問題に立ち入る第二の理由として、哲学史が『精神の現象学』に代わる論理学への導入として配置されている、という事情がある。本書の第一部の考察ではその前半部に着目したが、『エンチュクロペディー』「予備概念」の後半には、「客観性に対する観念の三つの態度」と題された哲学史記述が付け加えられている。第二六節から始まるこの小さな哲学史記述は、第二五節注解における『精神の現象学』についての自己反省に直結し、さらにその直後に「論理的なものの三側面」へと接続するものとして、暫定的ではあるが導入としての性格を付与されているのである。では、哲学史のどのような性格が導入として適格とされるのか、また、いわば『精神の現象学』以後の思索における導入とはどのようなものでありうるのか、これらの問題を検討するために、まずは本章でベルリン期の哲学史講義を検討し、次章にて「三つの態度」の記述を見ていくことにしよう。

第二節　演劇としての哲学史

本節では以下に、ヘーゲルがベルリン時代に行った哲学史に関する講義を考察の対象とする。この時期（一八一八年―一八三一年）、ヘーゲルはベルリン大学において計七回、哲学史について講義している。哲学史は、「無時間的で永遠の理念」と「時間的で可変的な現実」という、二つの矛盾した領域の結合である。これらの相矛盾する側面の調和は、歴史哲学と同様に、発展としての精神の本性に求められる。精神とは「自己を定在へと、すなわち自己を意識へともたらすこと」（V6, 1827/28, S.285）であり、「自己を産出し、自己を自己から外へと措定し、自己がなんであるかを知ること」（ebd.）である。前章でも確認したように、歴史は精神の時間における自己知の過程なのである。

哲学史についての事情はどうであろうか。一方で哲学史もまた、世界史の一契機として、このような歴史の精神哲学へと包摂されるかに見える。しかし他方で、各時代の諸哲学は、各時代の自己知の成果として、「時代の最高の花」であるとされ、一般的な歴史過程とは区別されて語られる。すなわち哲学史は、各時代に現れた「純粋な思考」の諸契機そのものであり、その系列的展開とされるのである。

このことから、哲学史には以下のように独自の地位が与えられる。「純粋な思考の歴史」としての哲学史においてで提示されるのは、もはや単なる知識の集積とその羅列ではなく、純粋な思考を境域とする論理学が対象とするところの、思考規定の秩序そのものである。したがって哲学史において出現する諸哲学の系列は、偶然的なものではなく、論理学と同様に必然性を備えたものとなり、それ自身で完結した、自己を目的とするひとつの「必然性の体系」（V6, 1820, S.25）となる。言い換えれば、哲学史をひとつの学として、しかも理念と現実を和解させる究極の学として確立することが、哲学史を叙述することに求められているのである(1)。

注意したいのは、このような思弁的哲学史観ばかりが、哲学史という独自の問題領域を確定するうえで強調されているのではない、という点である。一八二三年の、講義のための草稿において、ヘーゲルは哲学史について、「宗教（キリスト教）の歴史」や「他の諸学の歴史」と区別して、以下のように書き残している。

それに対して哲学史は、それ以上付け加わることのない単純な内容に固執すること〔キリスト教史〕や、あらかじめ獲得されたものについて新たな価値評価を静的に下す過程〔他の諸学の歴史〕を示すのでもなく、むしろ全体がどこまでも更新されていく演劇を与えるもののように思われる。その変化は究極のところ単なる目標というようなものを共通の紐帯とすることさえも、もはやない。むしろそのような目標は抽象的な対象そのもの、理性的認識の消失であり、学の建築というものは結局のところ、〔目標という〕空虚な場とともに哲学であるという自惚れと虚しくなった哲学という名とを分かち合わなければならないのである。（V6, Ms.1823, S.12）

ここで「それ以上付け加わることのない単純な内容に固執すること」とされている宗教史については、本書の第三部において考察することにして、ここでは哲学史の問題に踏み留まりたい。この草稿によれば、哲学史とは、その真理があらかじめ前提されているものでも、あるいは新たな知見を発見することによって歴史的な進展を得るが、それがどこまでも「獲得物の追加や増加」（ebd.）にすぎないとされるようなものでもない。むしろ哲学の歴史とは、「全体がどこまでも更新されていく演劇」である。つまりその歴史的進行の流動性、可塑性がこの比喩によって示されているのである。部分が更新されるのではなく、まさに全体がそのつど切り替わっていくのだとすれば、いかにして哲学史はひとつの「必然性の体系」、すなわち学としてみなされうるのであろうか。草稿はこの箇所で終わっているため、両極にある哲学史観を媒介する言及をどこかから探し出してくることは難しい。

この流動的、開放的性格は哲学史のどのような点に由来するのであろうか。一八二〇年の哲学史草稿では、今度は哲学史が論理学と区別される際に演劇として規定されているが、その箇所を手がかりとしよう。

> しかし〔理念の導出の〕別の仕方とは、区別された諸段階と発展の諸契機が、時間のうちで、すなわち出来事の仕方で、それらに固有の場所で、それぞれの民族のもとで、それらの政治的状況や、そういったものとの絡み合いのもとで――要するに、この経験的形式のもとで――出現する仕方であるが、それは哲学史が我々に示す観劇である。この観点こそこの学〔哲学史〕に対する唯一尊重すべきものである。（V6, Ms.1820, 27）

「思考され、認識された諸規定の必然性を叙述すること」が哲学そのもの、とりわけ「論理の哲学の課題と仕事」（ebd.）とされるのに対して、それに対比されているのは、哲学史の歴史としての性格、その経験的形式である。さらに、ここでは「観劇（Schauspiel）」という語の「観（Schau）」の部分がとくに強調されていることも注目に値する。このような、哲学史が持つ特有の直観性は、先に見た『エンチュクロペディー』第一三節における表象性の指摘と接続するものである。

いずれにせよ、明らかなように、哲学史と論理学とをただちに同一のものとみなすことはできない。むしろ哲学史に付属する、歴史に固有の経験的形式を「剥ぎ取る（entkleiden）」（ebd.）という作業を通じてのみ、両者の一致は確証されるとするのである。[2] したがって「哲学史はそれ〔論理学〕とまったく同じであり、かつ同じでない」（V6, 1825/26, S.220）。論理学との完全な対応ではなく、むしろこの、同一であると同時に非同一であるという関係性が、哲学史という問題領域をより一層明確に特徴づけているように思われる。

第三節　歴史記述における党派性の問題

哲学史講義「序論」の内容には、年度ごとに大きな変遷が見られる。とりわけ一八二五／二六年あたりを境として際立ってくるのが、「歴史記述」についての「党派性」の問題である。一八二五／二六年まで、「序論」の課題は概ね、思考の発展を基礎として、哲学史の概念を規定することと、他の領域と区別して哲学の概念を確定すること、それらの考察に基づいて哲学史の区分を提示することにあてられていた。[3] それに対して一八二七／二八年以降は、多くの哲学が出現するにもかかわらず、「哲学史の叙述する思想は、本質的にただひとつのものである」（V6, 1827/28, S.277）、という観点が表に出る。[4] たしかに前年までと同様、思考の発展を基礎としてこのことが提示されているのだが、一八二七／二八年以降では、その主張に込められた論争的な色調が際立っているのである。

一八二七／二八年以降のヘーゲルによれば、昨今では政治史や他の歴史記述と同様に、哲学史においても「無党派的」（V6, 1827/28, S.294）であることが求められている、という。すなわち、「哲学史家はただ所与のみを語り伝えるべきであり、ある特別な哲学に好意的であるべきではない。彼は自分の体系を記述されている哲学のうちに求めるべきではない。彼は哲学を自らの立場から評価するべきではない」、要するに「歴史学的に振舞わなければならない」という「無党派性」の要求がしきりに呼ばれているのだという[5]（V6, 1829/1830, S.328f.）。

ヘーゲルは一方で、「党派に属す（肩入れする、eine Partei ergreifen）」ことに付随する、悪しき一面性が追放されているという点では、こうした中立的な歴史学的態度について肯定的に評価している。しかし他方で、無党派性の要求の背後に潜んでいる「真理を発見することへの絶望」（V6, 1827/28, S.282）ないしは「真理そのものを把握することができるということの放棄」（V6, 1829/1830, S.327）をヘーゲルは見抜いている。たしかに哲学史上には、互いに矛盾しあう哲学体系が様々存在している。したがって、ある特定の党派的観点から哲学史を記述するのであれば、それは一面的で自身の哲学にとって都合のよいものでしかなく、哲学史の名に値しない、という批判を免れることはできないであろう。しかし、だからといって諸々の哲学を年代記的に羅列するとき、そこで真理ないし哲学そのものとはなにか、ということは問題とされていない。それどころか、無党派性を要求する実証主義的な哲学史は、まさに哲学を放棄することによってのみ成立するのである[6]。したがって、哲学の歴史を偏見なく無党派的に扱うべきであるという命法には、中立的であるというよりはむしろ、真理は認識しえず、哲学史上のすべての思想は「単に偶然的な私見や錯誤」としての「阿呆の画廊」にすぎない、という信念を明に暗に前提とし、そこへと無自覚的に「肩入れしている」とも言えるのである。このように、ヘーゲルがここで喝破するのは、歴史主義的な哲学史記述を背後で支えている時代のニヒリズム的な確信であり、そのような確信を共有する哲学史家が、ほぼ無自覚的に「カント的な哲学者」（V6, 1829/1830, S.330）として振舞っているという事態なのである。

「歴史の語り」の問題へと向かうことで、ヘーゲルはむしろ、このような無党派性の要求に対抗して、歴史記述一般に対する「党派性」を要求する。「この〔否定的な〕非党派性に対して歴史家は皆、党派性を持たなければならない。彼が記述する対象は彼にとって興味深いものでなければならない」（V6, 1829/30, S.329）。したがって「あらゆる歴史は党派的である」（V6, 1831, S.352）。例えば政治史を書く場合、歴史家は「ローマやカエサル」に「肩入れ」しなければならない（V6, 1827/28, S.294）。ここでの「党派性」とは、「彼がその歴史について語ろうとするところのある特定の対象をあらかじめ持っている」（ebd.）ということを意味している。このことがすでに「党派性」であると言われるのは、その対象の選択には先行的になにが重要であるかということを「判断」ないしは「評価判別」（ebd.）している必要があるからである。その「評価判別」には歴史家自身の「関心」ないし「目的」が働いている。(7)

政治史を書く場合に「人は正と善に対して肩入れしないとならない。さもなければ、年代記的に秩序も連関もなくすべてをかき集めることになる」（V6, 1827/28, S.294）。このような理由で、哲学史を記述する場合にもまた「党派的である、すなわちなにかを前提し、ある目的を持つ」（ebd.）ことが必要だとされる。では、哲学史を記述する際に前提されるなにか、ある目的とはなんであろうか。ヘーゲルによれば、それは「純粋で自由な観念」（ebd.）、または「観念の陶冶形成へと与する党派」（V6, 1829/30, S.329）であり、すなわち哲学そのものに対する肩入れである。哲学史を記述するためには、その目的である哲学について、あらかじめ理解していなければならない。哲学史で扱われる哲学は、もはや単なる過去の知識の集積という「死せるもの」ではなく、「哲学史の関心」（V6, 1827, S.1828, S.294）によって捉えられた哲学でなければならない。その意味で、哲学史は「もっとも生き生きした現在」（V6, 1829/30, S.326）としての観念と関わっているとされる。

通常、歴史主義とは思弁的な歴史把握に抗するかたちで出現した経験主義的な学問態度であるとみなされる。しかし一八二七年以降のヘーゲルは、そうした時代の新しい支配的学問態度への明確なる対決の意図をもって哲学史記述へと望んでいた。それはなにより、相対主義的歴史主義が哲学にとって致命的な問題であることをすでにヘーゲルが理解していたということを示している。[8] 仮想敵はもはやなんらかの哲学的な立場ではなく、哲学的な立場を無化し、ニヒリズムへと直結する立場である。「哲学的諸学」のプロジェクトが持っていた、経験科学や「直接知の立場」に対する批判と並行し、ここでもまた、ベルリン時代のヘーゲルに特有の問題意識を確認することができよう。

第四節　反駁の弁証法

では、歴史主義問題の克服は、ヘーゲルの思考において具体的にどのように行われるのだろうか。過去の諸哲学が、ひとつの哲学の歴史として系列化されるには、記述者である現在の我々によって目的が設定されなければならない。だとすれば、ヘーゲル的な意味での「哲学の党派」は、無党派性の要求が非難していたような、悪しき党派性としての一面性、具体的には哲学史を記述する際の選択の恣意という問題を再び招くのではないだろうか。ヘーゲル的「哲学史の哲学」は、結局のところ論理学の歴史上への投影であり、ヘーゲル哲学の語りに回収されてしまうものなのであろうか。この疑念について検討するためには、ヘーゲルの主張する「哲学の党派」についてさらに追跡する必要があるだろう。

過去の哲学を現在のものとして、すなわち純粋観念として捉えるためには、どのような作業が必要とされるのであろうか。それはもちろん、プラトンならプラトンの哲学をそのまま現代に応用することを意味しえない。ヘーゲルによれば、各々の哲学は、まずもって時代的思想的状況との連関によって生じるものである。「各々の哲学は自らの真なる時代に現象した。いかなる個人も自らの時代を超えることはないのである」（V6,

1829/30, S.323f.)。したがって「プラトンの時代にシェリングの哲学が生み出されることも、現代においてプラトンの哲学が生み出されることもなかった」(V6, 1829/30, S.324) とされる。「無党派性」の要求とともにヘーゲルが非難していたのは、まさに時代的な文脈を無視したことで帰結する一面的な肩入れであった。

では、各哲学の生命とも言えるこの時代的な文脈とはなんであろうか。それを捨象することでなぜ一面性が帰結するのであろうか。ここでヘーゲルが取り上げるのは、「反駁すること (Widerlegen, Widerlegung)」(V6, 1819, S.118ff.; 1820/21, S.54ff.; 1823/24, S.154ff.; 1827/28, S.289; 1829/30, S.320; 1831, S.357) ないしは「諸哲学が互いに反駁しあうこと」(V6, 1825/26, S.227) という、哲学史に特有の現象である。各々の哲学はそれぞれの段階において互いに否定的な態度を取っている。ある哲学の登場は、先行する哲学を正しく把握し、その不十分な点を暴くという仕方で、他を反駁する形で行われる。現象として確認されるこの「否定」(V6, 1831, S.357) の開放的な運動連関こそ、ヘーゲルの考える時代的な状況を構成するものである。

しかし同時にヘーゲルは、各々の哲学が反駁されるなかで、哲学の理念そのものは反駁されてはいないと考える。反駁されるのはただ、その哲学が独断的に自称する絶対的な妥当性であり、自らが最後のもの、究極のものであるという確信だけなのである。反駁によって、その哲学の保持していた原理はその制限を暴露され、従属的な地位へと格下げされる。したがって反駁は次のように定義される。「反駁とはある規定を従属した規定、すなわちある契機へと引き下げることにほかならない」(V6, 1825/26, S.227)。

しかしこの規定は反駁の一面、その否定的側面でしかない。反駁によって出現した新しい哲学は、その乗り越えに依存しているため、乗り越えられた原理の意味が消えてなくなったわけではない。むしろこの契機への引き下げにおいて、反駁された哲学の原理が純粋に論理的なものとして正当化される、すなわち「ある規定のうちに肯定的なものを認識し、引き上げること」(V6, 1825/26, S.228)、「肯定的なものを承認すること」(ebd.) がなされるのである。支配的な哲学は反駁され、契機へと引き下げられることにおいて、はじめて論理的なものとしての真の姿を露わにする。つまり、契機への引き下げは、同時に肯定的なものへの引き上げでもあるのである。したがってこの反駁の運動を見届ける作業としての哲学史は「すべての哲学の正当化」（V6. 1829/1830. S.326）であるとされる。

この規定は先ほどの問い、すなわち過去の哲学を現在のものとして捉えることはその歴史性を度外視することではないだろうか、という疑いに対する答えとなっている。現在的なものとは、確認したように、哲学ないし論理学における純粋な思考規定を意味する。反駁は諸哲学の歴史性を構成するが、同時に諸哲学を契機へと引き下げることによって、各々の出現する必然性を確定し、それぞれの諸原理を論理的思考規定という肯定的なものへと引き上げるのである。反駁の二重性をこのように捉えるならば次のように言うことができる。つまり、過去の哲学をその固有の歴史性において把握することが、その哲学を現在のものとして理解することになるのである。現在化の契機は経験的現在ではなく、むしろ過去的なものの内的な運動に求められる。そこに肩入れすることこそ、ヘーゲルの言う「哲学の党派」にほかならない。

このようにして、ヘーゲルは歴史主義のニヒリズムを、歴史の内部で克服しようと試みた。それは哲学史そのものを、ただひとつの哲学として擁護する道を開き、哲学史の研究を哲学そのものの研究として遂行する可能性を示すことでもあったわけである。

さらなる問題は、「哲学史としての哲学」とはいかなるかたちをとって遂行されるものであるか、ということである。それはもちろん純粋な論理学的操作とは区別される。反駁は「否定することと同時に維持すること」（V6. 1831. S.357）として、哲学史に特有の否定であることが確認された。否定の二重性格は、いわゆるヘーゲル特有の規定的否定の思想を示しているが、反駁はそれが現実的な場面において、出来事として起こったことにその特性を有している。

さて、諸哲学の相互的な反駁がどのような意味を持つか、ということについて問うことができる。それは出来事として起こった。諸哲学は単に反駁しあってきただけではなく、相互に反駁しあっている。（V6, 1825/26, S.227）

すなわち一言で表現するなら、反駁とは実際に起こった弁証法的否定である。[9] すなわちヘーゲルによれば、反駁の運動は、各々の哲学書を紐解けば、ないしは現代の哲学を取り巻く状況を見渡してみても、実際に確認されるのである。契機への引き下げは現実的に確認できる事実である。言い換えれば、反駁の経過は論理学に対する「経験的証明」（V6, 1825/26, S.220）を与えるのである。[10] 哲学史に固有の事柄としての反駁の事実性は、いわば語りの手前にある事柄であり、過去的なもののなかで起こっている出来事である。

たしかに、なぜ反駁が起こるのかと問うならば、それが精神の発展の契機だからであり、むしろ反駁の経験的形式を剥ぎ取ることで、それを認識することが重要だ、という答えをヘーゲルは用意しているはずである。しかし反駁の事実は、そのような精神哲学的な解説の手前にあるものである。この歴史の形態的側面の剥ぎ取りによって、論理学的な思考諸規定を析出するということが、まさに「哲学史としての哲学」の仕事となるのであり、精神哲学的テーゼもまたそこから根拠づけられるのである。

第五節　哲学研究の導入にして終わりとしての哲学史記述

論理学と対比される哲学史のこの経験的な事実性こそ、それが哲学への導入として機能する鍵となる。ここで先に挙げた「演劇としての哲学史」という規定を想起しよう。哲学史は経験的形式のもとで論理学的思考規定の継起を示す演劇であり、かつ「全体がどこまでも更新されていく演劇」であるとされていた。例えば「哲学史はその発展において理念を表象する」（V6, 1820/21, S.57）と述べられるように、その現出の形式を、ヘーゲルはここでも「表象」と呼ぶ(11)。表象は「多かれ少なかれ感性的なものを自己のうちに含んでいる形式」（V6, 1823/24, S.177）である。先に見た演劇のメタファーを思い起こすならば、それは哲学史的現出のこのような表象形式を比喩的に表現したものだったと考えることができるだろう。

哲学史は相互的反駁の演劇として哲学そのもの、すなわち論理学を見せ、イメージさせる。哲学史のこの表象様式に接続するものこそ、哲学史に存する「哲学への導入」の機能であると言えるのではないだろうか(12)。すなわち哲学史は「導入としての哲学史」というコンセプトについては、すでに一八二三年草稿において示唆されていた。すなわち哲学史は「我々の生成、我々の学の生成」（V6, Ms.1823, S.9）を叙述するのであるが、「それについて洞察することは、この学の歴史の研究を通じてこの学そのものの認識へと導入されるという主観的目的についての詳しい解明を同時に与えてくれる」（ebd.）。それをヘーゲルは一八二七／二八年講義の冒頭で、改めて次のように定式化する。

> 哲学史は哲学研究へのある導入として読まれうる、なぜならそれは哲学の生起を叙述するからだが、ないしは哲学史は哲学研究の終わりとして読まれうる。哲学史の目的とはやはり、哲学の生起と哲学そのものを学び知ることなのである。（V6, 1827/28, S.277）

ここで確認すべきなのは、哲学史が哲学研究の「導入」であるとともに、その「終わり」とされるような、その二重の性格である。一方で、哲学史記述は、「哲学の生起」を叙述し、哲学的現在を歴史的経験的に正当化することによって、導入でありうる。しかしここで語られる「哲学の生起」とは、単にヘーゲル哲学の立場の出現が歴史的に再構成されることを表すのではない。そうではなく、その生起とはむしろ、反駁において示された、過去的なものにおける現在化の運動を指すのだと思われる。なぜなら反駁の最終的な結末のみならず、その過程全体を表象させることに、哲学的哲学史記述の試みは賭けられているからである。したがって哲学史研究が哲学そのものへの導入であるということは、論理学における思考諸規定の発展を、演劇的に表象させることに存している。

他方で、哲学史は「哲学研究の終わりとして」読まれうる。このことは、『精神の現象学』末尾について前章で見たような、「精神の自己外化」の理想と無縁ではないだろう。哲学が自身の生成を非概念的次元としての歴史的過程において確認することは、精神の絶対性を確保することであった。ここから、「哲学の始まりにして終わりとしての哲学史」という二重のコンセプトも理解できよう。哲学の始まりと終わりを連結させることは、学的な連関形成の極地であると言える。それは精神哲学から論理学への移行を指示することで、論理学を実在哲学に基礎づけられた思考の学として完成させることだろう。事実、ヘーゲルは哲学史が論理学を参照するだけではなく、逆に論理学もまた哲学史に典拠を求めてくることについて指摘している。「論理学の進行は哲学史にとっての典拠であり、その逆もまたそうである」(V6, 1829/30, S.323)。こうした相互関係の可能性によって、歴史は精神が自己を実在的に確証するための「精神の玉座」(前章第七節参照)となろう。哲学史は導入であると同時に、哲学研究の終わりでもある。つまり、哲学史が論理学に参照を求めるだけではなく、論理学もまた、常に哲学史というこの演劇にみずからを問い訪ねなければならないのである。

「哲学の党派」は、逆説的に、「どこまでも全体を更新する演劇」としての反駁の過程に徹底して取り組むことで説得的に示される。それは反駁という過去的なものの運動に、現在を語らせる作業であった。この作業に従事するものは誰でも、学へと引き入れられる。すなわち過去的なものへと沈潜することで、反駁の事実性が積極的に「哲学の党派」の形成を促すのである。哲学史はそのための経験的証明であり、学的論述とは異なる次元で展開される演劇であると考えることができる。(13)

注

（1）十九世紀哲学史の通念として、しばしば、「哲学史は理念によって必然的であり、アプリオリに必然的である」（V6. 1823/24. S.154）という極めて思弁的な結論に対して、「ヘーゲル以後の歴史哲学」はこぞって対決の姿勢を強めていった、とみなされる。「一八三一年」（すなわちヘーゲルの没年）から「哲学史的十九世紀」が始まるとみなすのは碩学シュネーデルバッハの見解である（Schnädelbach 1983）。こうした区分はたしかに便利ではあるが、本書が明らかにするように、ヘーゲルが先取り的に抱えていたある種の「十九世紀的問題」の所在を見えないものにしてしまう。曰く、ヘーゲルのいわば「汎論理主義」は、その哲学の可能性を追求するあまり、歴史に固有な意味を見失っている。十九世紀の哲学史記述に関する研究は、このことを自明な前提とし、「ヘーゲル（ないしは思弁的歴史哲学）からの離反」と「歴史の歴史学化」（Historisierung der Geschichte）という二つを、時代考察の機軸に据える（Schnädelbach 2000, S.75）。シュネーデルバッハによれば、十九世紀から現在に至るまで継続している「歴史の歴史学化」（すなわち歴史の脱神話化、脱精神化）という流れは、ヘーゲルの主張に反して、「体系と歴史との乖離」を推し進めた。その結果、歴史的なものが自立性を獲得するに至って、ついには「歴史は体系を打ち破る」ということが一般に認められるようになったという。したがって、ヘーゲルの歴史哲学は、このような歴史主義の議論を通過した「我々」にとってはすでに受け入れがたいものとなっている、とシュネーデルバッハは結論する。しかし本書において明らかになるように、ヘーゲルの「哲学史の哲学」は歴史主義に対抗する策として練られていたという側面もあり、その点を考慮せず、思弁哲学からの離反と歴史主義の進行という単線的な枠組みを設定することは、不当な単純化であると言わざるをえない。

（2）講義録編集者のイェシュケはこの「剥ぎ取り」に着目し、「論理学」と「哲学史」の対応は表面的に現れているのではなく、あくまで「深層構造」の事柄であることに注意を払っているが、いったい「剥ぎ取り」の作業がどのように行われるのか、ということについては詳しく述べられていない、としている。したがって結局ヘーゲルは「哲学史」と「論理学」の厳密な対応づけを諦め、その代わりに「内実の共外延性の原理」へと移行した、とイェシュケは見ている（Jaeschke 1993b, S.XIX, XXV）。

（3）例えば一八二三／二四年講義では、第一に哲学史の概念を哲学との関係で規定し、第二に哲学史の「始まり」を他の歴史との関係で求めることが「序論」のポイントであるとされている（V6, 1823/24, S.139f.）。また、一八二五／二六年では、第一に哲学と歴史という矛盾した特性をもつ哲学史の概念を、精神の発展という観点から規定し、さらに他の歴史と区別することで哲学史の特性が求められ、そこから哲学史の区分が導出されている（V6, 1825/26, S.206f.）。ちなみにこの年度に関する編集者による章立ては「1．哲学史の目的」、「2．哲学と宗教、歴史、芸術と国家体制との関係」とされている。

（4）一八二九／三〇年の編集者による章立ては、「1．多くの哲学のひとつの哲学に対する関係」、「2．哲学史の他の歴史との関係」、「3．哲学の始まりと区分」とされている。前註も参照のこと。

（5）「哲学史」の領域において歴史主義の手法を持ち込んだのは、とりわけテンネマン（Wilhelm Gottlieb Tennemann, 1761-1819）であるとヘーゲルはみなしている。テンネマンの「非党派性」の主張とヘーゲルとの関係については栗原 二〇〇六、七一―一〇ページ。

（6）そのような見解について、再び「演劇」の比喩を用いながらヘーゲルは次のように批評する。「［そのような考えによれば］哲学史において描き出されているのはただ、真理へ至ろうとしたが不幸にして失敗した諸々の試みによる演劇のみである。そうであるなら、哲学史とは、死者以外にはなにも見当たらないような戦場である［ということになる］」（V6, 1829/1830, S.316）。

（7）「歴史家は自らの歴史の目的をあらかじめ備えていなければならず、この目的との関係において彼は出来事を把握しなければならない。人は歴史について、重要なものを重要でないものから区別することができる。重要なものとは目的との関係にあるものであって、このことは評価判別に任されているのである」（V6, 1831, S.352）。そのような意味で、歴史家が主題に対し「居合わせていること（dabei sein）」がなければならない。

（8）氣多雅子氏は歴史主義と相対主義の結びつきと、そこから帰結する現代的課題としてのニヒリズムについて次のように述べている。「我々の認識や思考が歴史的に生成し変化するものであるという見方が、歴史的制約を免れるような理念や理論、規範や価値の存在を完全に否定するような仕方で徹底化されると、相対主義に至る。相対主義が徹底化されると、学問的真理の普遍妥当性を否定して学問の存立を不可能にする極端な懐疑主義に至る。そしてこのような相対主義、懐疑主義が一つの世界観として成立すると、真理と非真理、善と悪、正義と不正義の区別が相対化され一切の価値が見失われる所謂ニヒリズムに陥ることになる」（氣多　一九九九、二四ページ）。

（9）　ヘーゲルはしばしば、古代ギリシア末期の諸哲学の関係を例として挙げている。ストア派は「観念」を真理とみなしたが、それに対してエピクロス派は「感覚」を原理とした。第三の契機として懐疑派が登場し、この二つの原理に対して「否定的」な態度を取ることによってこれらの断定を「契機へと引き下げ」た。それに対して「アレクサンドリアないしは新プラトン主義の哲学」はより高次の原理によってそれらを統一した（V6, 1819, S.122; 1825/26, S.229f.; 1827/28, S.291; 1829/30, S.325）。

（10）　「経験的証明を哲学史はそれ自体として与えなければならない。その経過において哲学史は、どの程度そこに観念の発展が含まれているか示さなければならない」（V6, 1825/26, S.220）。

（11）　哲学史の表象性については以下のようにも言われている。「哲学史は、我々が現在所有している理性認識の財を獲得するために人間精神が試みた努力の系列を、我々に表象する」（V6, 1819, S.109）。「歴史が表象するものはたしかに哲学そのものである――このことはすでに確認された――が、歴史はそれを時間のうちで表象する」（V6, 1823/24, S.157）。哲学史の表現するものは、「阿呆の画廊」ではなく、ハイデルベルク大学就任演説（一八一六年）で述べられているように、むしろ「高貴な精神の画廊」（GW18, S.7）なのである。

（12）　本書の観点とは異なるが、山口誠一氏はすでに哲学史講義が「導入」として規定されていることに着目し、『精神の現象学』との関連でその意味について問うている（山口　一九九八）。山口氏は、「演劇としての哲学史」の箇所に触れてはいるが、「ここでは、論理学と哲学史とは、思想の現出様式という観点から区別されている」が、「体系という観点からは区別されていない」（山口　一九九八、七二ページ）とし、哲学史の与えられ方よりむしろ体系との関係で哲学史がどのように位置づけられているかを問うべきであるとしている。

（13）　『精神の現象学』にも、演劇的な性格は備えられていたと見ることもできる。本書の観点とは異なるが、山脇雅夫氏は『精神の現象学』「序論」で展開される「意識経験」の弁証法的構造を「演劇的知識論」として位置づけ、主観と客観を固定化して捉える「近代認識論」を超えるものとして解釈している（山脇　二〇〇九）。本書は、意識経験ではなく、哲学史記述こそ、その演劇性が導入として明確に打ち出されたものであることを主張するものである。

第四章　弱められた導入構想　「予備概念」後半の哲学史(1)

哲学史は導入として機能しうる。ここで確認したいのは、学への導入という『精神の現象学』的な理念の継承と展開というよりも、むしろ哲学史と論理学との相互参照的関係に、導入としての機能を認めることで明らかになる新しい思考法についてである。それはまず、歴史の考察から思索を始めるための道であり、体系そのものでも、意識経験でもなく、それらの外部に張り巡らされた歴史的諸関係の網目を顕在化させる操作である。ここに示されているのは、非哲学的なものから哲学へ、という直線的思考からの離反として、哲学から非哲学的なものへ、という反対の方向、すなわち「精神の自己外化」という理想が目指していた、学の完全性を示す自己放下にほかならない。

しかしここには、すでにそのような方向の逆転すらも超えるものが現れているように見える。先に見たように、哲学史は哲学研究の始まりであるとともに、終わりである、と述べられていた。ここには、方向性の単純な交代よりも、学へ、あるいは非学へ、という仕方での移行のモチーフそのものが、後景へと退いているように思われるのである。この点について、哲学史講義において論じられた「導入としての哲学史」というコンセプトの具体的な結実であると言える、『エンチュクロペディー』「予備概念」後半に付された小さな哲学史を検討することによって明らかにしたい。

第一節　「予備概念」における「三つの態度」の機能

ヘーゲルは『エンチュクロペディー』の改訂（第二版一八二七年、第三版一八三〇年）に伴い、「予備概念」を書き、新たに付け加えるという作業に少なからぬ時間と労力とをかけたようである。そのことは一八二六年八月一六日付ダウプ宛書簡から知ることができる。

私はとりわけ導入部を、――ひょっとしたらやりすぎたかもしれないくらいに大きくしました。もっとも、それを小さくすることにほとんどの手間暇をかけたのですが。講義や、ここベルリンでも時には人に拘束されたり、気を散らされたりしましたから、私はその節についての見通しを失って、挙句仕事は手に負えなくなって、よもやそこからひとつの本ができてしまうくらいの危険さえあったのです。そのようなわけで、私は何度も試行錯誤するはめになりました。私がその節のなかで区別している諸々の立場を論ずることは、きっと時代的な関心に合っているはずです。しかし私にとって、この導入はそれだけ困難なものになっていきました、なぜならそれは哲学以前にあって、哲学そのものの内部には存立しえないものだからです。（Briefe3. S.126）

「諸々の立場を論ずる」というこうした「哲学そのものの内部には存立しえない」考察の努力には、どのような意味があるのだろうか。「予備概念」の前半は、すでに見たとおり「追考」論にあてられていたが、さらにそれに続いて、『精神の現象学』への自己反省を含む第二五節を介し、第二六節より「客観性に対する観念の三つの態度（die Stellung des Gedankens（Denkens）zur Objectivität）」（二六節―七八節）という小さな哲学史の記述が置かれる。すでに触れたように、この縮減された哲学小史は、「A．観念の客観性に対する第一の態度。形而上学」（二六節―三六節）、「B．観念の客観性に対する第二の態度」として「一．経験論」（三七節―三九節）および「二．批判哲学」（四〇節―六〇節）、そして「C．思考の第三の態度。直接知」（六一節―七八節。すでに本書の第一部で検討したように、ヤコービの立場である。ちなみにここだけ「観念（Gedanke）ではなく「思考（Denken）」と題されているが、この違いの意味をテクストから読み取ることはできない）という、三つの思想的立場から構成されている。それは純粋な哲学史記述とは別の性格を持っている。「三つの態度」は、したがって正確に見れば、哲学史の諸現象に取材しつつ、それらの単純な年代記を超えたところで把握される、思考に関するいくつかの根本的なあり方ないし「態度（Stellung）」の類型論であり、あるいは「思考の型の歴史展開」である、と言わなければならない。

ヘーゲルは「三つの態度」を、とりわけ思弁的論理学への新たな導入として位置づけた。ただし本論に先立って暫定的な説明に留まる「予備概念」の性格に由来してか、導入の問題、ないしは体系の端初をめぐる従来の研究においては、この箇所が重視されることは稀であったように思われる。その結果、これらの問題は、すでに触れたように、意識（ないしは『精神の現象学』）と論理学との二項関係へと、暗黙のうちに局限されていたのではなかったか。「三つの態度」は、たとえ予備的なものであったとしても、はっきりと導入として認められた記述である。にもかかわらず、その事実を軽視することで、歴史ないしは哲学史が導入として機能する可能性そのものもまた、十分に検討されてこなかったように思われる(2)。

「三つの態度」としての哲学史がどのような意味で導入たりうるのか理解するためにも、それに先立つ「追考」の理論と論理学の領域の提示（一九節―二五節）との関連を確認しよう。ヘーゲルによれば、たしかに「客観的観念」とそれを形成する思弁的思考は真理の名に値するものである。しかし思考がその境位に達することができず、「有限な諸規定を産出しそのなかで動き回っている思考」、すなわち悟性に留まっているとすれば、その有限性のために真理が思考に入ることはできないとされる。したがって「客観的観念」としての真理と有限的思考としての悟性との対立が歴史的に取ってきた形態について、論理学への導入のために、ここで詳しく考察されるべきである、とヘーゲルは述べている。「客観性に対する思考に与えられてきた諸々の態度は、ここで論理学に与えられている意義と立場とを説明しそこへと招き入れるために、より詳しい導入として（als nähere Einleitung）、いまや考察されるべきである」（GW20, §25Anm., S.68）。

第二五節注解において、ヘーゲルはこの課題が、かつて「学の体系　第一部」と題されていたころの『精神の現象学』と重なることを認めている。つまりヘーゲルは自らの立場が、自然的意識であるところの悟性にとっては転倒したものとして把握されざるをえない、ということを忘れたわけではないのである。とはいえ、本書の第二部第一章で確認したように、ここでの導入はもはや「意識経験の学」ではありえない。このような問題意識のもとで新たに企てられたのが「追考」の理論であり、その補完としての「三つの態度」である。

だとしても、「思考の歴史」の記述は、意識経験の抱えるこうした難点を克服し、学への導入という『精神の現象学』的課題に対する完全な解決を約束するものだと言えるのだろうか。この壮大な要求に対し、ここでのヘーゲルはあまりにも控えめである。「予備概念」という、本論に先立つ暫定的記述においては、「ただ歴史記述的で整理的に振舞うことしかできないといういうばつの悪さ」（ebd.）が不可避的に付随する。したがって「三つの態度」に期待されるのは、ヘーゲル自身が述べているところによれば、ただ「認識の本性や信仰などについて表象され、まったく具体的であるとみなされている諸々の問いが、実際は、まさに論理学においてはじめてその真の処遇を得るような単純な思考諸規定に還元されるのだという洞察」（ebd.）に働きかけることだけだという。つまり「予備概念」における「三つの態度」に可能なのは、学の概念を用意し、それを正当化することではなく、もっぱら日常的意識を学へと振り向けることだけなのである。

第二節　精神の歴史的な高まりとしての「三つの態度」

伝統的に見るならば、論理学の前哨として哲学の歴史が論じられるのは珍しいことではない。ここでヘーゲルもまたその伝統に従っただけなのだろうか。まず検討されるべきなのは、いかにして、またいかなる意味で、「思考の型の歴史」である「三つの態度」が、悟性的意識を論理学へと振り向けるのか、ということである。この観点を手引きとして、以下に「三つの態度」を読解しよう。

まずその編成に注目するならば、それは諸々の年度において行われた哲学史講義とは大きく異なっているということが指摘できる。例えば一八二七／二八年哲学史講義でヘーゲルは、哲学史においては具体的なものとしての精神が、東洋では観念として、ギリシアでは概念として、ゲルマンでは理念として、民族に担われながら発展する運動を描いていた（V6, S.310f.）。それに対して「三つの態度」では、こうした民族的時代区分が姿を現すことはない。むしろ、「精神の（個別的なものから普遍的なものへの）高まり」としての思考（ないしはそれへの対抗）が歴史的に取ってきた諸類型が、主に西洋近世哲学史に即して追跡されるのである。

この記述ははたしてなにを意味しているのだろうか。具体的に見ていこう。「観念の客観性に対する第一の態度」は、「理性の――諸対象に対する単なる悟性の――見解」であり、対象に対する「無邪気な振舞い」としての「かつての形而上学」（GW20, §27, S.70）である。一八三一年の論理学講義（V10, S.25）では具体的にその完成者としてヴォルフの名前が挙げられてはいるが、ここで言われる形而上学とはむしろ、無限な対象に対する有限な知の形態であり、その意味で哲学史において支配的な思考様式一般であるとされる。形而上学は思考によって普遍的なものへと向かい、魂、世界、神といった無限な理念的対象を扱う。たしかにそこには個別的なものの本質である普遍的なものへと高まろうとする精神の行為が表れている。しかしこの態度は自己と対象との本質的な対立を知ることがなく、自らの思考規定について吟味することもない。こうした無反省な態度から、対立する有限な諸規定の一方を真、他方を偽とする「独断論」（GW20, §32, S.72）が帰結する。形而上学の特徴とされるのは、このような限定に由来する有限性である。

独断論の抽象さへの対抗から、具体的内容と確固たる拠り所を要求し、感性的個別的なものに留まろうとする「第二の態度」が生起する。そこでは、有限なものから無限なものへの移行の全面的な不可能性が主張される。まず「経験論」は「観念そのもののなかに真なるものを求めようとせず、外的ないし内的な現在である経験からそれを取ってこようとする」（GW20, §37, S.75）。このような態度は形而上学と相反するように見えるが、実際にはそれとの共通性を強く残している。というのも、経験論は分析という操作によって、内容を普遍的な表象や法則の形式へと高め、経験として構成するからである。思考によるこの操作に定位しているにもかかわらず、経験論はあくまで知覚に固執しようとする点で「根本的な錯覚」（GW20, §38Anm., S.76）を犯しており、個別的素材と普遍性・必然性の形式という二つの要素を混在させている（三九節）。

「第二の態度」の続く第二契機である「批判哲学」ないし「カント哲学」は、「経験を認識の唯一の地盤」と認める点で経験論と一致しながら、「経験を真理としてではなく、単に現象の認識とだけ」みなす（GW20, §40, S.78）。批判哲学は経験を構成する普遍性と個別性の厳密な区別へと向かう。ここでは、経験の普遍性と必然性、すなわち客観性の側面が、思考の自発性に由来する「思考規定ないしは悟性概念」に属するものとみなされる。しかしそれによって思考規定は、「物自体」という彼岸的客観に対立する主観へと押し込められたのである。その帰結が、悟性による物自体認識の不可能性であり（四四節）、認識の現象的認識への制限である。こうして批判哲学もまた、主観的限定という形式的な側面において、有限性に支配されている。

それに対抗するかたちで、ヘーゲルによれば、精神の本性である高まりへの衝動が、不可能性の主張を破り、それを超える態度を生起させる。それが「第三の態度」としての「直接知」（GW20. §61. S.100）の立場である。その時代的意義と代表者であるヤコービについてはすでに本書の第一部第二章において、媒介と直接性の関係づけという観点から確認した。

これらの態度を連続した哲学史として統一的に把握するならば、それは精神の高まりとしての思考というヘーゲル自身のコンセプトを主軸として、独自に組み立てられた哲学史であったと考えられる。このことの論拠として、一八三一年論理学講義には、それぞれの契機の連関を「今日の関心」ないしは「哲学の関心」のもとで端的に示した次のような箇所が見つかる。

これらが、今日の関心が取り巻く三つの立場である。哲学そのものの関心は、事柄をそれ自体において知ることにある。

無邪気に形而上学することは基準、カテゴリー、思想について意識せず、無邪気に動き回っていた。そこで結果するのは、こうした思考が巻き込まれることになった様々な矛盾である。第二のものは両項の分割を旨とし、そこでは内容と思考とが別々のものであって、思考は対象に没入するべきでもなければ、没入することもできず、思考は一方の側にあるべきであり、その彼岸に他なるものがあるべきだとする …〔中略〕…。第三のものは再び、そこから無邪気な哲学することが出発したところの合一であり、思考と存在は直接的にひとつのものであり、分たれずにある。（V10. S.83）

この要約によれば、三つの哲学的立場はそれぞれ、互いに偶然的な関係にあるのではなく、ひとつの統一的で全体的な運動をなしている。引用の冒頭で示されているように、今日の関心が取り巻くのは「直接知」だけではない。そうだとすれば、「三つの態度」の意義を「直接知」批判にのみ限定するフラッハやイェシュケの解釈は一面的なものであると言わざるをえないだろう。むしろ、この箇所から読み取ることができるように、「三つの態度」が形成する歴史的運動連関全体こそ、「予備概念」後半の論述が持つテーマなのである。

第三節　「三つの態度」における過去と現在

では、このような観念の歴史的な運動連関を叙述することによって、「三つの態度」はなぜ体系への導入として機能するのであろうか。そもそも、ヘーゲルは「三つの態度」をひとつの統一的全体として把握することによって、なにを描き出そうとしていたのだろうか。この点に注意して「三つの態度」を読むときに目立ってくる観点がある。それは、それぞれの態度を歴史的なもの、過去的なものとして扱うのと同時に、現在的なものとしての観念そのものとして把握するという叙述の仕方である。

例えば「第一の態度」としての「形而上学」は、たしかに歴史的に見れば「以前のもの」(GW20, §27, S.70)ではある。しかし同時に、一般的な思考の態度としては、あらゆる時代に通底する性格をも有している。つまり、「それそのものとしてみれば、それは一般に常に現前しており、理性の——諸対象についての単なる悟性の——見解である」(ebd.)。第一の態度だけではなく、同様に第二、第三の態度もまた、歴史的に「過去的なもの」であると同時に、観念として「現在的なもの」である。とすれば、思考の歴史としての「三つの態度」全体が表現しているものもまた、単なる哲学史的な系列ではなくて、思考そのものの運動連関であると考えることができるだろう。(3) このように「三つの態度」の論述には、歴史的議論と構造的議論との互換が顕著に表されている。しかし、哲学史の記述が「もっとも生き生きした現在」（V6. 1829/30. S.326）としての観念と関わらなければならないということは、前章で確認したように、ヘーゲルの哲学史一般に考えられていることである。では、「三つの態度」の構造もまたこうした「哲学史の哲学」の一例に挙げられるだけのものなのであろうか。

とりわけ「三つの態度」の場合に考慮されるべきなのは、それに続く「論理的なものの三つの側面」の提示であろう。本書第二部第一章において、概念的発展の典型として確認したように、「真理の絶対的形式」であり「純粋な真理そのもの」（七九節）としての論理的なものないし概念には、「抽象的ないし悟性的側面」、「弁証法的ないし否定的‐理性的側面」、「思弁的ないし肯定的‐理性的側面」という三つの契機が内属しているのであった。「あらゆる論理的‐実在的なものの、すなわちあらゆる概念の、あるいはあらゆる真なるもの一般の諸契機」（GW20. §79Anm. S.118）であるこれらの「三つの側面」は、概念の内在的展開の契機として必然的連関のもとにある。それに対して、観念の「三つの態度」の歴史的運動は相互に密接な連関において、「形而上学」が対象との素朴な合一、「経験論および批判哲学」が対象との分離、「直接知」が再合一を表現しているとされた。それが現在的なものとして、思考そのものの運動でもあるとするならば、「論理的なものの三つの側面」こそ、「三つの態度」の哲学史が歴史記述という形式において表現しようとしていたものを、純粋に観念そのものとして語り直したものであると考えることができるのではないか。この点で、理念の発展を歴史的な相のもとに見る哲学史と、「論理的なものの三つの側面」そのものを構造として直接的に持つ「三つの態度」とは互いに区別されうるだろう。

では、この対応関係を「三つの態度」特有の性格を、導入の意味として理解することはできるのであろうか。たしかに「三つの態度」は、実際に起こった歴史的過程としてすでに与えられている、という点で、純粋に論理的な「三つの側面」に対して導入的に機能しうる。人は「三つの態度」の歴史をヘーゲルとともに踏破することによって、「論理的なもの」の本性を入手することができる、というわけである。しかしこのアイデアの難点は、この対応説の提唱者であるルーカス自身も指摘しているように、両系列を直接的に重ね合わせることが困難である、という点に存している（Lucas 2004, S.65）。

とりわけ問題となるのが、「第三の態度」である「直接知の立場」と、「第三の側面」としての「思弁的なもの」との関係であろう。というのも、「第三の態度」は「批判哲学の結果」（V10, S.70）でありながら、本質的に「第一の態度への回帰」（ebd.）、すなわち「近代における形而上学の端初」である「デカルト哲学」（GW20, §76, S.115）への回帰としても位置づけられているからである。(4)

「直接知の立場」は悟性的認識の有限性を洞察したが、その直接性の原理が媒介と排他的にあるかぎりで、その対立関係によって自ら有限化されているため、形而上学的な「独断論」へと退行している。この事態を評して、ヘーゲルは端的に「抽象的思考〔反省的形而上学の形式〕と抽象的直観〔直接知の形式〕とは同一である」（GW20, §74, S.114）と断定する。たしかに、論理的なものの「第三の側面」としての「思弁的なもの」もまた、「諸規定の対立におけるそれらの統一」ないしは「それらの規定の解消と移行において含まれている肯定的なもの」（GW20, §82, S.120）を把握する契機として「具体的なもの」でありながら、他方で「思考されたものであり抽象的なもの」（ebd.）として認められている。このことから、「第三の側面」もまたその意味では「第一の側面」である「悟性的なもの」への回帰であると言うこともできるだろう。

しかしだからといって、形式的にこの対応づけを求めるのだとすれば、それは「直接知の立場」とヘーゲル自身の立場とを安易に結びつけてしまうことになるのではないか。「第三の態度」としての「直接知」の帰結は思考と存在との「抽象的な自己関係」であった。それに対して、ヘーゲルの見る「思弁的なもの」は、「抽象的な自己統一ではなく、矛盾の宥和」（V10. 87）であり、「否定の否定によって肯定的である」（ebd.）。「抽象的同一性」と「具体的同一性」、ないしは「あれかこれか（Entweder - Oder）」（V10. S.74）として媒介を排除する直接性と、思弁的な「あれもこれも（Sowohl - Als）」（ebd.）としての「自己において媒介された直接性」、これらの諸々の差異は、「直接知の立場」とヘーゲル自身の立場とを明確に分かつものである。

この違いを強調するのであれば、「観念の三つの態度」全体と「論理的なものの三つの側面」の強い意味での対応について考えることは難しくなる。少なくとも、その直接的、調和的な対応を前提し、それでもって「三つの態度」の持つ導入の意味として理解することはできないであろう。そもそも、問題を対応か非対応かの二択へと縮減することによって、両者の関係を正確に見積もることは可能なのだろうか。ここで要求されているのは実は、哲学と歴史、あるいは哲学と非哲学の関係に対する見方そのものの転換なのではないだろうか。

第四節　覆いを剥ぎ取り、覆いで包みこむ　導入という作業について

観念の歴史的な「三つの態度」と論理的なものの「三つの側面」との関係をいかに理解するか、ということは、哲学史一般の事情と同様に、過去的なものとしての哲学史と、現在的なものとしての哲学（論理学）の関係をめぐる問題でもある。前章第一節で見たように、『エンチュクロペディー』「序論」第一三節では、両者の関係は「外的な歴史に固有の形態において、哲学の生起と発展はこの学の歴史として表象される」（GW20. §13. S.54f.）と要約されていた。哲学史は、現実の歴史という外的、経験的、偶然的な継起において展開され、その

ようなものとして表象されるのに対し、哲学の諸契機は概念の内的な形式において純粋に展開される。ここに両者の違いはあるが、「理念の具体的な発展」という意味で、二つの領域は実際には重なりあうとされる（GW20, §14, S.56）。

これらの説明において、すでに哲学史と論理学との対応と非対応という二つの側面が言い表されていた。つまり、表面的には、哲学の歴史は外的、偶然的継起という形式のもとで、過去的なものとして表象されるのに留まる。このかぎりで、哲学史と論理学とは一致しない。両者の対応が確証されるのは、哲学史が歴史的外面性から解放され、論理学と同じ理念の具体的な発展として概念把握される場合のみである。哲学史講義の言葉を使えば、歴史的外面性を「剥ぎ取る（entkleiden）」ないし「取り払う（enthüllen）」という作業をつうじて、その運動は論理的なものの次元へとはじめて高められるのである（V6, Ms.1820, S.27, S.79）。

哲学史の「三つの態度」と「論理的なものの三つの側面」の関係もまた、同様の事情にあると考えられる。ヌッツォはこの関係を表象と概念という形式的な観点から理解し、「予備概念」全体をそれらの相互的な「翻訳」の場として規定した（Nuzzo 2010）。しかしこれまでの検討で明らかなように、「三つの態度」が深層においては「三つの側面」との対応関係にある一方で、外的歴史的形態における強引な対応づけは慎重に避けられていた。ヘーゲルは形式主義的に論理を歴史に投影するといった悪しき構成の道を取ることはなかったのである。それに対してヌッツォのように、概念と表象との調和的関係をあらかじめ予想して「三つの態度」を読むことで、両者の非対応という事実は見失われてしまう。そこには、哲学史と哲学との差異が容易に飛び越されてしまう危険があるのではないか。

このような視点を設定することで、本書は、「三つの態度」の「思考の型の歴史」としての性格をあくまで考慮することにしたい。「三つの態度」の課題は、単に形式的に概念を表象において表現することではなく、哲学史を概念の実現する場として叙述することであった。「思考の型の歴史」を叙述するということはなにより、あくまでも外的経験的である過去的なものと、現在的なものとしての観念とを、厳然とした対立のうちで、どうにかして連関させる努力だったのである。それは哲学による外面性の剥ぎ取りを演出するものでありながら、それは同時に歴史的形態化の包みこみあるいは覆い隠しのもとで遂行されなければならないという困難を持つのである。

たしかに「三つの態度」の論述における歴史的議論と構造的議論との互換が直接的に示されていたように、哲学史そのものにおいて論理学との対応はほのめかされている。しかし過去的なものは、外的偶然的形式として、あくまで非学的なものとして捉えられていた。まさにこのことにこそ、「三つの態度」が提供する体系への導入ということの実相が含まれているのではないだろうか。つまり、非学的意識を学へと結びつけるには、なんらかの非学的なものが媒介とならなければならない。それが過去的なものとしての歴史的なものである。だとすれば、「三つの態度」は非学的意識に対して、歴史的なもののただなかで、その外的経験的形式を剥ぎ取ることを教え、哲学史と論理学とを連関させるように促しているのである。すなわち「三つの態度」は、その論述から「三つの側面」が直接的に導出されることを示しているのではなく、過去的なものと現在的なものを連関させることによって、過去的なものを現在的なものへと、過去的なものを離れることなく高めることを要求しているのではないだろうか。

ヌッツォは「三つの態度」を学的なものと非学的なものとが交流する調和的な場として捉えたが、実はその結果として導入という事柄を見失ってしまった。なんらかの調和的な関係のもとでは、導入の必要は存在しえない。むしろ仲立ちすることの半ば不可能な対立のうちにこそ、導入という事柄への要求はなされうるのではないだろうか。導入は両者の対応だけではなく、むしろ対応と非対応の両方にかかわっている。哲学史の哲学に「哲学的思考の歴史化」という方向性を認め、「理性の歴史性」を受けとめようとするのであれば、この二重性格こそ手放すべきではないように思われる。(5)

第五節　二重の自己外化としての宗教の歴史

第二部の考察において、我々は宗教の概念が持つ、「宗教から哲学への移行」というモチーフを取り上げ、それが前面化する『精神の現象学』の検討から始めた。そこでまず確認されたのは、『精神の現象学』が主題化した「意識経験」の背後に、事柄の形成が認められなければならない、という後年のヘーゲル自身による指摘であった。その指摘と直接的に結びつき、「意識経験の学」に代わる学への導入として暫定的に仮設されていたのが、「予備概念」二六節からの「三つの態度」論であった。とすれば、この「思考の型の歴史」こそ、「法、人倫、芸術、宗教」などの精神的諸事象と並んで学の対象となる「内容としての自体」を形成する過程の記述であると理解することは可能だろう。

ここで重要なのは、暫定的とあらかじめ断りの入れられた、このほとんど導入らしからぬ導入が、はたして本来的に導入として機能しているのかどうか、を問題にすることではない。むしろ見るべきなのは、ここで示されているヘーゲル自身の思考の転換なのである。第一章で考察したように、事柄の形成としての歴史は、学の本来的な主題としての概念的発展と区別される時間的発展、すなわち外的な形態化の相のもとにあった。第二章では、『精神の現象学』末尾を参照することによって、この形態化としての歴史の過程が、「内化・想起」のプロセスであり、概念ではなく表象の次元に特有の暗さに属していること、この低い次元が「精神の自己外化」という究極的な精神哲学的理念に求められることを明らかにした。『精神の現象学』に対する後年の反省が意味するのは、したがって、かつてその末尾で簡潔に言及されただけのこのアイデアが、著作全体の構想を突き破るかたちで浮上する様子である。それとともに導入概念は弱体化し、移行モチーフそのものが後退する。

にもかかわらず、導入の構想は消えなかった。哲学史講義における「導入としての哲学史」のコンセプト、および導入的哲学史としての「三つの態度」が表現するのは、哲学の始まりのみならずその終わりである。「他であることにおいて自己を認識すること」という絶対知のあり方を最終的に形成するのは、非自己的なものへの自己外化という精神固有の行為であるとされた。したがってこの理念のもと、ここで表現されている導入という事柄のうちには、「哲学への移行」のみならず、「非哲学への移行」という方向が絡み合っているのである。哲学による剥ぎ取りには、歴史的形態化の包み隠しが伴っている(6)。

このように見た場合、過去の哲学を研究し、哲学史を叙述することはいかなる意味を持つことになるのだろうか。哲学者の個々の言説を取り出し、それを現代的状況に適用する、あるいは同じことだが、ある任意の哲学者に哲学することを学ぶ、といったことは、ヘーゲル的な「哲学史の哲学」の観点からすれば、脱文脈的なアナクロニズムにほかならない。それらの行為は哲学とはいかなる関係もない、とヘーゲルならば一蹴するかもしれない。哲学が対象とする「哲学史における理性」とは、諸々の言明に備わっているのではなく、むしろそれらの言明を要求し、成立させる論争的な関係に見て取るべきである。哲学史の主対象である諸々の反駁は、そうした関係形成のダイナミズムの具体的な形態化であり、諸言説を力動的に形成する主体こそ、ヘーゲルが（時代）精神ないし理性と呼ぶものである。恣意的な立場から過去の哲学における任意の言説へと依拠するのではなく、それらの諸言説を可能化し、さらに現実化させるものを把握することを哲学史研究の課題とするなら、哲学史を研究することは、真理としての精神を捉える哲学そのものの作業現場としてみなすことができるのである。

問題はしかし哲学と哲学史の関係に限定されない射程を備えている。経験的現実性において概念的弁証法を非概念的に表現しているのは、哲学史を構成する反駁だけではないのである。そもそも、歴史一般の形態化が哲学の概念的自己発展と別の次元にあることは、第二部第一章の考察においてすでに認められていた。歴史の「内化・想起」の過程は、経験的形式という表象的性格を備えながらも、概念的発展を素描する。そのようなものとして把握することが「歴史における理性」を認識するという歴史哲学の中心的課題なのであり、哲学史的な反駁はそのもっとも代表的な現象として位置づけられよう。

このように、問題の広がりは、「意識経験の学」から哲学史へ、という単純な導入構想の変化の枠に収まるものではない。むしろここに萌しているのは、導入コンセプトそのもの複数化、およびそれに伴う弱体化であると言える。「非哲学から哲学への移行」であるならまだしも、それに加えて出現する「哲学から非哲学への移行」という方向性との絡み合いが、もはや導入という名に相応しくないということは明らかである。それだけではなく、表象において導入的機能が確認されることで、哲学史のみならず、表象的性格を持ついくつかの事象に哲学的自己認識への通路が設定されるのである。

この思考法の変革は、まず、本書の第一部第二章で確認した、「媒介された直接性」の概念に基礎づけられる「哲学的諸学」の体系性格とも通底する。すなわち『エンチュクロペディー』「序論」第一二節注解における「こうした〔経験科学的な〕内容を受容することは …〔中略〕… 同時に思考が自己自身から発展することである」（GW20. §12Anm. S.54）という言明もまた、哲学的自己認識が経験科学という媒介において達成されうることを物語っているのである。

宗教の場合はどうだろうか。本書の第一部第二章のテーマであった「絶対精神の表象」としての宗教、あるいは現実化する祭儀（「絶えざる祭儀としての哲学」）もまた、表象化ないし現象化というこの文脈において理解されうるだろう。さらに見るなら、宗教史もまた哲学史と同様、「演劇」と表現される。「解き放たれた有限性は自体的に自己を止揚し、過ぎ去り、粉砕し、自己を普遍性へと解消する。この演劇が歴史を示さねばならない」（V4.1. 1821. S.135）。宗教の歴史もまた、その表象性格を手がかりとして、剥ぎ取りと覆い隠しの作業に導かれる哲学的領域となりうるのである。しかし、ここで浮かび上がってくるのは、哲学史との共通性よりも、むしろ「宗教の歴史」という領域が持つ独自性ではないだろうか。宗教は表象の領域において概念を予示し、祭儀として実現する。同様に歴史もまた「内化・想起」による形態化の過程において概念的発展を表象する。すなわちここに奇妙なかたちで二重化された表象性を見て取るのは、あながち牽強付会であるとは言い切れまい。

宗教史とは、二重の意味での哲学の外部に精神の自己が自己を投擲し、覆い隠しを果たす場であり、同時にその剥ぎ取りによって自己認識を図る究極的な外部である、と言えるかもしれない。だとすれば、「宗教史の哲学」は、歴史哲学が扱う政治史の哲学的記述や、哲学史や「思考の型の歴史」としての「三つの態度」とは本質的に異なった課題を備えている、と考えなければならない。その課題を遂行する思索がいかなるものであったのか。本書の第二部は、宗教哲学講義の宗教史記述を実際に読解することでそれを明らかにする試みとなる。

注

（1）本節の記述は拙論、石川 二〇一〇に依拠している。

（2）「三つの態度」に独自の性格を求めようとする期待に対して、後期体系における『精神の現象学』の位置づけをめぐるフルダの研究は、この問題の再検討への誘発剤となりながら、同時に大きな壁になってきたように思われる（Fulda 1965）。フルダは体系における『精神の現象学』の「本来的な導入」としての可能性を探求するため、一方で「予備概念」を「かの文献的な予備折衝の形態」を取った「非本来的」、「非学的な導入」、ないしは「導入への補充」として規定せざるをえなかった（Fulda 1965, S.17f.）。この解釈の問題は、「三つの態度」の詳細な検討に踏み込む前に、この節を（学的導入としての『精神の現象学』に対する）非学的導入として、つまり「導入としては比較的劣ったもの」として考察から排除したことにある。

それに対抗しつつ、フルダ以後の諸研究はむしろ「予備概念」を積極的に把握する方向にある。これらの研究は体系に対するその役割をどこまで強く見積もるか、という点においてそれぞれ違いがある。

第一に、「三つの態度」を「思弁的論理学」の歴史状況的な正当化とみる立場が挙げられる（フラッハ、イェシュケ）。フラッハによれば、「三つの態度」の最終地点である「直接知の立場」は、たしかに思考における「直接性」の契機を発見したが、それを悟性的思惟の「媒介」と対立したものとして抽象的に捉えた。この抽象性を克服することがヘーゲル自身の問題となるわけだから、直接性と媒介の問題へと収斂する「三つの態度」は、ヘーゲルの「思弁的論理学」に対する問題史的な正当化を遂行する場であるとされる（Flach 1978, S.10）。イェシュケもまた、同様の観点から発展史的整理を行っている（Jaeschke 2003b, S.264-267）。

第二に、「三つの態度」をヘーゲル的理念の提示とする見方がある（シュネーデルバッハ、ルーカス）。シュネーデルバッハによれば、哲学史としての「三つの態度」は、「体系上は必然的なものでありながら事柄として順次組みあがっていく、三つの思想形成」として、「体系と歴史の一致」ないしは「歴史における理性」という信念を前提している。それゆえ、ヘーゲルは体系の門前に「三つの態度」を置くことによって、まずその信念に対して賛同することを要求しているのだという（Schnädelbach 2000, S.63ff.）。ルーカスはより「三つの態度」のテクストに即したかたちで、その「真の導入」（Lucas 2004, S.59ff.）としての意義を探っている。その議論は、「三つの態度」と、それに続く「論理的なものの三つの側面」との対応を考慮するものである。この対応関係が成立しているとすれば、人はヘーゲルとともにこの「思考の歴史」を追跡することによって、論理学の境位である概念の「三側面」を獲得することができる。「三側面」はいまや「時代の関心を構成する諸哲学を批判的に踏破して総括した結果」（Lucas 2004, S.63）として提示される。ルーカスによれば、ヘーゲルはこの対応づけによって、自身の「思弁的 - 論理的立場へと招き入れること」（ebd.）を遂行することができたとされる。

第三に、「三つの態度」を体系に対する外的ではなく内的関係において把握しようとする解釈がある（ヌッツォ）。ヌッツォは歴史記述をある種の「表象」の作用と理解することで、「三つの態度」を、体系の境域である「概念」と前体系的な「表象」との相互関係を取り結ぶ場と規定している（Nuzzo 2010）。ヌッツォは「予備概念（Vorbegriff）」が「先 - 概念（Vor-Begriff）」として持つ「先（Vor）」の構造に着目し、それが「思弁的論理学」の境域である概念と必然的関係にあることを主張する（Nuzzo 2010, S.96）。この関係は論理学の発展的進行が端初へと必然的に回帰するという「方法論的循環性」（Nuzzo 2010, S.92）に従っている。論理学ないし概念と関係を有する「予備概念」は、有限的な思考する主体が、「経験」による陶冶形成の結果として絶対的な学へと媒介されるという意味での『精神の現象学』的な導入とは異なった体系的意味を持つ。「予備概念」固有の領域とはむしろ、絶対的な学そのものがそこへと向けて自己を放擲する場なのである。このような場は「純粋に論理的な思考とその方法を表象の言語に翻訳する」（Nuzzo 2010, S.106）という学自身の行為によって確保される。こうした非思弁的な「表象の言語への翻訳」によって、ヘーゲルは概念が表象へと移行することの可能性を示唆し、それによって「思弁的論理学」の「方法論的循環性」を証示することができた、とヌッツォは見ている。

このように、ヌッツォはひときわ強く、「精神の自己外化」の理念のもとで、体系との内的な関わりから「三つの態度」を解釈した。この点に、「三つの態度」をヘーゲル自身の時代的正当化であるとする解釈や、「体系と歴史の一致」という理念の応用例とみなす解釈と比較して、ヌッツォの解釈には際立つものを認めることができる。しかしその一方で、「三つの態度」が表象と概念の関係に還元されてしまうとすれば、それが哲学史の記述であることの意味は見失われてしまうのではないだろうか。ヌッツォを含め、これまでの「予備概念」研究が考慮してこなかったのは、我々が確認したような、ほかならぬ哲学史が体系に対して導入として機能することの可能性ではなかっただろうか。

「三つの態度」を哲学史としての導入という観点から捉えているのは、山口 一九九八である。さらに、牧野広義氏は、「三つの態度」の historisch な性格を「物語」として捉え、単なる歴史的整理を超え、かつヌッツォ的な思弁的解釈からも距離をとり、その物語的なもののなかに非概念的な領域と概念との交わりをみる（牧野 二〇一六、三五ページ）。

（3）ルーカスは次のように述べている。「そのようにして、形而上学は論理的なものの第一の形式の再現前化であり、それは単に歴史的にのみ止揚されるべきなのではなく、まさに概念的 - 論理的にもまた止揚されるべきなのである」（Lucas 2004, S.62）。すなわち「形而上学」には「論理的なものの第一の契機、すなわち悟性的なものが再認される」（Lucas

2004, S.65)。

（4）「予備概念」第七六節において、両者の共通性は以下の三点にまとめられる。第一に、思考と思考するものとの単一な不可分性。第二に、神についての表象と神の存在との不可分性。第三に、外的なものの現実存在と感性的意識の不可分性である。

（5）アンゲールンもまた同様に、哲学史独自の作業について、歴史における理性を探求することではなく、「理性の歴史性（die Geschichtlichkeit der Vernunft）」を受け止めるという側面について注意を払っている。とりわけ以下の言葉は本書の観点と重なるものである。「歴史を根源化することは、同時に思想を自己史実化（Selbsthistorisierung）することである。精神が最高潮を迎えるのは、歴史を哲学的に概念把握することが、最終的にそれ自体歴史的事実として認識されることにある」（アンゲールン 二〇一〇、三二ページ）。

（6）「ゲッシェル書評」（一八二九）でヘーゲルは、「表象から概念への、概念から表象への往還（Herübergehen überhaupt von der Vorstellung zum Begriffe und von dem Begriffe zur Vorstellung）」というゲッシェルのアイデアが、「学的省察」においてなされていることについて、「興味深い観点」であるとしている（GW16, S.206f.）。

第三部　宗教の歴史

ベルリン期宗教哲学における「宗教史の哲学」の遂行

はじめに　宗教史の哲学に固有の問題とはなにか

宗教が持つ歴史性は、「思考の歴史（哲学史）」ではなく「表象の歴史」として、いわば「表象の表象」という二重化された表象性格によって特徴づけられうる。宗教哲学的自己認識はこのように、自らの故郷である概念から二重に切り離された場において求められる。その意味で、哲学的宗教史の記述を完成させることは、論理学や「意識経験の学」としての『精神の現象学』、あるいは歴史哲学や哲学史を超えて、他において自己を見いだすという「精神の自己外化」の理想を、究極的な意味において実現しようとする作業であるとさえ言えよう。

こうした観点は、ヘーゲル宗教論の持つ「宗教から哲学への移行」というモチーフを弱めるかたちでの解釈を可能にするものである。とはいえ、それがヘーゲル宗教哲学から捨象できないものであるというのもたしかだろう。したがって、ここではヘーゲル宗教史記述の検討に対するさらなる導入として、宗教と哲学の関係を指示する、いわゆる「概念への逃避」の記述を年代別宗教哲学講義の筆記録にしたがって確認する。それによって、以後に行われる具体的検討のために、「移行」モチーフを相対化するひとつの可能性の余地を開くことにしたい。

（1）概念への逃避　宗教哲学講義における哲学への移行モチーフ

ベルリン期宗教哲学講義において、「宗教から哲学への移行」は、宗教の歴史において宗教が完成すること、言い換えれば宗教の概念そのものが現実性において現れることで果たされると述べられる。そこで宗教は、自らの表象としての形式的限界を示し、概念の世界へと移行するとされる。哲学は宗教の形成する内容を引き継ぎ、ただ形式のみを変換することで、そこに学的な普遍性と必然性を付与する。具体的に言えば、宗教の完成とは「精神としての神」、すなわちキリスト教における神と、その三位一体構造に基づいて自己外化し、世俗と和解する現実的共同体としての教団ないし教会のことを指している。それは宗教の概念そのものの実在における自己確証となり、その概念形態としての哲学を準備する。すべての講義は概ねそのようにして幕を閉じる。

講義において、その事態は「概念への逃避」と表現される（Vgl. Graf&Wagner 1982）。イェシュケによれば、宗教的領域からの離脱が哲学に対する新しい基礎づけプログラムとして理解されるならば、仮にそれが「逃避」と言われるとしても、ネガティヴに捉える必要はないという（Jaeschke 1995, S.XXXII）。とはいえ、宗教の完成と哲学の出現に対する描写に認められる、年度ごとの温度差については注意しなければならないだろう。一八二一年では第三部「完成した宗教」「C. 教団、祭儀」において、この移行は「(γ) 教団の消滅」という章題のもとで言及される。ローマ帝政期と比較されうるヘーゲル的現代において、信仰による正当化ではなく概念による正当化が求められている。宗教の時代は過ぎ去り、「塩はバカになってしまった」(1)（V5, 1821, S.95）。啓蒙の極致において宗教は自らの形成してきた内容の真理性を維持することができず、偶然的生起という外面性の形式を捨て去って哲学的概念把握へと逃避するのだとされる。

啓蒙以後の歴史認識と結びついて宗教の終焉を宣言する一八二一年講義に対し、一八二四年でもまた啓蒙の時代的意義が強調される。第三部「第三のエレメント」では、キリスト教において主観的自由の原理が意識へと到来することで、宗教は完成するが、啓蒙のもたらした反省との対立関係が生じているとされる。しかしここでは、宗教の内容を引き受ける哲学と啓蒙との対立も描かれる。

反省が宗教へ闖入したことにより、思考、反省は、宗教における表象の形式と具体的内容に対して敵対的な態度をとる。そのように始まった思考は、それからいかなる滞留もせず、自己を貫徹し、心と天とを空にし、認識する精神と宗教的内容はそれから概念へと逃避する。ここでその精神と内容は自らの正当化を受け、思考は自己を具体的で自由なものとして把握しなければならず、それは諸々の区別を単に措定されたものとしてのみ保持するのではなく、それらを自由なものとして解放し、それにより内容を客観的なものとして承認することである。（V5, 1824, S.174）

逃避は、すべてを無化する啓蒙的反省からの逃避である。ここでは「宗教、宗教的欲求」は概念への逃避と同時に、「感情、感覚の形式への逃避」（ebd.）をもなしうるとされる。しかし後者の逃避は否定的なものである。「聖なる教会はもはやいかなる共同体も持たず、原子へと分裂し、すべてはそれぞれの世界観からなるというのも共同体は教説においてあるが、個々人は固有の感情、固有の諸感覚を持つからである」（V5, 1824, S.174f.）。ここで哲学は啓蒙的反省と宗教とを媒介することによって、ある種の救済者、保護者の観を呈している。哲学は実定的なものとしての教会とも対立するが、同時に「啓蒙のうぬぼれ」から宗教が形成してきた内容を概念の名のもとに引き受ける。「啓蒙、悟性のこのうぬぼれは、哲学のもっとも激烈な敵対者である。哲学が理性をキリスト教のうちに指し示し、精神の証言、もっとも包括的な意味での真理が、宗教においてへりくだっていることを示すなら、啓蒙はそれを悪くとる。哲学において重要なのは、宗教の理性を示すことなのである」（V5, 1824, S.175）。

宗教哲学講義の目的とはまさにこの「宗教の理性を示すこと」であり、すなわち「理性を宗教とその多様なる形態において和解させること、少なくとも必然的なものとして認識すること」（ebd.）であったとされ、ここに宗教史研究の理由づけが示される。さらに興味深いのは、キリスト教において獲得された共同性すらも哲学は保持するのだとされる点であるが、それについてどのように考えるべきかについては明示されていない。いずれにせよ、講義はこの謎めいた「哲学の教団」（V5, 1824, S.176）への言及で終わる。

一八二一年と比較して一八二四年では、啓蒙という共通の敵を設定することで、宗教に対する否定的表現は和らいでいる様子であるが、それでもなお宗教という形式、すなわち表象が、時代の成熟にもはや適合しないとする認識は変わらない。しかし「宗教の理性を示すこと」、「理性を宗教とその多様なる形態において和解させること、少なくとも必然的なものとして認識すること」とまとめられる講義全体の目的は、宗教を哲学の必然的な前段階として認め、宗教から哲学への必然的移行を説くこととは切り離されている。

一八二七年講義末尾、第三部「第三のエレメント」「3. 教団の精神的なものの実現」では、「和解」の観点がさらに中心化する。ここでもたしかに「概念への逃避」コンセプトは引き継がれ、啓蒙と敬虔主義に共通する「概念からの逃避」との対比で語られている。「内容が概念へと逃避し、思考によってその正当化を得るのが哲学の立場である」（V5, 1827, S.267）。とはいえ、ここでは「概念への逃避」が論の結論となるのではなく、それに対してむしろ哲学と宗教の和解がクローズアップしてくるのである。このニュアンスの差がなにを意味するかは慎重に見極めなければならないが、少なくともこの変化自体は、講義が次のように締められていることからも明らかである。

> この和解は哲学である。そのかぎりで哲学は神学である。それは神と自己自身や自然との和解を叙述する。自然、他であることは自体的には神的であり、有限な精神は一方で自己自身に即し、自己を和解へと高めつつ、他方で世界史においてこの和解へと至り、この和解をもたらすのである。この和解は神の平和であるが、それはあらゆる理性よりも高次のものではなく、理性によってはじめて意識され、思考され、真なるものとして認識される。（V5, 1827, S.269）

「神学としての哲学」の視点からすれば、宗教は移行を示す「はしご」ではなく、哲学的理性が自らを認識する場所である、という側面が強調されているのである。「神の現象において神は規定される。哲学によって宗教は思考する意識からの自らの正当化を受け取り、受け入れるのである」(V5, 1827, S.268)。「神の現象」としての「神の規定」という表現は「規定的宗教」と題される宗教の歴史を示している。とすれば、宗教の内容はキリスト教において十全に表現されるものでありながら、同時に宗教の歴史と合致する。宗教史とキリスト教の関係については、本書第三部全体の主題であるが、ここでは少なくとも、「和解」のコンセプトにおいて狙われているのはキリスト教ばかりではなく、宗教の歴史全体であることを確認しておきたい(2)。

(2) 哲学的宗教史の記述するもの　神の形態化と人間の形態化

逃避から和解への重点変化を示しているこの講義が、一八二七年という、『エンチュクロペディー』第二版出版と同じ年に行われたものであることは注意されてよいだろう。ここでは、こうした揺れ動きも含めて、ヘーゲルの宗教史記述が、いかなる意味で哲学として機能しているのか、という点に考察の焦点を絞りたい。宗教史を記述することによって、いかなる哲学的認識が提示されようとしているのか、それがあくまで問題なのである。

ヘーゲルは概念的に把握される絶対者と区別し、人間との関係にある絶対者を「神」と呼び、宗教哲学固有の対象とした。したがって「神の形態化(Gestaltung Gottes)」という言葉こそ、彼の捉える宗教史記述の要を的確に表現するものでありうるだろう。この言葉をヘーゲルはもっぱらキリスト教における受肉の教義を説明する際に用いている(3)。しかし本書第二部において、歴史における概念的発展(狭義の発展)と時間的発展(形態化)の区別を確認した我々には、形態化というこの語が歴史過程に必然的に備わった表象の次元を指し示していることは、すでに明らかである。形態化の認識は、ここでも同様に、形態化を介して概念的発展を捉えるものとなる（V3, 1827, S.83f.）。以下で検討するように、キリスト教の神が形態化する神であることと、「精神の自己外化」の理想は、密接に結びついている。もしこの結びつきが認められるとすれば、ヘーゲル宗教史そのものを「神の形態化」の叙述として性格づけることも許されるであろう。

宗教史は論理学ではない。それは「絶対者の形態化」としての哲学史でもない。宗教と歴史という、二重化された表象の根拠は、絶対者を単なる形而上学的原理ではなく、まさに「神」たらしめる「人間」に存している。したがって宗教の歴史とは、概念の表象的形態化を一方の軸とし、他方にその相関者としての人間の歴史を有する連関であると言える。したがって、出発点においてはまだ自由ではないその主観性の展開こそ、宗教史におけるもうひとつのテーマである。すなわち、宗教史は「神の形態化」であるとともに、それに相関する「人間の形態化」の過程でもある。この「自己自身へと来たる精神の道」に『精神の現象学』的理念の変奏を見ることは難しいことではない。それでも、「予備概念」第二五節注解において吐露された自己反省を思い起こすならば、意識化の発展は「学への導入」に、あるいは「概念への逃避」と表現された「宗教から哲学への移行」という点にもっぱら寄与するものである、と言い切ってしまうことはできないだろう。では、宗教的形態化の歴史を記述することは、哲学にとってどのような意味があるのだろうか。純粋理念の学的発展でもなく、意識経験の弁証法的プロセスでもなく、神と人の形態化を語ることで実現する哲学とは、どのようなものであろうか。以下ではこうした観点から、宗教哲学講義の叙述を、年代の差異に注意しながら、実際に読んでいくことにしたい。

注

（1）新約聖書「マタイによる福音書」五章一三節、「マルコによる福音書」九章五〇節、「ルカによる福音書」一四章三四節参照。

（2）断片的記述に留まる三一年講義のシュトラウス手稿について、本書では概ね補助的に参照するに留まるが、そこでは次のように、思考と宗教について関係づけることで締めくくられる。「思考はいまや証言を与えんとする精神である。信仰には真の内容があるが、表象の形式にある。その内容には思考の形式が与えられなければならない。それを遂行する哲学は、それによって宗教を超えるのではなく、表象としての信仰の形式を超えるのみである」（V5, 1831, S.289）。「精神の証言」というモチーフは本書第三部第四章にて主題化する。

（3）「規定化（Bestimmung）」、あるいは、より外的な仕方で表現されるなら、神の形態化は、したがって神の理念であり、それは運動（Bewegung）である」（V5, 1821, S.15）。「神自身は、真の理念に従えば、自体的かつ対自的に存在する自己意識、すなわち精神であり、また自己を産出し、自己を他にとってあるものとして表現する。これはつまり我々が神の息子と呼ぶもの、すなわち形態化である。そこで定在の側面としての形態化は、自己に対する総体性としてもまた現象するが、それは愛において保たれている形態化（eine Gestaltung, die in der Liebe gehalten ist）として現象する」（V4.1, 1824, S.278）。また、宗教の実定的なものもまた、『法哲学』と同様に「形態化」と呼ばれる。「自己を対象化する精神は、本質的に自己に表象の、所与的なものの、精神が対峙する他の精神に対して現象するものの形態を与える」（V3, 1824, S.54）。

第一章　人間の誕生と宗教史

ベルリン期宗教哲学講義第二部の理解に対するもっとも大きな障壁は、年度ごとの変遷にある。我々はすでに宗教哲学講義序論および第一部における変化の様子を見たが、第二部ではさらに、年度ごとに追加される情報量の多さが際立ってくる。日々新たに報告されてくる資料と格闘するその努力の痕跡は、この分野に関するヘーゲルの並々ならぬ注目を物語っている。(1)ヘーゲルの宗教史記述は、当時の宗教学的な知見の収集整理、および批判という性格を強く備えている。ここでの課題はあくまで「宗教史の哲学」の理論的射程を探ることであるから、当時の状況に関する資料源泉へコミットすることは必要最小限にとどめざるをえないが、それでもそれらの諸言説を考慮することは不可欠であろう。(2)

本章では、ベルリン期ヘーゲルの宗教哲学講義第二部「規定的宗教」における「直接的宗教」論の前半を論じるが、それに先立ってまず、講義第二部の位置づけと、宗教史そのものについてのヘーゲルの見解を確認しておきたい。なお、各年代の講義については、目次一覧を本書の末尾に付録してある。

第一節　宗教哲学講義第二部の変遷

（1）宗教史に対する見方の変化

「宗教の概念」がテーマとなる講義第一部に続き、第二部「規定的宗教（die bestimmte Religion）」では、その概念の歴史的な実現が課題となる。ここで宗教が「規定的（bestimmt）」だと言われているのは、そこで扱われる宗教の諸形態が、「完成した宗教」としてのキリスト教と比較して、「限定的」であり、「有限的」（V4.1, 1821, S.2）だからである。それに加えて、歴史的に現象することは、その概念の発展において必然的な「規定」である、という認識も、この章題には表されているのである。一八二七年講義では端的に、第一部で論じられた宗教の概念はいまだ無規定的な諸表象に留まっており、それを意識において持ってはいないとされるので、このように述べられる。「ここではじめて神についての認識が始まる。規定を通じて神についての観念は概念となるのである」（V4.1, 1827, S.412f.）。

講義第二部では章構成の大枠からして、すでに各年度に甚だしい差異が見られる[3]。公式的説明によればたしかに、宗教哲学全体として見た場合、第二部の「規定的宗教」論は、「宗教の概念」に続き、「宗教の完成」へと接続させるための仲介として、宗教概念の規定あるいは現象を主題とする（V3, 1821, S.28f.）。その過程は、本来的には概念的発展の必然性を備えたものとして、把握されなければならないはずである。しかし年度を追うにつれて、そのような探求原理を貫徹することの困難が明白のものとなり、概念形式との対応の強調は控えられざるをえなくなる。多くの研究は、この情報増大に伴う変化を、抽象的図式主義から宗教の類型論への妥協的方針転換であるとみなしている（例えば Jaeschke 1994, S.XXIV, 山﨑 一九九五、一六六ページ）。しかし本書では、宗教史学的観点を基準として整理を試みるのではなく、哲学としての側面からこの展開をより踏み込んで考察することにしたい。

構成変化に確認できるこの事実に付随して認められるのは、新情報への対応という量的な問題だけではなく、宗教の歴史という問題領域そのものに対するヘーゲルの見方の変化である。(4) 一八二一年草稿では、諸々の宗教的表象や慣習を、未開の迷信として拒んだり、あるいは逆に、敬虔さの表現として過大に評価したりすることをまず避ける。しかし同時に、取り組むべき課題の重要性を認めながらも、諸民族の諸宗教の把握が「概念把握することにとってもっとも困難な課題のひとつ」であると吐露される。ここでのヘーゲルは、「神的本質の諸表象について、そしてまた諸国民の着想した諸々の義務や行動様式についての、もっとも驚嘆すべき奇妙な諸々の産物」（V3, 1821, S.107）としての宗教史の事柄を前にした苦慮を隠すことはしていない。こうした視座は以下の箇所にも如実に表れている。

神についての諸表象の詳しい諸形態と諸宗教の歴史は連関している。この歴史は、それが収集され取り扱われている範囲で、とりわけそのようにただ外的なもの、現象するものを見せるだけである。高次の要求は、そこに意味を、**肯定的な**真なるものを、真なるものとの連関を、——要するに理性的なものを認識することである。そのような諸宗教を思いついたのは人間である。だから理性がそれらのなかにはあるはずであり、あらゆる偶然性にも高次の必然性があるはずである。諸宗教の歴史をこの意味で研究することは、同時にまた、そのなかで生じている身の毛のよだつもの、悪趣味なものと和解し、正当化し、それが全形態においてある様を（例えば人間や子どもの供犠）正しく真に見極めることであるが、それがテーマなのではない。とはいえ少なくともその起源、源泉を、それを生み出すに至った人間的なものとして認識することは、高次の和解である。諸宗教の歴史は我々の目的ではないので、ここでは細かく立ち入らない。偶然性や地域性がこれらすべての形態化に入り込んでいるから。(V3. 1821, S.107f.)

このように、一八二一年のヘーゲルは、宗教史的探求に人間学的な意義を認めつつも、そこへの深入りには明らかにためらいを覚えている。それに伴って、諸宗教は詳細に分析されるまでには至らず、「存在」、「本質」、「概念」という論理学的区分によって分類されるに留まっていた(V4.1, 1821, S.2f.)。考察の分類においてもまた、「形而上学的概念」、「具体的表象」、「祭儀」という具合に、形式性が目立つ。そこでは、人間学としての宗教学が徹底されることはなかったのである。たしかに上記の引用部では、極度に偶然的なもの、非人間的なものもまた人間的なものとして理解し、その起源、源泉において必然的なもの、理性的なものを把握することを高次の和解として掲げてはいた。しかしこれから見ていくように、後年の講義における宗教史への視線は、起源、源泉ではなく、むしろその展開に向けられるようになっていくのである。

続く一八二四年講義では、自己を他なるものとして外化して認識するという精神のコンセプトから、宗教史の道のりもまた肯定的に理解され、「自己自身へと来たる精神の道」として位置づけられることで、探求が内在的に動機づけられている。その序論でヘーゲルは次のように語る。

> 精神の存在はそのように直接的なものではなく、ただ自己自身を産出するものとして、自己を自己に対峙させるものである。精神は自己へと来たる。それは運動であり、活動であり、自己との自己自身の媒介である。そこには諸々の区別項や方向があり、諸方向のこの経過が、自己自身へと来たる精神の道である。その道はそれ自身で目標である。絶対的な目標は自己を認識すること、対自的であることである。つまり精神が自己を認識すること、対象として自己に対峙していること、自己を完全なる直観へと、自己自身の完全なる意識へと捉え、

自己にとって対象であることであり、精神が自体的にそうであるように、自己自身の完全な認識へと来たることである――この目標は精神の真なる目標である。（V3, 1824, S.56f.）

（2）宗教史を媒介とする哲学的自己認識の可能性

精神の自己を意識化することとしてのこの哲学的な肯定から、さらに一八二七年では、宗教史を研究することの積極的な意味が説かれることになる。「諸形態化のひとつの系列、宗教のひとつの歴史」（V3, 1827, S.91）において、精神と宗教の概念は「民族的諸宗教」として時間的歴史的に現象することによって規定され、生き生きとしたものとして現実存在する。たしかにそれらはいまだに従属的な規定に留まり、陶冶形成の過程において絶対的な真理には至っていない。しかし、とヘーゲルは言う。

しかし宗教がその絶対的真理に来たるということ、精神が精神に対するようになるということ、精神自身がその真無限的な規定に到達するという、精神の精神に対する関係にとって、この道のりはひとつの条件である。これらの規定的な諸宗教は、意識の、精神についての知の規定的な諸段階である。それらは真の宗教の出現にとっての、精神の真の意識にとっての必然的な諸条件なのである。（V4.1, 1827, S.414f.）

宗教の歴史は、精神が実現するための不可欠な条件である。それは「真の宗教」としてのキリスト教の出現を準備するとされる。しかしそのような宗教史の存在論と並んで、我々の観点においてここで注意されるべきなのは、精神の実現過程が規定化による意識化のプロセスであるということ、その歴史的認識論に付随して、宗教の歴史を研究する意義が導き出されていることである。宗教の歴史は精神の存在論的な条件であり、かつ宗教の概念が意識化され認識される舞台でもある。したがって精神を認識するために宗教の歴史へと向かうことは必然である、というのである。さらにヘーゲルは次のように続けて言う。

それゆえそれらの諸条件は歴史的にも現れているのであって、私はそれらが現実的に存在してきた歴史的なあり方を内化・想起するだろう。つまり我々はそれらを特殊な諸形式において歴史的諸宗教として学び知るのである。真なる学、精神の学、その対象が人間である学では、そのような具体的対象の概念の発展は、その外的な歴史でもあり、現実において存在した。そのようにして宗教のこれらの形態は時間において継起的に、空間において並列的に存在したのである。(V4.1, 1827, S.415)

この表現は、宗教史記述が持つ哲学的自己認識としてのあり方を考察する本書にとって非常に示唆深いものである。我々はここに、「概念的発展」と「形態化」の区別（本書第二部第一章参照）、および歴史における「内化・想起」の理論（本書第二部第二章参照）が、宗教史研究において適用されていることを明確に見ることができる。宗教の歴史的形態化を概念的発展と一致させるのが宗教哲学の、あるいはここで述べられているように、「人間を対象とする学」の課題である。その意味で、歴史的文化的形態化が持つ研究上の積極的な役割が直接的に述べられている。宗教の規定は、その外的な歴史として、空間的文化的・時間的歴史的に、「歴史的諸宗教」として実在した。「私」はそのような諸現象を「内化・想起」することで、真なる精神の諸条件を明らかなものとする。

その外的経験的形式は、それらが「内化・想起」されることに対する、あるいはその外面性が剥ぎ取られることに対する前提であり、あらかじめの形態化的「覆い隠し」による形成に備わる性格である。『精神の現象学』末尾で歴史の「内化・想起」の構想は、「精神の自己外化」という理念のもとで、歴史過程そのものが、現在的な定在を止揚し、内面化して、さらに新たな形態を生み出す（想起する）弁証法的プロセスとして描かれていた。それに対して、ここでそれを行うのは歴史を読む「私」あるいは「我々」である。「私」あるいは「我々」が宗教の歴史を通して究極的に知るのは、真の精神、真の宗教の諸条件であり、現在の自己自身である。この再帰的認識構造こそ、宗教史を哲学的自己認識の遂行として把握することを可能にするのであるが、その側面を強調するのも一八二七年講義の特徴である。上の引用に先立つ箇所では、宗教史の規定が、客観としての「神」のみならず、その相関者である主観としての「人間」の規定でもあることが明確に述べられる。

内容、神が規定されているように、他方ではこの知を持つ主観的、人間的精神が規定されている。神が人間に対して規定されている原理は、人間が自己においてどのように規定されているかの原理でもあり、人間精神において人間に対してあるものである。粗野な神、自然神は、粗野な、自然的な、不自由な人間を自らの相関者として持つ。神についての純粋な概念、精神的な神は自由な、精神的な、現実的に神について知る精神をその相関者として持つ。（V4.1, 1827, S.413）

神観念をめぐる諸規定の生成と展開を探ることは、その相関者としての人間精神の生成と展開を追跡することとなる。両側面が各々の宗教の規定をなす。単なる神論ではなく、神の意識としての宗教という、講義第一部で開陳された見解が、宗教史考察に際して具体化されるのである(5)。

このように見ると、「宗教史の哲学」は、歴史的諸宗教としての形態化を「精神の自己外化」としての実現と捉え、講義が開始された一八二一年当初には回避されていた「奇妙なもの」へと向かう仕方で、発展的に構想されていったと言えるかもしれない。方向づけのこうした推移こそ、旧版編集では抹消されてしまっていた

ものであり、宗教史の記述が「宗教史の哲学」として彫琢されていく様子を知るうえでの重要な手がかりとなるのである。(6)

第二節　自然宗教と人間の誕生

(1)「直接的宗教」論の変遷　その展開と消滅

「直接的宗教」ないし「自然宗教」の分析をもって、宗教哲学講義第二部が始められているというのは、四つの講義において共通している。しかしながら、その章の構成と内容の変化は著しい。宗教哲学講義全体として見て、講義間における変遷、変化のもっとも顕著なのが、序論を除く本論では、第二部の冒頭であり、主に原始宗教やオリエントの宗教を対象とする「直接的宗教」ないし「自然宗教」の考察なのである。

一八二一年での「A．直接的宗教」の記述は、ごく簡潔である。歴史的には「東洋、オリエント」の宗教を指す直接性の宗教は、一八二一年講義特有の論理学的区分から、「存在の宗教」と規定される（V4.1, 1821, S.2, S.5）。無媒介的自己関係を示す直接性は、存在の抽象的な普遍性を示している。神との関係において自己との距離が消失する東洋的汎神論は、すべからくこの特徴を有するとされる。そこから「汎神論」あるいは「スピノザ主義」（V4.1, 1821, S.10）と一括して特徴づけられるオリエントの諸宗教は、詳細に区別されていない。(7)

先にも見たように、宗教史に対するヘーゲルの意識改革ないし方向性の転換が生じるのは、一八二四年以降である。(8)さらに一八三一年講義では、当初から存在していた「自然宗教」（オリエント）と「精神的宗教」（ヨーロッパ）という、ヘーゲル宗教史を支えてきた基礎的な大枠は崩され、宗教史全体の枠組みに関する再編成が行われる。(9) しかしながら、新しいかたちをとった宗教哲学講義は、さらなる展開を見る間もなく、ヘーゲルの急死によって幕を閉じる。

(2) 宗教の誕生と呪術における客体化

原始宗教としての「呪術の宗教」とオリエントの諸宗教が明確に区別されるのは、ようやく一八三一年のことである。それまで、とりわけ中国の国家宗教は原始宗教との連関のもとで捉えられていた。そこにはたしかに「歴史は東洋から始まる」というヘーゲル独自の歴史哲学的前提が介在していたに違いない。しかしそれとともに見なければならないのは、中国宗教に対するヘーゲルの宗教哲学的見解であり、その手前にあるところの、人間と自然ないし動物との境を刻む原始宗教への人間学的視点である。歴史哲学的な東洋始原論は、オリエントからオクシデントへ、という地理的な独断的経路ではなく、むしろこれらの人間学的考察から導き出されているのではないか。このような見通しのもと、本節では以下に、宗教の歴史の端緒となる「呪術の宗教」を、主に一八二四年講義を対象として確認することで、ヘーゲル宗教史記述の要点となるものを取り出してみたい。

一八二四年講義「(b) 神の表象」「(α) 呪術の宗教」では、エスキモー、アフリカ、モンゴル、そして中国においてかつて見られた「呪術」が、「宗教のもっとも古いあり方、もっとも未開的で、粗野な形式」であるにもかかわらず、それでも「自然を超える力」としての「精神的なもの」を兆しているとされる。その源には自然に対する定かならぬ「恐怖」があるとヘーゲルは言う(V3. 1824, S.336Fuß.)。恐怖の感情自体は動物的なものであり、宗教的な神への畏怖とは異なる。しかし恐怖という「振動」(V4.1. 1824, S.173)に動機づけられそれを克服せんとする動きへの心術の転換には、すでに自然的なものへの従属を超えたものがあり、自然は克服できるという確信が芽生えている。「呪術」の世界はその表現であり、したがってこの領域の中心規定には、「意志による自然の直接的支配——精神が自然よりもなにか高次のものであるという自己意識」（V4.1. 1824. S.181）があるとされる。

とはいえ、この段階はあくまで萌芽であり、まだ本来的な意味での宗教ではない。というのも宗教には「精神的な力が個人にとって、個別的経験的な意識にとって、ある本質的な普遍的なものとして、経験的な自己意識に対してある別の自立的なものとして現象する、という客体性の契機が本質的に属している」（V4.1. 1824. S.182）とされるからである。呪術の段階において自然への働きかけを行うのは神ではなく、個人としての人間自身（特権階級としてのシャーマン）である。したがってここでの自然との関係は直接的であり、いまだ自然的であると言える。そこではいまだいかなる神表象も存在しない。

しかしヘーゲルはここにすでに宗教的なものを形成する、ある程度の信仰ないし崇拝対象の「客体性」ないし「客体化（客観化）」(10)（ebd.）、すなわち神的対象と意識との関係が生じているとする。まず、自然支配の力を有するシャーマン的な強い主体的自己意識は、このただ形式的で弱い客体としての自然と対峙する「主人にして達人」である。主体と客体のこの非対称的関係構築が、脱自然状態の第一歩であるとされる。第二に、主体は反対に絶対的な力を持つものではなく、常に窮乏にさらされる。そこで明らかになるのは、主体の自然に対する「依存」である。「人間が本質として表象されるときにはじめて、依存は現れる。人間は他なるもの、自然、本質的に否定的なものに対立している」（V4.1. 1824. S.184）。呪術的領域を支配するこれらの二つの関係は、それ自体としてみるなら、神を絶対的なものとして知る「絶対的客観化」ではなく、それとは区別される、いまだ自然的なものとしての「単に形式的な客体化」（V4.1. 1824. S.183）にすぎない。

呪術的世界にあるのは、これらの矛盾する二つの関係の混在であり、そこから新たな規定が生じている、とヘーゲルは見る。つまり人間は自然に依存するが、同時にその依存から自由でもありうる、というのである。「このことはもっとも低次の段階にあり、精神が自己について知っている――その際に自然は精神に依存するものとして示される――とは言っても、単に形式的自由にすぎないのだが、そうだとしても、人間はやはりこの依存を軽蔑し、自己自身のもとに留まることができる」（V4.1, 1824, S.184）。他であることにおいて「自己自身のもとにある」という精神的再帰構造の初発がここに認められる。この第三の関係性をヘーゲルは「自由な崇拝」（ebd.）あるいは「自由な力の意識」（V4.1, 1824, S.185）と呼ぶ。この自由な崇拝において、客体化は先の二つの関係とは違ったあり方を取る。それは単にそのつどの諸対象と相関的な水準での力の意識ではなく、「本質的普遍的な力の意識」（ebd.）であるとされる。

ヘーゲルによれば、ここに呪術の段階を超え、宗教の生成する契機があるという。彼が注目するのは、この段階に固有の表象形成である。呪術の持つ形式的客体化の場合、ある神表象が民族間に共有されることはない。この民族表象において「もっとも首尾一貫しないもの」が縦横に現れる。しかし「このような諸表象が宗教に現れるのであって、それでも高次の精神がそこには留まっている」（ebd.）とされるのは、それが自由な崇拝に基づき、その精神の自由がさらなる高次の諸宗教へと連なる契機となっているからである。呪術は形態を持たない直接的な関係であるが、ここには「媒介」が現れる。この媒介性、間接性は迷信として生じるが、とにかくここに宗教の形態化の過程は始められ、さらに天体や動物といった自然物への崇拝や物神崇拝へと展開するのである。

このように、ヘーゲルは呪術から宗教への展開を、客体化の度合いを基準として見ている。ヘーゲルは、単に形式的な客体化と、絶対的客体化の区別のもとで、呪術という自然との関係構造において、もっとも弱い、初発の客体化を捉えていた。それはいまだ自然への依存において、表象化すらされない対象性であった。しかし、自然に対して主人であることと、自然へと依存していることとの矛盾した関係において、ひとつの客体化の形態が自然との境界として実現しているのである。

(3) 埋葬の習慣と不死なる魂の表象　客体化と主体化の強度の尺度としての「自由」

このように、諸宗教がそれぞれ独自に表現する主体と客体の関係性は、ある基準を尺度とする強度の差異において段階づけられる。ヘーゲルはここでもまた、宗教が表象の事柄、すなわち神のみならず、神と人との関係であることを確認している。そのうえで、「神の形態化」としての宗教史が、神表象の強度の展開として叙述されるべきことを示すのである。

神表象の客体化の度合いと、それに対峙する主体性の度合いが結びついている、ということは、呪術の段階の人間観に即して、次のように述べられている。人間が奴隷状態に置かれることは、人間個人が持つ価値の低さ、人間一般に対する軽蔑を表している。ヘーゲルによれば、人間に対する尊厳は、人間に対する表象の強度に依存しているという。「人間に対する肯定が高まるにつれ、精神性の力もその真なる形態にしたがって永遠なる仕方で把握されるにつれ、それだけ神の表象と、精神および人間個人の表象は尊厳を増す」(V4.1, 1824, S.201)。

その強度を表すひとつの実例が、とりわけ埋葬の儀礼的習慣として示されるような、「不死なる魂」の表象である。その表象が欠如するのに伴って、人間はより自然的なものとみなされる。したがって逆に、「不死についての表象の強度(Intensität)に伴って、生の価値もまた上昇する」(V4.1, 1824, S.201)のであり、「生に対する個人の権利は、人間が自己において自由なものとして、即かつ対自的なものとして現象するかぎりではじめて、認識され承認される」(V4.1, 1824, S.202)と指摘される。主体性の強度の尺度とは、まさにこの「自由」である。そのかぎりにおいて、宗教史が表現するのは客体化の度合いのみならず、その相関者である「主体性の強度」もまた把握されるのである。ヘーゲル特有の「自由」概念について、我々は本書第一部の考察において、それが「媒介された直接性」として理解されることを見たわけであるが、それがまさに宗教史記述の基準ないし尺度となることが、ここで確認される。すなわち宗教史が課題にするもの、それこそ人類史における「自由」の形成にほかならないのである。

死、ないし死者の表象が持つ内容は、その文化における「主体性の強度」を示す徴標である。こうした「現象からの認識と承認」は、したがって神表象（およびそれに付随する宗教的諸表象）と主体性の強度を示すバロメーターとなりうる。そこから、各段階におけるそれぞれの強度は計測され、診断される。このように、宗教の形態化を対象とする「宗教史の哲学」とは、「自由」を尺度とする主体と客体の強度の系列を、諸形態のなかから導き出して把握する作業なのである。

第三節　呪術から宗教へ、あるいは実体から主体へ　東アジアの宗教に対する評価の変遷

（1）仏教と中国の結びつき

すでに触れたように、東アジアの諸宗教に対する評価は、ヘーゲル宗教史の変遷においてとりわけ変化の著しいもののひとつである。記述は年を経るごとに細分化、詳細化する。最終的に一八三一年講義では、仏教とインドの宗教の関係が逆転し、より史実に近づいた整理となる。しかし各年度の構成変更の理由を、情報の不足とその解消という側面だけに求めることは十分だろうか。本節ではむしろ、先に見た「主観性の強度」とい

う視点から、この変更について考察を加えたい。

諸宗教の具体的記述のない一八二一年は度外視するとしても、一八二四年講義でも、諸宗教を細分化しようとする意識は希薄である。「（α）呪術の宗教」節には、呪術の段階が収められるだけではなく、そこには中国の宗教と皇帝崇拝、仏教やラマ教もまとめて含まれるのである。たしかにこれらの宗教のあいだには区別も認められているが、基本的な性格は共通のものとして理解されている。それらに共通の特徴とは、ここでは人間に対する崇拝という点に認められる。中国の皇帝崇拝も、ラマに対する信仰も、特権的個人がその対象とされているという意味で、自然を超越する力を持つカリスマとしての呪術師に対する崇拝と共通するというのである。

ヘーゲルはこの個人崇拝に、人間的な自己意識が本質的に精神の現在である、という理解を認めている。これはギリシアの宗教やキリスト教にも通底する規定であるが、ヘーゲルの評価は慎重であり、両義的である。

したがって崇拝されるのは自己意識である。精神が人間において現在を持ち、人間的自己意識が本質的に精神の現在であるという規定、この結びつきを我々は様々な宗教を通じて見ることになるだろう。それは必然的に原初にして最古の諸規定に属しており、キリスト教においても現存していること、しかしそこではより高次のあり方で変容していることを、我々は見るだろう。（V4.1, 1824, S.197）

表面的な共通性を指摘するのはたやすい。しかしより重要なのは、そこに強度の差異を見ることである。ヘーゲルは周の武王に関するいくつかのエピソードや、四神、黄龍、五大あるいは暦について紹介し、自然に対する皇帝の支配と、完全に組織された君主制との両立を古代中国に見る。「自然的なものに対する人間の力」（V4.1, 1824, S.208）がここでの根本規定である。この力としての自己というあり方に対して、客体としての自然は、すでに自立性を失い、皇帝の絶対的な力に服している。すべての客体は皇帝の力に従うものとして観念化され、それに対して皇帝は常に対象に関わりつつも自己のもとに留まることができるのである。ここに現れた皇帝の自由、あるいは「自己のうちにあること、自己内存在（Insichsein）」（ebd.）において、真の客体的な普遍性が成立するという構造に、ヘーゲルは思考の第一の歴史的形態化と、宗教の「確固たる地盤、基礎をなす神の真なる規定」（V4.1, 1824, S.209）を見て取るのである。

たしかにそれは、精神の自由の形態化である。しかし皇帝の自己意識は偶然的、経験的なものであり、宗教的なもののはじまりにすぎない。この点にヘーゲルは「中国のフォー（佛）の宗教（Religion des Fo in China）」（V4.1, 1824, S.211）との共通性を主張する。「フォー」とはまた「ブッダ」と呼ばれている、我々は「ラマ教」（ebd.）という名前でよく知っている、とヘーゲルは注解する。ヘーゲルによれば、「フォーの宗教」と「ラマ教」とは違いもあり、後者では「北チベットのダライ・ラマ」、「南チベットのラマ」、「ロシアモンゴルの裏、シベリアのラマ」が生きた人間として存在しているのに対し、「フォー」はすでに死んだ人間である。いずれにせよ、これらの人間崇拝の諸類型にとって、中国こそ本来的な土地であるから、漢王朝において中国がその宗教を受け入れたのは「必然的歴史的進行」（V4.1, 1824, S.214）であった、とヘーゲルは述べる。よく見れば、「形態への無関心」（V4.1, 1824, S.213）が中心教説としての「輪廻転生の教義」（V4.1, 1824, S.214）に現れている。その原理は「無」であり、瞑想による無との一体化がその理想である。ヘーゲルによれば、ここでもまた、人間が諸形態に対して持つ力が主要な規定となって現れているために、たしかに宗教ではあるがいまだ呪術的である。「輪廻は精神が自己のうちにあることの表象に基づいているが、精神は変化を超えて高まり、そこに呪術が結びついている」（V4.1, 1824, S.217）。

このように、一八二四年講義では仏教の、呪術との結びつき、および中国との結びつきが強調されている。

また、「ビルマ王国、インド、セイロン」において広がっている「ガウタマ（Gautama）」（ebd.）崇拝は、その地理的な位置関係もあり、中国とインドを媒介するものとして位置づけられる。

（2）実体的自我の宗教史的生成　一八二七年講義

それに対して一八二七年講義では、「自然宗教の諸形式」として「（a）呪術の宗教」、およびそこに含まれる「中華帝国の国家宗教」が仏教とは区別される。さらに、ここでは仏教に対して、先には中国の皇帝に認められていたはずの規定が用いられ、「（b）自己のうちにあることの宗教」という表題が与えられるのである。さらに、中国宗教論では、皇帝崇拝を支える「天」の宗教、および「道教」が新たに論じられるようになる。中国の宗教はなお呪術的な性格を残しており、ここでは「発達した呪術宗教」（V4.1, 1827, S.445）と呼ばれる。ヘーゲルがここで新たに注目するのは「天、ティエン（Himmel, Tian）」（V4.1, 1827, S.446）の概念である。天は自然の力でありながら道徳的な諸規定と結びついており、西洋の神（Gott）にも比較されうる客体性を備えている。しかしヘーゲルは、中国の宗教がすでに「自然宗教」の枠組みを抜けている、という理解に対しては、慎重になるよう促している。キリスト教の修道会派間で起こった論争を参照しながら、ヘーゲルは「ティエン」がなお、地上の皇帝に依存する空虚な実体であると主張し、一八二四年と同様に、ここでもシャーマニズムの残存を指摘している。「皇帝は中国人の可視的世界に対する主人であり、同様に不可視的なシェン（神、Shen）に対する主人でもある」（V4.1, 1827, S.452）。「皇帝のみが天の命を知るということ、彼のみが天と結びついており、その支配が可視的なものと不可視的なものに及んでいるということは、自然宗教の形式である」（V4.1, 1827, S.453）。

ヘーゲルはここで、天の宗教とは別の要素であり、自然宗教の第二の形式として、「ダオの信仰（Glaube des

Dao)」（ebd.）を議論に導入する。「ダオ」とは「道一般であり、精神の正しき道、理性」（ebd.）である。ヘーゲルによれば、それは中国に見られる反皇帝的原理である。国家原理との結びつきの強い道徳（宗教ではない）としての「儒教」との対比においても特徴づけられ、社会からの隔絶し、自己自身へと専心することを目指す流派である道教には、「意識の自己自身への回帰」（V4.1, 1827, S.454）が見られる。そこには後の宗教にも出現するいくつかの規定がすでに表現されている。とくに「三（三宝）」の規定、すなわち陰陽の明暗原理における「精、気、神（J. Chi. Wei.）」[11]（V4.1, 1827, S.455）は、人類によるはじめての「思考」に対する試みであると位置づけられる。

> したがって我々はこの必然性を、三一性（Dreieinigkeit）のこの形式において思考するということへの人間のはじめての試みとみなす。神において三つの規定が認識されないのなら、神とは空虚な言葉である。思考のはじまりにおいてすぐにあるのは、思考のもっとも単純で抽象的な諸規定である。絶対的な力があるということから、普遍的なものへと引き出されることで、思考は始まる。これはとにかく根源的にまったく空虚で抽象的である。（V4.1, 1827, S.456）

思考の開始はいまだ具体的なものではなく、抽象的なものにすぎないが、ここには、ある人類の新たな段階が認められるべきである、とヘーゲルは評価するのである。しかしながら、宗教史に対するヘーゲルの視線が、表面的な共通性ではなくむしろ、観念と主体の強度の差として捉えられる諸宗教の差異に注がれている、ということはすでに確認したとおりである。キリスト教における三位一体の神とは異なり、「精神的なものはいわばダオそのものにではなく、徹底的になお直接的な人間に入る。というのも老師はシェンでもあり、あるいはブッダとして現象するからである」（ebd.）とヘーゲルは述べる。この点で道教もまた呪術的原理をなお保有している。すなわち、道もまた天と同様の抽象であり、「現実存在する人間においてようやく現実性を持つ抽象的な基礎」（V4.1, 1827, S.456f.）にすぎない。したがって、ここから絶対的な力は自己に留まることなく、個人とは疎遠で外面的な諸々の事柄が場を占めることになる。内在的な理性を欠いた外面的なものへの依拠には、「永遠の恐怖と不安」が伴う。中国の宗教には、それを解消する術が、同じく外面的な操作である占いなどにのみ認められているということから、「中国人は世界でもっとも迷信深い民族である」（V4.1, 1827, S.458）という結論がなされる。

このように、一八二七年講義の中国宗教論では、新たに「天」の表象と「ダオの宗教」が考察に加えられ、その展開がより細分化されて考察されるようになった。人類史における思考の初発形態は、いまや仏教ではなく、道教に認められる。その結果、仏教はさらなる形態の進展のもとで考察されることになる。抽象的直接的な人格性を帰結する「自己のうちへ行くこと」としての「道」の原理に対し、「より規定され、より強度が高く、自己のうちにあること（das bestimmtere, intensivere Insichsein）」を根本とする、人格が持つ「世界に対する絶対的な力」を表現する宗教こそ、「フォーの宗教――すなわちインドのブッダ」（V4.1, 1827, S.459）である。

絶対者はいまや抽象的な「天」ではなく、この「自己のうちにあること」であるが、やはり個別的意識が絶対的な力であるとされる点に呪術との共通性格が認められる。同時に、その意識が個人的な欲望を超えて安らぎのもとにあるということを理想として提示している点で、力の行使が個人の恣意へと傾くシャーマンや皇帝のあり方とは異なったものとなっている。

そこでの最高のものとは、したがって「無、無であること」（V4.1, 1827, S.461）である。「統一と純粋の状態」（V4.1, 1827, S.464）としての「ニルヴァーナ」は、ブッダになることとして、空虚な神との合一を理想として提示する。「神は空虚であり、この空虚が神である」（ebd.）。ヘーゲルはこの抽象化の契機を「宗教的表象のある特定の、必然的段階」(V4.1. 1827. S.465) であるとみなす。つまり、あらゆる規定を消失させること、純粋なる無である絶対者と合一する、という理想は、実践から離れた理論的契機の出現を、宗教的表象の次元で物語っている、とされるのである。人類史における理論的契機の表象的出現、それがここで仏教に与えられた宗教史的意味である。

「輪廻」の教義もまた、「道教」の信奉者たちが追い求めていた、理想に留まっている不死の観念よりも、高次のものを示しているとされる。「不死性の観念はとにかく、人間が思考しつつ、自らの自由のうちで自己自身のもとにある (in seiner Freiheit bei sich selbst) ということに存している。そうして人間は端的に独立している。他者がその自由に押し入ってくることはできない。彼はただ自己自身にのみ関係するのであり、他者がそこで妥当することはできない」(V4.1. 1827. S.465)。不死性は追求されるものではなく、すでに前提されている。

このように、自由なものとして永遠に連続する「自我」という観念が、ここにもたらされているのである。

こうした諸点を鑑みるならば、仏教の出現は、宗教史上において他に還元できない画期を示すものである。「自己のうちにあることは本質的な段階である。そこでは直接的経験的個別性から、本質の、本質性の規定への進展、あるいは実体についての、世界を支配し、すべてを理性的な連関に従って生成させ、生起させるというある実体的な力についての表象、意識への進展がある」(V4.1. 1827. S.467)。「自己のうちにあること」が「本質」の段階である、ということでヘーゲルは「存在」から「本質」への論理学的移行を、その実現として、宗教史のこの段階において見るわけである。存在と本質という規定は、一八二一年では、オリエントの宗教とオクシデントの宗教を区別する論理学的図式であった。それが現象探求に先立つ前提的抽象から導かれたものであったのとは対照的に、儒教と仏教のあいだに見いだされる区別は、むしろそれらの宗教へと実際に赴くことで発見された規定であると言える。

一八二四年講義で叙述されるのは、「自己のうちに行くこと」（道教）から「自己のうちにあること」（仏教）へのこの移行における「内化・想起」のプロセスである。その過程は直観の取りまとめから、それらを内面化し、「私」という印である観念性を付与することで、像として確保する。それらの保存がなされる場として、生成したばかりである自己意識は、暗い竪穴と表現される無意識の場であった（本書第一部第一章参照）。ここでは仏教的な自我について、「この実体的力について我々はただ、それが無意識的に作用するものであるということしか知らない」（ebd.）とされるように、精神哲学における「内化・想起」の議論が重ね合わされるのである。ここでヘーゲルの記述する東洋の諸宗教は、精神哲学的諸規定を実現化する文化的形態として理解される。

しかしそれと同時にここでは、他の哲学的諸分野には求めることのできない、宗教史研究独自の視点も示されている。たしかに「汎神論の立場」（V4.1, 1827, S.469）という規定が、直接性の宗教としての東洋の諸宗教を特徴づけている。しかし日没のように自己に沈む西洋と、太陽の光に個の消失する東洋という類型論をもとに、(12) スピノザに代表される哲学的汎神論と、非哲学的な宗教的汎神論とが明確に区別されるのである。「スピノザ哲学の究極であるこの抽象的実体、ただ思考に対してのみある思考されたこの実体は、民族宗教の内容、具体的精神の信仰ではありえない。具体的精神はこの欠如を埋めるが、この欠如とは、主体性、すなわち精神性が欠けているということなのである」（V4.1, 1827, S.471）。先にも見たように、「自然宗教」における直接性の立場は、純粋に論理的なもの、あるいは純粋に自然的なものではもはやなく、直接的な仕方での精神性のあり方を指している。ここでは、それが直接的なこの人間に現成しており、普遍的実体性が現実的形態において見いだされる、ということが重要なのである。

（3）主体性の初発形態

以上において本節では、一八二四年講義と一八二七年講義における東アジアの宗教論を確認した。明らかなのは、仏教に見られる自我としての絶対者という表象の出現が、後年においてより大きく見積もられていることである。一八二七年の中国宗教論では、天の概念と、道教についての考察が新たに加えられた。道教の「自己のうちへと行くこと」は、自我なき中国の国家宗教と、仏教における「自己のもとにあること」としての自我とを連結させる、自我生成の契機である。この追加により、主体性の発生とその強度的展開という「宗教史の哲学」のテーマが、歴史的諸形態の論述においてより具体化するのである。一八三一年講義の簡潔な記述もまた、まったく新しい構成を取りつつ、狙いはその路線上にあると言える。ここでは、もはや仏教は中国の宗教の展開とみられるのではなく、むしろインドの宗教を批判的に展開した宗教形態として位置づけられている[13]。「フォーの本来的な宗教は中国において住処をえる」（V4.1. 1824. S.214）とされていた一八二四年講義と並べるならば、「これらの宗教〔仏教とラマ教〕はインドの宗教と非常に近しい関係にある」（V4.1. 1831. S.623）という認識に基づいて組み立てられた一八三一年講義は、もはや完全な別物である。しかもヘーゲルはここで、ラマ教の次の段階として仏教を据えている。ラマのような生者ではなく、「死せる教師」としてのブッダへの信仰は、インドにおけるヴィシュヌ信仰とも共通しつつ、エジプトのオシリス、さらにはキリストの形態を予示するからである。

このように、一八三一年講義の編成と諸宗教に対する解釈はまったく新しい様相を呈している。しかしだからといって、宗教史に対するヘーゲルの哲学的関心が縮小し、歴史学的な類型論へと変化したとするのは早計であろう。ここでもなお、例えばラマ教から仏教へ、という系列を設定するヘーゲルの目に映っているのは、一八二七年講義と同様、まさに神表象の客体性と、それと相関する信仰主体の自由が備えている強度の展開だからである。ヘーゲル「宗教史の哲学」において見られるべきなのは、記述の完成度、歴史学的な正確さではなく、ヘーゲルの記述をそのつど導いている方向性である。その点から東アジア宗教論を読むならば、一八二七年講義と一八三一年講義の差よりも、一八二四年講義と、仏教に宗教的自我の決定的な成立を見いだす一八二七年講義との差のほうがはるかに大きい、と言えよう。

ヘーゲルの設定する宗教史の出発点は、「直接性の宗教」ないし「自然宗教」としての「呪術の宗教」に求められた。そこでは、自然的なものからの、人間的なもの、宗教的なものの発生が確認された。そこから東アジアの諸宗教への発展過程において、精神的なものは自我というかたちをとって結実した。「自然宗教」と規定される諸宗教に対するヘーゲルの評価は二重のものであった。すなわち一方で、自然的なものから精神的なものが生成することに着目し、それに対する肯定的な評価がなされる。他方で、その形態はまだ初発の段階にあるので、他の諸宗教における類似の契機と混同してはならないという警句がたびたび発せられるのである。ここには宗教史へと向かうヘーゲルの姿勢がはっきりと示されている。すなわち、本章で確認した表現を用いれば、それは諸宗教が持つ主体性の「起源」ではなく、「自由」の度合いの「発展」に着目する視点である。

その視点に基づく作業は単に、論理学的思考諸規定の概念的発展を、歴史的現実において再現することではない。「主体性の強度」への視点は、むしろ同時に、精神哲学的な主観的諸能力の、文化的実在における出現を確認する、ということでもある。我々は一八二七年講義において、道教と仏教の関係性を整理する際に、ヘーゲルが論理学における存在から本質への移行のみならず、精神哲学における「内化・想起」の理論までをも、これらの現象から分析する様子を読み取っていた。

しかしこうしたヘーゲルの記述には、ひとつの問題があるように思われる。自我の初発形態が東アジアの諸宗教に認められ、そこからの展開が見られるべきだとしても、史実的な連続性の確証がない、他の諸文化における自我の存在は、どのように説明されるのだろうか。自我と並んですでに問題となっていたのは、道教に現れ、インド、エジプト、キリスト教に出現する「三一性」の表象である。様々な宗教文化において確認されるこの表象について、ヘーゲルは、表面的な共通性に惑わされないように、と注意を求めている。すなわち「主体性の強度」をそこに読み取るべきだ、と言うのである。しかしそれは結局、特殊文化において生成する諸々の主体を、ある尺度のもとで一元化するものではないだろうか。これらの疑念に答えるために、我々はヘーゲルによる宗教史記述をさらに追跡しつつ、ヘーゲル的文化理解の範疇を問い尋ねる必要がある。

注

（1）権左武志氏の指摘によれば、ヘーゲルは一八二二年冬学期前後に入手可能な宗教史の資料と取り組み、その結果一八二四年度以降の言及が飛躍的に増大したと見る。「ヘーゲルはキリスト教に視野を限定することなく、オリエント、ギリシア、ローマを始めとする様々な古代異教を広汎に取り扱っているが、こうした宗教史の記述こそ、それ以前の時期と比べるとき、ヘーゲルのもっとも大きな思想的展開が示される個所なのである」（権左 二〇一〇、一九ページ）。

（2）この点に関する共同研究が、「ヘーゲルとオリエント」（平成二一～二三年度科学研究費補助金 基盤研究（B）研究課題「ヘーゲル世界史哲学にオリエント世界像を結ばせた文化接触資料とその世界像の反歴史性」）である。この試みは、主要資料を宗教哲学とするものではないが、世界史の哲学に関する新版講義録を利用し、さらにヘーゲルの直接利用した資料源泉を掘り起こすことによって、「オリエント」言説を取り巻く当時のコンテクストに迫るものである。その成果をもとに、研究代表者である神山伸弘は、オリエント世界へのヘーゲルの沈潜が、覇権的な「世界史的民族」との主奴関係ではなく、むしろ文化的な相互承認関係を支持するものであったことを結論づけている（神山 二〇一二a、および神山 二〇一二b、八ページ参照）。

（3）初回講義である一八二一年草稿では、後に見られる詳細な分類はなく、概念的な体系化が目立っている。まず、東洋的汎神論が「A．直接的宗教」の表題のもとで論じられ、続いて「B．崇高と美の宗教」でユダヤとギリシアの宗教が、さらに続いてC章ではローマの宗教が主題化されるのであるが、そこには「C．さしあたりの、すなわち我欲、エゴイズムの合目的性の宗教」と、「C．合目的性の、あるいは悟性の宗教」と二つの表題が与えられている。これらの三分類はそれぞれ「存在の宗教」、「本質の宗教」、「概念の宗教」の論理学的図式に対応する。イェシュケも指摘しているように、この区分は草稿にのみ見いだされる（Jaeschke 1994, S.XXIV）。論理学との厳密な一致を図るこの区分は、それ以後の講義では放棄される。したがってこの区分は、一八二一年講義特有の抽象性を物語る典型例である、と言えよう。

一八二四年ではこの三部構成が撤回され、「A．直接的宗教、すなわち自然の宗教、自然宗教」と「B．精神的個体性の諸宗教」の二つに大別される。ローマの宗教は後者に組み込まれる。

一八二七年ではふたたび三章構成が復活し、「A．直接的宗教すなわち自然宗教」として原始宗教とオリエントの宗教がまとめられ、他は「B．美と崇高の宗教。ギリシア人とユダヤ人の宗教」、「C．合目的性の宗教。ローマ人の宗教」として整理される。

一八三一年のシュトラウス手稿では構成が例外的に複雑化し、「導入」、「第一章。自然宗教」、「第二章。宗教的意識の自己内分裂」、「第三章。自由の宗教」とされ、それぞれの枠組みに含まれる宗教の種類が他の講義とまったく異なっており、歴史的脈絡をつけるよりも、地理誌的な分類に留まった観を呈している。

（4）ドュプレは、絶えざる編成と解釈の変化を未完成の証として否定的に捉えるのではなく、むしろそれを「各宗教の内容についての経験的な探求へのヘーゲルの関心」（Dupré 1992, p.92）として理解すべきである、と述べている。

（5）しかし問題視されうるとすれば、この引用部に明確に示されているように、神と人との相関が、そのまま人間形成の基準として用いられてしまうことだろう。真の神概念を持つ主観が真に自由な人間である、とヘーゲルは言う。同様のことが改めて「意識」の問題として、一八三一年では次のように言及される。「宗教は自身の現実性を意識において持つ。真の宗教においてはじめて、意識が宗教の概念と適合する。より低次の諸宗教においてもたしかに宗教の概念は現存しているが、それはただようやく自体的であるにすぎない――その概念が真理においてなんであるかということは、まだ意識において現存していない。それゆえこれらは自体的には宗教の概念を持っているとしても、非真の宗教である。というのもこの際に重要なのは、まったくもって意識だからであり、例えばアフリカ人にとっては人間が自体的に自由であるということはなんの役に立たないというのも、そのことについて意識されていないからなのである」（V4.1, 1831, S.611）。ここにも、キリスト教を中心とした宗教観、および人間の完成はただ、キリスト教化した国家社会であるゲルマン近代にのみ見られうる、という主張が明らかに顔を覗かせている。しかしここで、探求を中断し、自民族中心主義を帰結するヘーゲル哲学全体を断罪するだけでは、それが備えているはずの射程を正確に捉えることはできない。我々はあえてさらにヘーゲルの議論を追求し、その哲学的意義を問うてみることにしたい。

（6）宗教史的事実に対する嫌悪感のようなものはバウアー版編集で読み取ることはできないが、年代別編集の一八二一年講義草稿にはその否定的側面がはっきりと現れている。まずはバウアー版の記述を見てみよう。

宗教概念の本質的諸契機は精神がただ現実存在したところのあらゆる段階に現象し、出現する。概念の真の形式との区別が生じるのはただ、それらがまだ概念の総体性において措定されていないということによるのみなのである。規定された諸宗教はたしかに我々の宗教ではないが、たとえ従属的なものであったとしても、絶対的真理にとって欠くことのならない本質的な諸契機として、我々の宗教において保持されている。したがって我々はそれらの諸宗教においてよそよそしいものではなく、我々のものとかかわっているのであり、そうであるという認識は真の宗教と偽の宗教との和解である。こうして発展の低次の諸段階に宗教概念の諸契機がなお予感として、偶然に成育した自然の花や形成物のようなものとして現象する。しかしこれらの段階を貫く規定は、どの段階にも欠けることのならない概念そのものの規定なのである。例えば人間化の思想などはあらゆる宗教に行き渡っている。精神の他の領域においても、そのような普遍的諸概念は妥当している。（V3, S.105Fuß）

それに対して一八二一年草稿では以下のように述べられていた。

規定された諸宗教においては、これらの諸規定も現れはするが、自然の花や形成物のように、偶然に成育したものとして、来し方行く末も知られることがない。つまり諸々の予感、形象、表象として現象するのみである。〔それらは〕直接的な仕方であって、それらの規定が真理であり、権利であるという反省ではまだない。それが直観——擬人的、東洋的受肉——であれ、形象——ギリシア的——であれ、考えられた、現実的なもの——キリスト教的なもの——であり、ここで現在的で、一般的に現実的であれ。（V3, 1821, S.106）

（7）論述の区分は「（a）〔形而上学的概念〕」（この表題は編集者によって付け加えられた）、「（b）具体的表象」、「（c）自己意識の側面、主体性、祭儀」の順に第一部の「宗教の概念」の枠組みにしたがって展開される。すなわちまず「存在」としての神概念が示され、それに対して与えられる表象は「自然物」としての「太陽」、「動物」、「人間」などである（V4.1, 1821, S.13）。「暗い表象」に対して「光の王国における、善における生」（V4.1, 1821, S.17）である「祭儀」は、ここではただ「寿ぐこと、誉め讃えること、光における生の明瞭な意識、完成における生」でしかないような、直接的生活にほかならない。宗教的生と日常的生が混在するなかで、多くの儀式や迷信が支配的となる。

このように、一八二一年講義のオリエント論には宗教史として見るべきものがあまりない。ここでは、後の講義では使用されなくなる「存在の宗教」という枠組みが先行しているため、オリエントの諸宗教の差異が分析され系統化されるのではなく、むしろそれらを包括する中心的な特徴を描き出そうとする意図が強く反映したものとなっている。

(8)　一八二四年講義「A．直接的宗教、すなわち自然的宗教、自然宗教」の論述は、概念、表象、祭儀という三項構成をとっておらず、「(a)形而上学的概念」と「(b)神の表象」にまとめられる。つまり歴史的に現象し、表象化される諸宗教を取りまとめる概念の記述と、諸宗教の展開そのものの記述が、二段組で構成されている。「(b)神の表象」節ではオリエントの諸宗教が扱われるが、ここでは該当する四つの宗教類型が、「(α)呪術の宗教」、「(β)空想の宗教」、「(γ)善の宗教、光の宗教」、「(δ)自然宗教から精神的宗教への移行」すなわち「謎の宗教」として扱われる。この四つの段階はそれぞれ、原始宗教と中国の宗教、インドの宗教、ペルシアの宗教、エジプトの宗教に該当する。

一八二七年講義「A．直接的宗教すなわち自然宗教」でも、諸宗教の配列の点では一八二四年とほぼ同様の順序を採用している。しかしここでは、「諸々の自然宗教の形式」という前書きを加えながら、一八二四年に見られた概念と表象、本質的特徴と歴史的諸形態を分ける論述区分が存在せず、表立つ記述はもっぱら後者の叙述に絞り込まれている。このことから、あくまで諸形態において規定を分析しようとする「宗教史の哲学」がここ一八二七年講義で明確にかたちをとったと言えよう。それに伴うかのように、宗教史の叙述もさらに充実したものとなっている。まずは「(a)呪術の宗教」と、そこに含まれる「中華帝国の国家宗教」が皮切りとなる。この点は一八二四年と同様だが、ここでは中国の宗教と「(b)自己のうちへ行くことの宗教」としての仏教あるいはラマ教が新たに区別され、続く「(c)インドの宗教」の先行する段階として位置づけられる。その後「自然宗教」から「精神的宗教」への「(d)移行の諸宗教」として、「(α)光の宗教」としてのペルシアの宗教と「(β)エジプトの宗教」が論じられる。

(9)　ヘーゲルの没年である一八三一年講義では、まったく新しい構成が姿を現す。「第一章．自然的宗教」において論じられるのは「呪術」の段階であり、続く「第二章．宗教的意識の自己内分裂」で取り上げられるオリエントの諸宗教とは明確に区別される。この第二章では、「1．有限なものから無限なものへの意識の高まり」および「2．実体と偶有の関係」として宗教的意識がもたらす分裂について述べられ、その諸形態として「I．中国の宗教」、「II．インドの宗教」、「III．仏教とラマ教」が扱われる。ここでも大きな変化は仏教の取り扱いに現れている。一八二七年ではこの「仏教とラマ教」は「中国の宗教」との連続において把握されていたが、一八三一年のここでは「インドの宗教」をさらに批判的に展開した形態として、より史実的情報に近づける考察となっている。この変更はオリエント宗教論のなかでもっとも顕著なものなので、後に検討することにしたい。

一八三一年における変化はそれだけではない。第二部の最後である「第三章。自由の宗教」では、「I．善の宗教」としての「1．ペルシアの宗教」と「2．ユダヤの宗教」、新たに加えられた「II．苦痛の宗教」としてのフェニキアの宗教と「III．エジプトの宗教」が、「A．移行の諸形式」としてではあるが、「B．ギリシアの宗教」および「C．ローマの宗教」と同じ枠組みで整理されていく。しかもこれらを包括する「自由の宗教」という呼称は一八二四年講義ではキリスト教に対して用いられていたものでもある（V5, 1824, S.106）。

（10）Objektivität（Objektivierung）を、本書では文脈に従って「客体性（客体化）」と「客観性（客観化）」と訳しわけている。前者は、呪術の段階における対象化のように、観念として現前する以前の「力」としての実践的な措定を、後者は表象化、観念化に当たる理論的な措定を指す。しかし宗教史の場面では、それらの厳密な区別を行うことも困難であるため、概ねのところ、それらの理論的実践的の区別なく、広く「客体性（客体化）」とした。この文脈でそれと対応するSubjektivitätは「主体性」と訳す。

（11）講義録撰集注釈は情報元としてAdel-Rémusat: *Mémoires sur la vie et les opinions de Lao-Tseu* を指示している（V4.2, S.756）。

（12）「東洋的意識においては主要な規定が、普遍的なものは真に自立的なものである、ということであるのに対し、西洋的意識においては諸事物や人々の個別性が我々にとってふさわしい。そう、西洋的表象は、有限なもの、個々の諸事物が自立的である、すなわち絶対である、と主張するまでに至りうる」（V4.1, 1827, S.479）。

（13）まず目を引くのが、呪術の段階とオリエントの諸宗教が、それぞれ「第一章。自然的宗教。」と「第二章。宗教的意識の自己内分裂。」という表題のもとに割り振られ、章立てにおいて区別されていることである。この「第二章」では、「I．中国の宗教。」、「II．インドの宗教。」、「III．仏教とラマ教。」が論じられる。

第二章　「起源への思考」に対する批判と文化理解のカテゴリー

前章の検討において残されたのは、ヘーゲルが他の諸文化を理解する仕方の根幹に関わる問題であった。自身とは異なった文化に属する諸宗教の探求は、本質的に困難なものでありうる。牽強付会な宗教理解をしばしば非難されるヘーゲルもまた、その困難を隠すことなく吐露していた。(1) しかし、他の宗教に対して、いわば共感のもとで理解するという道は、宗教を「主体性の総体」として捉えるヘーゲルにとって閉ざされている。(2) 宗教史は「主体性の強度」の発展を表現する、とヘーゲルは主張する。しかしそれはどのように捉えられうるのだろうか。ヘーゲルによる文化理解の方法について、さらに確認する必要がある。

第一節　近代形而上学と起源への遡行

(1) 近代自然宗教論批判

前章第二節では「呪術の宗教」節を取り上げ、人間の歴史的発生に絡んだ宗教の誕生についてのヘーゲルの議論を確認した。呪術宗教は、非宗教的なものから宗教的なものの発生の段階である。したがってそれは、宗教史の検討から除外されるべきではないとしても、宗教の段階におけるもっとも低いものにすぎない。呪術の段階を含め、「宗教史の哲学」における「自然宗教」論の課題は、人類史における初発の客体性と主体性を、自然からの脱却という観点のもとで捉えることであった。それらはその後の発展を兆しつつ、もっとも精神性の低い自然的な宗教に留まっている。

したがって、ヘーゲルの自然宗教論の狙いを、近世に流布した「自然宗教」論と混同してはならない。純粋な人間性の規定である「自然状態」を人間の本来的なあり方であるとし、理性によって再構築されるそのような理想的な原初状態に本来的な宗教が見いだされるという論がそれである。ヘーゲルがもっとも低次の直接性の宗教に対し、あえて「自然宗教」という語をあてたことには、このような自然主義的見解に対する批判が含まれている。このことを本項では取り上げ、ヘーゲル「宗教史の哲学」が持つあるひとつの側面を明確にしたい。

一八二四年講義「（a）形而上学的概念」では、呪術の段階としての「自然宗教」と、近世哲学的な意味での「自然宗教」の区別が曖昧であり、表立った批判的記述とはなっていない。そこではもっぱら「自然宗教」の概念が潜在的に含むとされる「有限なものから無限なものへの移行」について言及されるのみである。

それに対して近代自然宗教論への批判的トーンを際立たせるのが、一八二七年講義である。その第二部導入部において、ヘーゲルは自らの「自然宗教」という語の使用と、啓蒙主義的宗教論におけるこの語の捉え方を区別する（V4.1, 1827, S.415ff.）。啓示宗教との対比のもとで把握される近代的自然宗教論は、万人に対して仮定された「理性の自然の光」のもとで、実定宗教において失われた直接的なものの復権を標榜する。いまだ分裂もなく、腐敗していない純なる理性によって神を知る、ということが、真の宗教のあり方である、とするのである。

しかしヘーゲルによれば、純正なる人間の起源へと向かう近代自然宗教論の理想は、人と神との距離を撤廃しようとするものである。先に見たように、ヘーゲルにとってこの関係性こそ、宗教的なものの核心であったはずである。だとすれば上の意味で仮構された自然宗教なるものは、ヘーゲルによればもはや宗教的なものではなく、単に形而上学的な、悟性的観念にすぎない（V4.1, 1827, S.416）。つまり、本来的な意味での自然宗教とは、たとえ直接的であり、自然的であったとしても、それが宗教であるかぎりにおいて、人間的なものであり、精神的なものであるがゆえに、精神の自己啓示として理解されなければならないものである、というのである。

こうしてヘーゲルは、自然宗教と啓示宗教とを対置させることに異を唱え、自然宗教を「精神的なものと自然的なものの統一、精神がまだ自然との統一にあるという規定における宗教」（ebd.）と新たに規定する。それは自然における精神的なものの萌芽であり、動物との区別における人間の誕生として理解される。しかしそれはもはや人間一般の宗教として普遍的に位置づけられるのではなく、「呪術の宗教」として、固有の歴史的形態が与えられるのである。自己と対象との一体感、自然の力への信頼と没入といった特徴の傍らで、ヘーゲルが着目するのはむしろ、そこにはすでに自然を超えた精神が生じているという事態なのである(3)。

啓蒙に由来する近世的自然宗教論が、啓示宗教、実定宗教と自らの立場を切り離し、「普遍的理性」の仮定のもとでその境地を設定する場合、精神と自然の区別は抹消されてしまっている。しかしヘーゲルのように、宗教をあくまで人間的なもの、精神的なものと捉えるのなら、それが宗教的なものであるかぎり、自然との線引きがなされなければならない。ヘーゲルが自然宗教という語を用いて原始的な呪術の段階を語るのは、いかにそれが自然的であっても、そこに精神的なものを看取し、「高次」とされる啓示宗教との連続性を把握するためなのである。「宗教史の哲学」は、現象を取捨選択しつつ、宗教のあるべき姿を説く形而上学ではありえない。むしろどのような現象であっても、精神が発する精神への「呼びかけ」を聞き届けるところに、その哲学が持つ賭け金は存在する。呪術的段階の「精神の証言」は微かなものであるが、だからと言ってそれを聞き逃してはならない。

しかし他方で啓示された宗教はただ精神に対して妥当しうるだけであり、精神は自己をただ精神にのみ啓示する。精神がその本質において、その真実性に従ってあるところのものは、精神を欠いたもの、理性を欠いたものに啓示されるのではなく、精神による受容が可能であるということは、受容者そのものが精神でなければならないということである。精神が精神に対して証言を与えなければならない、ということは宗教の場面で常に述べられることである。すべての宗教は、精神が証言を与えなければならないという意味においてその本性を持っており、すなわち自らの概念に即した形で、精神に呼びかけているものなのである。(V4.1, 1827, S.416)

宗教史を「精神の証言」の変遷の過程として引き受けること。それは複数の宗教を宗教哲学の対象として受け入れることであるとともに、宗教史において展開されてきた諸観念とその変奏を哲学的思考に導き入れることを意味している。「精神の証言」概念が持つ理論的射程のすべてをここで明らかにすることはできない。いまはただ、一八二七年の諸宗教の探求が、宗教史は精神自身の自己証言であるという言明によって、精神哲学的に基礎づけられているということの再確認とともに、近世自然宗教論に見られるような、媒介否定的な宗教把握に対するヘーゲルの批判的立ち位置を明確化することにとどめたい。

(2) 楽園表象の分析

ヘーゲルの指摘によれば、近代自然宗教論の問題点は、「自然状態」の理想を設定することで、宗教史の媒介を排除してしまうことにある。啓蒙主義的理神論に対するヘーゲル的批判の観点は、媒介排除的な直接性への飛躍へと向けられているという点で、本書第一部で見た「直接知の立場」に対する批判とも通底している。ヘーゲルの診断によれば、理神論的自然宗教論と感情宗教論は、一見して対極にあるように見えながら、媒介に対する敵視という点で共通した根を持っているのである。

宗教の事柄をその「発展」と「形態化」の相において把握するヘーゲルの理解は、直接性に依拠する探求態度とは反対に位置づけられる。歴史的諸宗教として形態化した諸契機の関係を探り、そこから哲学的思索を開始しようとするヘーゲル「宗教史の哲学」は、なんらかの個別的な契機を究極的なものとして特権化し、それを「根源」ないし「起源」として理念化する思考一般に対して異なったスタンスを提供しているのである。たしかに、歴史的に把握された呪術宗教としての自然宗教は、人と神の関係性からなる宗教史の起点であり、言うなれば人間一般の生誕地である。そこでは対象との距離化、意識化がはじめて生じ、自然から精神へ、動物から人間への移行が果たされる。しかし、このように位置づけられているからといって、精神の「起源」の発見にヘーゲル「宗教史の哲学」の力点があるわけではないのである。

この点に関し、ここではさらに、ヘーゲルによる自然宗教概念の鋳直しに込められたもうひとつの批判的観点、すなわちロマン主義的な起源宗教論への批判について確認しつつ、それをもってヘーゲル「宗教史の哲学」の持つ戦略的な意図と狙いを明確にすることにしたい。

近代自然宗教論批判に続く一八二七年講義第二部「A．直接的宗教あるいは自然宗教」の導入部で、ヘーゲルは最古の宗教がもっとも真なるものであり、そこから時代を経るごとにそれは腐敗し没落していく、とするイメージについて取り上げる（V4.1. 1827. S.419ff.）。この表象は、原初の統一状態、根源的な純粋さなるものを理想化する。自然の直接的状態を根源的なものとして捉える点で、この表象は先に見た啓蒙主義的宗教論の人間理解と結びつくが、その理想の所在は現在において理性的に再構築されるものではなく、過去あるいは異文化へと移し替えられている。現在において純粋な根源状態を求める活動が実を結ばないとすれば、それはすでに失われているからだ、というのである。こうして「根源へ」というモットーは歴史化され、人間の文化的諸現象や現在的な学問認識についての歴史的起源を求める活動となる。

ヘーゲルによれば、人間一般という形而上学的な根源の仮定も、理想化された歴史的起源への探求も、根源的な無垢なる純粋さへの信頼に基づいているという点で共通の根をもつ。「起源への思考」は、展開のなかにある諸契機を捨象する。そこで捨てられているものは歴史的諸文化の差異であるとともに、ヘーゲルの喝破するところでは、人間の人間たる意識の原理、人と神との距離なのである。彼はこのことを「楽園とその喪失」という、ほかならぬ宗教表象の分析を通して語ることで、宗教の事柄を関係性の思考へと引き寄せようとするのである。

原初的な自然状態という楽園神話は様々な民族において古来より語られてきた。例えばギリシア人における「黄金時代」、あるいはローマ人における「サトゥルヌスの時代」が挙げられるだろう。しかしそれらの神話は同時にそうした原初的状態からの人間の必然的脱落を捉えてきた。ユダヤの聖書における堕罪の物語と原罪の観念がその典型である。ヘーゲルは自然状態そのものではなく、むしろそこからのこの離脱を人間の持つ積極的な契機として解釈する。善悪を知り、罪を引き受ける能力を持つことが人間の状態である。それに対して、「無垢の状態はしかし、人間に対して善も悪もない、ということに存している。それは動物の状態である。楽園（パラディソス）は本来的にようやく動物園であるにすぎない。それは責任を問うことのできない状態である」（V4.1, 1827, S.423f.）。宗教的諸表象は、楽園という起源そのものではなく、そこからの離脱を物語る。起源を求める思考は太古の神話へと赴くが、皮肉なことに、その神話が語っているのは、起源からの離脱であり、起源がすでに失われているという事態なのである。起源喪失を人間固有の事柄として把握する「宗教史の哲学」が主題化するのは、まさにこの起源からの距離化、神と人との遠ざかりの運動、思考カテゴリーと信仰形態の絡み合いを、宗教に独自の力学として、文化的諸類型において確認することである。ヘーゲルはそうした見解の正当性をここでは神話そのものに語らせているのである。

ヘーゲルのプレゼンテーションによれば、そうした知的努力の対極に位置するのが、「起源への思考」の諸類型であり、その典型としての「直接知」である。本書で見てきたように、「直接知の立場」との対決は、ベルリン期ヘーゲルの思索を特徴づける主要な要素であり、それに対抗するヘーゲルの戦略は「追考」の理論にかけられていた。この箇所でもまた次のように述べられる。「自然の諸法則などはただ追考によってのみ発見されるのであり、もっとも後の追考がはじめて、それらが理念と一致しているということを知るに至るのである。このことはまったく直接知とは反対のことである」(V4.1. 1827. S.427f.)。起源の直観ではなく、あくまで形態化の媒介過程に付き随うこと。それこそ、宗教史に対する「追考」としての、「宗教史の哲学」なのである。

第二節　『バガヴァッド・ギーター』を読むヘーゲル

(1)インドの「発見」　十九世紀初頭ドイツのインド研究

「直接知」的な「起源への思考」が宗教史研究の枠内に見いだされる当時の学問潮流の、ひとつの背景には、インドの言語と文化に対する関心の高まりがある。フリードリヒ・シュレーゲル[4]による「発見」を皮切りに、異文化にして故郷としてのインドに対し関心の高まった時期である。インド研究、サンスクリット語研究はヘーゲルの周囲でもにわかに盛り上がりを見せていた[5]。後世の比較宗教学を用意するこうした時代的関心のなかで、『マハーバーラタ』の一部である『バガヴァッド・ギーター』（以下『ギーター』）の翻訳と解釈をめぐり、ヘーゲルはヴィルヘルム・フォン・フンボルトと論争を行う。文化理解一般の問題へと触れる二人の論争には、狭義のインド解釈を超えて、異文化を研究するヘーゲルの姿勢そのものを明確に見て取ることができる。したがって本節では以下に、当時の議論を概観し、そこに「フンボルト書評」を位置づけて読解することで問題の所在を探りつつ、さらに宗教哲学講義における「インドの宗教」論へと考察を接続する。

『ギーター』は、インドの聖典であり神統記である『マハーバーラタ』の一節であり、十八の章から構成されている。雷神インドラの子アルジュナはあるとき同族同士の争いに直面し、自らも一方の側に立って彼の親族と戦うことを余儀なくされる。しかしまさに戦が始まろうとするとき、アルジュナは戦意を喪失し、弓を手から落とす。そこで彼の従者であったはずのクリシュナ（バガヴァッド）が、次第に最高の神格を顕わにしながら、アルジュナに対して、「クシャトリヤ」であるアルジュナ自身の本性にしたがって戦うように説く。身体的生は滅びの運命にあるが、個我は不滅である。カーラ（時間）としてのクリシュナは万物に滅びをもたらすが、その機会となって行為することこそ神の意に適うことである、と述べる。クリシュナの教えは世俗的な行為そのものを否定するものではない。むしろあらゆる行為を「祭儀」として行うこと、すなわちカルマ（欲望）に由来する、行為の結果への執着を「放擲」し、自らに運命づけられた行為へとただ専心することが、至高神であるクリシュナに帰依することとなる。これを聞いたアルジュナは、我執によって戦おうとしなかった我が身を省みて、再び弓を取る決意をなすのであった。

異教に属するこの説話は、どのようにしてヨーロッパへ受容されたのか。早くはフリードリヒ・シュレーゲルがパリ滞在時にサンスクリット語を学び、一八〇八年に『ギーター』の抜粋訳を含む『インド人の言語と叡知について』を発表している。しかし『ギーター』の全体がフンボルトやヘーゲルの手に取る「テクスト」として誕生するのは、フリードリヒの兄であるアウグスト・ヴィルヘルム・フォン・シュレーゲル（August Wilhelm von Schlegel, 1767-1845）による『ギーター』原典の批判校訂（活字化）とラテン語訳の出版を待たなければならない。その出版が一八二三年五月のことであった。フンボルトの「ギーター論」のもととなる講演の第一回目は、ベルリン・アカデミーにおいて一八二五年六月になされる。フンボルトの反応は極めて早かった。それだけ感激もひとしおであったことは理解できようが、『ギーター』のどのような側面がそこまでフンボルトを惹きつけたのであろうか。

それを知るには、A・W・シュレーゲルとの「翻訳」をめぐる論争が手がかりとなる。[6] A・W・シュレーゲルの方針は、すべての語をラテン語に直す、というものであった。もちろんサンスクリットの一語一語がラテン語にそのまま対応するわけではない。かといって文脈によって訳語を変えるなら、完全な文脈把握がなかば不可能である以上、原語の持つ意味合いは失われ、原典とはまったく別物になってしまう。しかし逆にサンスクリットをそのまま表記するというのであれば、それはもはや翻訳という仕事の放棄、理解することの放棄である。A・W・シュレーゲルと他の学者との論争的なやり取りで浮き彫りになるのは、「翻訳」という事柄の深刻な困難であった。こうした問題状況において一石を投じたのがヴィルヘルム・フォン・フンボルト（Friedrich Wilhelm Christian Karl Ferdiand Freiherr von Humboldt, 1767-1835）である。

フンボルトは一八二五年六月十七日A・W・シュレーゲル宛書簡において、またその二週間後になされたベルリン・アカデミーでの講演「『バガヴァッド・ギーター』の名で知られるマハーバーラタの一挿話について」（Humboldt 1906）において、当該の「翻訳」問題に言及し、とりわけ「ヨーガ」の訳語についての彼の見解を述べている。[7] フンボルトは「ヨーガ」という語の基本的な意味を、語源である「一つにする、結合する」を意味する動詞語根 yuj- から、「心を神性へと固く方向づけること」ないしは「他のあらゆる対象から、内面の思想からさえも引き戻り、いかなる身振りや身体的活動を可能なかぎり抑制し、ただただもっぱら神性の本質へと沈潜し、その本質と結びつこう（verbinden）と努めること」[8]として捉え、「沈潜（Vertiefung）」[9]という訳語を与える。フンボルトの訳業において特徴的なのは、ある語の様々な用例に対して、まずはその「基礎的で本質的な語義」を取り出し、他の用例をその基盤的意味の派生として捉える点にある。

フンボルトの態度は「経験主義的・文献学的」であるよりも、「本質主義的・哲学的」である。なぜなら彼は、ある語についての訳語を文脈にしたがって思いつくかぎり枚挙するというだけでは、それらを統括する普遍的な第一義にまで到達することはできない、という反省をもとに、その語のもつ思想を理論的に把握することが、「翻訳」という文献学的実践に先立たねばならない、とするからである。

こうしてフンボルトによって、翻訳の問題は「思想理解」の問題へと導かれる。では、フンボルトはいかにしてある語の第一次的な意味である思想を取り出そうというのであろうか。それにはテクストの内在的分析だけでは不十分である。むしろその背後に回りこみ、テクストの「文字」を支える「精神」を捉えることが肝要であると考え、そのためにフンボルトはインド哲学史の文脈を参照する。具体的には『ギーター』やその全体である『マハーバーラタ』を超えて、コールブルック（Henry Thomas Colebrooke, 1765-1837）によるインド哲学研究（王立アジア協会紀要掲載講義録「インド人の哲学について」）を手引きとしながら、まさしくヨーガの書である『ヨーガ・スートラ』などの哲学的な諸テクストにまで手を伸ばしたのであった。たしかに『ギーター』と『ヨーガ・スートラ』は成立時期が大きく異なっているため、現代の研究水準からするとフンボルトの『ギーター』研究の内容には問題があるとされるかもしれない。[10]とはいえ狭義の文献学に留まることなく、テクストとその歴史の全体を見回し、全体を配慮することによってその固有の「精神」を取り出しながら、ひとつひとつの語についての理解へと結びつける、というフンボルトの解釈学的方法が、誕生したばかりのインド学におけるテクスト理解一般に新たな地平をもたらしたのは事実である。

ある普遍的な精神から解釈された語なりテクストなりは、その解釈行為によって、逆にその精神を反映する鏡となる。フンボルトの究極の課題は、『ギーター』をインド精神の典型として位置づけることであった。『ギーター』はこの仕事によって、それ自体、フンボルトらの哲学と比較しうるような思考として現れてくる。フンボルトは講演のなかで、『ギーター』の基本テーマとして、ひとつには「不滅の精神と物質的身体の区別」を、もうひとつには「行為の結果に対する無関心」を挙げている。それらの示す深い叡知は、インド人とヨーロッパ人とにかかわらず、ひろく人類全体にとっての、しかも「もっとも美しいそしておそらく唯一真に哲学的な」財であるべきである、とフンボルトは確信していたのである。(11)

(2) ヘーゲルと『ギーター』

しかしながらヘーゲルが咬みついたのは、まさにフンボルトのこうした「美しい理想」であった。『学的批判年報』の創刊号（一八二七年一月号）および同年十月号に掲載されたのが、「ヴィルヘルム・フォン・フンボルトによる『バガヴァッド・ギーターという名前で知られたマハーバーラタの一挿話について』、ベルリン、一八二六年」（以下「フンボルト書評」）と題されたヘーゲルの書評であった。

「ヘーゲルとオリエント」という研究テーマに関心を持つ者に対して、しかしながらこの書評はおおむね失望を与えるものでしかなかったようである。「フンボルト書評」邦訳者の海老澤善一氏は次のように嘆く。「以下のヘーゲルの書評を読むと、彼自身が東洋世界の異質性を理解せず、ヨーロッパ近代の尺度を絶対視して、そこから「固有性」の一つひとつを断罪しているように思われる」（海老澤 二〇〇〇、一五四ページ）。つまり、「そこには異質なものあるいは他者性を理解しようとする姿勢が見られないのである」（海老澤 二〇〇〇、一五五ページ）。ヘーゲルはインドおよびそれを代表する『ギーター』の基礎的カテゴリーを「純粋存在」の「抽象性」として規定する。[12] しかし海老澤氏はそれをもって「わずかの知識と資料を自分の思想の枠組みに合うように強引に裁断しているという憾みは拭えない」（海老澤 二〇〇〇、一五六ページ）とする。

ヘーゲルがインドに対して示すのは、たしかに現代の異文化理解に不可欠なものとして求められている「寛容」でも「対話」でもない。あるいはそれは、異他的なものに対する「植民地化」的態度の典型であるとみなされるかもしれない。[13] しかしこうした一般的な否定的見解に対して、赤松明彦氏は、ドイツにおける『ギーター』受容の観点から、ヘーゲルの果たした積極的な役割を認めている。[14] 赤松氏によれば、ヘーゲルの『ギーター』読解は、多くは好意的に、あるいはほとんど無批判に受容されていた『ギーター』に対して、はじめて哲学的な対決を試みるものであった。[15] たしかに現代のインド学の水準からすれば、ヘーゲル的インド論には訂正されるべき点を多く含んでいるだろう。にもかかわらず、それは言語も教養も異なる領域に属するものとの関わりという課題について、ある新しい態度を提示するものだったのである。

我々の課題は、ヘーゲル的文化理解の範疇から「宗教史の哲学」の基本姿勢を読み取ることである。実際、「フンボルト書評」からは、インド批判とともに、いやそれ以上に、フンボルトの考え方への批判を読み取ることができる。『ギーター』を読んで人生が変わった[16]」というフンボルトの感激に比べると、ヘーゲルは驚くほど冷静である。しかし冷淡であったわけではない。以下に見るように、ヘーゲルのこの態度は、なにも共有することのない異なった教養の領域に属するテクストに対していかに関わるべきか、という問題に対する自身の明確な反省意識に基づいたものなのである。

(3)「フンボルト書評」における翻訳の論理

「フンボルト書評」は二編に分かれている。第一編から見ていこう。ヨーロッパ的な考えを無理に持ち込まず、「とりわけただ原典に、そしてインド的な考え方や表象の固有性の研究に」(GW16, S.20) 留まること、それがA・W・シュレーゲル流の現代的研究の前提である。テクストに似ている考え方が見いだせるからといって、すぐさま我々の持っている諸表象と重ね合わせてはならない。例えば戦いに臨むアルジュナを戸惑わせるのは、同族の殺し合いによって毀損される家族的な人倫の絆ではなく、実際にはカーストの秩序が乱れることである。したがって「詩人はここで一般的なインド的迷信を超えて、人倫的、真に宗教的、哲学的規定に高まることはなかった」(GW16, S.26) とヘーゲルは査定する。とはいえインド的なものがここで非難され、断罪されているわけではない。ただ、アルジュナの逡巡に、ヨーロッパ的になじみ深い個人の苦悩を読み取ることを慎重に避けているのである(17)。

アルジュナの義務は彼の属するカースト階級である「クシャトリヤ」の義務である。それが「カーストに結びつき制限されている」(GW16, S.27) ということに気づかなければ、これを道徳的な意味にとってしまう。ヘーゲルの場合、ここで「翻訳」の問題が前面に出てくる。シュレーゲルは「クシャトリヤ」を「戦士 (milites)」と訳したが、この訳語は「我々をさしあたりヨーロッパ的表象に置き入れるのみ」(ebd.) なのである。これでは、インド的なものを真に理解するには至らない。

この認識を踏まえて、続く第二編では、「翻訳」をめぐるヘーゲルの持論が展開されることになる。ヘーゲルは翻訳を異なった文化表象体系間の交通・連絡として、なかば不可能な出来事である、と考える。「我々のものとは対立して固有の感じ方や教養を持つ民族の言語表現」を、それと完全に対応する我々の言語表現を用いて再現可能であると考えるのは、事柄の本性に反している。なぜなら「我々の言語のある語」は、我々に対して「我々の特定の表象」をもたらすが、異なった言語はさらに異なった表象を備えているからである（「milites」と「クシャトリヤ」。例えばそれを我々は日本語で「侍」ないし「足軽」と訳すことができるかどうか）。もし仮に、精神の陶冶形成があらゆる民族に共通のものであると前提されているのだとすれば、フンボルトのように、ある単語に内属する意味の序列を「類」（フンボルトの言葉では「根源的普遍的概念」）とその派生としての「種」の関係において位階づけることも可能かもしれない。しかし現状としては、たとえヨーロッパが「ひとつの大家族」（A・W・シュレーゲル）であったとしても、「それらの言語の相違がやはりそのような食い違いを生み出し続けている」（GW16, S.33）というのがヘーゲルの事情認識である。とすれば、サンスクリット語的表象とドイツ語的表象のあいだのみならず、ドイツ語的表象とフランス語的表象とのあいだであっても、究極的な翻訳は不可能なのである。例えばZeitとtempusでは、「時間」という意味内容を概念として一致させていても、そこで指し示される領域は、それぞれの言語が持つネットワークに依存しているため、やはり異なっていると言わざるをえない（ebd.）。

あくまでフンボルトを気遣いながら、「沈潜（Vertiefung）」という訳語は「重要であり適切」なものであると評しつつも、ヘーゲルはやはりこの翻訳にもまた限界があるとせざるをえない。ウィルキンズによれば、「ヨーガ」とは「心が精神的な事柄へと専念すること、宗教的儀礼を遂行すること」を意味する、なにより「神学的な用語」である。とすれば、それと対応する語が「我々の言語」に見当たらないのは当然である。なぜなら、ヘーゲルによれば、「事象が我々の教養文化と宗教のうちに存在しないから」（GW16, S.34）である。

このようにして、ヘーゲルとフンボルトとの距離は翻訳論において明らかとなる。しかしそれはA・W・シュレーゲルとフンボルトのあいだで問題となった、文献学か解釈学か、を争点とするものではもはやない。ヘーゲルが持ち出すのは、言語表象という観点である。すでに完成した普遍的精神の実在を前提とし、「人類全体」という同質性の期待のもとで異文化を理解しようとする態度、それがヘーゲルの目を通したフンボルトの姿である。人類の同質性とはかつて「普遍言語」という名のもとで空想された夢ではなかったか。そのように喝破するヘーゲルはフンボルトよりも慎重である。言語の差異は「歴史の終わり」が訪れたはずの当時のヨーロッパにおいてもなお残存する差異だったのである。

フンボルト的方法では、語に蓄えられた表象は他言語に移しえない。したがって、とヘーゲルは言うのだが、翻訳には「洗練された機微と精神豊かな才能」（GW16, S.34）が必要となるという。この「機微と才能」が具体的になにを意味しているのか判然とはしないのだが、ヘーゲルによればそれを備えていたのはフンボルトよりもA・W・シュレーゲルであった。もともと、A・W・シュレーゲルの翻訳は文献学に留まっているとしてフンボルトによって批判されていた。ヘーゲルはその批判を逆転させて、翻訳は概念的な把握以前の領域に留まるべきではないかと問いを差し戻す。つまり翻訳はあくまで「諸表象の交換」として機能すべきであり、そこで働くのは「概念把握」ではなく、「表象」に関わる機微と才能にほかならない、とみなされているのである。

（4）ブラフマンの抽象性とインド的三位一体

「フンボルト書評」は単純なインド批判の論文ではなく、むしろフンボルト的な、「人類全体」という普遍的精神の前提を暗に隠し持った翻訳観、およびテクスト理解に対する反論であった。(18) ヘーゲルによれば、フンボルト的異文化理解は、文化的コンテクストの形成を解体し、表象から概念へと飛躍してしまう。それによって帰結するのが、文化的形態化の排除であるとするなら、その思考もまた、前節で見た、「起源への思考」のひとつの変奏にほかならない、ということになるのではないだろうか。

ともあれ、ヘーゲル自身は翻訳の実践において、どのように振舞うのだろうか。「ヨーガ」を「Vertiefung」と訳すことは、ヘーゲル自身が高く評価するところの、ヨーロッパの神秘主義の伝統を想起させてしまう（GW16, S.42）ので不適切である。そこで彼は区別して、「ヨーガ」に「いかなる内容もない沈潜（eine Vertiefung ohne allen Inhalt）」（GW16, S.34）という訳を与える。「ヨーガ」の目標は「ブラフマンとの合体、ブラフマンになること、神化いやむしろブラフマン化」（GW16, S.68）である。インド人は感覚的なものを切り離し、精神的な自己へと沈潜することを試みることで、究極原理である「ブラフマン」との合一を図るのだが、ヘーゲルによれば、「インド的ブラフマンの本性」とは「抽象的普遍性としての統一、すなわち規定を欠いた実体としての統一」（GW16, S.60）である。それは「抽象的存在であり、普遍的なもの、自己における主体性を欠いた実体は、したがって具体的なものではなく、すなわち精神ではない」（GW16, S.61）とされる。

「純粋存在、純粋普遍性、至高存在、最高実在」（GW16, S.62）としての「ブラフマン」が抽象的で内容を欠いているというのは、先の翻訳論に従えば、ヘーゲルがインド的表象を共有していないからではないかと疑われるかもしれない。しかしヘーゲルによればそうではなく、「ブラフマン」は明らかに「純粋存在のカテゴリー」を規定として持っているというのである。「ブラフマン」をシュレーゲルは「numen」、フンボルトは「Gott」と訳した。しかし「あれらの〔numen や Gott という〕諸表現は具体的な表象を伴っていて、ブラフマンの内的本質をなしている無規定性において考えられているのではない」（GW16, S.63）とし、自らの「ブラフマン」理解がインド文化・宗教の全体に照らしても正当なものであると主張するのである。

とはいえ、この理解は資料的にどこまで裏づけられるものなのであろうか。例えば男性名詞「ブラフマー（Brahma）」と中性名詞「ブラフマン」の区別、そしてブラフマー神、ヴィシュヌ神、シヴァ神がそれぞれ世界の創造、世界の維持、世界の破壊を繰り返す、というインド的三一神論、すなわち「トリムールティ」は、インド的原理にヘーゲルが決して認めようとしない、「人格性」の契機を示すものなのではないか。そして『ギーター』で描かれるクリシュナこそ、「ブラフマン」にして人格的個体である神なのではないだろうか。それは「ウパニシャッド哲学」に見られるような、普遍と個別の統一としての「梵我一如」の思想とは明確に区別されるのではないだろうか。

キリスト教の思想に類似したこれらの諸点は、ヘーゲルの時代から二十世紀に至るまでのヨーロッパにおける『ギーター』研究を主導してきたひとつのモチーフである（赤松 二〇〇八、一四九ページ）。ヘーゲルもまた「トリムールティ」について「インド的なものに出会う際ヨーロッパ人の注意を必ずや惹きつけてきたに違いない最高者の規定」（GW16, S.70）であると認めている。たしかにそこには、「精神の具体的規定へと至る（ピタゴラスやプラトンのトリアスのような）抽象的形式」が含まれている。しかしこの表象の仕方が粗野であるため、「そこから生まれてくるはずであった精神の概念をむしろ破壊している」（GW16, S.71）のである。この原理が「インドの表象においてはただなにか転倒したものに育ってしまっている」（ebd.）ため、ヘーゲルによれば、キリスト教的原理との比較に耐えうるものではない。

この結論はヘーゲルのキリスト教賛美によるというよりも、むしろ「わけのわからぬ殺戮行為」や、あるいはそれらの源である「カースト制」を構造的に生み出してしまっている、インドの宗教文化に対する批判に由来すると考えられる。そしてヘーゲルによれば、これらの悲劇的事態を基礎づけてしまっているのが、インドの最高原理である「ブラフマン」と、その「抽象性（涅槃、Abstraktion）」なのである。涅槃的合一の直接性は、無内容であるがゆえにいかなる内容も許容してしまう。それゆえヘーゲルは「フンボルト書評」の末尾で、さらなるインド研究の必要性とともに、その困難さの理由についてこう述べている。「なぜならそれ（インド的表象様式）が …〔中略〕… 驚嘆すべき深みそのものにおいて分かちがたくもっとも軽蔑すべきものへと頽落しているからである」（GW16, S.74）。「最高のものと最低のものとの結びつき」というこの二重性こそ、『ギーター』の「美しさ」に熱狂するインド研究者たちが目を瞑ってきたものであり、だからこそ改めてヘーゲルが注意を喚起しなければならなかったものなのである。

最後に指摘しておきたいのは、ヘーゲルがこの場面でもまた「直接知」の問題を持ち出してくることである。ヘーゲルは「ヨーガ」の成就を「外的事物についての感覚、欲求、表象すべてを放棄した、自己意識の永遠の孤独」（GW16, S.58）としての「涅槃の持続的状態」と規定するにあたって、次のように述べている。

現代風の表現に従えば、この状態の規定性は知の絶対的直接性と呼ばれうる。というのもあるもの、ある内容についての知があるところでは、ただちにまたすでに媒介があるからである。知る主体は内容を知るものであるが、それはただその主体にとって対象であるところの内容を介してのみであって、内容はただそれが知られるということを介してのみ対象なのである。しかしある内容を意識が持つのはただ、感覚や直観、もしくはなんでもよいのだが、それらによって内容が意識にとって対象となるかぎりである。というのも感覚や直観は、それが動物のものではない場合、それは人間の、すなわち意識するものの感覚であり直観だからである。――以上は単純で、単に分析的なだけの規定であるが、これらの話は、今日直接知について同じように語る人たちが、意識もせず無知でありながら、注意もせず知ろうともしないで済ませようとする事柄である。（ebd.）

インドの思想はその根底に媒介排除的な傾向を備えており、それが社会的不正義の容認へと連結する。フンボルトがそれに惹かれるのは、彼自身がそのようなインドの文化的コンテクストに、さらには同時代的な「直接知の立場」への親近性を隠し持っているからにほかならない。このように、ヘーゲルの批判は、「直接知」批判と執拗に結びつきながら、フンボルトの背後にある「起源への思考」と、最終的に無思想へと至るその問題性を暴露するのである。

（5）脱文脈化から再文脈化へ

フンボルト自身は、先に見たように、『ギーター』の「精神」を捉えるためにインド哲学史という固有の文脈を掘り出そうと試みていたわけである。しかしヘーゲルが問題として取り出したのは、その努力の背後に潜む普遍化への誘惑であった。それは歴史文化についての探究をときに後追しし、ときに正当化するものであろう。しかしヘーゲルによれば、インドとはあくまでひとつの文化的なコンテクストであって、フンボルトのように、それを「人類全体」に対する普遍的価値を持つものとただちに考えてはならない。なぜならその「グローバル化」の行為によってインドの持つ固有性は消失してしまうからである。そしてまた、そのインドの固有性というものも、それほど素晴らしいものではないのだとヘーゲルは諭す。ヘーゲルは、『ギーター』の説く理想である「行為の結果の放擲」という事柄の抽象性が、カースト構造の正当性を保証し補強していることについて、フンボルトのように無視することができないのである。ロマン主義時代の「例外」であることを甘んじて受け入れながらも、インドに対して失望することは、それゆえヘーゲルにとって必要なことであった。それは決してキリスト教的ヨーロッパを賛美するためではない。むしろここには、同質性を安易に認容することもなく、逆に多様性を無思慮に肯定することもない、異文化に対する態度が見て取られるべきなのである。

とはいえ、一見するとヘーゲルは相反することを主張しているかのようである。というのも、一方で翻訳は表象的な出来事であると主張して、他方で「純粋存在」という概念をあてはめてインド的表象を批判しているからである。この点については次のように考えることができるだろう。フンボルトの行う脱文脈的な翻訳行為は、インドからヨーロッパ的現代への、いわば「縦の翻訳」である。それに対し、ヘーゲル的「宗教史の哲学」が行う「剥ぎ取り」は、文脈を取り払うのではなく、むしろ文化の持つ時代的な「包みこみ」を捉えることで概念へと導く、いわば「横の翻訳」である、と言うことができるのではないだろうか。クリシュナとキリスト、トリムールティと三位一体の神が異なるのは、それらを取り巻く文化的コンテクストが付与する意味の差異による、と理解できる。言い換えれば、文化を飛び越える「縦の翻訳」は形態化の除去であり、したがって先に見た「起源への思考」と同根の、自己投影的な直接的方向性である。他方で「横の翻訳」とは、ただ形態化が持つ諸関係を追跡することにおいて、概念へと結晶化するその現場を求める媒介的方向性であると言えるのではないか。それは、文化が持つ概念はその文化において意味が理解されなければならない、という単純な警句と重なるものではあろう。しかしだとしても、注目されるべきなのは、その仕事が、起源を希求する思考が行う脱文脈化ではなく、その逆に、諸々の表象をコンテクストへと帰すこととしての再文脈化であるという点である[19]。

本節ではこれまで、ヘーゲル的文化理解のあり方を探るという視点のもとで、彼のフンボルト批判を検討してきた。書評での考察と、同年（一八二七年）の宗教哲学講義における議論との連関は当然予想されよう。講義ではインドの宗教には「空想（Phantasie）」という名が与えられる[20]。宗教史記述という性格から、「フンボルト書評」と比べ、宗教哲学講義ではインドの宗教に対する歴史的な位置づけの描写が目立つ。その代表がこの「空想」という規定である。それは単に否定的なものであるばかりではなく、宗教史の対象である主体性の自由という観点から積極的に捉えられてもいる。文化批評としての「フンボルト書評」で第一に強調されていたのは、特定の文化的な枠組みを飛び越えるアナクロニズムの拒否であり、「縦の翻訳」ではなく「横の翻訳」に徹底すべきことだったのに対し、宗教の歴史を記述するという企てにおいては、そのような自己投影の罠に陥ることなく、かつ固有の文化の枠を超えて諸表象の発展が記述されなければならないのである。もちろん講義独自のこの課題に際し、「フンボルト書評」で提示された知見が撤回されるわけではない。二つの観点、すなわち文化分析と宗教史記述は矛盾するものではなく、契機の文化的な凝集である形態化への追跡が、発展の記述を導くものとして捉えられるのである。

第三節　結晶化する「象徴的動物」

一八二四年と一八二七年の宗教哲学講義では、「空想の宗教」としてのインドの宗教を経たのち、「善の宗教」あるいは「光の宗教」としてのペルシアの宗教（ゾロアスター教）を介して、エジプトの宗教が、「自然宗教」としてのオリエント宗教の最終契機として論じられる。そこでは、自然なものにおいて生成した主体性が、その自然性の克服によって、「精神的宗教」としてのユダヤ、ギリシア、ローマへと展開する様子が描写される。このように、エジプト宗教論では、「西洋」と「東洋」という地理的歴史的枠組みのもとで、自然と精神の連続と非連続をめぐる精神哲学的諸問題が前面化してくるのである。

エジプト宗教論の重要性はそれだけではない。先に見た「起源としてのインド」論を含め、西洋、とりわけギリシアの宗教とキリスト教に認められる、オリエントの諸宗教との関連性をめぐる問題は、ヘーゲルの時代における主要な学問的トピックであった。ここで注目すべきなのは、諸宗教をめぐるロマン主義の展開である。とりわけこの問題にとって関連が深いのは、イェーナの「文学的ロマン主義」、ベルリンの「歴史的ロマン主義」に対し、ハイデルベルクにおいて隆盛を極めた「宗教的ロマン主義」（Ziolkowski 2009, S.3, S.12）と呼ばれる動向である。ヘーゲルは、ベルリンに移る前の二年間、ハイデルベルク大学で教鞭を執っているが、当地の学者たちとの書簡や書評を通じた交流はベルリンに移ってからも続いていたようである。なかでも決定的なのは、ロマン主義とは距離を保っていた文献学者フリードリヒ・クロイツァーの存在である。本節では、このハイデルベルク・ロマン主義、およびクロイツァーとの関連のもとで、ヘーゲルによるエジプト宗教論を考察する。

ヘーゲルによって「謎の宗教」と規定されるエジプトの宗教では、概念の明るさと対比される暗い「象徴」の契機が中心化する。ここで注目すべきなのは、象徴は人間の普遍的本質ではなく、それもまた歴史的に形態化するひとつの契機である、というヘーゲル独自の把握である。象徴表現はたしかに、ただエジプトの文化宗教においてのみ見られるものではもちろんなく、客体化の契機を持つ諸宗教のすべてに指摘できる要素である。したがってエジプトにおいてはじめて、象徴の主観的能力が歴史的に発生した、とすることは当然ながらできないはずである。ではいったい、エジプトの宗教をとりわけ「象徴の宗教」であるとし、その文化的な限定性を主張するとき、ヘーゲルの狙いはどこへと向けられているのだろうか。

(1) ゲレスとハイデルベルク・ロマン主義

「宗教的ロマン主義」あるいは「盛期ロマン主義」は、一八〇〇年代初頭、アヒム・フォン・アルニム(Achim von Arnim, 1781-1831)とクレメンス・ブレンターノ(Clemens Brentano, 1778-1842)を中心に、ドイツのハイデルベルクで花開いた文化運動である。イェーナにおける初期ロマン派の活動とは異なり、そこでのテーマは、個人の芸術的天才ではなく、神話や民話などの民族的モチーフが関心の中心を占める。とりわけアルニムとブレンターノの編集による民謡集『少年の魔法の角笛』(一八〇五―一八〇八)が代表的である。時代のナショナリズムの風潮を反映し、民衆の受け継いできた神話、民話、民謡などに真の「ゲルマン的なもの」を見いだそうとする動きは、グリム兄弟やハイネへと受け継がれていく。また、ハイデルベルク・ロマン主義の特徴として、それが大学のロマン主義としての性格を備えていたことが指摘される（Ziolkowski 2009, S.12）。ロマン主義的関心は、アカデミズムにおいて例えばフォス（Johann Heinrich Voß, 1751-1826）のような古典主義者と論争を行うなかで彫琢され、学科としての神話学、古典文献学の形態を整えていくことになる。

そのようなロマン主義的アカデミストの代表的な人物にヨゼフ・ゲレス（Joseph Görres, 1776-1848）がいる。一八〇六年にハイデルベルクに入った彼は、私講師として物理学と神話学を講義するかたわら、『ドイツ民衆本』（一八〇七）を編纂、次いで一八一〇年に『アジア世界の神話史』を著す。その後、カトリックへと転向し、その明確なキリスト教的立場を背景に、『世界史の基礎、区分、時代順序』（一八三〇）において、「歴史に関する彼の空想的構想を教皇至上主義の世界観の原理から」（海老澤 二〇〇〇、三三五ページ）作成しようと試み、聖書のはじめの七日間の記述に従って世界史全体を区分した。

この試みを攻撃するのが晩年のヘーゲルである。没年となる一八三一年、ヘーゲルは「世界史の基礎、区分、時代順序。J．ゲレスによってミュンヘンのルートヴィヒ・マクシミリアン大学で開かれた三つの講演。ブレスラウ、一八三〇年」（以下「ゲレス書評」）を『学的批判年報』に掲載し、ゲレスに対する痛烈な批判を行なっている。まず、前期ゲレスの二つの宗教史学的書物について、「捉えどころのない諸形態や殺伐とした名前に乾いた筆致を、深遠な予感でもって、つまり観念そのものよりも観念のファンタジーと大胆な組み合わせでもって、生き生きと、誇張し満たす」（GW16, S.290）ものであったと酷評する。ヘーゲルによれば、ゲレスはたしかに大学人であったが、その仕事は民衆の蒙を啓くというよりも、むしろ蒙に突き落とすものであった。書評の対象である新著においても同様であり、そこには「根拠のない抽象的形式主義における輝かしい混乱」（GW16, S.304）が支配しているとされる。世界史を図式化するゲレスにおいて中心にあるのは、根源へと接近しようとする「直観」であり、そこから導き出される、歴史的事象における「表面的な類似から生み出されるアプリオリな連関」(GW16, S.296) である。その連関とは、歴史の原初、神の似姿である理性的原人間から、自分たちへと連なる系譜の強引な設定である。

自分たちは「世界史の根拠としての人類の始祖」からの直系であるという確信は、ヘーゲルによれば、フリードリヒ・シュレーゲルなどのカトリック著述家たちに共通して見られる非歴史的仮定であるが、彼らの根拠とするものこそ、インドや中国、仏教、ラマ教における例の三一性表象である(21)。キリストの教えがいまだ伝わっていない諸々の未開民族のなかにも、真の神の観念の萌芽はある、それは「人類の始祖」がすでに潜在的にキリスト教徒であった証拠であり、だからそれを明確に啓示として受け取った我々はより正しく、彼ら未開民族の人間たちもまた同様に正しくあるべきだ、というのである。先のインド論でも見たように、キリスト教以外の宗教に見られる類似のモチーフの存在は、たしかに当時の、そして現在に至るまでのヨーロッパにおける宗教研究に対する強い原動力となりえたわけである。しかしヘーゲルによれば、それを主導しているのは、歴史を捉えようとする学的関心ではなく、選ばれた民族への神の告知、という非歴史学的なおとぎ話である。それは、歴史的連関を排除した「人類の始祖」なる抽象的観念のもとで、普遍性と根源性に関する歴史的正統性を自分たちの側へ引き寄せようとする小手先の作業にほかならない。

(2) クロイツァーによる象徴の文献学

我々はこれまで様々な文脈において、ヘーゲルによる「起源への思考」への批判を確認してきた。ここでのロマン主義的(あるいはカトリック的)宗教探求に対する批判もまたそのひとつのヴァリエーションであると言うことができる。しかしここでとりわけゲレスに言及したのは、ヘーゲルの「直接知」批判を繰り返し確認したかったからではない。むしろ、ゲレス批判との対比から、クロイツァーに対するヘーゲルの肯定的な評価を取り出したかったためである。

フリードリヒ・クロイツァー（Friedrich Creuzer, 1771-1858）は、古典文献学者として、一八〇四年からハイデルベルク大学の正教授となり、一八〇七年同大学に「文献学・教育学講座」を設置した人物である。(22) 彼の業績は主著『古代諸民族、とりわけギリシア人の象徴系と神話大系』（第一版一八一〇―一八一二、第二版一八一九―一八二一、第三版一八三七―一八四一、以下『象徴系と神話大系』）に集約される。古代アーリア人の宗教から、インド、エジプトへと変遷する象徴と神話の糸をたぐり、ギリシアにおいてそれらの合流と残存を見るその宗教史の構想は、「完成した古代」としての理想化されたイメージをギリシア・ローマ文化に見るのではなく、それを歴史的な形成の場面に引き戻そうとする試みであると言えよう。(23)「象徴と神話の自然学についての構想」（Creuzer 1990b, S.524）のもと、その作業は空想へと走るロマン主義者たちとは別の領域にありながら、文化的象徴をめぐる問題系に対する、当時の知的刺激となったのである。(24)

クロイツァーは、ヘーゲルがハイデルベルク大学で教鞭を執っていた頃（一八一六年―一八一八年）の同僚であった。彼は『象徴系と神話大系』第二版を、ベルリンに移住したヘーゲルに送っているが、ヘーゲルもまたしばしばクロイツァーに好意的に言及しており、『象徴系と神話大系』を、宗教哲学講義や、先述の「フンボルト書評」（GW16, S63, S68, S71）においてしばしば積極的に引用している。これらの事実からも両者の良好な関係をうかがい知ることができよう。(25) それどころか、とりわけヘーゲルにとって、この関係は単なる外面的な社交に留まらない。それは一八一九年の哲学史講義で、彼がクロイツァーの宗教史研究について次のように讃えていることからも明らかである。「これらの諸宗教における理性的なものを見いだすことは、固有の学の最高に重要な研究にして対象である。クロイツァーはとりわけこの意味で驚くべきことを成し遂げた」（V6, 1819,

S.130）。言語のように文化的に制約されるのではない象徴を主題化することにより、クロイツァーは概念的に共通性を持たない異文化的諸宗教における「理性的なもの」の分析を可能にした。その帰結は、まさにヘーゲル的「宗教史の哲学」と通底するものを備えているのである(26)。

我々は一八二四年以降のヘーゲル宗教哲学講義の宗教史記述に、一八二一年講義とは比較できないほど豊かな叙述が加えられていることを見てきた。この変化の原因は様々に推測されうるが、その要因からクロイツァーの存在を除外するのは難しいように思われる。たしかなのは、『象徴系と神話大系』が出版されて以降、それを肯定的に受け取るにせよ批判的な態度をとるにせよ、宗教史研究をめぐる布置状況が決定的に変化した、ということである。クロイツァー以後、オリエントの宗教をどう理解するか、という問題は、ギリシアの宗教をはじめとした西洋の宗教に対する理解と密接に結びつく。クロイツァーは、ヘーゲルとは別の仕方で、他の諸宗教の研究を、ヨーロッパ宗教研究に対して必然的なものとして開示したのである(27)。

そうした状況をはっきりと表現しているのが、ギリシア文化のオリエント起源説をめぐってクロイツァーとフォスとのあいだに起こった論争（いわゆる「クロイツァー論争」）である。フォスは古典主義の立場からギリシア文化の自立性を強調し（自己創造説）、オリエントとの連続性においてギリシアを見るクロイツァーの態度（外部起源説）を批判する。この論争に対してヘーゲルは公然とクロイツァーの擁護に回っている(28)。権左武志氏はヘーゲル歴史哲学講義の講義録を参照し、「異質なものの加工」というヘーゲルのギリシア解釈をクロイツァー論争に結びつけつつ、論争に対するヘーゲルの最終的な態度を次のように見て取っている。「ヘーゲルは、象徴を隠された人間理性の表明と見るクロイツァーの方法論及びオリエント宗教の理解では、（ミトラ崇拝の解釈を例外として）首尾一貫してクロイツァーを支持する立場に立つ一方で、ギリシアの神々の歴史的起源や象徴的性格に関しては、むしろクロイツァーの連続説を修正し、批判者と調停する総合的立場を取っていると言えよう」(権左 二〇〇三、一一六ページ)。こうして、権左氏によれば、ヘーゲルにおけるギリシアは、異質なるものを加工する主体性の始原として、オリエントにおける先行形成を受け入れるとともに、自己の文化的自立性をも確保しているのである。権左氏の着目する「文化接触」の視点は、ヘーゲルの歴史的思考においてまさにこうした両極が並立する事態に対する理解を提供してくれる。

この視点は本書の対象とする「宗教史の哲学」、すなわち宗教史的な「形態化」において理性的な「発展」の系列を導き出す、という哲学の形式へと直接的に接続するものである。しかし本書ではさらに、ヘーゲル的宗教史記述が、ほかならぬ哲学として企図されていることにもう少しこだわってみたい。そこに、「宗教史の哲学」と、「哲学者」ではなく「文献学者」であることにこだわったクロイツァーとの大きな差が存しているように思われる。

ヘーゲルのエジプト宗教論は、まさにこの問題において参照されるべきである。なお詳細に見るならば、それは哲学か文献学か、という表面的な対立には留まるものではないことに気づかされる。象徴論としてのエジプト宗教論は、哲学として捉え返された文献学が備えている、思索のポテンシャルを示すものなのである。

(3)「我々はようやく実体性から主体性への移行にいる」――一八二四年講義のエジプト宗教論1

クロイツァーの業績は、宗教史研究において象徴の契機に着目し、超文化的な変遷の流れのなかで取り出したことにある。それは、諸々の文化において表面的に分類し、その枠組みに固定することなく、流動的な象徴イメージの歴史的運動を理解する鍵である。しかしまさにここに、ヘーゲルとの分水嶺があるように思われる。

一八二四年講義にてエジプトの宗教は、「(γ)善の宗教、光の宗教」としてのペルシアの宗教に続く、

「（δ）自然宗教から精神的宗教への移行」節において扱われる。したがってエジプトの宗教の占める位置はまさに、自然宗教から精神的宗教へ、あるいはオリエントからオクシデントへの境界にある。

具体的な論述に先立って、その前段階にあたるペルシアの宗教の達成点と限界が述べられる。その原理である「善」はたしかに自立的な主体性を示しているが、それは「悪」との対立に依存する抽象的な主体性に留まっている。しかし精神はいまやその段階を克服し、「実在的な、現実の主体性」（V4.1, 1824, S.260）の領域へと踏み込むのだという。

ヘーゲルはここで、宗教史において類似する主体性がしばしば現れることについて、これまで見てきた「主体性の強度」の観点から、以下のように注釈を行なっている。

我々は至るところですでに、あらゆる形態のもと、この具体的規定における自己意識として、主体性を得ていた。このことが宗教の考察に際してある特別な困難をなしている、すなわち我々は概念、あるいは規定的な理念を面前にするのではなく、この規定的な形式において同時に総体性全体を持つのである。あらゆる規定が同時にある。というのも内容が神であり、絶対的総体性だからである。したがって材料が諸規定に欠けているのではなく、それはこの具体的な領域のなかで姿を現している。違いはただ、総体性のこれらの契機がただ表面的な仕方で現存しているか、あるいは、それらが本質的なものとして意識される内的なものにおいてすでに存立しているか、というところにある。このことがまた、諸規定がただ外的であるか、あるいは本質的な内容においてあるか、という途方もない区別をなす。（V4.1, 1824, S.260）

互いに異他的であるはずの諸宗教のあいだには、ときおり類似性が見いだされる。しかしそれを発見し、人類の隠された共通性として讃美することは、ヘーゲルによれば、宗教史考察の目的ではない。この類似性はむしろその理解に対する困難さを示しているのである。あらゆる宗教は、神と人間の関係であるかぎりで、それぞれの枠内で「総体性」を示しているはずである。その意味で、歴史的諸宗教は各文化における究極的な全体性であり、したがって主体性の極においてもまたその文脈の内部における絶対性が表現されるのは当然なのである。宗教史を研究する者が相手にするのは、こうして前面化する各精神の全体である。もちろんそれが精神としてどのような規定の段階にあるのかは、それぞれの宗教のあいだで「途方もない区別」がある。だから真に問われるべきなのは、総体的であるという表面的な共通性の背後に隠されているそれぞれの固有の強度であり、それを導く歴史の形成運動なのである。すべての宗教に主体性は見いだされる。問題はその差異をどのように捉えるか、である。

宗教を区別しつつ、序列化するものとはなんであろうか。「宗教の諸区別を形成する規定的カテゴリー」（V4.1, 1824, S.261）は、宗教であることの条件ではあるが、主体性の契機が同様なものとして普遍的に存在することを示すものではない。また、一神教か多神教か、という区別も副次的なものにすぎない。例えば通常は多神教とみなされるインドの宗教にも一神教的要素（「ブラフマー」）は見いだされるからである。あるいは、神は全能である、全知であるといった「反省諸規定」による述語づけもまた、ここで求められている宗教の区別を示すものではない。

問題はむしろ宗教的主体性の「あり方」の差異に存している。オリエントの諸宗教において見られた主体性、自己の規定は、「単に表面的な形式において」あるだけであった。すなわちそこでの主体性は、諸形態に対して否定的な態度をとることで確保される、「自己のもとにあること」としての「抽象的自己同一性」（V4.1, 1824, S.262）にすぎなかった、とヘーゲルは述べる。それに対して、エジプトの宗教において出現する主体性の形式は、「自己自身に関係する否定性一般」であるとされる。それは例えば善に対する悪のように、他との対立によって否定的に規定されるのではなく、「自己自身との肯定的な関係」において保たれる。それは否定に留まるのではなく、否定からの自己還帰によって特徴づけられる「措定された力」（V4.1. 1824. S.263）である。ここでの力は、諸々の自然物において内在的に働く原動力ではなく、むしろ「自然法則に対峙する力」として意識される。したがって力は自然と対立するのではなく、それを超えて掌握する力である。注目すべきなのは、ここではじめて、「奇跡の場所」（V4.1. 1824. S.264）が現れる、とされることである。ヘーゲルによれば、インド人には奇跡という現象契機は存在していない。というのも、そもそも彼らにとって形態間の理性的な連関という観念、すなわち自然法則の観念が存在しなかったからであり、それゆえそれを破るかたちで働く力という観念もありえなかったからである。なお、奇跡については、ユダヤ教との関連で、続く第三章第二節で見る。

この「実在的な力」（ebd.）としての主体性には、次の二つの規定が備わっているとされる。まず、客体の持つ規定が主体の「自己規定」であり、主体の「内的な諸規定」に従っているということ、次いで、それに伴い客体の自立性が「単なる仮象」（V4.1. 1824. S.265）である、ということである。ここに、客体に対する主体の支配という構造が、宗教の歴史上はじめて形成される、とされる。そこにおいて、「我々はようやく実体性から主体性への移行にいる」（ebd.）。つまりこうした主体の変容、真理性の転換が、自然から精神への真の移行をなすのであり、オリエントからオクシデントへ、という地理歴史的形態において表象される事柄なのである。

(4) エジプトの神の死　一八二四年講義のエジプト宗教論2

一八二四年に特有の、実体から主体へ、という大きな議論の枠組みは『精神の現象学』を想起させるものではあるが、それとの比較検討はこの章の課題ではまだない。なおここで見るべきなのは、エジプトの宗教に特有の「主体性へと自己を浄化するという課題」（V4.1, 1824, S.265）である。

一八二四年講義で、エジプトの宗教は「謎の段階」と規定される。そこではなお、自然性の徴表である動物的形態を備えた神々がいまだ崇拝されている。しかしその一方で、「神の動物的形態から人間的形態への移行」（V4.1, 1824, S.267）もまた確認される。この移行的段階において出現する多様な関係性のなかでも、とりわけ注目すべきなのは、「神の死」（V4.1, 1824, S.269）という要素の出現である。この要素はいくつかの宗教において見られるものであるが、ここでの死、すなわちオシリスの死は、有限性の領域からの解放を物語るものとして特筆される。とりわけ、死せる人間という形態をとる神の表象は、「意識的精神性へ、神においてあるという自由の知へと進展したことの印」（V4.1, 1824, S.270）であるとヘーゲルは述べている。ブッダやラマの死は、神が自己を示すための外的な形式にすぎないとされる。それに対し、ここでの死には「神が復活し、蘇る」という規定がつけ加わる。この「否定の否定」、あるいは「自己への還帰」（V4.1, 1824, S.271）にこそ、キリスト教と同型の「精神としての神」が先行的に示されるのである。しかし「主体と実体の歴史」（V4.1, 1824, S.272）とされるオシリスの死と復活の物語には、四季の移り変わりという自然的なものの表象化という側面があるため、ここでの主体性はいまだ実体でもあるとされる。

祭儀論では、エジプトの宗教が持つ芸術性が取り上げられる。エジプト的な神像の制作には、精神的自己表現の欲求が現れており、自由の契機による自然性の克服が見て取られる。しかしそれは「はじめての主観性、はじめての自由な精神」（V4.1, 1824, S.277）でしかない。「神の形態」としての「芸術作品」は、「一面的な精神、主観的精神によってもたらされたもの、措定されたもの」であるかぎり、キリスト教的な「愛において保たれている形態化」（V4.1, 1824, S.278）とは区別されるのである。主体と形態の関係は不明であり、「謎」に留まる。その謎を解き、実体性、自然性から真に自己を浄化することは、ギリシアにおいて果たされる。

（5）象徴と表象の国　一八二七年講義のエジプト宗教論

一八二七年講義では、「（d）移行の諸宗教」のなかに、自然的多様を具体的統一へと取りまとめる「（α）光の宗教」としてのペルシアの宗教と、具体的主体性の発展としての「（β）エジプトの宗教」が組み込まれる。ペルシアにおける光の神オルムズドの勝利は、未来に予定されている事柄であるが、「精神としての神」は現在にあるのでなければならない。神は自己に留まるのでなく、没落しなければならない。その没落が、エジプトの宗教には見られる。「死」は否定の自然的表象であるが、死とそこからの復活が自由な精神の表象となりうるのである。この観点においても強調されるのは、諸宗教間に見られる類似表象を区別して捉えることである。

> インドラが何千回も死ぬことや、クリシュナの復活は、主体のもとでの死とは別の性質を持つ。つまり実体が同一のものに留まっているのである。ラマが死ぬことにおいて否定は実体に依存していない。実体はひとりのラマの体をただ離れるだけだが、それは直接的には別の体を選んだということである。実体はこの死、この否定に関わっていない。否定はここでは自己において、すなわち主体そのものにおいて措定されていない。それは実体に固有の、内的な規定ではなく、死の苦痛を持たない。したがって我々はいまはじめて神自身のうちにあるものとしての神が死ぬこと、否定が自らの本質において内在的であるという規定を持つ。それによって本質的にこの神はまさに主体として性格づけられる。主体とは、自己に自己のうちでこの他であることを与えることであり、自己の否定によって自己へと回帰し、自己を生み出すということである。（V4.1, 1827, S.518）

このように、死の苦痛と復活がエジプトの宗教の主要規定となる。たしかにこの点は一八二四年講義と共通する。しかし注意すべきなのは、一八二四年には見ることのできなかった、ある精神哲学的要素である。オシリスの死復活が示しているのは、感性的直接性からの自由な離脱である。そのことがここでは次のように表現される。「オシリスはその内的な規定からして表象の神であり、表象された神である。彼が死に、同時に復活するということによって明らかに表現されているのは、彼が単なる自然的な存在に対抗して表象の国にいる、ということである」（V4.1, 1827, S.519）。このように、ヘーゲルはここで自然性からの脱却を、「表象」という言葉を用いて表現している。あたかも直観像が「内化・想起」の作用によってその直接性を喪失した像として再産出されるように、オシリスの殺害と死はその直接的身体を剥奪しながら、観念的なものとして蘇るのである。

死者の国アメンテスにいるオシリスは肉体から離れた魂である。ここでの不死性は、インド的な主体の溶融ではなく、蘇りの予定された持続する魂として、「真の自立性の表象」となる。「客体的であり、客体的なものに帰属し、神に帰属するという主体性のこの規定は、不死性というあり方における主体的自己意識の規定である。この自己意識は自己を主体として、総体性と真の自立性として、したがって不死であるものとして知っている」（V4.1, 1827, S.520f.）。

オシリス崇拝はエジプトにおける多神教的世界の中心となる。オシリスの物語はまた直接的世界の諸事物の歴史であり、自然的なものの基礎でもある。ここに登場するのが、「象徴（Symbol）」という規定である。エジプト人にとって、太陽の運行、四季の移り変わりは、自然的なものであると同時に、内的な「意味」を備えたものとなって現れる。その意味こそ、弱体化と復活のリズムとしての、オシリスの死復活物語にほかならない。

したがって我々はそこで、自然的なものと内的実体という、二つの規定を得るのであり、それによって象徴的なものの規定が与えられている。自然的存在にはある別の基礎が帰せられ、直接的に感性的なものはある別の実体を受け取る。それはもはやそれ自身直接的なものではなく、その実体、その意味であるところの、ある別のものを表象させるのであり、それは象徴である。オシリスの歴史物語はまた自然的なもの、エジプト人の自然の内的な、本質的歴史でもある。そこには太陽、太陽の運行、ナイル、恵み深きもの、変化するものが属している。（V4.1, 1827, S.523）

ここでの意味とは、「定在の感性的あり方に対する対自的表象」（V4.1, 1827, S.524）と定義されるが、エジプト的精神にはこの意味としての表象を「直観性へともたらそうという本能」（V4.1, 1827, S.524f.）が見て取れるという。感性的領域へのこの外化によって直接性は消失し、表象としての世界が実現する。それがエジプト的世界である。「ここでは表象から出発することで、表象は直観、直接性へと自己をもたらさなければならない。しかしそのようにして、直接性は人間によって媒介され、措定されている。直接性へともたらされるべきなのは、内面的なものである。ナイルや四季の移り変わりは直接的現実存在であるが、それらは内面的なものの象徴である」（V4.1, 1827, S.525）。意味に直観性を要求する様子はエジプト人の祭儀にも現れており、芸術への衝迫は存在するが、それはまだ「美」ではなく、外的形態と内的精神が分離している。したがってこの象徴的なものはあたかも「スフィンクス」の「謎」（V4.1, 1827, S.532）であり、それを解消するのがギリシア的な「美の宗教」の明晰さであるとされる（一八二三年芸術哲学講義を参照。V2, S.139）。

（6）凝集し結晶化する象徴の能力

本書の関心においてもっとも興味深いのは、一八二七年講義にのみ現れる「表象の国」という規定であり、そこで中心化される象徴の契機である。[29] 表象あるいは象徴は、「謎の段階」というエジプト宗教の規定と結びついている。本書第一部で見たように、主観的精神論において主題化される表象は、直観と思考を媒介するものでありながら、普遍性と必然性を欠くそれ特有の暗さによって、他の諸契機から差異化されていたのであった。エジプトはそのような表象の役割が、他の諸宗教に比して本質的に際立っている。オシリスの殺害と甦りは、表象の主要規定である「内化・想起」の運動を物語るものであった。それに加え、オシリス復活譚を民族的生の全体に関わる中心的な神話と据えるエジプトの宗教そのものが、例えばナイルの変動や四季の移り変わりを象徴として受け取り、内的な意味を付与することで観念化するという性格を主要なものとして持つものとされた。このように、一八二七年講義におけるヘーゲルのエジプト理解は、主観的精神の能力であったはずの表象を、エジプトという固有名を持った歴史的文化的文脈において、その現実的な結実を見いだす、という作業に基づいているのである。

こうした宗教哲学の議論と比較した場合、他の哲学的諸領域の象徴論におけるエジプトの宗教は、単なる例示の枠を抜けていない。それは例えば芸術哲学講義において、エジプトに加えてインドの宗教が象徴的なものの実例として引かれていることからも明らかである(30)。それに対して、宗教哲学の主眼は、宗教文化が持つ形態の固有性に向けられている。表象あるいは象徴が理論的に分析されるのではなく、むしろここでは、その歴史的文化的な実現が確認されているのである。

注目すべきはその考察の帰結である。表象あるいは象徴は、「普遍的な芸術形式」のひとつでありながら、歴史的に見ると無記名ではない。宗教という特定の文化的文脈の結晶において、その主観的能力ははじめて可能となるのであり、逆に見れば、それを不可能とする宗教もまたある、というのである。

しかし、だからと言って、表象作用そのものの歴史的発生がエジプトに求められる、とヘーゲルは主張しているわけではない。例えば、死と復活の神話や、象徴の契機は、他の諸宗教でも確認されるものである。したがって、それらとエジプトの宗教とを隔てているのは、むしろ、エジプト文化における、象徴契機の中心化である、と言うことができよう。「宗教史の哲学」の対象である「主体性の強度」、すなわち主体性の「自由」は、まさにそのつどの文化宗教が中心化し、結晶化する契機と、その契機が軸となり描き出されるネットワークにおいて測定される。オシリス神話として形態化されているのは、自然に対する象徴的把握を可能とする主体性であり、そこに属する者が、なにを信じうるか、を規定する制約なのである。固有名を備えた文化的同一性が形成されるのは、信仰の条件を規定するまさにこの凝集化、結晶化の局面であると言えよう。

エジプトにおいて結晶化するのは、象徴として表現され表象される神話的諸形態であるとともに、象徴を象徴として理解する主体性の能力そのものである。したがってその意味で、象徴の契機は人類一般に普遍化されるものではない。「象徴的人間（animal symbolicum）」[31]は歴史文化的な強度の差のもとで生成し、また解体するのである。このような視点のもとで「宗教史の哲学」が企てているのは、文化的形成の多様性を忘却させる「哲学的人間学」ではありえない。そのような人間学もまた、「人間」なるものへと思考を収斂させるかぎり、文化的媒介を超え出ようとする「起源への思考」の変形であるとすれば、ヘーゲルが進む道とは異質のものとして理解されよう。

同時に、ヘーゲルの哲学的宗教史は、すべての文化的同一性を象徴の伝播過程に解体し、消失させる系譜学でもない。象徴の能力そのものの中心化が歴史性を帯びているのであれば、その特殊要素を基準とした類型論を打ち立てることでは、宗教史全体を支配する歴史的文化形成の力と、諸々の形態に伴う「主体性の強度」の展開を捉えることはできないのである。ここにヘーゲルと、彼同様に宗教史の「理性的なもの」を見たとされる盟友クロイツァーとの分岐が生じてくる。クロイツァーは、あくまで自身の仕事が哲学ではなく、文献学であることにこだわった[32]。それに対してヘーゲルが吟味しているのは、文献学において可能となる哲学であり、文献学から開始される哲学的思索の可能性である。そのため、歴史学的に確証されるべき文化間のコネクションを再現することはヘーゲルにとって二次的な作業にとどまる。あるいはさらにその先に、ヘーゲルの文献学的哲学は、自らの企図そのものの結晶化を探る自己認識へと向かうのである。次章ではこの観点からヘーゲル宗教史の後半部を読み解き、哲学的自己認識として極まる「宗教史の哲学」の全体構造を明確化することにしたい。

（7）「直接知」的歴史探求としての「起源への思考」

本章では宗教史の端緒にあたる呪術の宗教、およびオリエントの諸宗教に関するヘーゲルの叙述を追跡した。そこで確認されたのは、当時多く見られた宗教理解の動向を睨みつつ、宗教史の起源ではなくその展開と変奏に考察の中心を置こうとするヘーゲル独自の態度であった。近代自然宗教論も、当時のインド研究も、ロマン主義的な民族研究、太古への研究も、それぞれ色調を異ならせながら、なんらかの契機を人類共通の起源あるいは根源として設定するという点で共通する。その設定により、諸宗教の形成展開は二次的なものに留まるか、あるいは無価値なもの、それどころか有害なものとされるのである。

それに対するヘーゲルの批判的態度は、本書第一部で見たヤコービ批判と通底している。事実、一八二七年宗教哲学講義では、ヤコービは教会組織の拡張に対抗し、「キリスト教を原始キリスト教時代の単純なものまで立ち返らせること」（V3. 1827. S.76）を試みたとされている。その結果、プロテスタント教会の教義は最小まで還元され、釈義や組織体系とそれについての知は排除される。それもまた「起源への思考」の変種にほかならない。あるいはむしろ、ヤコービ的な「直接知の立場」こそ、存在論化された「起源への思考」であり、他の類似する諸立場の理論的な主柱となってきたものであるかぎり、問題の中心にあると言える。少なくとも、

「直接知」と「起源への思考」との親和性は明らかであり、後者は「直接知」的歴史探求の形式と呼ばれるべきであろう。あらゆる媒介を排除し、直接的に把握される真理へと飛躍しようとする「直接知」を徹底的に批判し、時代における「直接知の軍団」（ゲッシェル書評）と対決すること、その対決において媒介を救い出しつつ、そこで可能となる哲学の道を模索することこそ、ベルリン期ヘーゲルの思索を明確に特徴づけるものであった。

宗教史を記述することは、その対決の主戦場となる。「起源への思考」の視線が諸宗教における共通なもの、普遍的なものに注がれるのに対し、ヘーゲル的「宗教史の哲学」が明示化しようとするのは、それぞれの諸宗教が持つ固有の文化的形成力であり、ある特定の契機を中心化させる文化の構造的な力学である。それぞれに持ちえた諸表象は、その段階に属する主体の信を規定している。始原状態を抽象的に仮定し、表面的な共通性に目を奪われている「起源への思考」には、こうした強度測定の意義を理解することができない。

エジプト宗教論において鮮明になったのは、表象と主体の文化的結晶化が、認識論的能力の歴史的形成と結びついていたことである。「宗教史の哲学」は、主観的精神の諸能力を歴史文化的な文脈のもとに置き戻す。「主体性の強度」の発展は、精神が自己を意識するという「自由」の進展であったが、それがここで、主観的諸能力の歴史的な結晶化、凝集化の過程として具体的に把握され表現されるのである。一八二七年で明確なかたちをとる整理に従えば、主観的認識能力と歴史的諸宗教との対応は、直観（呪術）、内面化としての自我（中国、仏教）、空想（インド）、象徴（エジプト）、記号（ギリシア）、悟性（ユダヤ）、意志（ローマ）と系列化され、それは「思考の宗教」としてのキリスト教まで連なっていくだろう。繰り返すが、この対応の主張点は、それぞれの宗教において諸能力が歴史的に発生するということではなく、各文化宗教においてそれらの契機が中心化し、諸宗教の固有性を結晶化させる、ということにある。すなわち、ここでのヘーゲルの考察の主眼は、論理的思考諸規定と宗教的諸形態との前提された対応を確認することではなく、表象的に展開するそれぞれの歴史的形態化から、それらが持つ独自の形成力に依拠しつつ、そこで実現している精神の契機を見いだすことに置かれているのである。

問題は、そのようにして発見された精神の諸契機を、改めて歴史的に系列化するというヘーゲルの態度にある。それこそ、諸宗教の文化的形成を語る宗教史記述と、「宗教史の哲学」とを明確に区別する点である。ヘーゲルは、主体性の契機を発見するだけではなく、「自由」という基準でもってその「強度」を判定しようとする。ここには固有の哲学的関心に導かれた視線がある。その視線が目指しているものはなんであるか。哲学的思考を文化的形成へと引きつける「宗教史の哲学」は、最終的にいかなる認識を提供するものであるのか。これらの問いに答えるためには、そのキリスト教論を含めたヘーゲル宗教史の全体を視野に収める必要がある。

注

（1）一八二七年仏教論において彼は次のように述べていた。「そのような宗教が単に無意味なもの、非理性的なものであるというのは容易い。困難なのはとにかく、そのような宗教形式の必然性を認識すること、理性と連関する真理を認識することであるが、それはあるものを無意味であると説明するよりも難しいのである」(V4.1, 1827, S.467)。

（2）「疎遠な諸宗教に身を入れて感覚することは難しい。犬の立場に身を置くには、犬の感覚が必要だ。我々はそのような生きた諸対象の本性を認識するが、我々がそのような諸規定を感覚しうるように身を移し入れるというのは不可能なことである。というのもそれは、その主体性の総体性をそのような諸規定によって完全に満たしてしまおうというようなことだからである。諸規定は常に我々の観念の諸対象に留まるのであって、我々の主体性、我々の感情の対象ではないのである。そのような諸宗教を我々は把握することはできるが、我々を置き入れて感得することはできない。我々はギリシアの神々を把握することはできるが、そのような神々の像を真に崇めることに身を入れて感覚することはできないのである」(V4.1, 1827, S.434)。犬の例は極端であるが、それだけここには高い壁があることが、このセンセーショナルな比喩表現で示されていると見ることもできるだろう。

(3)「精神とはとにかく、自然を超えて自己を高めること、自然的なものから自己を引き出すこと、自然的なものに対して自由になるだけではなく、自然的なものにおいて自然的なものを自己に従わせ、それを自己に適したもの、従順なものとすることである」(V4.1, 1827, S.415)。

(4)「F・シュレーゲルは、一八〇八年に『インド人の言語と叡智について』を公刊して、その言語のあり方のみならず輪廻思想や二元論、汎神論について概説し、インドにポエジーの根源があるとし、また実際に『ラーマーヤナ』や『マヌ法典』、『バガヴァッド・ギーター』、『シャクンタラー』を紹介して、ロマン主義とインドを統合しようと試みている」(神山 二〇一二a、一八ページ)。

(5) インド研究に傾倒していた人として、例えばベルリン大学の同僚であったフランツ・ボップ(Franz Bopp, 1791-1867)が挙げられる(海老澤 二〇〇〇、八八ページ)。一八二五年からベルリン大学の比較言語学及びサンスクリット語の教授に就任し、「学的批評協会」の創設会員のひとりに数え上げられる。彼は「マハーバーラタ全体を読んだ最初の西洋の学者」(海老澤 二〇〇〇、九七ページ)とされる。著作には『アルジュナのインドの天界への旅』(*Ardschunas Reise zu Indras Himmel*. 1824)、『ギリシア語、ラテン語、ペルシア語、ゲルマン語との比較におけるサンスクリット語の接続詞の体系』(*Über das Conjugationssystem der Sanskritsprache in Vergleichung mit jenem der griechischen, lateinischen, persischen und germanischen Sprache*. 1816)など。

(6) 以下の論争については赤松 二〇〇八の第I部第三章「出版と新しい学の誕生」(八九ページ以下)参照。

(7) 以下のフンボルトの態度は赤松 二〇〇八、第II部第一章「神の表象をめぐって」(一二三ページ以下)参照。この書簡が「翻訳」問題の転換点になったことについて、赤松氏は次のように述べている。「「ヨーガ」という語の解釈をめぐってそこでなされたフンボルトの批判は、しかし単に翻訳の問題を論じるだけでなく、いかにして思想を解釈し理解するかの問題へと論点を移行させたものであり、『バガヴァッド・ギーター』という書物を、文献学の対象から哲学の対象へと転換させるきっかけとなるものであった」(赤松 二〇〇八、一二四ページ)。

(8)「yoga は元来「軛をつけること」の意。フンボルトはこのなにかに自己を結びつけることのなにかを絶対者と考え、そのように自己が絶対者と結ばれているときには、自らに沈潜している状態であるから、この訳語を与えたのであろう。漢訳で「修習」「修行」などと訳されるのもその意味であろう」(海老澤 二〇〇〇、六五ページ)。

（9）赤松氏は「没頭、専念」、海老澤氏は「沈潜、専念」と訳している。本書では「沈潜」という訳語を用いることにする。

（10）「ヨーガの根本経典である『ヨーガ・スートラ』にせよ、サーンキヤの学説教科書である『サーンキヤ・カーリカー』にせよ、その実際の成立は、『バガヴァッド・ギーター』の成立に遅れること数百年、四、五世紀のものであることは間違いない。したがって、フンボルトがしていることは、時代錯誤的と批判されるべきことであるかもしれない。しかし、重要なのは、彼が、インド哲学史それ自身の文脈においてテクストを読解しようとしているということなのである」（赤松 二〇〇八、一三〇ページ）。

（11）「残念なことに『ギーター』はしばしばホメロスやギリシアのものと比較されているが、この比較は私には全く不適切だと思われる。むしろこの『マハーバーラタ』の挿話はもっとも美しいそしておそらく唯一真に哲学的な詩であり、そのことを我々の知っているすべての文献が指摘しているのである」（Humboldt 1906, S.159）。あるいはこうした構想全体は、彼の言語哲学に遡源するものなのかもしれない。

（12）ロジェ＝ポル・ドロワの指摘によれば、インドの宗教と文化の支配カテゴリーを「涅槃（nirvana, Abstraktion）」、「抽象的な純粋存在」とするヘーゲルの理解は、当時一般に支配的であった解釈傾向に埋もれているという（Droit 1997）。

（13）「フンボルト書評」を分析するガヤトリ・スピヴァクが問題としているのは、ヘーゲルの一方的な「植民地化」行為ではなく、『ギーター』とのある種の「共犯関係」を炙り出すことによって、支配する側とされる側という二項対立的な前提図式を脱構築することにある（Spivak 1999）。

（14）「『バガヴァッド・ギーター』を書物として最初に完成させ、人類共通の古典として読まれるようにかたちを整えたのがシュレーゲルであったとすれば、それを全体的に読み解くことを試み、そこに人類にとっての普遍的な価値を見いだそうとした最初の人物が、フンボルトであった。そしてヘーゲルはそれを真剣に批判したのであった。そうした彼らの『ギーター』読解の試みは、キリスト教世界に育ちその価値観を身につけた人間が、ヒンドゥー教の聖典を読み、それとある種の対決を通じて、そこに、はたして普遍的な人間精神の永遠の構造を見いだしうるかどうかを問おうとするものであった」（赤松 二〇〇八、一二三ページ）。

（15）「ともすれば東洋への偏見の持ち主として批判されるヘーゲルであるが、彼の『バガヴァッド・ギーター』研究は、決して一方的な偏見、インドへの無理解を示すものではない。…〔中略〕… ヘーゲルの論じるところは、インド的な精神の断罪に向かうことが多かった。しかしヘーゲルのそのような態度も、ヨーロッパの価値観を一方的に適用してインドの精神を解釈しようとすることに由来するものではおそらくなくて、「翻訳」によっては相互の文化のあり方が客観的に理解されなければならないという、いわば「翻訳の理念」の実現に向けた彼自身の試みであったというべきであろう」（赤松二〇〇八、四ページ)。

(16)「さて、満を持しての『バガヴァッド・ギーター』の出版は、ドイツの学会からは熱く迎え入れられたはずである。出版直後の六月二一日には、最初の十章までを読み終えたヴィルヘルム・フォン・フンボルトから、「これを読むことができたこの運命に対するまことの感謝の思いが、読み進むうちに、繰り返し襲ってきたことを、私は否定することができません。それは私にとって、もしそれなしにこの世を去らなければならなかったとしたら、なにか本当に大切なものを欠いたままであったと思わせるようなものです」という、まるで「いままで生きていてよかった」といわんばかりの手紙も受けとっている」(赤松 二〇〇八、九一–九二ページ)。

(17) ヘーゲルは「カースト制」に対して批判的である。その制度を前提して成立している『ギーター』に対して手放しの賛美を送るのは、カースト制を暗黙の裡に受け入れることにつながるのではないか。ヘーゲルはこう警戒するのである。「それよりも重要であるように思われるのは、インドの知恵と道徳という偉大な名声を享受しているこの詩のうちにおいてすら、周知のカースト制が、道徳的自由へと高まった痕跡もなく、根底に存している、ということに気づくことである」(GW16, S.37)。行為の結果に無関心であることは、カースト制に無条件的に従うことなのである。

(18) フンボルトは、一八二八年三月一日付ゲンツ宛書簡で「その批評は、明らかに、私が他のなんであれ、哲学者では決してないという確信から生まれているものです」と述べ、ヘーゲルへの憤りを吐露している(赤松 二〇〇八、一五一ページ)。つまり少なくともフンボルト自身はヘーゲルの「フンボルト書評」を自らへの攻撃と感じたのであった。

(19)「ゲッシェル書評」では、この移行が、対応する表象が承認されるまでに概念を「練り上げること(herausarbeiten)」でもあることが示唆されている(GW16, S.208)。

(20) 一八二四年講義「(β) 空想の宗教」では、その神の概念(α)と祭儀(β)について考察がなされる。まず「自己のうちにあること」を主要規定とする「フォーの宗教」が、有限なものと切り離された無規定なものに留まる、とされる。そこからのさらなる発展として、そして「呪術」の段階からの真の解放として、「自己のうちにあること」としての自我が、感性的な多様性の世界へと戻らなければならないとされる。そこに「自由の第一の具体的なあり方」が「人間的存在あるいは動物的生命性」(V4.1, 1824, S.222) として出現する。「人間的形態化の形式」としての「空想の王国」において、客体性は自我の観念性に消失するものではもはやなく、「自立性」を付与される。それが「空想」によって形成される「像」の働きである。ここに「構想力の無限にカラフルな世界」(V4.1, 1824, S.226) が現出する。

諸契機が「自立性」を備えているというところで、「自己のうちにあることの永遠なる平安」、「保持」、「変化」からなる世界説明の形式がすでに「自己を顕示する絶対概念」を示しているとされる(V4.1, 1824, S.228f.)。これらは「概念の根本諸規定」であり、ブラフマー、ヴィシュヌ、シヴァの「トリムールティ」はその表象である。しかしこれらの神々の関係は混乱しており、秩序立っていない。

祭儀において見られるのも、精神の人倫的なものとの分離である。そこで支配的なのは「非理性性と不自由一般の性格」（V4.1. 1824. S.251）である。「一方の極は抽象の逃避であり、中間は感性的行為の奴隷、他方の極は野蛮な放埓である。これらはこの宗教性の諸形式、すなわちもっとも悲しむべき堕落である」（V4.1. 1824. S.252）。このような否定的な結末は、ともあれ「自由」の概念を表象させており、それをさらに展開するのが続く「自由の、善の原理」（V4.1. 1824. S.253）の宗教である。

「フンボルト書評」が公刊された年である一八二七年の講義では、まず、インドの「空想」が「美」と区別され、多くの神々が入り乱れる「空想の宗教」は、いかなる体系も欠いており、「いまだ美の形態へと至っていない、結束のない多神教」（V4.1. 1827. S.479）であるとされる。そこから、「概念の本能」（V4.1. 1827. S.482）に従った規定とされる「トリムールティ」についても検証がなされる。

さらにここではこの無限の多様の原因として、共通の民族表象を形成する基盤としての「歴史」をインド人が持っていないことが指摘される。インド人には歴史がない。したがって各々が各々の仕方で表象を形成し、創造についても様々な語られ方を許すのである（V4.1. 1827. S.484）。

定点が不在であるというインド宗教の特徴は、その祭儀にも表れている。ここではヨーガ行者が、人倫的なものに対する無関心ゆえに生へと帰っていかないことが指摘される。「それゆえここではまた権利も、義務もない。というのも意志、精神の自由はとにかく、自己のもとにあるという規定にあるが、この自己のもとにあること、この統一はここでは抽象的、無規定的であるからである」（V4.1. 1827. S.495）。この例からもわかるように、インドでは「人間の生が自然的諸対象の存在、自然的なものの生以上に高次の価値を持っていない」（V4.1. 1827. S.496f.）。人間の生は水の一口に比する。人間、家族の供儀において表現されているのは、自由の不在、人倫、義務の欠如であり、どちらの足から立つか、などの外的な事柄のみがそこでの関心である。「自由のこの欠如によって迷信が果てのないものであるのと並んで、そこからはまた、いかなる人倫も、いかなる理性的な自由の規定も、いかなる権利も、いかなる義務も生じないということ、インド民族がもっとも深い非人倫性へと沈み込んでいることもまた帰結する」（V4.1. 1827. S.498）。

「続く段階への移行」という節では、宗教の歴史において「空想の宗教」の刻んだ一歩が回顧される。三一神の規定が帰結したのは、「自己のうちにあること」としての主体とは別に、神の客体性が自立的なものとして認められたことである。神は客体性と主体性の分裂と回復の自己運動として、たしかに「精神としての神」を兆しているのである。しかしインドの神々は表面的な人格化であり、精神の運動はまだ分裂のみを表現するに留まっている。

　一八三一年でも問題になるのはトリムールティである。それは「生成消滅の精神を欠いた規定」であり、その形態は「精神的なものの響きはあるが、精神を欠いたあり方」（V4.1, 1831, S.622）に留まる。ここでは他の講義とは異なり、その後に「仏教とラマ教」が置かれている、ということはすでに確認した。

（21）ここでヘーゲルはそのインド論を含めたフリードリヒ・シュレーゲルへの批判を行なっている。インドへの憧憬とカトリックへの回帰は、ともに「起源への思考」という形式のもとで結びつけられるだろう。また、宗教哲学講義においてヘーゲルが挙げるカトリックの思想家はヴォルネイである（V4.1, 1827, S.518）。例えば彼はクリシュナとキリストの名前の比較を行なっているが、そこで見いだされた類似性は最高に皮相なものであるとヘーゲルはこき下ろしている。また、『エンチュクロペディー』第二版（一八二七年）の「序文」で、ヘーゲルが批判するのは、ハレのトールクにおける、東洋学と敬虔主義の結びつきである（GW19, S.13ff.）。ヘーゲルの敵視するこのような思潮は当時において一般的なものであり、それを拒絶するヘーゲルはむしろ異端的な存在であったのだろうと推測される。すぐに見るように、ヘーゲルの主張の力点は、あらゆる宗教でたしかに見いだされるであろうところの三位一体、あるいは神の死という表象の、共通性ではなく、その差異を見つけることに置かれている。

（22）一八〇七年に出版された『古代に関する学術研究』では、クロイツァーの言う「文献学（Philologie）」の精神が次のように提示される。「それが、人間性に固有の本質のすべての史実的および理想的諸条件でもって、常にあるものを産出し、若い精神においていわば再び産み出すことを求めるかぎりで、それ［かの学科］は本来的に文献学と呼ばれる」（Creuzer 2007, S.11）。このように、文献学が目指すべきものは単なる失われた過去の復元にあるのではなく、現在における精神の賦活と本質的に結びついている。その意味で、古代学の知見は、「歴史学的（historisch）」であるとともに「規範的（exemplarisch）」である、という二つの方向を備えたものとして提示される（Creuzer 2007, S.1ff.）。歴史学的であるのは、その視線が、資料をたどることで経験的に、現在的なものを過去的なものへと結びつけ、そこに向かって自己を開くからである。それによって示される過去的なものは、しかし同時に「あらゆる思考と語りの永遠の範型」（Creuzer 2007, S.4f.）として、すなわち「古典的（classisch）」な規範性を持ちうる。これらの二つの方向性は、一見すると互いに相反する性格を持つように思われる。しかしクロイツァーは明らかに、この葛藤を引き受けたところに彼の立場である文献学を位置づけるのである。「そのように文献学は、その本質からして、経験的なものの制約を、理想的な追い求めの無制約的なものと合一し、それが自らに携わる者へと要求する諸特性において、歴史学的熱心さ、詩的感覚、哲学的精神を合一するのである」（Creuzer 2007, S.21）。

（23）コシスキーはここにヴィンケルマン的な古典的ギリシア像に対する批判とともに、クロイツァーが一七九〇年代にイェーナでその講義に出席していたシラーとの対決を見ている（Koczisky 2008, S.303）。

（24）ツィオルコフスキーによれば、クロイツァーとゲレスの両者によって、大学と詩人との緊密な関係のもと、人間の宗教的意識と人類の歴史における形成力としての神話と象徴について議論されることが可能となった（Ziolkowski 2009, S.2ff.）。また中村元氏はクロイツァーの仕事を次のように評価している。「クロイツァーは、それまで古代人の気ままな空想が生み出したおとぎ話にすぎないと見られていた神話を、人間と神的なものとの関係の本質を捉えるものと見、従って精神科学として論じるに値することを明らかにしたのである」（中村 二〇〇六、八五ページ）。

（25）クロイツァーは『象徴系と神話大系』第三版「序文」において亡き盟友について次のように述懐している。「もっとも新しい学派の巨匠、故ヘーゲルに、この私の立場と気持ちをわかってもらうのに苦労はなかった。古代研究に対する彼の知識と尊敬のもとで、素晴らしいその人間と事物に敬意を表する仕方で、私の研究が古代研究の哲学に制限されていることを許してくれたのであった」（Creuzer 1990a, S.XVf.）。

（26）ヘーゲルとクロイツァーを結びつけたものとはなんだったのだろうか。ガダマーは「ヘーゲルとハイデルベルク・ロマン主義」という論文のなかで両者の新プラトン主義研究に触れ、そこからヘーゲルはクロイツァーの象徴概念を受け継いだと解釈する（Gadamer 1971）。それに対してヤメは両者の象徴概念にある差異にふれ、ヘーゲルはそれを受け継いだのではなく、変容させたのだとする。「象徴は彼［ヘーゲル］にとって精神の不動の形式ではなく、ただその暫定的な形式であり、オリエントに認められるものであって、ギリシアに属しているのではない」（Jamme 2008, S.495）。ほかにも、両者の共通性と相違点に着目し、ヘーゲル哲学におけるクロイツァーの重要性に触れる研究には、例えばHoffmeister 1930、Donougho 1992、権左 二〇〇三、Stewart 2013がある。

（27）中村 二〇〇六はクロイツァー的文献学を、起源としてのインド論の系譜に位置づけており、『象徴系と神話大系』の中心はインド論であるとしている。しかしクロイツァーの主著の中心的対象は、その副題にもあるとおり、あるいは著作の構成を見ても一目瞭然であるように、あくまで「ギリシア民族」なのであり、インド的なものの残存がテーマであるとしても、それはあくまで象徴と神話の伝播が問題なのであって、フンボルトやシュレーゲルのインド論とは関心を異にしていると見るべきであろう。すなわち、リヒターが指摘しているように、クロイツァーの関心は、「文化的交換と変遷、東洋に発する絶え間ない変容」（Richter 2008, S.90f.）であり、だからこそ西洋の自閉した文化的アイデンティティーを破る衝撃を、ほかならぬギリシア古代の分析を通じて提示することができたのである。この点で、クロイツァー文献学の意義は、「起源への思考」ではなく、まさにヘーゲルの仕事と並んで評価されるべきであると考えられる。

（28）一八二三年芸術哲学講義では、論争のひとつのポイントとして、神話を象徴として受け取るか単なる寓意として受け取るかという問題が挙げられている（V2, S.121）。

（29）一八三一年講義でのエジプト宗教論は、「A．移行の諸形式」としてではあるものの、「自然的宗教」と「宗教的意識の自己内分裂」の段階から明確に区別され、ギリシア・ローマとともに「第三章。自由の宗教」に組み込まれる。一八三一年講義においてエジプトの宗教はまず、自己自身を理解しようとする精神の格闘として「発酵の宗教」（V4.1, 1831, S.629）と規定され、その動物崇拝の側面が強調される。さらに司祭カーストと戦士カーストの争いのもとで、「政治的人間的意志」（V4.1, 1831, S.631）の発生が確認される。「謎」の宗教という規定は残るが、本書の観点から一八三一年講義のエジプト論にはあまり見るべきものがない。

（30）芸術哲学講義における象徴論においても同様に、芸術形式の分析という観点からエジプトへの参照がなされる。一八二三年講義では、「普遍的な芸術の諸形式」のひとつとして、「象徴的芸術形式」が論じられる。ここでは、例えばペルシアの宗教の「光の神」が、神話的なものであっても、いまだ「象徴」（V2, 1823, S.126）ではないとされる。それに対して、「普遍的なものの観念の定在からの引き裂かれ」としての「象徴的なもの」は、ゾロアスター教ではなく、インドやエジプトの宗教に見られる。とくにインドでは「象徴的なもの」の三つの側面、すなわち「人格化」、「変化の偶然的側面」、「直接的崇拝」（V2, 1823, S.132）を明確に見て取ることができる。また、エジプトのピラミッドや死者の国の神話は、当地における魂の不死、精神の自由の実現を証すものであるとされる（V2, 1823, S.138）。

（31）象徴（シンボル）能力に対する独自の哲学的見解を基礎として文化的現象を包括する人間学を構築したのは、カッシーラーであった。「したがって、人間を**理性的動物**（*animal rationale*）と定義する代わりに、我々はそれを**象徴的動物**（*animal symbolicum*）と定義するべきである」（Cassirer 1944, p.26）。このように、カッシーラーは哲学の視線を合理的理性からシンボル能力へと引き戻す。彼にとって、シンボル能力は動物から人間を分かつ境界線であり、言語、神話、宗教、芸術、あるいは科学において確認されるような、意味への迂回一般として捉えられる。したがって、そのシンボル理解が問題とするものは、ヘーゲルやクロイツァーが問題とする象徴とは異なっているのだが、本論で検討したヘーゲル宗教哲学講義と比較してもっとも大きな両者の差異であると言えるのは、カッシーラーが諸々の文化的媒介への考究を通じて人間の普遍的条件としてのシンボル能力の解明へ迫るのに対し、ヘーゲル「宗教史の哲学」はあくまで、そうした主観的精神の能力そのものの文化的歴史的生成へと視線を向けている、という点にある。また、精神的諸能力の文化的結晶化の舞台として諸々の宗教を把握する、という視点はカッシーラーにはなく、諸宗教の固有性を前提することは慎重に避けられている。

（32）「私はたしかに哲学科の一員である——しかし哲学者ではない。私には神話、象徴や信仰教義の哲学を書きたかったわけでも、書けたわけでもない。そうではなく、文献学的 - 神話学的民族誌（eine philologisch-mythologische Ethnographie）をものしたのである」（Creuzer 1990, S.XV）。

第三章　証言しうる主体性の系譜学

クロイツァーとの比較において鮮明になったのは、ヘーゲルの宗教史記述が独自に備える哲学としての在り方であった。ヘーゲルは諸宗教の解釈を絶えず新たに練りなおし、その記述に何度も手を加えることに対し、躊躇していない。ここには、解釈の前提的な大枠を維持するために都合のよい素材を恣意的に選択するのではなく、宗教史独自の形成力を明らかにしようとするヘーゲルの姿勢が現れている。しかしその努力は、文献学へと接近しつつも、あくまで哲学であろうとするかぎりで、諸宗教の記述にあえて留まることはない。そこで本章では、ヘーゲル「宗教史の哲学」が実際にどのような哲学的思考として理解されうるのかを、宗教哲学講義の残りの部分を分析し、その全体を把握することによって明らかにしたい。

以下に検討するのは、宗教哲学講義第二部の後半、および第三部、すなわち、ユダヤ教、ギリシア・ローマの宗教、およびキリスト教に対するヘーゲルの叙述である。ヨーロッパの宗教全体に対するヘーゲルの哲学的解釈を限られた紙数において仔細にまとめることはたしかに困難である。しかし、これらをひとつの系列として通覧することではじめて、ヘーゲルのキリスト教論を、宗教史という本来的な場へと位置づけて考察し、それによって「宗教史の哲学」の本来的な意義と射程とを理解することが可能となるだろう。

まず、オリエント的「自然的宗教」との対比で「精神的宗教」と呼ばれる諸宗教について、とりわけ位置づけの変動が激しいユダヤ教の解釈を中心として確認する。ヘーゲルは自然と精神の境界を、東洋と西洋の分割において確保しようとする。その作業において、ユダヤ教をどのように理解するか、という問題は本質的な意味を得るのである。

第一節　自由な主体性の成立　「精神的宗教」論について

(1)「精神的宗教」論の変遷

一八三一年講義を除き、宗教哲学講義第二部「規定的宗教」後半では、オリエントの諸宗教に続き、ユダヤ教、ギリシアの宗教、ローマの宗教が論じられる。それらに対する「精神的宗教」という規定において、先行する「自然的宗教」としてのオリエントの諸宗教との質的な差異化がなされ、ユダヤ教には「崇高」、ギリシアには「美」、ローマには「合目的性」がそれぞれにおいて中心的となる規定として割り当てられる。しかしこれから見ていくように、これらの諸宗教をどのように関連づけるか、という問題に対するヘーゲルの取り組みには、最終的な結論ではなく、常にその都度の問題意識と結びついた格闘の痕跡のみが示されているのである(1)。

構成の点から見れば、各講義に共通するものはほとんどない、と言ってよい。オリエントからユダヤへ（一八二一年、一八二四年）、あるいはオリエントからギリシアへ（一八二七年、一八三一年）、ユダヤ・ギリシアからローマへ（一八二一年）、ギリシアからローマへ（一八二四年、一八三一年）、ユダヤからローマへ（一八二七年）、という幾つかの移行パターンを試すことで、ヘーゲルはなにを描き出したかったのであろうか。歴史的生成の順序や影響関係を再構成することがヘーゲルの問題ではない、ということは、これまで考察を進めてきた我々にとっ

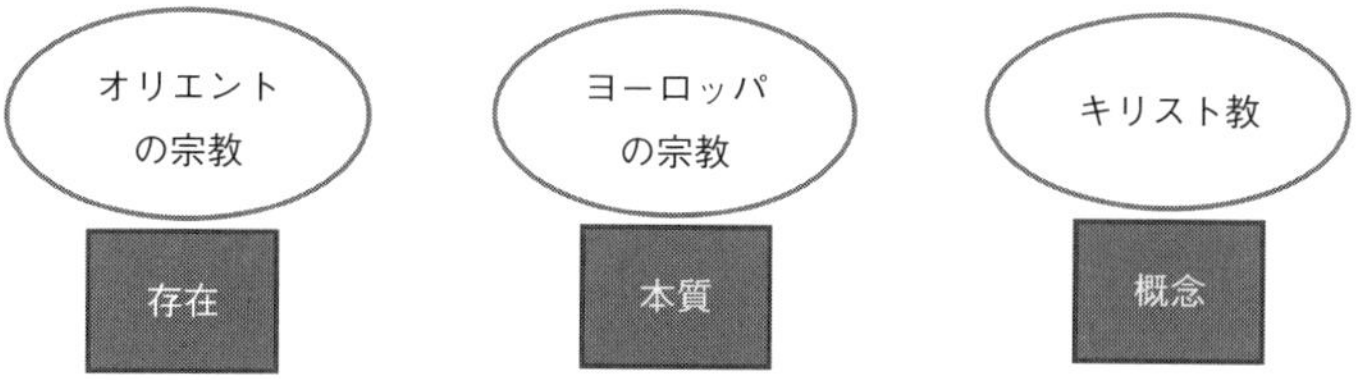

【図一】一八二一年講義の宗教史記述・論理学構造（存在―本質―概念）との対応

てすでに明らかである。それとともに、ここでの課題をヘーゲルのユダヤ、あるいはギリシア受容の問題として矮小化することも避けるべきだろう。見るべきなのはむしろ、それらの試行錯誤を支えているヘーゲルの哲学的な問題意識なのである。

（2）実体から主体へ、再び主体から実体へ　一八二四年講義における諸宗教の逆向きの対応関係

一八二一年講義草稿では、すでに述べたように、諸宗教は、存在―本質―概念という論理学的な枠組みのもとでまとめられていた。具体的記述に乏しく、抽象性が高いその記述を宗教論として見てみるなら、それはあまりにも思弁的な整理であったと言わざるを得ない。それを示すとすれば、【図一】のようになるだろう。

一八二四年講義では、ユダヤ教とギリシア宗教が、宗教史を形成する第二の段階として、「精神的個別性の宗教」と位置づけられる。これまでのオリエント宗教論で見られたのは、自然からの主体性の生成であったが、それに対し「新たな領域の根本規定は主体性一般である」（V4.1, 1824, S.283）とされる。それは自然から解放された「精神的主体性」であり、「自己規定のまったき自由な力」（ebd.）である。ここに、「力」の所在が神の実体性（東アジアの実体的力としての、あるいはペルシアの善としての神）から、主体性に移されたことが宣言される。自己意識において働く力は「知恵一般」と呼ばれるが、それは内的な自己規定として、自由に設定された目的を実現することへ向かう。この自己目的的な行為こそ、自由で無限なる力である。しか

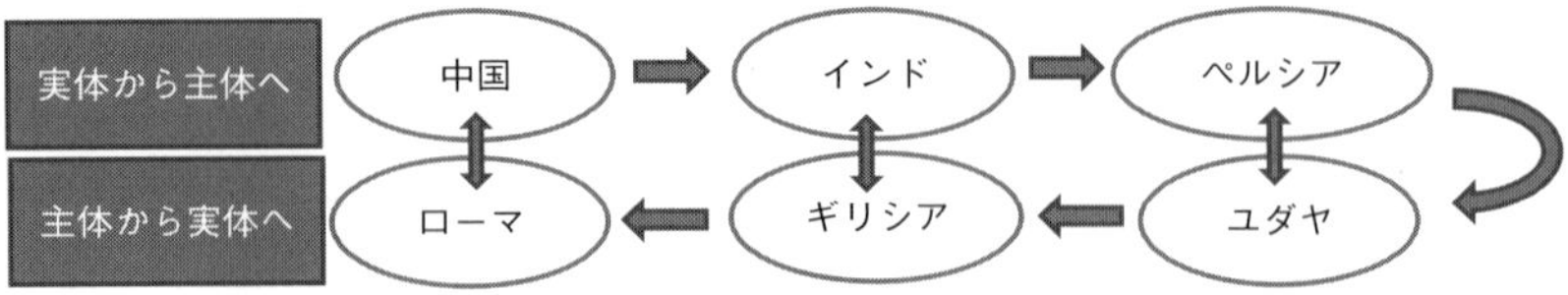

【図二】一八二四年講義の宗教史記述
・実体主体論の適用。オリエントとヨーロッパの逆向きの対応関係

しここでは、内的自己規定はいまだ自然性から解放されたばかりの抽象的なものであるから、さらにその目的が真に実現する地点へと進まなければならないとされる。その目的論的行程が、キリスト教へと至る「精神的宗教」論の流れを決定する。

宗教史の進み方について、ヘーゲルはここであまりにも思弁的な仕方で自然的宗教と精神的宗教の諸段階を対応させている（V4.1, 1824, S.289f.）[2]。すなわち、ここではユダヤ教とペルシアの宗教、ギリシアの宗教とインドの宗教、ローマの宗教と中国の宗教がそれぞれ組み合わせられるのである。それを図示するなら、【図二】のようになる。

この対応の図式主義が述べているのは、単純な反復ではなく、自然と精神の「逆向き」での対応関係である。それによってヘーゲルが表現しようとしているのは、自然的宗教の歴史の課題が「実体の主体化」であったということ、さらに精神的宗教の進展の目標が「主体の実体化」に見られる、ということである。

「（a）この領域の形而上学的概念」でも、この章の叙述の進行について次のように注意が述べられている。「ここで我々が宗教の三段階を提示したのだとすると、これらの段階は形而上学的概念そのものの内部での進行である。それらは本質における諸契機、この立場の宗教的自己意識に対する概念の様々な諸形態である。以前には、進行はただ外的な形態にあった。ここでは進行は概念の形成そのものである。したがってここでは我々はひとつの形而上学的概念だけではなく、三つの形而上学的概念を持つ。第一の概念は統一あるいは唯一者、第二のものは必然性、第三のものは合目的性、有限で外的な合目的性である」（V4.1, 1824, S.291f.）。このように、この箇所でヘーゲルは「精神的宗教」の形態化が「概念的発展」の秩序と重なることを明言している。例えばユダヤ的な「統一あるいは唯一者」はただ「観念の抽象物」にすぎず、それゆえギリシアの「必然性」へと概念的な厳密さをもって展開しなければならない(3)。

ユダヤの純粋観念はギリシアの特殊化へと移行する。「唯一者はただ我々が見たところの単一性の形式にすぎない。必然性はただ、唯一者自身のプロセス、自己における運動としての統一にすぎない。それゆえもはや唯一者ではなく、自己における統一である。概念をなす運動は統一であり、絶対的な必然性である」(V4.1, 1824, S.292)。この移行に見られる唯一神から多様な神々への特殊化は、一面では、「特殊性の圏域における、普遍性の格下げ、抽象的統一の、無限の力の格下げ、制限への格下げ」(V4.1, 1824, S.357) であるが、他方では「現実的目的の制限された個別性の高まり」(V4.1, 1824, S.358) を示す。ここに「現実の人倫」が登場し、「主体性の現実的な自由」は彼岸的であることをやめる。それゆえ、普遍から特殊への道は概念の必然的発展として把握される。

(3) 諸宗教の形態化と諸規定の本質化

各宗教の形態化とそれらが結晶化する諸規定との関係について、ここでは次のように整理される。「これら〔「統一あるいは唯一者」、「必然性」、「合目的性」〕が三つの宗教の三つの形而上学的概念であると述べられることによって、これらの概念の各々がただ三つの宗教のひとつにのみ属しているのだと考える必要はない。むしろこれらの規定の各々は三つの宗教すべてに属しているのである。区別はただ、客体に関するこれらの諸規定のどれが本質とみなされるか、それが唯一者か、必然性か、目的を伴った力、すなわち現実的目的を伴った合目的的な力かどうか、ということだけである。したがって区別は、それらのどれが本質的なものとして、本質の根本規定として、その宗教の規定に対して妥当しているか、ということなのである」(V4.1, 1824, S.293)。

このように、ユダヤ、ギリシア、ローマの宗教は、それぞれ「統一あるいは唯一者」、「必然性」、「合目的性」という概念的諸規定によって性格づけられ、互いに区別されるが、それらの諸規定自身はこれら三つの宗教のどこにも見いだせる、と言われる。だとすれば注目すべきなのは、それらのどの規定が、各々の宗教において本質化しているか、ということである。この指摘は、我々が先のエジプト宗教論において注目してきた観点と重なるものである。諸宗教においてヘーゲルによりその本質と定められる諸規定は、他の文化宗教でも認められることがほとんどである。前章で検討したように、例えば不死、死復活、あるいは三一性などの観念である。したがって諸宗教の形態化によって出現する諸表象は、それらの諸規定の歴史的生成を意味するわけではない。かといって、各宗教間に見いだされる類似規定の表面的な共通性が考察の目的とされるわけでもない。むしろ「宗教史の哲学」にとって重要なのは、各々の文化的な形態化という固有のコンテクストにおいて、思考と主体の諸規定がそれぞれに中心化しているということを明確に描写し、各宗教として前概念的に凝集化、結晶化している諸観念を折出することである。そのようにして記述される諸規定に認められる「主体性の強度」こそ、諸宗教を段階づける基準となる。この視点の導入によってもたらされる結果は、ここでは例えば、ほぼ共通の神話を持つ、ギリシアの宗教とローマの宗教の区別に現れている。

このように、諸宗教をどのように系列化するか、という課題には、各宗教においていかなる契機が本質化するか、という考察が必然的に伴っている、あるいはそれどころか、先立っている、とさえ言えるのである。各年度に見られる構成変化をどのように捉えるかという問題に際して、このことは注意されなければならない。とはいえ、一八二四年講義に関して指摘しなければならないのは、オリエントの諸宗教とヨーロッパの諸宗教とを逆向きに対応づけるその図式主義である。実体から主体へ、さらに主体から実体へ、というプログラムに対しても、ペルシアの宗教とユダヤの宗教の文化地理的な近さ、あるいはインドとギリシアの多神教としての表面的類似性に頼った対応づけがなされているのだとすれば、その対応関係は外的なものと言わざるをえない。ユダヤ教をギリシアの宗教に先立たせることによって、ヘーゲルはユダヤの唯一者的普遍からギリシアの多神教的特殊へ、という道筋を狙っていたのであるが、それもまた論理的図式を強調した叙述に留まっている。

(4) 一八二七年講義における主観的精神の諸契機の系列化

一八二七年になると、この「逆向きの対応」による論述順序は、実際にもはや採用されなくなる。「精神的宗教」論はギリシアの宗教からはじめられ、オリエントとの境をなすのも、ペルシアとユダヤではなく、エジプトとギリシアである。これらの変更の意義は、どれだけ強調してもすぎることがないだろう。ここでのヘーゲルは、オリエントの宗教とオクシデントの宗教のあいだにあるとされた、実体と主体の交互的移行を示す、かの美しき「逆向きの対応」を放棄したのである。それによって、ギリシアの宗教にはなお自然性の残存が認められ、オリエントの諸宗教とのより強い関連のもとで理解される。

一八二七年講義においても、この段階を特徴づけるのは「自由な主体性」(V4.1. 1827. S.533)という規定である。しかし論の構成を変化させ、エジプトの宗教との接続を強調することで、決定的な観点が浮上してくる。前章で確認したように、一八二七年のエジプト宗教論は、象徴という規定をもっとも際立たせていた。この独自の叙述方針によって、「宗教史の哲学」の主題である「主体性の強度」の展開を、主観的精神の諸能力の段階的発展として具体的に理解する可能性が示唆された。そのことは、ここで、ギリシア宗教の主要規定が「記号(Zeichen)」として設定されることによって、さらに確かなものとなる。「自由な主体性」は、有限なもの、

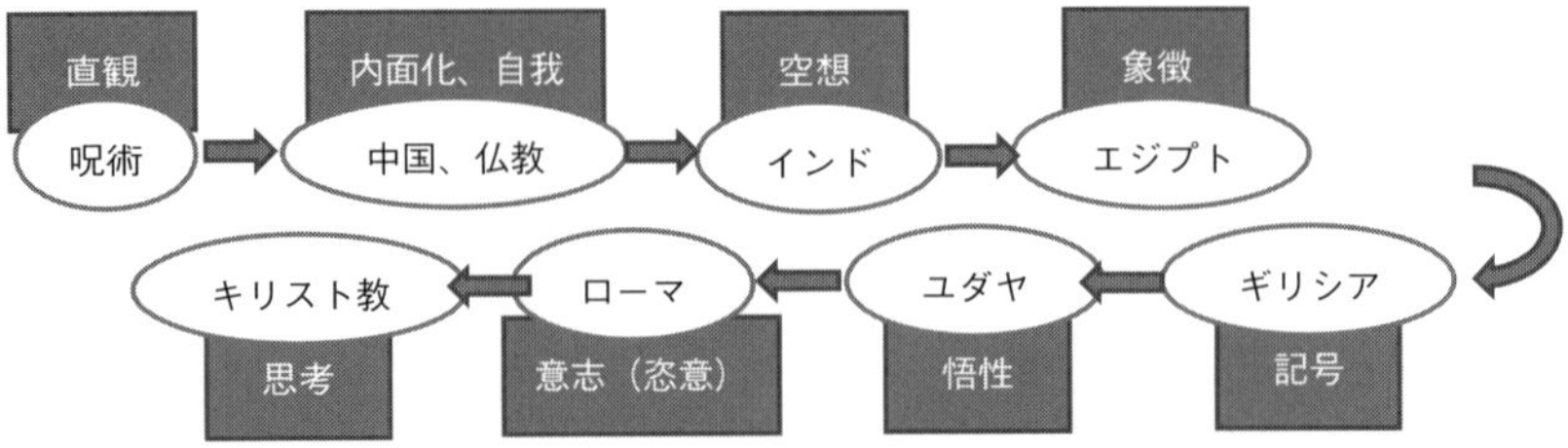

【図三】一八二七年講義の宗教史記述
・主観的精神の諸能力の、文化的形態化

自然なものを超える精神としての主体である。それが関係する諸対象は観念的なものとして捉えられる。すなわちそれは直接的に感覚されるものでも、内蔵する意味を指し示すが謎に留まる象徴でもなく、精神の自己自身が意味となる「精神の記号」(ebd.) であり、同時に対象の内面から輝き出る「美」でもある。

ここで、象徴から記号へ、という精神哲学的な読解への道筋が与えられているのではないか、という想定は、それに続くユダヤの宗教の中心規定に「観念の純粋性」が割り当てられていることから、さらに強く確証を得ることができるだろう。「〔ギリシアの宗教の〕地盤はまだ純粋な観念ではない。上述したように、美の宗教から崇高の宗教への高まりの必然性があり、つまり特殊な精神的諸力、人倫的諸力が、ひとつの精神的な統一にまとめられるのである」(V4.1. 1827. S.561)。崇高さはいまや、感性的な美に対抗する観念の崇高さである。

> 第一の形式〔ギリシア〕においてはいわば、自然的なものがただ精神的なものの記号、契機でしかないというかたちで、精神的なものと自然的なものとの和解が生じた。しかし精神的なものはこの外面性を抱え込んだままである。第二の形式〔ユダヤ〕においてはじめて、有限なものは精神によって支配され、精神は自己を高めつつ、自然性、有限性を超えて高められ、美の形式においてはなお問題である外面的なものを抱え込んだり、それによって濁らされたりすることがもはやない。第一の形式は美の宗教、第二の形式は崇高の宗教を与える。(V4.1. 1827. S.534)

一八二四年ではユダヤの抽象的普遍性からギリシアの特殊性へと進み、そこに見られるべき概念の発展が固守されているのに対し、一八二七年では「主体性の変容」という観点から、象徴（エジプト）、記号（ギリシア）、観念（ユダヤ）が系列化され提示される。この記述全体を視覚的に示したのが【図三】である。

このように、章立ての構成変化が示すのは、歴史的事実と哲学的思弁のどちらを優先させるべきか、という表面的な問題ではなく、年度ごとに違ったプログラムのもとで新たに試される思索の実演なのである。一八二一年講義と比較してみると、一八二四年と一八二七年の記述を方向づけているのは、論理学的図式ではもはやなく、精神哲学の主観的精神論において主題化される諸契機である。このように宗教史をリードするものを交代させることで、ヘーゲルの考察は宗教史における「主観性の変容」に重心を置くようになる。さらに、一八二四年から一八二七年への移行に際し、『精神の現象学』的主題が濃厚に反映する実体―主体の往復という構成も放棄し、主観的精神の文化的形態化の叙述へとさらにシフトしていくのである。これらの変化は、それぞれの歴史記述の帰結となるキリスト教に対する性格づけをも左右することとなるであろう。宗教の「完成」とは宗教史の完成でもある。果たしてヘーゲルによる宗教史記述のそれぞれのヴァージョンは、どのような完成を描くのであろうか。

第二節　キリスト教への歴史的な準備　ユダヤ教とローマの宗教における世界の空洞化

（1）奇跡の可能性と自然の脱神格化

宗教哲学講義第二部の大きな課題は、「規定的宗教」から「完成した宗教」としてのキリスト教へと、言い換えれば主体性の「生成」、「変容」からその「完成」へとどのように道を開くか、ということにあると言えるだろう。この問題に対して、ヨーロッパの諸宗教を論じるヘーゲルの叙述は新たな要素を盛り込んでくる。オリエントの諸宗教とは異なって、ユダヤ教やギリシア・ローマの宗教、およびキリスト教については、それらのあいだに世界史的連続性を認めることが可能である。この側面をヘーゲルは考察に導き入れるのである。

注目すべきなのは、その課題においてもまた、ヘーゲルがキリスト教の歴史的な成立基盤を、あくまで主体性の問題として、その信の歴史的な可能性の条件の成立に求めている、ということである。キリスト教的信仰の成立は、先行する諸宗教がもたらす、精神的な布置状況によって規定される。なにを信じうるのか、なにを信じえないのか、という意識の背後にある制約的枠組みが、キリスト教として形態化される主体性を確定するのである。

その際に考察の中心となるのは、直接的に先行するユダヤ教との関連である。先の図で示したように、一八二七年講義の精神哲学的な序列において、一方で、ユダヤ教は「純粋な観念の宗教」として、「思考の宗教」であるキリスト教を予示している。他方でそれはまた、主体的な信に関わる様々な問題系とも関連しているのである。ヘーゲルはユダヤ教とキリスト教の関係について、キリスト教がユダヤ教の一派として発生した、という単純な史実を結論とするのではもちろんない。彼の強調はむしろ、前者の宗教が自らの「主体性の強度」を、ある仕方で形態化することによって、後者の完成を精神史的に用意した、という点に置かれる。これらのことに留意しながら、以下にまずユダヤ教を、次いで同様の視点から、ローマの宗教を、年代別に見ていきたい。

一八二四年講義で、ユダヤの宗教は、ギリシアの宗教に先立って、オリエントの諸宗教との連続と非連続のもとで考察されていた。そこでは、ユダヤ教の「精神的宗教」としての性格が、「自然的宗教」を超える新たな枠組みのもとで把握される様子を、明確に見て取ることができる。

この新たな枠組みは、「世界の変容」と「主体性の変容」という二つの側面から確認されている。まず、ユダヤ教には、世界における諸事物と神との関係において、いままでに確認することのできなかった、神の「永遠の創造」（V4.1, 1824, S.327）という要素が現れている、とされる。世界と諸事物は神の被造物である、ということは、一方で、それらの諸事物が明確に神との関係において捉えられていることを示す。しかし同時に、被造物として、それらは神から切り離され、「脱神格化（entgöttert）」（ebd.）され、「物」として現存している。もはや「散文的」でしかない諸事物の関係は、普通の知性にも「理解可能な連関」となる（V4.1, 1824, S.330）。

ヘーゲルはこの散文的世界把握を、「奇跡」の表象が出現することの第一条件として設定する。インド的世界観と対比し、ヘーゲルはこのように述べる。「インドの宗教には奇跡というものがない、なぜならいまだ自然的諸事物であるものがなく、理解可能な定在と諸事物の理解可能な進展というものがないからである。だから奇跡はない」（V4.1, 1824, S.331）。本書第三部第二章でも見たように、インドには神的世界と諸事物の世界との境界がないので、神的なものが直接的に世界に現象しうる、とされた。その現出はしかし奇跡ではなく日常であった。

奇跡とは、世界における神的なものの現象であるが、より正確には「そのように悟性的である自然的なものにおける、神の個別的な現象」（ebd.）と定義されうる。すなわち奇跡は、悟性的に把握可能な諸事物という規定と、創造的一者としての「崇高な」神の概念を前提とし、神と世界との離反をその第一の出現条件とするのである。奇跡はそれらの前提条件を個別的に破るものであるが、この破れが破れとして認められるところに奇跡ははじめて表象化される。したがって奇跡表象は、事物的世界という観念を持たない宗教形態には認められず、また、自然法則そのものを絶対化し、神聖化する世界理解にもまた存在しえないのである。それについてヘーゲルは次のように述べている。

奇跡の要求と奇跡への信仰が現存するのは、理解できるかたちで現実に存在する諸事物において、神がただ永遠なる自然法則としてのみ現象するとは把握されていないというかぎりである。それへの信仰が消えるのは、神が本質として自己を顕示する、すなわち自体的にその概念にしたがって本質的に普遍的な仕方で、自己において必然的な、概念を表現する仕方で現象する、というように、自然的諸事物が把握されるときである。それは我々が自然法則一般と呼ぶものの体系である。それから神的な活動性が普遍的で本質的なものとして把握されると、諸事物の連関は客観的に理解可能な連関となる。それから個々の事物が、端的にただ連関においてのみあるものとして意識されると、神的なものを表現するこの連関は、永遠に自己において、必然的な仕方でまったくの普遍的な活動性となる。（ebd.）

このような見方からすれば、あらゆる宗教に奇跡という表象が認められるわけではないということになろう。奇跡が成立するのは、オリエントの諸宗教で見られたような、自然と精神の混交においてではない。また、キリスト教のように、自然において自己認識を達成する「精神の自己外化」の実現においてでもない。それは、両段階の中間にあって、自然と精神の分離と、自然からの精神の独立をはじめて証しする徴標なのである。「奇跡への信仰が場所を持つのは、まさに規定的であるそのような表象においてである」（ebd.）。このように、ヘーゲルがここで語っているのは、その表象を成立させ、あるいはこれまでの考察に従って言えば、中心化ないし本質化させ、それへの信仰を可能としているような、ユダヤ教として形態化する文脈的固有性なのである。

（2）原初的恐怖と宗教的恐怖の区別

脱神格化された、知解可能な散文的自然という世界観を表現する奇跡表象の生成とともに、ユダヤ教の段階を性格づけているのは、信仰する主体性を規定しているものである。それはヘーゲルによれば、神に対する「恐怖」の感情である。一八二四年講義におけるユダヤ教祭儀論において、その信仰態度が「主に対する恐怖」という「心術のもっとも内的な契機」（V4.1, 1824, S.342）に規定されていることが論じられる。それは私の所有や関心事が毀損され、喪失することへの恐怖であるが、それは私の力の反対、意識の彼岸に認められるものである。「目に見えないものに対する恐怖」（V4.1, 1824, S.343）によって主体の意のままになる領域の外からこのように脅かされていることには、私の有限的な関心事に対する絶対的な否定性のもとで、それらを放棄することが付帯している。それは一面で、純粋な観念への高まりとして肯定的に捉えられもする。「主の恐怖は、自由の本質的な契機のひとつであるこの絶対的な否定性である」（V4.1, 1824, S.344）。

ここで注意したいのは、このように言及されている「主の恐怖」と、先の第三部第一章で考察した、自然から呪術の段階への移行、すなわち人間形態の発生段階で見られた原初的な恐怖との区別である。呪術を動機づける原初的な恐怖の感情は、生存を脅かす自然の力を看取するものであり、呪術はその力を克服しようとする態度として理解された。そこにはたしかに自然から超出の契機が確認される。しかし個人としてのシャーマンが関わるのはあくまで自然の力であり、そこでの働きかけは直接的なものであった。

それに対し、ユダヤ教において新たに本質化する恐怖がもたらすのは、まったく逆の方向づけである。かつて恐怖の振動は、原始的な心術の革命を動機づけ、恐怖から遠ざかるのではなく、その克服へと向かわせた。それに対し、崇高なる神に対する恐怖は、それに脅かされる主体にとっての絶対的な否定性であり、それを克服することは、もはやそれと対峙するのではなく、むしろ自らのすべてを諦めて神の絶対性へと帰依することなのである。シュライエルマッハーを批判的に意識しつつ、ヘーゲルは主の恐怖を次のように定式化する。「それ〔純粋で絶対的な力の直観〕はそれゆえ「依存の感情（Gefühl der Abhängigkeit）」などと呼ばれるものではまったくない。反対に、この主の恐怖はあらゆる依存を止揚する。人間は特殊なものに依存している。自由な人間はあらゆる依存から自由である。主の恐怖とはこのようにあらゆる特殊な関心からの解放なのである」（ebd.）。絶対的他者としての神に直面する人間がここに生成する。

恐怖という感情を主要な契機としながらも、呪術の段階とユダヤ教の段階とでは、もはや比較できない意味がそれぞれに付与されている。これまで繰り返し見てきたように、ヘーゲル的「宗教史の哲学」の視線は、諸宗教間に散見される表面的な共通性を破り、それぞれ固有の場において特定の感情や表象へと結晶化するもの、すなわちそのつどの「主体性の強度」を掘りあてようとする。ここから、宗教考察に対する重大な帰結が生じてくる。すなわち感情であろうと表象であろうと、人類全体に行き渡る普遍的かつ特権的な宗教的形式というものは存在しない、ということである。そのような仮定が不可能であることを示すものこそ、宗教史的形態化の事実なのである。

（3）世界の内在的な意味の喪失

ギリシアの宗教を先行させる一八二七年講義では、ユダヤ教は後続するローマ的世界との連絡のもとで考察される。「〔ギリシアの宗教の〕地盤はまだ純粋な観念ではない。上述したように、美の宗教から崇高の宗教への高まりの必然性があり、つまり特殊な精神的諸力、人倫的諸力が、ひとつの精神的な統一にまとめられるのである」（V4.1, 1827, S.561）。ギリシアの記号からユダヤの純粋観念へ、という道筋は、一八二四年講義と同様、奇跡論において、世界における神の不在化、脱神格化へと結びつく。神的なものと自然的なものが結びつき、神々が多様な形態をとるオリエントやギリシアの美に対し、形態を欠いた崇高な神への信仰において、「いまや無限の主体性が自己自身をそのように規定し、その諸規定を世界として自由に解放することにより、諸事物というこれらの諸規定であり、それらが真にそうであるように非自立的であり、神々ではなく、自然諸対象である」（V4.1, 1827, S.568）。世界はもはや神的な意味を内包する象徴（エジプト）でも記号（ギリシア）でもない。

ユダヤ教の文脈において、無限の主体性としての神は、散文的諸事物としての「世界」と対峙する。神と切り離された世界という表象において、「自然的、必然的連関」（V4.1, 1827, S.568）としての自然に対する理解、および「自然的連関の意識」（ebd.）がその萌芽を見せる。いままで確認してきた一八二七年講義特有の精神哲学的系列にしたがえば、絶対者との分離と、自然的連関の意識は、「悟性」の歴史的な形態化、結晶化を物語っていると言える。

「自然的な仕方で互いに作用しあう有限的諸事物」（V4.1, 1827, S.569）として理解される世界に対し、神はただ奇跡という仕方でのみ関係しうる。「真の奇跡とは精神が自然において現象することであり、精神の真の現象とは人間の精神の根本的な仕方においてであり、世界のその意識である」（V4.1, 1827, S.568f.）。神の現象は、「本質」の現象として、「存在」という直接的なあり方とは区別された、彼岸と此岸との運動的な二重性を示す。奇跡表象が示しているのは、彼岸的なものが、にもかかわらず此岸において現れ出るという逆説的関係性である。

ユダヤ教に対する「崇高」という主要規定も、ここから導き出される。神と世界のあいだに対立を理解することで、神の顕現は、奇跡として、もっぱら「神の偶然的な顕示として」（V4.1, 1827, S.569）把握される。それゆえその顕示は、いまだ「絶対的なもの、永遠なもの」として理解されていない。「崇高とは、ようやくこの無限の主体の世界に対する現象、関係にすぎない」（ebd.）。世界そのものもまた、神の現象として理解されてはいるが、それは肯定的なものではない、あるいは肯定的なものであったとしても、「自然的なもの、世界的なもの〔世俗的なもの〕は、主体にふさわしくないものとして否定され、その結果、神が現象することが、ただちに実在性における現象を超えた崇高として把握されている、という主要性格を持つ」（ebd.）。ユダヤの神の崇高さは、有限的な被造物としての世界にふさわしくない。奇跡としての神の現象という理解は、したがってこの崇高さを保ちつつも、神との関係を獲得するための構造を提供する。しかしそこから結果するのは、世界に対する神の否定的態度であり、世界における神の不在である。奇跡としての神の現象という表象は、神の常態的な臨在ではなく、むしろその不在を基本的な心情として表現するものであると言えよう。

（4）「精神的宗教」における目的表象の生成と展開

同様に世界における神の不在を、ユダヤ教とは違った仕方で、「苦痛」として表現するのが、ローマの「合目的性の宗教」である。一八二四年講義の章編成では、ローマの宗教のみならず、「精神的宗教」章全体の展開が「目的論」の観点において語られていた。「〔第一の契機であるユダヤ教では〕主体性としての力は自己をある目的に従った知恵として規定する。これはさしあたりまだ無規定的である。〔第二の契機であるギリシアの宗教では〕それが特殊な諸目的となり、統一はそれらから区別される、それから〔ローマの宗教としての〕第三のものは、この目的が同時に経験的で普遍的である、というものである」（V4.1, 1824, S.289）。ユダヤ教において、神の「創造」は無秩序で抽象的なものではなく、神の理性的な目的にしたがったものであるとみなされる。ユダヤ民族の「救済」へと向けられたその計画が、神の知恵であり、そこではじめて人格的な行為としての創造が、宗教史上で本来的な意味を持つ、とヘーゲルは見ている（V4.1, 1824, S.311）。それは、世界が神の知恵によって生み出された以上、それはそれ自体でなんらかの目的を持つ秩序である、という合目的的世界観の生成である。その世界観は、世界の能産と所産の区別を欠いていた「自然的宗教」には見られなかった側面である。したがって、目的をめぐる考察は、「精神的宗教」論を包括的に特徴づけるひとつの印となる。(4)

絶対的な神の知恵による合目的的世界創造というユダヤ教特有の表象は、それ自体として具体的な意味内容を持たず、抽象的な普遍性に留まる。それに対し、ギリシアの宗教は、その抽象的な目的論に対抗する否定を形成する。神々、および神々の長であるゼウスもまた、盲目的な「運命」の必然性に服するしかない。それは「抽象的必然性」、「目的を欠いた必然性」、「概念なき必然性」であり、神々の無秩序な体系は「相互外在的である特殊化」（V4.1, 1824, S.369）である。このように、ここでは神的秩序から目的が除去され、目的論的世界観は否定される。そこから現実的なものにおいて目的の回復を見るのがローマの宗教である。

この領域の第一の宗教〔ユダヤ教〕において、すなわち崇高の宗教において、我々は抽象的な知恵を、普遍的力と知恵を得たのであり、そこでは充実はあるまったく個別的な目的、まったく個別的な民族であり、他の家族に対して排他的なある家族である。この領域の第二の宗教〔ギリシア宗教〕、すなわち美の宗教においては、神々のふところで多くの特殊な力が安らい、多くの特殊な現実物が神性そのものへと参与している。多くの現実的な民族精神が、そこで自らの保証を得て、そこでの目的となる。それはいわば、神的な貴族制である。第三のもの〔ローマの宗教〕は、ある現実的な目的が、力によって作り上げられる目的である、というものである。したがってさしあたりある排他的目的であり、次には多くの目的で、これらの多くのものがいまやある普遍的な目的へと拡張されるべきである。このある現実的な目的とは、それ自身必然性であり、最高のものとなるべきである。このことがこの第三の宗教の概念である。（V4.1, 1824, S.398）

一八二七年講義でも、各宗教における目的表象への着目は変わらず、第一の宗教であるギリシアの宗教において、すでにそれが生成していたことに強調点を置くことで、ヘーゲルは「精神的宗教」論全体を、目的論的段階として一括し、議論の統一を保とうとする。しかしその展開は、一八二四年講義に見たような、ギリシアの否定を介した単線的な弁証法的過程と理解されることがもはやない。「合目的性の宗教」としてのローマの宗教は、「美の宗教」と「崇高の宗教」の統一である。ユダヤの宗教で表現された普遍的な、無規定的な「神の知恵」としての目的は、限定されたかたちで、ローマ的世界において現れる、とされる。すなわちローマの宗教で世界の目的とされるものは、神の救済計画を示すものではなく、世俗化された人間的な目的に切り下げられるのである。

このように人間的な諸目的が神的なものとして、したがって神的な諸力としてみなされていた。人間の目的と神的な目的はひとつのものである。しかしそれは理念に外的な目的である。（V4.1, 1827, S.586）

ヘーゲルがギリシアの宗教とローマの宗教の差異を強調するのは、まさにこの点である。ギリシアには神々の美的な現れにおいて、世界の内的な意味を感覚的に告げ知らせる「快活さ」があった。神々は日常的な目的と切り離された世界に遊ぶのである。それに対してここで支配的なのは、ローマ人の「真面目さ」である。ローマ的目的論の世界では、神々の内容は「実用的な有効性」（ebd.）に限定され、日常的な場面で実用的であるかぎりにおいて、神々は崇拝されうる。一見すると、ローマ人の生活は不信心に見えるかもしれないが、ローマ人ほど宗教的な民族もない、とヘーゲルは言う。すなわちローマ的な御利益宗教が支配する文化空間では、日々の世俗的生活を真面目に送ることが、神々を礼拝することと一致しているからである。

世界に満ちていた神々は、いまやパンテオンへと押し込められ、オリンポスを統べるゼウスもまた「ユピテル・カピトーリヌス」（V4.1, 1824, S.402, 1827, S.587）として、すなわちただローマのカピトーリヌスの丘に座す都市の守護神へと変貌する。それは神々と人間の支配者ではもはやなく、「現実存在する人間の現実的支配者」（V4.1. 1824. S.402）である。この点に象徴されているように、すべての神的なものは、人間的生の日常的欲求に従属するのである。「窮乏はローマ人にとって普遍的な神統記であり、そこから神々が彼らのもとに生じてくる」（V4.1. 1827. S.588f.）。

このように、ヘーゲルは様々な目的表象の出現と変容をとおして、ユダヤ、ギリシア、ローマの宗教の展開をまとめあげる。それは自然から精神へと向かう道筋における重要な画期でありながら、その帰結（ローマ）において、世界の目的は神から人間的なものへと引き下げられる。我々は先に、ユダヤ教において、有限的諸事物の連関としての世界から神が切り離されたことを、奇跡表象とそれに伴った自然的連関の意識の成立において確認した。ユダヤ教とローマの宗教を接続する一八二七年講義で明確に見て取ることができるのは、さらにそこから目的が世俗化されることによって、超越的な神への確信が喪失し、不可能となるとともに、信仰の人間化によって神的なものの威光が薄れていく様子である。このように、世界における神の不在が、ユダヤとローマという二つの方向からもたらされるのである。

（5）世界の苦痛と来たるべき時の準備

ヘーゲルの論述は、ローマ的堕落の叙述を介し、その退廃的状況からの脱出への希求として、キリスト教的信仰の歴史的成立を描く。宗教的な事柄が徹底的に人間化する事態を受けて現出するのは、「不幸」と「苦痛」としての世界であり、そうした否定的側面が新たな宗教の形態化を促すのだ、というのがここでの理論的な道筋である。

ローマの宗教には、特有の「寛容さ」が見受けられる。それは一方で、文化地理的に拡大した世界における多様な信仰の混在が帰結する実践的な態度であるが、他方でその無関心は、あらゆるものの固有の価値と形態の意義を喪失させる。そのなかで、「ある確固としたものを求めること」（V4.1, 1824, S.405）という対抗的な方向性が姿を現しはする。しかしローマの宗教が提供する合目的性は、あくまで外的なものに留まるので、その希求もまた有限なものに向かうだけである。シュライエルマッハー批判が表立つ一八二四年講義では、ここでの特有の心持ちを「依存」（V4.1, 1824, S.406）という言葉で表現している。(5)

かの支配において人間は自己を自由であると知っているが、それでもなお個人に対して外的なものに留まっている目的がある。ローマ的徳もそのように外的な目的であり、人間が自らの精神のうちに具体的に実現しうる目的ではない。さらにそれらは特殊な諸目的であり、それらに関して生じてくるのは本質的に依存の感情なのである。（ebd.）

感情宗教論に対するヘーゲルの批判は、すでに本書第一部第三部において、ヤコービ批判の関連ですでに述べたが、ここではさらに、依存という非理論的関係性とその感情が、ただ有限なものの連関に囚われた不自由の感情でしかなく、そこに結びつくのは数々の迷信だけである、とされている。「その宗教が依存的なのはただ、人間が純粋理論的に制限されていない理念、実体的なものを自らの対象にしていないかぎりである。したがってここでこの宗教において依存の感情は本質的に迷信なのであって、なぜならここでは制限された、有限な諸目的が問題であり、そのようなものが絶対的目的、絶対的対象として扱われているからであるが、それらはその内容に従って制限されているのである」（V4.1, 1824, S.406f.）。

ここでのヘーゲルの狙いは明らかに、「依存の感情」を柱として、宗教についての人類一般的な理解を得ようとする態度に対する批判である。ヘーゲルはそれをローマの宗教の状態と歴史的に同定することで、感情を軸とし、それゆえ有限性の領域に留まるその道具立てが、キリスト教以前の、ローマのような腐敗した宗教にこそあてはまるものだ、とあてこする。このような否定的な状況と人々の絶望は、新たな宗教への渇望を生じさせる、という反動に資する役割を持つのみである。このように、ヘーゲルは同時代的思想状況をローマに見立てることで、自らの時代に対してもまた「来たるべき時」を透かし見る。一八二四年講義は、キリスト教の歴史性を強調するとともに、その状況とヘーゲル的同時代に対する意識を結びつけることで、キリスト教を頂点に据え、そこに意識的に依拠する自らの宗教哲学を、世界史に照らすことで正当化しようとするのである。

（6）個人の絶対化とその価値剥奪

ヘーゲルによれば、ローマの宗教の退廃は、その祭儀においてもっともよく理解される。彼が着目するのは、コロッセウムにおける人と動物との殺し合いの見世物である（V4.1, 11824, S.408ff.）。ここには、ギリシア演劇に見られたような、いかなる人倫的な意味や悲劇的回心も認められない。それは「死の乾ききった回心」、あるいは単なる恣意に基づいた「内容のない死」（V4.1, 1824, S.408）である。ローマの宗教において、現実的個人とその「目的」は絶対的なものとして認められてはいたが、この「単なる恣意の手のうちの遊戯」では、その絶対的な自己目的が同時になんでもないもの、無価値なものとしてみなされている。個人の絶対化と価値剥奪を同時に進行させるのが、ヘーゲルの理解するローマの宗教の実情なのである。

「人格（Person）」あるいは「抽象的人格一般」（V4.1, 1824, S.409）の表象の登場により、有限な主体性はそれ自身が絶対的なもの、無限なものと認められるが、その絶対性は同時に内容を喪失した空虚なものとなる。また、個人の絶対化は、「私自身に対する私の無限の関係」でありながら、他人との共通性を失った「自己に基づく絶対的原子」（ebd.）でもある。ヘーゲルの分析によれば、ローマの退廃は絶対的主体性が有限な目的と結びついていることに起因している。そのバランスの欠如は「不幸」であり、「苦痛」である。「ただ無限の主体性だけが無限の目的を持つ」（V4.1, 1824, S.410）。ここにヘーゲルは、さらなる、そして最後の宗教の形態化が要求される歴史的な地盤を認識するのである。

一八二七年講義、一八三一年講義におけるローマ宗教論の観点も、一八二四年講義とほぼ同一であり、現世利益の関心に基づいたその人間中心主義に向けられている。ただ一八二四年講義において散見されたシュライエルマッハー批判と、それに伴った同時代的状況に対する批判的分析は、これら後年の講義では控えられている。他の歴史文化に属する宗教を安易に記述者の立場に結びつけないという、アナクロニズムに対抗する限定は、一八二七年「フンボルト書評」において確認されたテーゼでもあったが（本書第三部第二章参照）、ここでもまた機能しているように思われる。

第三節　一八二一年講義草稿における「完成した宗教」

（1）宗教哲学講義第三部の課題

これまで、宗教哲学講義第二部の後半にあたる、ユダヤ教、ギリシアの宗教、ローマの宗教に関するヘーゲルの議論を追跡してきた。本節以降の課題は、宗教哲学講義第三部「完成した宗教」におけるキリスト教論である。本書は、ヘーゲルのキリスト教論を、孤立させず、宗教史記述の展開において理解するという方法によって、諸宗教の分析に通底する「宗教史の哲学」を取り出すという狙いを持っている。したがって以下の検討も、大部である講義第三部を扱うに際し、主にこれまで確認してきた諸点に即して行われる。

第一に、本書では「主体性の変容」という観点を、宗教哲学講義の主要関心として考察してきた。ヘーゲル的宗教考察の基軸は、自然から精神へ、あるいは実体から主体への通路を跡づけるという問題設定にある。しかしながら、ユダヤ教の位置づけが常にそのつど見直されていたことからも明らかなように、具体的な宗教史記述の道筋はあらかじめ設定されていたのではない。むしろ、特定の文化のなかで結晶化し、中心化する契機の分析がヘーゲルの考察の主眼となるのであり、各文化宗教から抽出された諸契機がどのように配列されるのかは、実証的な歴史学の主張する順序に従うのでもなければ、例えば多神教と一神教といった宗教学的類型論に依拠するのでもなく、その分析そのものにかかっているのである。「主体性の強度」の系列は、あくまでそのなかで確保されなければならない。一八二四年講義では、それが自然的宗教と精神的宗教との逆対応として、あるいは一八二七年講義では、主観的精神の諸能力との照合として具体化する。したがって、諸宗教についてのそれぞれの考察は、宗教史としてのヘーゲル宗教哲学全体の性格にまで、影響を及ぼしているとすら言えるのである。

キリスト教論を検討するにあたって主題化したいのは、この一八二七年講義特有の観点である。それぞれの宗教において本質化する契機は、現在的な知性の諸契機の系列を浮かび上がらせる。すでに触れたように、例えばエジプトの象徴、ギリシアの記号、ユダヤの純粋観念などである。この系列で考えるなら、明言されてはいないが、ローマの宗教が結晶化するものは有限な意志にあたるであろう。いずれにせよここですでに推測可能なのは、その系譜の終局において、キリスト教は「思考の宗教」と位置づけられるだろう、ということである。キリスト教はヘーゲルの捉える「思考」の歴史文化的な形態化である。この設定が示す意味、およびその叙述全体が提供する哲学的思考のモデルを明らかにすることが、本書の最後の課題となる。

ヘーゲルの宗教哲学講義第三部は、キリスト教を考察の主題としている。キリスト教が宗教の「完成」である、というのは、講義第一部で開陳された「宗教の概念」が、ここで歴史的に形態化し、実現したことを意味している。精神哲学的に言えば、「主体性の強度」の展開である宗教史の結論として、キリスト教における主体はその完成であり、精神の自己実現としての、自然に対する最終的な克服を表現する。

一見すると、他の諸宗教に対する記述の変遷に比べ、ヘーゲルに馴染みのあるテーマということもあって、キリスト教論についての年度ごとの変化は少ないように見えるかもしれない。しかし本書が追求するところは、宗教史全体を視座にして見たキリスト教論なのである。「完成した宗教」の内容は、先行する諸宗教の展開から、その帰結として生成する[6]。その点に留意するならば、各年度のキリスト教論にも、全体の記述の変遷に由来する性格づけの変化が見て取れるはずである。そのためにまず、問題となる一八二七年講義に立ち入る前に、一八二一年、一八二四年講義第三部の概要を確認しておきたい。

（2）存在論的神証明との対応

一八二一年講義草稿では、まず冒頭で、「神が自己を啓示し、顕示するという絶対的な意識」（V5, 1821, S.1）の成立が宣言される。それからキリスト教が「啓示の宗教」（V5, 1821, S.2）、「真理の宗教」（V5, 1821, S.4）、「世界と神との和解の宗教」（ebd.）と定義される。

「A. 抽象的概念」では、キリスト教の神概念が検討される。その際に、ヘーゲルはこれまでの宗教類型に対する検討と同様に、神存在の証明形式を分析の道具立てとしている。諸々の存在証明の形式は、キリスト教神学の枠内でのみ問題となる事柄ではない。むしろそれらは、諸々の歴史的諸宗教において、人が神へと関わるそれぞれの仕方で表現される思考の諸形式だと考えられている[7]（注：一八二四年講義では、神存在の証明形式のそれぞれは、「宗教に沈み込んでいる思考の諸規定」（V4.1, 1824, S.158）とされている）。こうした枠組みにおいて、キリスト教は神存在に対する「存在論的証明」の形式に該当する。

これまでの諸宗教は、自然宗教（宇宙論的証明）も、精神的諸宗教（目的論的証明）も、「有限なものから無限なものへの高まり」を関心としていた。注目すべきなのは、存在論的証明において逆転するその方向性である。すなわち、存在論的証明として試みられてきたものとは、神の概念から存在の実在性を導き出すことだとされるのである。ヘーゲルはカントによる非難を引き合いに出し、それに批判的検討を加えることで、アンセルムスの観点を限定つきで擁護しようとする。(7) カントが例に出す「百ターラー」は表象されたものであり、存在とは区別されるわけだが、それは有限者にのみ妥当する。そのかぎりで、概念であり存在であるとするアンセルムスの神にその批判が該当することはない、とヘーゲルは主張する。

とはいえ、アンセルムスにおける概念と実在性の統一もまた、主観的な前提に留まり、その正当性の保証を欠いているかぎりで不十分なものである。このような批判を介し、ヘーゲルは存在論的証明の改築を試みるのでも、宗教を飛び越えて哲学に移行するのでもなく、「教団」において継承されている聖書の物語へと立ち返るのである。

(3) 三位一体の神とキリストの生涯

続く「B．具体的表象、あるいはむしろ理念の規定つまり発展が自己によって祭儀へと組み入れられる」と題された節では、形而上学的な神概念の把握が、キリスト教の具体的言説から取り出されてくる。存在論的証明で前提される神の概念と実在性の統一は、ヘーゲルによれば神を「精神」として把握することで真に理解されるのであり、そうした神のあり方を宗教形態として本質化しえたのは、ただキリスト教のみである、という。

まず言及されるのは、神が多様に述語づけされる、という事態である。例えば神は全知全能である、正義である、あるいは愛であり救済である、と言われる（V5, 1821, S.13）。神は本来無限であるべきであり、あらゆる述語づけが拒まれるべきであるにもかかわらず、これらの互いに差異化された有限的な規定は可能であるとみなされる。こうした二重性は、図像や象徴の使用が許容されているのと同時に、他方でそれらの主観的表象が否定されるのと同様の事態である。この矛盾した関係性を統一的に捉える表象こそ、「精神としての神（Gott als Geist）」にほかならない。それらの有限的規定は、神が自己を制限し、「啓示」したものとして認容される。その運動性格の表象が、「三位一体」としての神にほかならない。

神の自己規定は運動態として統一性を保持する。以下ではそうした「精神としての神」の運動的諸契機が順に分析されていくことになる。「〔領域〕（a）」では、その神としてのあり方が問題となる。神はまず「唯一者」として、普遍的なものという性格を持つ。そこに、「息子、産出」（V5, 1821, S.17）という否定の契機が付け加わる。それは「唯一者」としての神にとっては矛盾であるが、それは神自身であると認識され、自己へと還帰するという「聖霊」としての運動性において、「無限に自己自身と関係する否定性、すなわち自己のうちでの絶対的な反省」（V5, 1821, S.21）という精神の概念的構造が成就しているのである。「〔領域〕（b）」では、創造された、有限的世界について語られる。これは「他であること」、「自己の外にあること」として、自己の否定的契機ではあるが、あくまで自己の「契機」として承認される。

「〔領域〕（c）」ではこの精神の運動性が、「救済と和解」へと極まる「有限的精神における神的理念の歴史」（V5, 1821, S.29）として、五つの側面へと分析され語られる。まず、普遍性としての「父」が他となることが、神の似姿にしたがった「人間の創造」、および「堕罪」という二段階のエピソードから読み解かれる。楽園表象を称揚する「起源への思考」に対するヘーゲルの批判は、すでに本書第三部第二章冒頭にて、自然宗教概念を独自に構想するその叙述において確認した。ここでもまたヘーゲルの力点は、「神の似姿」として創造された人間の神的な性格にあるのではなく、むしろ認識能力を手にして楽園を追われる否定性に置かれる。知恵の実を口にし「アダムは我々のひとりのようになった」という箇所に着目するなら、原人間はもともと神的であったのではなく、神的なものとなったのだ、というのがヘーゲルの解釈である。

そこから展開する第二の局面は、「自らの自然的な意志から、悪から、個別性の意欲から、あらゆる種類の制限性から、また宗教の、すなわち有限な宗教の制限から、精神が高まること」（V5, 1821, S.45）を示しているとされる。宗教一般の形式は、神としての客体と人間的有限的意識としての人間との関係に求められていたが、ここで出現するのは「絶対的な客体性」にして「無限の主体性」としての神のみであり、「無限の自由」としての「絶対精神」である（ebd.）。この契機を表象しているのが、「神の息子」（V5, 1821, S.47）というイメージである。有限性一般は神と切り離された世界ではもはやなく、神が自己を外化した姿である。さらに、神のこの自己外化が、直接的個別性へ、すなわちただひとりの個人に究極するところに、「永遠の愛」（V5, 1821, S.49）が表現される。

さらに続く第三の側面から、キリスト教の教団形成に関わる事柄が考察される。イエスという個人に極まる神の愛が、他の人々に神的な理念の現れであると認証されるために、奇跡などの外的な表現ではなく、ここでは「教義、教説（Lehre）」（V5, 1821, S.50）が要求されているとし、その代表的な例として「隣人愛」などが検討され、教団的共同性の理論的基盤が探られる。

第四の側面は「生と死」（V5, 1821, S.57）に関わる。「神の国」はキリストの生と死をもって啓示されるのであり、イエスの生涯こそ神の国が自己規定し、現実化するプロセスとして理解されるべきである、とされる。一方で、生は自然的、日常的なものであり、死もまた自然的否定性であるが、他方で死、あるいは「死の苦痛」

は「有限性の究極点」を示している（V5, 1821, S.59f.）。人間的個人ではなく、「神が死んだ、神自身が死んでいる」というのは「神的理念の最高の外化」であり、同時にそこでの有限的形態の解消が、「思弁的直観」としての「神の愛」（V5, 1821, S.60）として示される。ここで人間の生と死が、神の国の表象と接続する。それは世界に別の意味と形態を与えるという点で、革命的な意義をもつとされる（V5, 1821, S.64f.）。十字架上での侮辱的な死、もっとも低いものとしての死は、ローマ皇帝の権力を頂点とする世俗のあらゆる価値に「泥を塗る」（V5, 1821, S.66）行為であり、ここでもっとも高いものがもっとも低い軽蔑すべきものへと転換するのである。

「復活、昇天」（V5, 1821, S.67）の表象に現れているものが、第五の側面である。死によって有限化を極め、同時にそこから解放される神が、自己へと還帰する様子は、「直観された完成」（ebd.）であるとされる。復活と昇天は、第一の死の否定として、「死の死、墓、隠府の克服、否定的なものに対する勝利」（ebd.）である。このように、愛としての神は、キリストの生涯によって、「人間的形態における神」として、人間的意識に対して面前的なものとなり、表象化される。「これが歴史の全体である。したがってこのキリストの生涯が表象へと――しかも経験的、普遍的、直接的意識に対して――もたらすもの、それこそこの――人間の形態における神という――精神の本性のプロセスである」（V5, 1821, S.68）。キリストの死復活自体が、感性的形態を解消し、「止揚されたもの」として再生する、という表象の構造を有しつつ、その物語が「我々」に「精神の本性のプロセス」を「表象へともたらす」のである。その表象は多くの個人に共有され、ここに「教団」が形成される。

（4）真理の証言としての信仰形態

こうして議論は続く「C. 教団、祭儀」節へと連結する。その冒頭で「精神の宗教」としてのキリスト教が先行する諸宗教と区別されること、その祭儀論は教団というあり方と不可分であることが述べられ、次いで具体的な教団論の諸契機が「（α）教団の生成」、「（β）教団の存在、祭儀」、「（γ）教団の消滅」という表題のもとで論じられていく。「（α）教団の生成」では、教団成立の鍵となったキリスト教の真理性についての問いが、いかにして解消されていったかが論じられる。それは哲学的な証明とは異なった認証形式を要求する。ひとつには、世界史による証明である。[8]「世界史はこの真理を精神の直接的精神における結果として叙述するものであり、時間におけるそれらの諸段階なのである」（V5, 1821, S.80）というのは、ヘーゲル哲学の独自見解であるわけではない。それは、「時が満ちたとき、神は自らの息子を送った」（ebd.）という聖書の言葉に示されているように、キリスト教に特有の歴史意識でもある。ここで生じているところの、ある歴史物語への信は、「奇跡」のような外的で相対的な認証ではなく、絶対的なものによるのでなければならない。「それこそ、個人に対する**精神の**、聖なる霊の証言ということのもとで理解されるべきものである。それが精神、キリストの送りを認証した内在する理念であり、このことが信仰した人たちにとってあるのであって、我々にとっては発展した概念において認証となる」（V5, 1821, S.81）。キリスト教信仰が、イエスは神の子であると認証するのは、ヘーゲルの見るところでは、例えば水をワインに変える、死者を蘇らせるなどの奇跡によってではない。イエスに関わる一連の出来事はまず、聖霊の証言として受け取られなければならないのである。「信仰は、諸々の奇跡についてではなく、絶対的な真理について、永遠の理念、内容についての精神の証言に基づいているのであるが、この立場について奇跡はわずかな関心しか持っていない」（V5, 1821, S.83）。それは私の精神の証言が神と聖霊の証言である、という一致の確信である。この点に、絶対化された主体の形態が確認されるのであり、こうしてヘーゲルによれば、ただキリスト教信仰のみが、宗教史の到達点とされる。[10]

（5） 教団の生成と消滅

しかしこの証言は、真理の認証としては非常に不安定なものである。「だから自分が目撃することによる感性的認証ではなく、諸々の証言である。それらは間違っていることもある。彼自身がそれを見た——しかし彼自身もまたそのようにただの証人である。だからなんの役にも立たない。だから蓋然性、法的な証人尋問。なんの役にも立たない」（V5. 1821. S.84）と、ヘーゲルは呟くように草稿に書き残している。証言は「キリスト昇天に続く聖霊の降臨」（ebd.）として表象されるが、本質的に過去的なものであり、すでに直観の彼方に過ぎ去っているものである。聖霊の証言という信仰のあり方はそのような一見して不安定な地盤に立っている[11]。

それを組織化させ、安定化させるのが、続く「（β）教団の存在、祭儀」節で取りあげられる信仰共同体としての「教団（Gemeinde）」である。キリスト教において示される信仰の形態は、見たように、なにものにも依拠することのない精神自身の自己確信であった。「かの信仰は理性そのものにのみ、精神にのみ基づいている、つまりすべての媒介を止揚する**媒介**である」（V5. 1821. S.85）。しかし、キリスト教的信仰が自らの領域とする主観的精神の証言は、精神自身の自己証言でありながら、それが同時に神の証言であると確信されるかぎりにおいて妥当性を有する。したがってそれは感情のように主観的に限定されるべきではなく、むしろ正しい内容を持ち、客観的であることで、自らの真理性を明らかにしなければならないのである。ここに信仰の共同性を保証する媒介的な契機が容認される余地がある。

こうした真の内容から発する感情のみが、「真の感情」として認められなければならない。

〔この真の感情を〕形成し、作り、開陳するのはこの教義が自ら行うことである。それを洞察の恣意や偶然性から引き離すこと——絶対的である真理として保護すること、確固としたものとして保護すること〔を教義は行う〕。

したがって〔その真理は〕諸々の象徴へと引き下げられ、諸々の固定表現に結びつけられ、書き記された文書の、あるいは伝統の**根拠に、形式となって**〔据えられる〕。(V5, 1821, S.86)

証言としての真理は象徴化、イディオム化を経て、文書化され、伝統化されうる。それによって信仰の共同性が可能となる。こうして生成する「教団一般の精神」(ebd.) は、他の諸宗教とは区別されたキリスト教的信仰に特有のものである、とヘーゲルは見る。その共同性は、外面的な必要性などに依存する人々の集合体ではなく、証言としての絶対的な主体が、必然的に有する客体性の側面、すなわち証言の真理性から現実化するものとみなされているからである。教義や教会として組織され、制度化された真理を、ここでの主体は自らの真理としてみなしうる。ここに、精神特有の自由が表現されている、とヘーゲルは読み解くのである。

教団、あるいは「形成された教団」としての「教会」(V5, 1821, S.87) における儀礼は、証言の真理を反復し、共有することにおいて「教団の維持」(V5, 1821, S.88) に目的づけられている。「諸々の秘蹟」は「真理の内的な確信に対して、受け入れられているということ、市民であるということ、神秘的な同盟という、〔神の〕国の直接的な確信を付け加える」(ebd.)。とくに「聖餐」は、飲食という直接的感性的な享受の形式において、キリストの生涯を「内化・想起」することで、自己化する。

祭儀の側面において宗派の分裂が現れる。さらに、最後の「(γ) 教団の消滅」節では、近世における啓蒙の出現から、信仰の真理にはいまや概念による正当化が要求されているとされる。[12] 時とともに到来した信仰は、時とともに過ぎ去った。ここで再び宗教の表象性、歴史の偶然的生起という外面性が指摘される。そのうえで、哲学によるその内容の受容によってそれらの難点が克服され、「我々にとって――哲学における和解」が達成されること、さらに「宗教は哲学へと逃避すること」(V5, 1821, S.96) が説かれ、講義は終了する。

第四節　一八二四年講義の「完成した宗教」

一八二四年講義では、存在論的証明を論じる「A．形而上学的概念」と、キリスト教の具体的諸要素の検討である「B．具体的表象」の二節構成になり、さらにB節は、三位一体表象に即して、「父」なる「精神としての神」が「第一のエレメント」、「息子」としての有限性の契機が「第二のエレメント」、そして「教団」の形成においてそれらを媒介する「聖霊」の働きが「第三のエレメント」として考察される。このように、一八二一年で見られた「概念」、「表象」、「祭儀」の三項関係ではなく、「表象」の最後の契機に「祭儀」をあてはめるのが一八二四年講義の特色である。

（1）一八二四年の時代意識とキリスト教出現の歴史的準備

この年度のローマ宗教論におけるシュライエルマッハー批判に確認されたように、ここでもまた、同時代への批判的意識、および課題の歴史的性格が強調される。導入部（V5, 1824, S.99-108）ではまず、キリスト教が「啓示宗教」（V5, 1824, S.105）、あるいは「真理の宗教と自由の宗教」（V5, 1824, S.106）と定義される。[13] そのうえで、「意識の宗教」としての自然的宗教、「自己意識の宗教」としての精神的宗教との対比で、キリスト教は「自由の宗教」と呼ばれる。[14]

その一方で、キリスト教を論ずることの現代的な意義が述べられる。ヘーゲルによれば、近頃では「宗教、宗教性、敬虔さ」（V5, 1824, S.101）が重視され、それによって主体性が絶対的な契機として意識されるようになっている、という。「この立場は時代の立場であるが、同時に、ある絶対的な契機を妥当させた完全に重要な進歩でもある。そこに存しているのはすなわち、主観性の意識が絶対的な契機として認識された、ということである」(ebd.)。このように、同時代の立場に対して一方で肯定的な評価を与えながら、そこからさらに進んだ課題を提示しようというのがヘーゲルの戦略である。敬虔さは主体性の絶対化ではあるが、それは自己に閉塞する内容を欠いた自己知にすぎない。啓示は外的なもの、異他的なものに留まり、無内容な主体は結局、経験的なもの、恣意的なもの、偶然的なものに「依存」せざるをえない。そこに、ローマの時代との類似が見て取られる。「ローマ帝政の時代は我々の時代と多くの類似性をもつ」(V5, 1824, S.104)。

同様に一八二四年講義「A．形而上学的概念」節で目を引くのも、神の現存在の存在論的証明が、「我々の時代の関心」(V5, 1824, S.111) と結びつけられていることである。ここで槍玉に挙げられるのはカントである。批判哲学は近代的主体の深化の表現であるが、結果として無限なものを彼岸化し、物自体化した (V5, 1824, S.112)。それ以前の時代と文化では分裂が知られることはなく、主観と客観が両極として対立化したことには「自由」が表現されている。ヘーゲルによれば、その対立を解消することが、いまや時代的課題として示されているのだという。

このように、一八二四年講義のキリスト教論は、敬虔主義、カント、シュライエルマッハーなどの同時代的な諸思想を、主体の絶対化と神の彼岸化の立場として、いささか強引に一括する対決姿勢を背景として企てられている。先にローマ宗教論でも触れたように、その批判を梃子として、ヘーゲルはキリスト教論および自身の宗教哲学全体への歴史的正当化を図っているのである。その際に軸となるのは、近代的主体性の立場が捉えることのできない「精神としての神」の三一性である。この点を最大限強調して表現するために、ヘーゲルは一八二一年の構成を改め、キリスト教的表象についての考察を三つの「エレメント」として配置したのだと考えられよう。

（2）キリスト教的諸表象のエレメント的区別

一八二四年講義「B．具体的表象」節における「エレメント（Element）」としての区別は、したがって三位一体に示されるペルソナ的区別とその統一を表現している。その点に関し、ここでヘーゲルはまたしても他の諸宗教に見られる「三一性の痕跡」（V5, 1824, S.126）と、キリスト教的三位一体とを区別する視点を持つように訴えている。「プラトンの場合、一と他と混合というのはまったく抽象的な規定だし、〔インドの〕トリムールティの場合はもっとも粗野なあり方が現れていたのであって、第三のものは精神的な回帰ではなく、シヴァとして単に変化であるだけで、精神ではない」（V5, 1824, S.126f.）。インド的な「三神」の区別ではなく、キリスト教における「人格、位格」の区別は、「自己に対してあることの最高の強度（die höchste Intensität des Fürsichseins）」（V5, 1824, S.127）とされているとおり、「自由」を尺度として測定される「主体性の強度」の変容と形態化を追跡してきた「宗教史の哲学」の頂点を極めるものなのである。

「永遠の現在」である「父」としての神の理念を考察する「第一のエレメント」では、まず、神は感情や直観ではなく「観念」の対象となること、精神は精神を思考すること、そこでの主客の自己分割は絶対的なものであるということが述べられ、「精神としての神」そのものが有する構造に焦点が絞られる。注目すべきなのは、この神概念と呼応する信仰形態としての「精神の証言」が、一八二一年講義のような教団形成論とは別に提示されることである。「精神は精神に証言を与える。真なるものについて証言を与えるこの精神は、まだ具体的に措定されていない。したがって有限的精神は受容するのみであり、内容は単に所与的なものにすぎない。〔精神は〕自己自身に即して具体的に措定されていないので、感覚的に振舞うのであり、このことは精神の有限性の詳しい規定である」（V5, 1824, S.131）。このように、キリスト教的信仰に特有のあり方としての「精神の証言」は、三位一体の神と呼応する主体性の態勢として明確に示されるのである。

（3）「無限の苦痛、世界の苦悩」を証言する主体の誕生

そのことは、続く「第二のエレメント」が「精神としての神」の有限化の側面を対象としていることからも明らかである。ここでは三位一体の神の「息子」としての位格が、キリスト教によって改釈される堕罪の物語と、イエスの生涯に取材して語られる。そのなかでも中心化されるのが、「悪」としての主体性の規定である。一八二一年講義草稿と同様に、ここでもまた有限性の契機は肯定的に捉えられるべきことが強調される。「認識がはじめて、対立の措定であり、そこに悪がある。動物、石、植物は悪ではない、悪は分裂の圏においてはじめて現存するのである」（V5, 1824, S.138）。この悪とともに、人間的自己が生成する。しかもこの対立により、主体性は絶対的なものにまで深められている。「〔自己のもとにあること〕の絶対性と深み」がここに生じることで、いまや同時に人間の尊厳がさらに高次の立場へと措定されている。それによって主体は絶対的な重要性を持つ。それは神の関心の本質的な対象である、というのもそれは自己に対してある自己意識だからである」（V5, 1824, S.140）。ヘーゲルによれば、「人間の尊厳」という表象は、これまでの宗教では見られなかったものである。

しかし同時に、神との無限の矛盾を意識することは、あるべき姿との乖離として、あるいは神の不在として、「無限の苦痛、世界の苦悩」（V5, 1824, S.142）でもある。一八二四年講義では、ユダヤ教論やローマ宗教論においてもこの観点がすでに提示されていたが、キリスト教的自己認識はそれを自らの構成要素として取り込んでいる。キリスト教の教義そのものが、「無限の苦痛、世界の苦悩」が現存している、したがってここに救

済が正当にも要求される、と問題状況を設定するのである。「この絶対的対立の抽象的な深みが、魂の無限の苦悩を要求し、それによって同時に完全な合一を要求する」（ebd.）。

このように、苦痛という事実のなかに、神の現象の認証が可能性として存在する。それはユダヤ教のように、「奇跡の輝ける現象」（V5, 1824, S.151）によって認証されるのではない。苦痛を解消するものは、その苦痛が証言されるなかで果たされるべきであり、それ自身が苦しむことの可能な、受苦的な存在者である必要がある。その解消は人間的自己において表象されるものでなければならず、したがって「肉における神の現象」（V5, 1824, S.146）として、人間的形態を採用するものでなければならない、という要求のもとにある。

一八二四年講義におけるヘーゲルの叙述が、時代的意識と歴史性を軸に構築されていることにはすでに触れてきたが、キリスト教的信仰形態としての「精神の証言」もまた、この枠に組み込まれる。精神が証言するのは、この「無限の苦痛、世界の苦悩」である。

> 魂の苦悩、この無限の苦痛が精神の証言であるのだが、それは精神が有限なものと無限なものの否定性であり、主体性と客体性とが結びついていないながら、なおこれらの反目しあうものとしてあることによる。この諍いが消えてしまったなら、苦痛は存在しないであろう。精神はこの苦痛を担うという絶対的な力、すなわち両者を合一させ、そのようにしてこの一体であることのうちにあるという絶対的な力である。したがってこの苦痛そのもののうちに、神の現象についての認証はある。（V5, 1824, S.146）

キリスト教的精神は、ユダヤ・ローマ的世界が成就した「無限の苦痛、世界の苦悩」を引き受けつつ、そこからの救済を待望する。したがってその信仰の態勢は、宗教の歴史においてはじめて、歴史を自らの契機として把握する形態である、とヘーゲルは捉える。「「時が来たとき、神は自らの息子を送った」、と言うが、時が来た、というのは、ただ歴史からのみ認識されうることである」（V5, 1824, S.147）。

このように、キリストの出現は、歴史的世界の状況と、それに呼応する精神的な態勢の形成を条件として持っている、というのが一八二四年講義の論点である。したがってヘーゲルのここでの注目は、キリストの教説ではなく、その生涯へと集中する。イエスは人間として生を受け、人間として死ぬ。神の真理を直観するうえで重要なのは、「キリストの生、苦悩と死」（V5, 1824, S.150）なのである。「そこに存しているのは、神が死んだ、それどころか死んでいる、ということである。このことは否定であり、神的本性の、神自身の契機である」（ebd.）。イエスの死復活が神の自己運動であり、「神の歴史」（V5, 1824, S.151）である、ということへの確信は、「無限の苦痛、世界の苦悩」としての時代理解に媒介されている。こうして、絶対的主体性としての「精神の証言」はもはや無内容なものではなく、イエスの受肉と贖罪を「神の歴史」として表象し、その歴史物語を自己のものとして証言する。「いまや個人の認証に関して言うと、それは本質的に精神の、内在する理念の、自己自身における精神の証言である。ここで精神は直観にもたらされる。精神の直接的な証言が精神に与えられたのである。このことはただ、概念把握する精神のみがその真の必然性において認識する」（ebd.）。その認証は自己の内的な権威によるものであり、「諸精神を超える力による真の認証」（V5, 1824, S.152）である。

（4）共同的主体性としての教団

「第三のエレメント」では、教団論が「1. 教団の生成」、「2. 教団の存立」、「3. 信仰の実現」の三つの側面から論じられる。この節立てからすでに、一八二一年講義草稿との大きな違いが現れている。かつて「教団の消滅」として題された第三項が、ここでは「信仰の実現」という肯定的な表題を付されて論じられるのである。

一八二四年のヘーゲルはここでも、議論を同時代的状況と積極的に結びつけている。節の冒頭で指摘されているのは、キリスト教を考察することが、それを遂行する「我々」にとって外的な事柄ではない、ということである。

我々はそれら〔第一のエレメントと第二のエレメント〕を、我々にとって（für uns）そうであるように考察した。いまや我々は、「我々とは誰か」と問う。我々とは、教団そのもの、主観的意識にほかならない。したがってこのことは我々には啓示的〔明らか〕であり、それについて我々は知っている。そのように我々は、このことがなにに対しているのか、ということの前提を持っている。（V5, 1824, S.155）

父なる神と、その息子としての有限化の過程は、「我々」と無関係の事柄ではなく、むしろキリスト教的な「我々」を形成する真理である、と確信される。ここに生じている、精神が精神に対しているという関係は、演劇においてコーラスにより自己を対象化する観客にたとえられる。「それゆえ二つのものが互いに対している。我々がさしあたりなす一方の側面は、ここでは我々にとって対象的である。いわばドラマにおいて、観客がコーラスとして自己を自己の面前に対象化するように、ここでは、内容が精神に対してあるという立場であり、この関係が本質的に考察されなければならない」（ebd.）。ここに、孤独な「我」ではなく、共同的主体性としての「我々」が生じ、それが信仰的共同体である教団の基礎として位置づけられるのである。

「1．教団の生起」では、そのような集合的主体性と組織としての教団の連関が説かれる。キリストの死復活はすでに過去的なものである。しかしその過去化により、出来事の感性的な性格が払い落とされることで、「意味、永遠で真の本質」（V5, 1824, S.156）が産出される。この「感性的現象が精神的なものと精神的なものについての知へと変容すること」（V5, 1824, S.157）を全うすることは、出来事を意味として捉えることであり、その把握は言うまでもなくイエス個人や、あるいはそれを実際に目撃した者に限定されるものではもはやない。それどころか、イエスの死復活という個別的な事件は、神の歴史として観念化されることで、「無限の苦痛、世界の苦悩」を主体的な態勢とする者たちによる、意味の共有をはじめて可能とするのである。

この「内化・想起」のプロセスを「記憶」として保持する機構が教団である。教団は真理の観念的な共有によって可能となるが、同時にその過程の反復によって、主体を変容させる制度として機能する。「したがって教団は信仰によって始まりつつ、他方で信仰は精神として生み出されるのであり、同時に結果なのである」（ebd.）。神と人との和解を宣言し、「精神の表象」（V5, 1824, S.162）を与えるのは、個人としてのイエスではなく、真理の共同的所有としての教団であり、その表象が共有されることで教団は形成され、維持される。「2. 教団の存立」では、教団のこの「永遠に生成すること」（V5, 1824, S.163）としての循環構造が、具体的なキリスト教的儀礼において確認される。「無限の苦痛、世界の苦悩」は、そこではもはや解消されている。

さらに「3. 信仰の実現」では、信仰的共同体としての「教会」が、現実的世界に拡大する過程において、世俗的権力と対立しつつ展開する様子が、世界史を背景に描かれる。実現のプロセスはここでは三つの段階として把握される。まず、世俗との接触による教会の腐敗、次いで悟性的反省の原理と教会との対立が見られたうえで、反省と宗教とを媒介する仕事として、哲学が挙げられる。絶対的真理の認識である哲学は、「感情の、感覚の形式への逃避」（V5, 1824, S.174）と呼ばれる自己閉塞的な敬虔主義とともに、抽象的な啓蒙原理とも敵対的な関係にあり、宗教的真理を引き受ける唯一の保護者となりうるとされる。

たしかに、ここでもまた、一八二一年講義草稿と同様、「概念への逃避」という否定的な移行モチーフが現れる。「そして認識する精神と宗教的内容は、それから概念へと逃避する」（V5, 1824, S.174）。しかしヘーゲルはここでその移行を「教団の消滅」ではなく、「信仰の実現」の最終局面として捉えている。この叙述のトーンの差異は注意されるべきだろう。例えば「哲学において重要なのは、宗教の理性を示すことなのである」（V5, 1824, S.175）と表現されることで、哲学と宗教の肯定的関係が表現される。対立的関係よりも協調的な関係という捉え方は、哲学そのもののあり方の把握にとっても、「逃避」あるいは「消滅」という性格づけとは別の角度からその相貌を照らし出すものである。「2. 教団の存続」では次のように語られていた。「我々がよく知っている諸表象は、我々が哲学することを始める際の、諸々の権威である。それらは我々に真なるものとして与えられていて、固有の洞察はない。洞察はようやく、この素材の後のもの、加工、同化、取り消し、自己化である。この第二のものはしたがって教説に媒介されたこの同化、再生である」（V5, 1824, S.164）。

教団によって形成される「教説に媒介された同化、再生」としての哲学的洞察、という見方は、宗教哲学全体にとって、また本書の主題である「宗教史の哲学」にとって決定的な性格を付与している。一八二四年講義においてとくに強調されていたのは、キリスト教の出現がもつ歴史性であった。つまり、ユダヤ・ローマの「無限の苦痛、世界の苦悩」が、証言する主体の自由を態勢づけるものであった。すなわち、宗教史における「主体性の強度」の形態化的展開が、「我々が哲学することを始める際の、諸々の権威」であるところの「我々がよく知っている諸表象」を形成するものとして明らかにされる。それらの表象は「完成された宗教」としてのキリスト教が最終的に提示するものである。それに対して、宗教史の叙述は、絶対的宗教の内容自体が形成を持つことを示すのである。それゆえ、講義の締めくくりの部分では、宗教哲学講義の目的が「その多様なる形態化における宗教と理性を和解させること、少なくとも必然的なものとして認識すること」（V5, 1824, S.175）であったとされる。こうして理解されるのは、ヘーゲルにとって、キリスト教を主題化することは、宗教史の全体に向かうことにほかならない、ということなのである。

(5)「哲学の教団」と『精神の現象学』的理念の変奏

これまで見てきたように、一八二四年講義第三部では「形而上学的概念」と「具体的表象」の二節構成を採用し、さらに後者を三位一体の神の位相に対応させる三つの「エレメント」として考察を配置した。一八二一年講義草稿で見られた余計な節区分を廃止し、「精神としての神」がもつ構造そのものを論述形式に反映させることで、それらのエレメント間の連関を、ここで明確に提示しようと、ヘーゲルは試みる。その際に軸となったのが、「精神の証言」というキリスト教的主体性であった。精神は精神にのみ証言を与える、ということのうちに確保される主体の絶対性は、たしかに一八二一年講義でもすでに言及されていた。しかしそこでは、証言の不確実さが強調されることで、教団的制度化による証言的真理の維持の議論へと接続するというのがこの概念の主な役割であった。それに対してここでの証言は、明確に精神のもつ内部構造として、議論のなかでも際立った位置を占めている。さらに、一八二四年講義特有の時代意識のもとで、証言する主体の可能性は、ユダヤ・ローマ的な「無限の苦痛、世界の苦悩」の生成と結びつく。それによって、キリスト教的証言の歴史的形成が明らかにされたのである。イエスの死復活を神の歴史として受けとめることのできる信仰形態こそ、精神の自己証言であった。

このような議論の具体化に加えて注目すべきなのは、教団が単に証言の保存ではなく、むしろ証言を生産し、共同化する主体として機能するとされていた点である。イエスの事跡を精神化するのは教会の役目であり、それは原初的な証言の文書化・伝統化といった受動性を大きく超え出ている。証言する教団的主体は、もはや孤独な「我」ではなく、「我々」である、とされたのは、一八二一年には見られなかった論述の大きな転回点である。このように、論述のエレメント的区分は、三位一体の神表象が、それと呼応する絶対的主体性の態勢、すなわち「証言」と密接に結びついていることを的確に把握し、「精神の証言」概念の内部的な展開を統一的に叙述し提示するものであったと言えるだろう。

さらに、証言の共同性という要素との関連から際立ってくるのが、講義の末尾において、不意をつくように出現する「哲学の教団」という表現である。一八二四年講義は次の言葉をもって締めくくられている。

> 概念によるこの宗教的認識〔宗教の理性をその多様な形態において示すこと〕はその本性からして普遍的なものではなく、再びただある教団の認識でもあるが、そのように、精神の王国の観点からすると、三つの段階が形成されている。直接的で無邪気な宗教と信仰の第一の状態、悟性の、いわゆる博識家の、反省の、啓蒙の第二の状態、そして最終的には第三の状態、すなわち哲学の教団である。(V5, 1824, S.176)

この箇所で語られている事柄が、「3．信仰の実現」で論じられてきた歴史的な対立関係の要約であることは明らかだろう。そこでは、敬虔主義と啓蒙に対して宗教の形成する真理を保護できるのは哲学だけである、という認識が示されていた。ここで言及されているのは、その哲学が教団としてのあり方を持つ、ということである。神の歴史としてのイエスの死復活は過ぎ去った出来事であり、それを証しする「精神の証言」は「内化・想起」のプロセスを介して記憶の場としての教団による再生産に与る。証言する教団的主体こそ聖霊の実現である、という確信こそ、宗教の到達した絶対的な主体のあり方であった。そうだとすれば、哲学の受け継ぐべき真理とは、出来事の観念化に付随する内容の共同性、およびそれを信じる絶対的な主体の共同性であるということになろう。

ヘーゲル自身は「哲学の教団」がどのようなものであるか明言してはいない。それゆえに問題となるのは、「再びただある教団の認識でもある」「概念によるこの宗教的認識」としての宗教哲学が、どのようなかたちで彼の体系哲学、とりわけ論理学と接続しうるか、ということであろう。体系的に見れば、宗教哲学の帰結に接しているのは、哲学史であり、表象の次元から「概念への逃避」は、課題として、歴史的表象性を持つ「導入としての哲学史」あるいは「客観性への観念の三つの態度」へと引き継がれていくように理解できる（本書第二部第三章および第四章参照）。しかしそれらの議論では、共同的主体の観点はまったく表面化していなかった。とすれば、改めてその形成を語ることは、宗教哲学独自の哲学的貢献とみなされてもよいであろう。

教団の証言により孤独な「我」は真理を共有する「我々」となる（V5, 1824, S.155）。キリスト教的主体性の軸がこの「我々」の意識において捉えられたわけであるが、ヘーゲル哲学における「我々（wir）」の問題は、とりわけ『精神の現象学』「序論」において指摘されてきた。本書第二部導入部で触れたように、同書の主題である「意識の経験」を俯瞰的に叙述する作業は、意識自身ではなしえず、ただ「我々にとって」のみ許されることが述べられていた（GW9, S.61）。意識の諸形態は、自らの否定性を露呈させる経験においても自らのあり方を超えるわけではなく、そのつどに展開される経験の弁証法的運動に新たな対象の生成を見て取るのは、「純粋に観望する」「我々」の仕事だというのである。

『精神の現象学』におけるこの「我々」が誰であるかは明確でない。もっとも、これまで検討した議論を踏まえるなら、この『精神の現象学』に関わる問いを、ただ著作に内在的に答えようとすることは困難であろう。『エンチュクロペディー』「予備概念」第二五節注解、および改訂された『精神の現象学』「序文」で述べられていたのは、意識経験の前提である「自体としての内容」は「意識の背後で」独自の形成を持つということであった。それと並行して、一八二四年講義において前面化するように、意識経験へと向かう「我々」もまた、生成の相にあるというのが宗教哲学の語る事柄の全体なのである。たしかに、宗教哲学のキリスト教団的「我々」と、『精神の現象学』を可能とする哲学的「我々」とをただちに同一視することはできないかもしれない。しかし、その宗教的共同性を哲学の次元へと引き渡す「哲学の教団」というアイデアは、それらを架橋するものとして解釈することもできるのではないだろうか。

（6）「我々」の系譜学とその問題点

このように理解するなら、宗教史を語るという行為自体が、哲学的な「我々」の形成を跡づける作業であると想定することもできる。宗教の歴史こそ、哲学的な「自由」の共同的主体の原風景であり、故郷である。この視点は他の課題領域に還元できない独自の仕方での自己認識であると言えるだろう。しかしそうであったとしても、いくつかの問題はなお残されている。宗教史が哲学的主体の「起源」であったとするなら、「起源への思考」を拒否するヘーゲルにとって、「宗教史の哲学」がもたらす知見はどのように位置づけられうるのだろうか。言い換えれば、宗教史を故郷として見いだすこと自体が、新たな起源の設定として、あるいは「ミュートスからロゴスへ」というモットーを標榜する伝統への回帰として、「宗教史の哲学」全体のプロジェクトを裏切るものとして機能しうるのではないか。また、宗教史を語る「我々」は、すでに宗教史の歴史的過程からは抜け出しているはずである。とすれば、自らを「哲学の教団」へと導き、「概念への逃避」を肯定化する「宗教史の哲学」もまた、移行という『精神の現象学』的理念のひとつの変奏にすぎないのであろうか。『精神の現象学』を強く意識させる一八二四年宗教哲学講義から、これらの疑問への解決を確認するのは難しい。(15)

考察の手がかりになりうるものがあるとすれば、それは「精神の証言」に示されている哲学と宗教との独特の連結であろう。それについて、一八二四年講義第一部における以下の箇所は示唆深い。

真なる信仰を我々は、それが私の精神の証言であり、精神についての精神の証言である、というように規定することができる。そこにあるのは、信仰においては他のどのような外的な内容も場を持たないということである。精神はただ精神についてのみ証言するのであって、外的なものについてするのではない。有限な諸事物はただ外的諸根拠による媒介を持つのみである。信仰の真の根拠は信仰そのもの、つまり精神についての精神の証言であり、精神の証言とはまさに自己の内で生きているもの――この自己内媒介である。認識とはそれを解釈することである。このことを理解するのが重要である。認証はこの外的で形式的な仕方で現象するが、この外的な形式的なものは取り払われなければならない。（V3, 1824, S.238）

このように、認識は信仰としての「精神の証言」を離れるものではなく、それを「解釈、開陳（Auslegen）」することである、とされている。また、第三部でも、キリスト教特有の信仰形態と関連させつつ、同様に次のように述べられていた。「精神の直接的な証言が精神に与えられたのである。このことはただ概念把握する精神のみがその真の必然性において認識する」（V5, 1824, S.151）。このような諸々の指摘にもかかわらず、自己媒介としての「精神の証言」を解釈する、というかたちで提示される認識のあり方について、どちらの箇所でも具体的に展開されてはいない。ここでは、宗教的な信に対する「追考」という仕方で関連しあうはずの宗教と哲学の立体的な関係性について、その着想が提示されるに留まっている、と言わざるをえない。「起源への思考」を拒否するかぎりでの自己認識のあり方を徹底するためには、したがって「精神の証言」が本来的な議論の場を与えられる一八二七年講義を待たなければならない。そこで開示される思考こそ、『精神の現象学』に代表される導入的思考法、あるいは宗教から哲学への移行という思考法から、さらにその先へと決定的に歩を進めるものなのである。

注

（1）一八二一年講義草稿「B．崇高と美の宗教」では、ユダヤ教とギリシアの宗教が検討される。まずこの段階の「（a）形而上学的概念」が提示される。一八二一年講義の特徴は、存在‐本質‐概念という論理学的諸契機と諸宗教との対応であった。それにしたがって、「存在の宗教」としてのオリエントの諸宗教を乗り越えるのは、「本質の宗教」（V4.1, 1821, S.30）であるとされる。続いて「（b）具体的表象、理念の形式」が検討される。まずその「（α）崇高の宗教において」で見られるのは、ユダヤ教の諸表象である。「唯一者の支配としての力」（V4.1, 1821, S.40）が、「崇高の宗教」あるいは「観念の宗教」（V4.1, 1821, S.41）と呼ばれるユダヤ教の主要規定である。ユダヤ教の神は絶対的な支配としての力であり、世界に対する抽象的な否定性である。しかしそれは同時に「創造」の契機において自己に対し否定的な関係を持つ「本質」としての神であるとされる。

「崇高の宗教」の対となるギリシアの「美の宗教」は、「必然性の宗教」とも呼ばれる（「（β）必然性の宗教では違う」節）。その多様な神の形態は自然のなかで実現しているが、その「本質」は直接的に現前しているのではなく、「仮象」として現れているだけである。この関係は「芸術作品」に現れている。また、「必然性」の規定はギリシア的な「冷たく抽象的な運命」（V4.1, 1821, S.49）の概念に表されている。

続く「（c）祭儀」節でも、議論はやはり「（α）崇高の宗教」と「（β）美の宗教の祭儀」に振り分けられる。それら二つの宗教と区別されるかたちで、ローマの宗教が「C．さしあたりの合目的性の宗教すなわち我欲の、エゴイズムの宗教」、あるいは「C．合目的性の宗教すなわち悟性の宗教」という二つの表題のもとで考察される。そこでも論証は「（a）抽象的概念」と「（b）形態化、神的実在の表象」に分かれる。

一八二四年講義では、「B．精神的個体性の宗教」という表題でユダヤ、ギリシア、ローマの宗教がまとめられる。宗教史における第一の段階としての「自然的宗教」が「精神的なものと自然的なものの統一」であったのに対し、これらの三つの宗教は「精神的なものの自然的なものを超える高まり」（V4.1, 1824, S.417）を示しているとされる。ここではまず「（a）この領域の形而上学概念」が提示されたあと、「（b）神の具体的な規定」においてそれぞれ「（α）崇高の宗教」、「（β）美の宗教」、「（γ）合目的性の宗教」の順に叙述される。

一八二七年講義では、ふたたび「B．美と崇高の宗教。ギリシア人の宗教とユダヤ人の宗教」がローマの宗教と切り離され、先行する二つの宗教の配置順も他の年度の講義とは逆になっている。つまり「（a）美の宗教すなわちギリシアの宗教」が「（b）崇高の宗教すなわちユダヤの宗教」に先立っている。その後で「C．合目的性の宗教。ローマ人の宗教」が検討される。

一八三一年講義の特殊性は先に第三部第一章第二節において、「直接的宗教」論の構成を確認する際にすでに触れた。この年度ではもはや「自然的宗教」対「精神的宗教」の構図にはなっていない。講義第二部第三章では、「A. 移行の諸形式。」において「Ⅰ. 善の宗教。」（「1. ペルシアの宗教。」と「2. ユダヤの宗教。」）、「Ⅱ. 苦痛の宗教。」（フェニキアの宗教）、「Ⅲ. エジプトの宗教。」の三つが簡潔に整理される。これらの一神教的なオリエントの宗教に「B. ギリシアの宗教。」および「C. ローマの宗教。」を含む諸宗教の集合、すなわちインド以西の宗教全体が、「自由の宗教」という名称で一括される。すでに触れたように、この呼称は一八二四年講義ではキリスト教に対してのみ用いられていたものである。一八三一年ではフェニキアの宗教が新たに考察に加わり、その結果ペルシアも含めて、古代中東の宗教の枠組みからユダヤ教を特別視することがもはやできなくなっているようである。オリエントからの接続も、一八二七年の構図を踏襲し、エジプトからギリシアへの移行において自然性の克服を見るに留まっている。

（2）「これらの諸宗教はこれまでの諸宗教とは逆向きの系列において対応する（Diese Religionen entsprechen in umgekehrter Folge den vorhergehenden）。ユダヤ教はペルシアの宗教と対応する。ここでの立場においては規定が内的なものであるということが両者の区別である。本質は自己において普遍的に具体的である。この規定は対自的な目的である。これまでの諸宗教において規定は自然的な仕方であった。すなわちペルシアの宗教ではそれ自体で普遍的なもの、単一なものである光、物理的な光であった。これは自然的なものからの出口にあり、自然的なものは観念に相等する統一へとまとめられたのである。ここ〔ユダヤ教〕では特殊性は単一であり、抽象的な目的、単に知恵一般にすぎない力である。第二の立場において我々は多くの特殊な目的、多くの主体性と、それらを超えるひとつの力を持つ。これに対応するのは、我々がインド的なものにおいて、多くの自然の実在物を持ち、それらを超えるブラフマー、すなわち自己自身の思考を得たことと対応している。第三の立場において我々は、経験的に普遍的な目的を持つのだが、それは自己自身においてそれ自体現実的であり、宿命であって、真の主体性ではない。それに対応するものとして我々は個別的自然的な自己意識としての力、ある経験的に普遍的な目的を持つ。自然性の第一のあり方は、自己意識が個別的で、自然的だということである。個別的なものとしての自然的なものは、自己意識として現れ、規定されているものである。したがってここには自然宗教とは逆向きの順序がある（Es ist also hier eine umgekehrte Ordnung wie in der Naturreligion）。ここ〔精神的宗教〕では第一のものが自己のうちで具体的な観念であり、単一な規定であるが、それを我々が発展させる。あそこ〔自然的宗教〕では自然的で多様な定在が第一のものであり、それが光の単一な自然性へと引き戻されたのである」（V4.1, 1824, S.289f.）。

（3）ユダヤ教的神の抽象性について、一八二四年講義第一部では次のように述べられている。「それは精神における神であるが、いまだ精神としての神ではない。ユダヤの神はブラフマーと同じである。それは形なきものであり、超感性的なものではあるが、ただ観念の抽象物であり、いまだそのなかでは精神となる充実を得ていない超感性的なものである」（V3, 1824, S.233）。

（4）　自然的宗教と精神的宗教の形式を区別する手がかりとして、ヘーゲルは神証明の形式との対応関係を指摘する。有限なものから無限なものへの高まりを表現する自然的宗教は「宇宙論的証明」の形式にある。それに対して、神的目的のもとで方向づけられた世界理解を示すのが精神的宗教であり、神存在についての「目的論的証明」なのである。さらに、「完成した宗教」としてのキリスト教への展開は、外的目的性を内的目的性へと転換したところに把握される。つまり、「存在論的証明」こそ、キリスト教的「精神としての神」の論理に従った形式である（V4.1, 1827, S.593ff.）。

（5）　とりわけシュライエルマッハー批判が際立つ一八二四年講義の背景について、山﨑純氏は当時の両者の動向を追跡しながら解明している。山﨑氏によれば、ヘーゲルの宗教哲学講義そのものがシュライエルマッハーの『キリスト教信仰論』出版を睨んだものである（山﨑　一九九五、第二章、五一ページ以下）。一八二四年に頂点に達するヘーゲルの批判的態度は、しかしその後抑えられ、かつ一八二七年以降、最終的には両者は和解を迎えるとされる（山﨑　一九九五、一一六ページ以下）。

（6）　岩波哲男氏もまたヘーゲル宗教史の意義について、キリスト教論に関連させて以下のように述べている。「重要なことは、ヘーゲルにおいて展開された宗教史への洞察である。すなわち、それは同時に、絶対的宗教登場の必然性に対する洞察である」（岩波　二〇一四、七九ページ）。

（7）　カント『純粋理性批判』「超越論的弁証論」第三部第四章「神存在の存在論的証明の不可能性について」（Kant 1998, S.691ff., A620/B648ff.）参照。神証明の諸類型と西洋近世哲学におけるその意義の変遷についてはHenrich 1960参照。

（8）　一八二一年のヘーゲルによれば、宗教史の過程はキリスト教の真理性を、哲学とは別の形式において証明するものである。「しかし哲学において終了するものである必要はない。その反対に、哲学の相関は存在するものを概念把握することである。このことが対自的にそれ以前に現実的でなければならず、ただ自体的にのみ真なるものではなく、一般的な経験的意識においてそうでなければならないのである。すべての真なるものはその現象において、つまりその存在において、直接性の形式から始まる。この概念はしたがって人間の自己意識において、精神において自体的に、世界精神において必然性の〔哲学とは〕異なるあり方で存立しなければならず、世界精神はそのような仕方で自己を把握したのでなければならない。そのように自己を把握することは精神のプロセスとしての必然性であり、そのプロセスは、さしあたりユダヤ教と異教という宗教の先行する諸段階において表現されたものであり、この結果――神的本性と人間的本性の絶対的統一、神の客体化であるところの神の現実性というかの諸概念――を真理として持つ。このように、世界史はこの真理を精神の直接的精神における結果として叙述するものであり、時間におけるこれらの諸段階なのである」(V5, 1821, S.80)。

(9) 「ヨハネが捕らえられた後、イエスはガリラヤへ行き、神の福音を宣べ伝えて、「時は満ち、神の国は近づいた。悔い改めて福音を信じなさい」と言われた」(Mk.1:15, 新共同訳六一ページ)。「しかし、時が満ちると、神は、その御子を女から、しかも律法の下に生まれたものとしてお遣わしになりました」(Gal.4:4, 新共同訳三四七ページ)。「こうして、時が満ちるに及んで、救いの業が完成され、あらゆるものが、頭であるキリストのもとに一つにまとめられるのです」(Eph.1:10, 新共同訳三五二ページ)。

(10) 講義第一部では、概念の必然性を欠きつつ私の真理として保有される証言のあり方について、次のように述べられていた。「客観的**真理**が私に対してあるなら、私は自身を外化したのであり、私に対してなにも保持せず、同時に**この真理を**私のものとして**掌握し、**――抽象的な自我である――私をそれと同一視したが、**純粋な、無欲な自己意識**をそのなかに保ったのである。この関係は**信仰**と呼ばれ、それは私の側から言えば**自体的**であり、私のうちにあり、内容は私と一致していて、私のうちの私の**精神**がそれに対して行う**証言**である――その証言は歴史記録的な、学識的なものではない」(V3, 1821, S.152f.)。

(11) 一八二一年宗教哲学講義第一部では、ルターの「信仰」について、重要であるが空虚であり、客観的な側面を含んでいない、とされていた(V3, 1821, S.101)。この講義と同年に出版された『法哲学』序文における用法も概ね否定的に響いている。ヘーゲルは次のように述べている。「観念によって正当化されないようなものは心情においてなにも認めようとはしないという頑なさ、この偉大なる頑なさは近代に特徴的なものであり、なかんずくプロテスタンティズムに固有の原理である。ルターが感情と精神の証言における信仰として企てたのは、さらに成熟した精神が概念において把握し、そうして今の世において自由になり、それによって見いだされんとしているものと同じものである」(GW14,1, S.16)。精神は自己が認めるもの、証言するのみを受け入れるという原理の発見をヘーゲルはここではルターに帰しているが、もともとのところでキリスト自身の信仰の基盤であるとされる。したがって、イェシュケも指摘しているように、ヘーゲルの用いる「精神の証言」は伝統的なプロテスタント神学の「聖霊の内的証言(testimonium spiritus sancti internum)」を受け継ぐものであるが、それはあくまで聖書の「言葉」に対する認証の場面で機能するのに対し、ヘーゲル的「精神の証言」が、「精神は「言葉」の真理について証言するのではなく、自己自身以外のなにものをも知ることも証言することもない」(Jaeschke 2011, S.212)という絶対的主体性のあり方を示している、という差異には注意を払う必要があろう。

(12) 同年講義第一部では、宗教の「啓示」による真理が所与的なものであり、したがって概念把握される以前のものとして捉えられている。「内容は私に対して所与的なものに留まるが、それは実定的に――そのかぎりで論争的に――、啓示

〔黙示〕的に、直接的に与えられた、すなわち概念把握されていないものと呼ばれるものである」（V3, 1821, S.158）。

（13）ヘーゲルは「啓示」を「無限の主体性の根源分割」と捉えることで、それを「精神」の本性に帰属させつつ、このように述べる。「神は自己を啓示する。啓示する、というのは、すでに見たように、無限の主体性あるいは無限の形式の根源分割（Urteil der unendlichen Subjektivität oder der unendlichen Form）のことである。啓示する、というのは、他者に対してあるように自己を規定することである。この啓示すること、自己を顕示すること（Offenbaren, sich Manifestieren）は精神そのものの本質に属している」（V5, 1824, S.105）。永遠の創造としての啓示は、自己外化する精神の行為にほかならない。「神とはこのプロセスであり、他者を措定し、それを自らの永遠の運動において止揚する」（V5, 1824, S.105）。「精神としての神」が示す絶対的主体性は、自己外化からさらに自己を回復する円環としての無限的形式にある。そこでは我々が本書第一部より着目してきた、「そこに居合わせていること」と「自己のもとにあること」というあり方が弁証法的に統一されている。すなわち「精神としての神」とは、歴史的に実現した「自己に媒介された直接性」なのである。「それ〔啓示すること〕は規定することであり、区別項を措定すること、内容を措定することである。神がそのように啓示するということは、神が顕示であるということ、それらの区別を自己のうちでなすということである。それはこれらの区別を永遠にすることであり、同様に、自己へと回帰させ、そこに居合わせ自己のもとにある（dabei bei sich selbst zu sein）、ということである」（V5, 1824, S.106）。

（14）「第一に我々は自然宗教を得たが、それは単なる意識の立場における宗教である。絶対宗教においてもまたこの立場はあるが、ただ瞬間的に、一時的な契機（transitorisches Moment）としてである。自然宗教においてそれは本質的な規定であった。自然宗教においては、神は――太陽、光、山、川といった――自然的形態化において、他者として表象されていた。そのように〔神的なもの〕は他者における規定であり、あるいは、宗教はただ意識の形式のみを持っている」（V5, 1824, S.108）。「第二の形式は精神的宗教であったが、有限的なものとして規定されるに留まっている精神の宗教であった。それはそのかぎりで自己意識の宗教である。我々はここで絶対的な力、あるいは必然性を見た。絶対的な力であり、抽象的で単に知恵であるにすぎない唯一者（der Eine）はいまだ精神ではない、なぜならそれはただ抽象的な力であり、その内容に従えば絶対的な主体性ではなく、単に抽象的な必然性、抽象的で単一な自己自身のもとにあることでしかないからである。抽象化は有限性をなし、特殊な諸力、神々は精神的な内容に規定されてはじめて総体性をなす」（ebd.）。「この第三の宗教はいまや自由の宗教、自己意識の、自己自身における意識の宗教であるが、精神の対象性と、自己のもとにある自由とが同時にそのなかにある宗教である。このことは意識の規定である。自由は自己意識の規定である」（ebd.）。

（15）本書第一部第三章第二節（2）参照。一八二四年講義の序論ではまさに意識経験を利用した『精神の現象学』的な考察が、宗教の思弁的概念を導く位置を与えられていた。あるいは、先にも触れたが、一八二四年講義第三部の冒頭（V5, 1824, S.108）では、自然的宗教が「意識の宗教」、精神的宗教が「自己意識の宗教」と位置づけられ、やはり『精神の現象学』を強く意識させるものとなっていた。

第四章　一八二七年講義における証言概念の拡大と宗教史化する哲学

キリスト教は歴史的に自己を確定する。それは、ヘーゲルによれば、キリスト教自身に備わった自己理解でもある。神は歴史化する。その歴史化する神を信じうるのがキリスト教的信仰のあり方である。そのような神観念と信仰的主体性の形態を実現するキリスト教に、ヘーゲルは自らの哲学の歴史的形態化を見いだす。その発見作業はまた、ヘーゲルの構想する独自の宗教哲学のあり方としての「宗教史の哲学」そのものを可能化するのである。この観点は、一八二七年宗教哲学講義におけるキリスト教論において、「精神の証言」概念がさらに練り上げられることで明確化する。したがって、先立つ諸年度における証言論との対比のもとで一八二七年講義を取り上げ、「宗教史の哲学」が持つ哲学的自己認識としてのあり方を明らかにすること、それがベルリン期におけるヘーゲルの問題意識のひとつの結実であり、『精神の現象学』とのアナロジックな理解を許さない独自の哲学であることを示すこと、それらが本章の課題であり、本書全体の結論となる。(1)

一八二七年講義第三部「完成した宗教」もまた、他の部門と同様、他年度には見られない独自の議論編成を持っている。この年には「形而上学的概念」と「具体的表象」の区分すらも姿を消し、父、子、聖霊の三つの「エレメント」だけが現れている。証明形式についての論考が「第一のエレメント」へと吸収され、消えることによって、表象論および祭儀論（教団論）へと議論が集中するのである。このような編成の変更は、「精神の証言」の概念を、議論の核心としてより明確に浮かび上がらせるものである。しかしそれ以上に、この概念の重要性を明示しているのが、一八二七年講義第三部の導入部における「精神の証言」論である。ここでヘーゲルは、その概念が構築する諸要素のネットワークを描写しているのであるが、本節では、このいわば証言の体系を考察することで、一八二七年講義における議論の方向性を導き出すことにしたい。

導入部の議論は、「完成した宗教」の体系的な位置確認から始められる。第一部の「宗教の概念」、第二部の「規定的宗教」に続く第三の宗教哲学的契機は、「完成した宗教、すなわち自己に対している宗教、自己自身に客観的である宗教」(V5, 1827, S.177) であるとされる。これらの三つの契機はすべての哲学的な学の行程に共通するものであるが、宗教が対自的であるということは、とりわけそれが「啓示的なもの」であるということを示している。とりわけ一八二七年講義で強調されるように、「普遍的概念に従った宗教」は「神の意識、絶対的本質一般の意識」(V5, 1827, S.178) であったが、この意識が神の自己分割の結果であり、そのようにして意識化の結果として神は自己自身と向き合う。それが「啓示」であり、啓示の場として捉えられた意識は、神との分離をもはや示すものではなく、むしろ有限態としての神そのものである。ここには「精神はただ精神に対してあるのみ」(V5, 1827, S.179) だという、自己媒介としての精神の本性が如実に表現されている。

第一節　「精神の証言」の体系　一八二七年講義第三部導入部

(1) 人倫の証言

この信仰態度において神的なものの形態と把握されるのは、意識だけに留まらない。例えば「法律、市民の法、国家の法」は一方で実定的なものではあるが、他方で、「それらは我々へと来て、我々に対してあり、有効である。それらは我々に対して、そのままにしておいたり、素通りしたりしうるような、感性的諸対象のように単に外的なものであるだけではなく、それらの外面性において我々に対しても主体的に本質的なものであり、主体的に結びつけるものでもある」(V5. 1827. S.180)。このように捉えられた実定的なものは、もはや精神にとって外的なものではなく、それ自体で精神の自己を映すものである。

とはいえ外面的なもの、実定的なものであればすべて精神的なものであるとみなされるわけではなく、精神的なものとして認証される必要がある。ここでの認証の要求は、もはや奇跡によって満たされるものではない。というのも「精神的なものそのものは非精神的なもの、感性的なものによって直接的に認証されることができない」(V5. 1827. S.182) からであり、奇跡は感性に訴える外的な権威でしかない、とこの段階ではみなされるからである。

それに対してキリスト教的主体性が要求するもの、それが「精神の証言」である。

というのも、精神的なものは外面的なものよりも高次だからである。それはただ、自己によって、自己のうちでのみ認証されうるのであり、ただ内面的に自己によって、自己自身に即して自己を確証することができるのみである。これは、精神の証言と呼ばれうるものである。(ebd.)

したがって、精神の内的な自己のみが外面的なもの、実定的なものに自己を見いだしうる、すなわち「証言を与えうる」のであり、そのように「証言」されたもののみが、精神の現象として認証されうる。このような主体性の絶対的な優位を基調とするキリスト教的精神について、ここでヘーゲルは、エジプトの魔術師に模倣されたモーセの奇跡と比較しつつ、奇跡が真理の基準であることを否定したキリストを例示している (ebd.)。

このように、ここでの「精神の証言」に対する考察は、外的なもの、実定的なものに対する関係性に焦点が絞られている。それはより一般的な精神哲学の観点から、本書第二部で検討した「精神の自己外化」、あるいはその「形態化」の要素を前面化することで、キリスト教的信仰形態を捉えようと試みるものである。ヘーゲルによるこの検討によって、「精神の証言」という主体構造が備える独特の性格が明らかとなる。

（２）歴史の証言

さらに、社会関係における実定性に対する証言の議論を発展させ、ヘーゲルは証言する主体が「歴史」に結びつく可能性を提示する。

精神の証言は真なる証言である。それは多様でありうる。精神一般に賛成するもの、精神により深い響きを呼び起こし、その内面にもたらすものは、無規定で、より普遍的なものでありうる。歴史においては高貴なもの、気高いもの、神的なものが、我々に内面的に語りかける。そのようなものに我々の精神は証言を与える。（V5. 1827. S.182f.）

歴史的なものと証言の結びつきについてはすでに、一八二七年講義第一部表象論において言及されていた（本書第一部第三章参照）。それによれば、宗教的表象は、空間的に「図像」として、時間的に「歴史的なもの」として表現され、一般的にそこでの感性的な事象はそのものとして受け取られず、まずは「象徴的なもの、寓意的なもの」（V3. 1827. S.293）として理解される。イエスの死復活と神の歴史の関係もまた、あたかもオシリスの死復活と季節の運行との関係に対してエジプト人が把握したように、象徴として一般的に理解される可能性がある。しかしこれまでの考察によって明らかなように、「宗教史の哲学」において重要なのは、表象間の類似性ではなく、それぞれの表象が独自に具体化している「主体性の強度」を測定することであった。したがってここには、キリスト教的諸観念が持つ独自のあり方が認められなければならない。「精神の証言」はたしかに多様でありうる。(2) しかし証言を与える主体のあり方そのものは、精神の自由を表現するものとして、他の宗教における信仰形態とは明確に区別されるべきなのである。

精神はある歴史を、ほかならぬ自己のものとして証言する。言い換えれば、人は歴史に感銘を受け、その物語を自己化しうる。その内容はもはや「象徴」として知解される対象ではなく、精神の自己そのものとして証言されるのである。証言することのできる主体としてのキリスト教的主体性こそ、そのような理解を用意する。ある特定の歴史を自己の来歴とみなしうる主体の態勢、いわば歴史意識の生成もまた、人倫的なものに対する自己化と同様に、キリスト教の用意によってはじめて可能となる。

(3) 思考の証言

キリスト教の核心が、歴史的なものにおいて精神の自己を発見する、という主体性のあり方として定式化されることで、ヘーゲルはこの宗教の完成とされる形態を自らの歴史哲学へと最接近させる。その提示において、キリスト教はあたかもヘーゲル自身の哲学を宗教の次元で再構築したものであるかのように描かれる。ここから十分に予想されるのは、キリスト教論におけるヘーゲルの狙いが、「精神の証言」概念を手引きとして、自らの精神哲学とキリスト教との同型性を提示することにあるのではないか、ということである。この仮定は、証言が人倫、歴史に加え、「思考」においてもありうるとされていることから、さらに補強されるのである。一八二七年講義第三部導入部の先の引用を、ヘーゲルは次のように続けている。

ところでこの証言はこのような一般的な共鳴、内面的な同調、共感に留まることもありうる。しかしさらに精神のこの証言は洞察、思考とも結びつくこともある。この洞察は、それが感性的なものではないかぎりで、まさしく思考に属している。（V5, 1827, S.183）

「洞察、思考」と結びつく「証言」とはいかなるものであろうか。ヘーゲルはさらに述べる。

諸々の根拠や判断などにしても、諸々の思考規定やカテゴリーによる活動、それらに従った活動である。だからこの思考は、多かれ少なかれ彫琢されたものでありうる。それは、自身の心と精神一般の前提、自らに妥当し、人間の生を指揮する普遍的諸原則、自らの格率の前提でありうる。このことは意識された格率である必要はない。それらの格率は、人間の性格が形成されている仕方であり、自らの精神において確固たる足場を捉えた普遍的なものである。このことは自らの精神における確固たるものである。このことが精神を支配するのである。このような確固とした諸々の基礎、このような諸前提から、人倫的なものから、精神の推考、規定は始まりうる。そこでは人間の陶冶形成の段階や、生き方が非常に異なっていて、その欲求もまた同様に異なっている。（ebd.）

日常生活における諸々の判断は、大抵無意識的で個人的な格率に基づいているが、その形成には客観的な思考の関与する余地がある。それとともに、そこで形成された格率は、集合化されつつ、人倫的なものとして、「精神の推考や規定」を開始する際の前提となりうる。このように指摘される思考とその人倫的な基礎との循環構造は、思考が心術における確信へと浸透し、それが「精神の証言」の基盤として機能する可能性を示している。

この意味で、「神学」は「学的宗教であり、この内容は精神の証言として学的な仕方で意識される」（V5, 1827, S.185）と肯定的に定義されうる。時代によって変遷する聖書解釈が、聖書そのものの「言葉」から離れていかざるをえないのは、神学が「思考の形式」（ebd.）を用いた「精神」の活動だからである。それは歴史的、発展的でありながら、それぞれの主体に対する「精神の証言」であり、信仰でありうる。キリスト教におけるその知的信仰は、「直接知」と「媒介知」の対立に和解をもたらす「媒介された直接性」の具体化した形態なのである。(3)

思考と信仰という両契機の調和について、同一八二七年講義第一部では、次のように言及されていた。「我々は神についての直接的確信を持つ、我々はそれについての信仰を、感情を、表象を持つ。この確信を我々はまた思考において持つ。我々はそれを納得と名づける」（V5, 1827, S.298）。たしかに、第一部の議論の枠内において、この納得と名づけられた概念は直接的には機能していなかった。しかしそこで問題とされていたのも、まさに思考と信仰の関係であり、その考察は媒介と直接性の対概念の否定的統一へと極められていたのである。とりわけ一八二七年のヘーゲルは、両者を対立させるヤコービを批判することを介し、独自にその対立を解消させる「媒介された直接性」を構想した。「精神が精神に対してある」という「精神の証言」の自己関係的構造には、関係を排除した直接的なものではなく、むしろ「媒介された直接性」が表現されている。それを拒否するヤコービ的な「直接知の立場」では、「精神の証言」が思考を許容し前提とするということはありえない。それに対して、ヘーゲルは思考の活動においてこそ「媒介された直接性」が達成されると考えていたのである。本書第一部で確認した「追考」のコンセプトは、前提された諸表象に自己を認識することとして、「媒介された直接性」の理念を体現するものであった。その構造が宗教哲学講義の「精神の証言」論において捉え返されることによって、「追考」の理論は歴史文化的領域へと拡大するのである。

一八二七年における証言論は、他年度とは比較にならないほど、ヘーゲル哲学全体の枠組みにおいて中心化されている。しかも、そのなかでもこの第三部導入部は、他に見ることのできないヘーゲル証言論の奥行きを指し示す。それこそ次に見る、「精神の証言」としての哲学という規定にほかならない。

(4) 哲学の証言

意識、人倫、歴史そして思考を包括する証言論の射程は、さらに大きな帰結を持っている。上で確認した証言と思考の関係性に対する考察は、表象と概念、あるいは宗教と哲学の関係に対する新たな視点を提供するものである。ここで一八二一年、あるいは一八二四年講義の証言論を想起したい。それらの議論では、「精神の証言」は明確にキリスト教的信仰と同一視され、教団によって形成される真理を保持しつつ、その表象性を概念へと転換することで哲学の立場が確保されるとされていた。このように、強調の差はあれ、議論においていわゆる「概念への逃避」という形式的移行として、宗教と哲学の関係は把握されていたのである。それに対して一八二七年講義では、哲学もまた宗教と同じ「精神の証言」の一形態として、しかも人倫、歴史、思考と関係する証言との差異化において、その「最高のあり方」として捉えかえされる。

> 人間精神の最高の欲求はしかし思考であり、だから精神の証言は、第一の共感というあの響かせるだけのあり方で現存するのみならず、諸々の考察がそこで打ち立てられるような確固とした諸々の基礎、そこから推論や演繹がなされるような確固とした諸々の前提が、精神のうちにある、という第二のあり方で現存するだけでもない。その最高のあり方における精神の証言は哲学のあり方であり、そこでは概念そのものは自己から前提なく真理を発展させ、発展させつつ認識し、この発展によって、またこの発展において、真理の必然性を洞察するのである。（V5, 1827, S.183）

ここで指摘されているのは、「精神が精神に証言を与える」というキリスト教信仰の自己再帰的な関係構造と、哲学的思考に認められる認識の発展としてのあり方とのあいだに認められる同型性である。たしかに、このような自己証言としての一致が指摘されるとしても、これまで見てきたような表象と概念という形式上の差異はなお保持されている。宗教と哲学との差異は程度の問題ではないはずである。とはいえ、このようなかたちで両者の合致点を提示することにより、宗教から「概念への逃避」が必然であるという論調は背景化し、それに伴って宗教の肯定的な役割が相対的に際立てられてくる。

「精神の証言」は多様であり、人間の欲求も多様であるから、すべての人間が哲学をする必要はない。だから「万人において真理が哲学的な方法でもたらされよ、と要求されるべきではないのである」（V5, 1827, S.183f.）。重要なのはむしろ、とヘーゲルは言うのだが、人間が持つ「精神の証言」という態度そのものであり、「そうだ、これこそ真理」（V5, 1827, S.184）という直接的確信としての「共感」において、思考と触れ合っていることである。人はキリスト教的宗教において、神と向き合い、それを自己の本質と認め、証言することで、「動物の心と感情」ではなく「思考する心と思考する感情」（V5, 1827, S.184）を持つ。

こうした発想を受け継いで、一八三一年講義では次のように端的に定式化されるに至る。「思考はいまや、証言を与えんとする精神である」（V5, 1831, S.289）。哲学はもはや、宗教的内容の不可避的な「概念への逃避」が目指す安全地帯であるだけではない。ここではむしろ、哲学的思考そのものが、証言としてのあり方へと接近する様子を見て取ることができる。それはまさに、「ゲッシェル書評」（一八二九）で、ヘーゲルが信仰と知との和解を、次のように表現していたこととつながる。キリスト教が哲学へと委ねる「善き証言」は、「精神の証言をただ敬虔な心の権威的証言においてのみ承認することのできる人たち」のためのものでありうるが、それは同時に「悟性カテゴリーを思考の法廷へと喚問する、思索する精神の証言（Zeugniß des tiefdenkenden Geistes, der die Verstandes-Kategorien in das Gericht des Denkens bringt）」（GW16, S.215）である。宗教と哲学を媒介するこの「思索する精神の証言」こそ、ヘーゲル証言論の最終的な到達点なのである。

第二節　一八二〇年哲学史講義草稿における証言論

(1) 精神の漠然たる織りこみ

哲学的思考は宗教的に形成された「精神の証言」を対象とする（すなわち「追考」する）が、その思考もまたひとつの証言でありうる。注目すべきなのは、ここで確認される「精神の証言」としての確信と思考との循環構造そのものである。本書第一部で確認したのは、哲学の「概念」との比較によって、宗教の座を「表象」と捉えるヘーゲルの体系的な、ともすれば抽象的なものとみなされる恐れのある宗教理解であった。しかし本節で見てきたように、一八二七年の証言論は、形式的差異による両者の区別を、有機的な仕方で再度関連づける考察であり、その点でひときわ注目に値するものであると言えよう。

とはいえ、「精神の証言」というコンセプトから宗教と哲学の関係性を理解しようという着想そのものは、一八二七年以前に、しかもここでの簡素な記述以上に充実したものがすでに確認される。一八二七年講義第三部の検討を中断し、これから取り上げるのは、一八二〇年代前半の哲学史講義である。内容の点から見て、証言論の検討のためにそれらの資料への参照は不可欠である。しかしこのように考察を進めるからと言って、諸年度の宗教哲学講義に対するこれまでの発展的な考察を反故にし、証言論はすでに一八二七年以前に完成していたのだ、と主張するつもりはもちろんない。見るべきなのはむしろ、それらの哲学史講義の記述が断片的で孤立した着想であったということ、それが一八二七年宗教哲学講義において本来的な位置を得た、という点にある。

事実、一八二〇年の哲学史講義序論についての草稿概要には「証言の解釈学」とも呼ばれるべき構想が現れてはいるのであるが、それは他の年度の哲学史講義においてはもう二度と採用されることのなかった、いわば幻の証言論である。そこではまず、宗教的表象において、哲学的思考の内容は「感性的心情」に対してある「意味」であり、それは「そのような内容を理解する精神の証言」（V6, 1820, S.68）とされる。内容を理解する証言と思考との差は、ここでは対象関係の違いに求められる。後者が「知る」という仕方で、はっきりとした対象化を契機とするのに対し、前者は「ある」ないし「持つ」という仕方で対象と関わる。それは意識化される判明な認識ではないが、理性はたしかに「我々のうちで、我々の感情、心情、心のうちでこだましている」（V6, 1820, S.69）という。理性のこだまが持つ「諸規定の多様性は、この内面性において凝集し、包み込まれている（in dieser Innerlichkeit konzentriert und eingehüllt）――〔それは〕普遍的な実体性における自己への精神の漠然とした織りこみ（ein dumpfes Weben des Geistes in sich, in der allgemeinen Substantialität）である」（ebd.）。ここには表象論、とりわけ「内化・想起」の理論において提示された暗い自己意識という契機のヴァリエーションを見ることができる。精神哲学において「自己のうちへ行くこと（Insichgehen）」として捉えられていた直観像の観念化による取りまとめが、ここでは「自己のうちへと織りこむこと（Insichweben）」という言葉によって改めて表現されているのである。

（2）理解の条件としての証言的主体性と形而上学

証言概念の展開は、しかしその点に留まらない。ここではさらに、啓示宗教の表象様式が、「わかりやすい（verständlich）」こと、あるいは「理解（Verstehen）」（V6, 1820, S.71）に関わるものであるとされるのである。何事かを理解すること、あるいはそれが理解可能である、ということには、「――精神の絶対的な本質として精神と関わりつつ――そのもっとも内的なものに触れ、そこでこだまし、それについての証言を受け取るような、内容の実体的な基礎」(ebd.) がなければならない。つまりあらかじめ主体が態勢として備えているものでなければ、理解という事態は生じえず、自体的にないものは対自化されえない。精神がある事柄に証言を与えるということ、つまりそれを自己とみなすこと、それがここでは「理解の第一の絶対的な条件」(ebd.) であるとされるのである。

　宗教はこうした主体の態勢を文化的に形成するものである。それによって理解は可能となるが、この「自己自身と実体的なものとの協調」(V6, 1820, S.72) そのものは意識されない。というのも、それは「実体的なものとして、無限で純粋な活動として、意識の対立にとらわれていない、というまさにそれゆえに、自己自身によって無意識化されるからである」(ebd.)。すなわち、証言は自身がなにを証言するのか「知らない」のである。

　こうした証言の潜在的性格に対し、理解はある特定の内容と結びつき、「理解と無理解の現象」を明示的に区別することもある。「理解可能性の第二の条件」として、意識化しつつ対象を受容するこの側面から形成される主体の態勢を、ヘーゲルはここで「形而上学」と呼び、それを形成する「意識にとって馴染み深い諸関係」はあたかも「網」のようなものである、と言う。

　それら〔意識にとって馴染み深い諸関係〕は、意識のすべての特殊な直観や表象を貫き、――ただそれらが意識に把握されうるかぎりで――それらを認識する網である。それらは、それを通して心情がある内容を受容する精神的な器官であり、それを通してあるものが精神に対して意味を受け取り、持つ感官である。精神にとってあるものがわかりやすくあるために、あるいはこうも呼べるが、概念把握可能であるために、それはその形而上学に、その心情の器官に、送り返されなければならない。(V6, 1820, S.72)

理解を構成するのは、意識にとって隠伏的か明示的かの区別はあれ、いずれにしても、「自己への織りこみ」、あるいは「網」といった、無数の関係性を指示するメタファーによって語られる事柄である。このことは、証言という主体のあり方を明確化するうえで重要であるように思われる。では、テクストあるいはコンテクストを予想させるこの織物という隠喩によって、証言としての主体性のいかなる性格が表現されようとしているのだろうか。

(3) 暗い承認　織りこまれる網としての宗教的形成

一八二三／二四年の哲学史講義では、宗教の核心としての「精神の証言」が次の二つの点において特徴づけられている。第一に、「精神の証言」は精神の自己産出と自己開示の作用を示す。

宗教は人間における精神の証言である。この精神の証言は、宗教の内容についての証言であり、この証言こそ宗教なのである。この証言は証言する（dies Zeugnis bezeugt.）。この証言することは同時に精神を産出することであり示すことであるが（dies Bezeugen ist zugleich ein Zeugen und Zeigen des Geistes）、というのも精神が存在するのは、それが自己を証言するかぎりで、自己に向かうかぎりで、だからなのである。精神が自己に向かうことにおいて、すなわちその証言において、精神は自己を産出し、自己を示すのである。(V6, 1823/24, S.175)

ここで注目したいのは、精神の自己産出と自己開示という証言の具体的なあり方である。それに関して、ヘーゲルは神話や実定的なものを引き合いに出して次のように語っている。

> 第二に、この精神の証言は、精神の内密な自己意識であり、自己自身への自己の織りこみ（das Weben seiner in sich selbst）であり、祈りの内面性――すなわち意識が主体とそれに対立する客体との分離であるかぎりで、本来的な意識へと至らないような、包み隠された意識（ein eingehülltes Bewußtsein）である。それゆえ精神は自らの区別へと決意し、ここで精神は自己自身をある客体へ、ある外的なものとなす。ここで生起するのは神話において現れているような諸形態である。ここではまた、史実的な諸形態が姿を見せる――それは実定的なものと呼ばれるものである。（ebd.）

要するに、「精神の証言」としての宗教は一般的に、図像や神話において確認できるように、外的なものと神的原理が同居しているわけであるが、ここで新たに、この両側面が二重の形成作用として論じられているのである。「精神の証言」は一方で対象を自己のものとして証しすることによって、対象そのものをまさに自己に面前するものとして生み出す作用を持つとともに、他方で自己を織りこみ包み隠すことをする。宗教の生成は、本書の第二部第三章および第四章で見た哲学史のように、いわば「剥ぎ取ること、取り払うこと」（ent-kleiden, enthüllen）と「覆い隠すこと、包みこむこと」（bekleiden, verhüllen, einhüllen）という二重の展開を独自に遂行している、というよりも、「覆い隠すこと」によって自己の存在を示しているのである。一八二〇年哲学史講義草稿では、「啓示」の概念によって、そのような二重の遂行が端的に表現されている。

> 神はむしろ自然において自己を啓示したのであり、神は自然の意味であり、謎の言葉であるが、自然と同様、精神的宇宙はむしろ神の啓示である、というのも神の本来的概念とは、神であるということだからであり、そのように神話と宗教一般の表象とは、本質的に、その〔神の概念の〕覆い隠しだけではなく、覆いを取り払って明らかにすることでもある（und so ist die Vorstellung der Mythologie und Religion überhaupt wesentlich nicht nur eine Verhüllung, sondern eine Enthüllung desselben）…〔中略〕… そのようにしてそれ〔無限の理念〕は、覆いを払われる

ことによって、同時にそこでまた覆い隠されてもいる（und so ist zugleich darin auch verhüllt, indem sie enthüllt ist）。（V6, Ms.1820, S.79）

一八二七年宗教哲学講義における証言論は、これらの議論を引き継いで展開される。その「序論」では次のように述べられていた。「主観的精神は内容のなかにある精神に対して証言を与えるのである。――さしあたり、この内容のなかにある精神が意識にとって作り上げられていないような、暗い承認によって（durch dunkles Anerkennen）であっても」（V3, 1827, S.295）。諸々の宗教的な図像、神話、祭儀などは、精神の暗い織りこみの産物であり、時代精神の無意識的な自己表現であると言える。それらは意識化される以前の、暗い承認によって形成された対象物であり、無意識的な象徴である。それは感性的なデータにも、哲学的な概念にも還元できない、人間と時代精神による、見通すことのできない固有の形成物である。それらの形成するネットワーク、あるいは時代のコンテクストは、意識化されない次元にありながら、意識化されたコンテクストとしての形而上学とともに、その文化に属する主体の理解の条件となっている。すなわち主体性の宗教的形成そのものが、この「自己への織りこみ」という比喩的表現によって表現されていたのである。

理解の第二条件であり、時代の思想である形而上学もまた、「網」として、宗教的「織りこみ」と無関係ではなく、むしろその明示化された形態にほかならない。それは宗教として無意識的に「織りこまれ」、様々な現実化された形象間の関係性を、自覚的に編みなおしたものである。それもまた、特定の歴史文化における「精神の証言」であると言えよう。それらは「そうだ、これこそ真理」という各々の言明の手前で、その可能性を、具体的な宗教的諸観念としての項ではなく、それらの関係性として形成する。様々な宗教的諸観念は異なった宗教のあいだでの重複、類似を許すのに対し、歴史文化的形成の真の独自性は、そのネットワークが持つ凝集化、中心化に依拠しているからである。

(4) 宗教史を証言する主体

ここまで、哲学史講義の証言論を参照することで、証言の主体が持つ関係性の構造を確認してきた。ヘーゲルのこの考察において、証言する自己意識は、固有の時代的文脈へと解体されつつ、その文脈に対して「そうだ、これこそ真理」と言い放つ主体性を同時に保有する。証言する主体は、したがって点的な「我」ではなく、むしろ自己の文脈を対象とし、そこに自己を見いだすことのできる形態である。それゆえ、証言は様々でありうる、とヘーゲルがここで述べたとしても、証言としての主体のあり方が一般化されているわけではない。つまり、精神の証言とはキリスト教によって形態化した特有の主体性である、というこれまでの考察が覆されているわけではないのである。証言の多様性という要素をヘーゲルが一八二七年講義において新たに付加したのは、むしろ明示的な証言である形而上学や、自らの哲学的自己認識との連結を狙ってのことだと理解すべきだろう。ここで際立つのは、宗教と哲学、あるいはキリスト教とヘーゲル哲学との緊密な関係性である。哲学的自己認識もまた、キリスト教的主体と同様に証言としての性格を備えている。のみならず、ヘーゲル的な哲学的自己認識は、キリスト教的形態化において、自己自身の暗い次元での形成を認めるのである。

我々はここから、本書の課題である宗教の歴史へと立ち返る。というのも、前哲学的な主体の「織りこみ」を担うキリスト教そのものは、宗教の歴史において形成されてきたからであり、哲学的自己認識とは、そうした宗教史的形成の承認にほかならないからである。ここで、証言論と宗教史が合流する。宗教史は証言する主体の形成過程であり、したがって証言する主体はその歴史のコンテクストに対して証言を与えるのである。それゆえキリスト教的主体性とは、宗教の潜在的形成に対して自己の生成を見いだすもの、自己をある文化的コンテクストにおいて承認しうるという態勢を備えたものでなければならない。

一八二七年宗教哲学講義第三部の導入部に戻ろう。これまで見てきたように、そこでは、啓示宗教に固有の証言する主体が、人倫、歴史、思考（神学）、哲学に対して、自己を認知しうるという形態を持つことが語られていた。それに続き、これまで講義で扱われてきた宗教の歴史の歩みがふりかえられる。「宗教の概念」は現実と切り離された単なる概念であり、有限的なものであった。それに対し、「概念の実現、現実化」（V5. 1827. S.190）の過程をたどることは、その抽象性、有限性を止揚することである。概念の直接的なあり方はその自然性であった。そこでの主要規定は実体としての「力」であり、いまだ精神の自由という規定は見られなかった。このような呪術の段階に続くのが、自然性へ沈みこんでいる状態から精神が「自己のうちへ行く」段階である。それは精神を萌してはいるが、内的なものと外的なものの抽象的分離に囚われていた。宗教の歴史はそこからさらに「自己のうちへと行った、精神の自由の宗教（Religion des Insichgegangenseins, der Freiheit des Geistes）」（V5. 1827. S.192）へと進んだ。該当する「美」と「崇高」の宗教では、「精神はもはや実体ではなく、主体である」（V5. 1827. S.193）。精神は自己のうちに目的を持つが、ローマ的世界ではそれは有限なもの、世俗的なものに留まっていた。「絶対的主体性」（ebd.）としての精神は、その立場に対する否定として現れる。世俗的目的の有限性は、神の自己目的という理念のうちで解消される。その解消は有限性への単純な否定ではなく、むしろ神自身の自己外化による有限性の救済として実行される。

このような整理において狙われているのは、自己外化する「精神としての神」という形態と、宗教史記述を媒介して概念の充実化を図るヘーゲル的宗教哲学との合致である。例えば次の叙述は、宗教哲学における宗教史の位置づけを端的に表現したものであるが、三位一体の神が自己を有限化し、自らの死によってそれを再び解消する「神の歴史」の構造説明としてもあてはまるものである。

さしあたり精神は単にひとつの前提であるにすぎない。精神が精神としてあるということ、精神として把握されることは、直接的なものではなく、直接的なあり方で現れることはできない。この自己を分散させるものとして、かつ自己へと還ってくるものとして、踏破された循環に従ってはじめて、精神は精神なのである。我々が考察のなかで踏破したものとは、精神自身の生成、自己産出であり、そのように自己を永遠に産出するものとして、精神は精神なのである。したがってこの行程は精神を掌握し、概念把握することである。（V5. 1827. S.194）

「絶対的無限的主体性、無限的形式」（ebd.）の核心は、その自己否定的かつ自己還帰的な運動性にある。この把握において、ヘーゲルは自らの「宗教史の哲学」を、キリスト教的形態と類比的に近づけようとする。この接近において明らかになるのは、「宗教史の哲学」もまた、キリスト教的主体性と同様に、「精神の証言」を与えることによって自己確証を得るという構造を有し、かつその証言の宛先がほかならぬ宗教の歴史である、ということとである。たしかに、宗教史における哲学の自己確証という課題において取り出されるべきなのは、宗教史における理性であり、「論理的必然性」（V5. 1827. S.191）である。しかし先に見たように、あるいは哲学史講義の議論でも確認したように、哲学もまた「精神の証言」でありうるのである。

宗教の歴史は「宗教史の哲学」が与える証言である。それは証言する主体の形態化であるキリスト教の生成を語る。キリスト教は証言する主体という絶対的主体性を産出するが、表象の枠組みを超出することができないので、諸宗教の全歴史を対象とする精神の歴史を描くことはできない。それをやってのけるのは、「宗教史の哲学」のみである。とはいえ、注目したいのはむしろ、自己を歴史化する主体、という形態そのものを、キリスト教に由来するものとして、ヘーゲルが提示しているということなのである。「宗教史の哲学」はひとつの歴史的自己認識であるが、その雛形はキリスト教にあるとされる。すなわち、歴史的自己認識は歴史的に、前哲学的な次元において形成されていた、というのである。その先形成を認識することこそ、「宗教史の哲学」が持つ哲学的自己認識としてのあり方にほかならない。

第三節　自己を形態化する神　一八二七年講義のエレメント論

(1) 愛としての神とその発酵

結論を急ぐ前に、一八二七年講義第三部の本論を確認しておくことにしよう。ここでの構成は、先にも触れたように、神存在の存在論的証明を論じる「形而上学的概念」節を削除し、キリスト教的な三位一体の神表象のそれぞれの側面を、三つの「エレメント」として集中的に論じるという提示の仕方を採用している。それにより議論の焦点は、「精神としての神」の自己運動の諸契機と言える、父、子、聖霊という諸表象へと絞りこまれる。

キリスト教における三位一体の神概念は、「精神の証言」としての信仰形態と対応している。「第一のエレメント」では自己外化する神が「愛」として把握される。それは他へと沈潜することで獲得される人格性であり、彼岸に留まるのではなく有限的世界へと自己否定的に関係することで達成される無限性である。そうした「矛盾」は、規定を相互外在的に捉えることしかできない感性や悟性に対しては暗い「秘密」(V5, 1827, S.205)である。とはいえ、そうした神のあり方を受け入れ、世界の意味の革命を信じ、「そうだ、それこそが真理」と喝破する「精神の証言」がここに現成しているのである。

神的理念とは概念把握できないものと人が言うのには、いまや以下の事情も手伝っている。すなわち、宗教とはすべての人間に対する真理であることにより、宗教においては理念の内容が感性的形式あるいは悟性的なものの形式において現象する、ということである。したがって我々は「父」や「子」といった表現——感性的に生きているものによって、生動的なものにおいて起こっている関係によって取ってこられた表徴——を持つ。宗教において真理は内容にしたがって啓示されている。しかしこの内容が概念の、思考の、思弁的形式における概念の形式において現存するというのは別のことである。(V5, 1827, S.208f.)

宗教における啓示の暗さは、先に見た無意識的な「織りこみ」によって形成される主体の属する場のあり方を示している。神は自らを思考のみならず、悟性、あるいは感性的なものへと己れを低くすることで、自らを万人へと差しむけうるのである。それこそ「精神の自己外化」の理想の実現であり、愛としての神の形態にほかならない。

他の箇所と同様、ここでもヘーゲルは、キリスト教的三一性の独自性格と、他の宗教に見られる諸々の「響き」とを区別している(V5, 1827, S.211ff.)。しかしそれらの諸観念について、ヘーゲルはここでは否定的に扱うだけではなく、キリスト教的実現への不可欠な「発酵」としても捉えている。

そのような諸形式においてこの真理、この理念は発酵した。重要なのは、これらの諸現象を、どれだけ粗野であろうとも、理性的なものとして知るということであり——それらの諸現象が自らの根拠を理性において持つこと、いかなる理性がそこにあるのかを知ることである。しかし同時にまた、現存してはいるがいまだ内容に対して一致していない理性性の形式を区別することも知られなければならない。(V5, 1827, S.214)

このように「発酵」として表現されているのは、宗教の歴史における理念の前概念的な形成の過程である。

「愛」としての神が実現するためには、キリスト教へと形態化する宗教史のプロセスが要求される。「宗教史の哲学」を特徴づけるこの歴史性への視線は、続く「第二のエレメント」の議論で分析されるキリスト教に特有の歴史的思考と奇妙に絡み合うこととなる。そこで提示されるのはいわば、歴史的思考の歴史的結晶化なのである。

（2）自己を歴史化する神と「直接知」

愛としての神表象と対応するのは、感性的次元においてそれを受け取る「万人」としての主体のあり方であるが、それは「第二のエレメント」において次のように規定されている。

> 絶対的真理は思考にとってである。主体にとってはしかし理念は単に真理であるのみならず、主体は真理の確信を持っているのでなければならず、それはそのものとして、すなわち有限なものとしての主体、経験的に具体的な、感性的な主体に属しているものである。（V5, 1827, S.216）

このように、神の愛が向かうのは「私にとっての確信」である。それは感性的次元への啓示であるが、その「へりくだり」において、自らの絶対性を放棄しうる、という神の自由が表現されている。それと同時に、そのような愛としての神表象、および神の「へりくだり」を受け入れるものとして、信仰の主体もまた自由であるとされる。「自由なものはただ自由なものに対してのみ現存する。ただ自由な人間に対してのみ、他者もまた自由なものとしてある」（V5, 1827, S.217）。この実現が理念そのものの根源的分割、あるいは「精神の自己外化」と捉えられる。

注目すべきなのは、主体性のこの自由が、思考ではなく感性的確信という形態として考える場合、「直接知」（ebd.）の態度と同様であるとされる点である。本書第一部第三章で見たように、一八二七年講義においてヘーゲルはヤコービの「直接知の立場」を単に批判するのではなく、自らの宗教哲学へと取りこみ、位置づけていた。とはいえヘーゲルは、精神の直接的な確信を示すその立場を、キリスト教的な「精神の証言」を体現する思想であると捉えているわけではない。ヤコービの場合、神の啓示が感性的次元への「へりくだり」であることを理解しない。啓示の明るさはそのまま神の明るさであり、その主体の絶対性は神の愛を必要としないのである。それに対して、ヘーゲル的精神の自由は、有限的なものへの降下、堕落によって把握される。両者における問題意識の差は、ここで明確に示されている。ヤコービの課題は、自己と神との直接的関係を捉え、自らの精神を素直に証言することにあった。ヘーゲルの関心はあくまで、三位一体の神という形態と相関するかぎりでの証言する主体に向けられているのである。

キリスト教的な三位一体の神を、他の諸宗教における類似表象と区別し特徴づけていたのは、「第一のエレメント」によれば、まず自己外化としての愛の契機であった。その外化、形態化のあり方を中心的に考察するのが「第二のエレメント」の課題である。世界創造、堕落、あるいは息子という表象が総じて表現しているのは、この有限化の契機であり、自然的世界と有限的精神の世界である。ここでヘーゲルは再び楽園の表象と「失楽園」の物語を取りあげる。講義第二部の自然宗教論冒頭で、それらは無垢なる歴史の根源を希求する「起源への思考」に対する批判の観点から考察されていた。ここでもまた、その問題意識を背景としつつ、ヘーゲルはキリスト教によって形態化する表象そのものが、起源からの離反に力点を置いていることを強調する。啓示宗教において重要なのは、起源において人間が善であるか悪であるかということではない。むしろ起源からの離反と回帰という運動性が表象体系のなかで中心化し、なおかつそれが「歴史」として把握されていることが、ここでは見られるべきだ、と言うのである。「したがってこれは表象におけるこの概念規定がある歴史として現象する形態のあり方、意識に対してある直観的な、感性的なあり方で表象されている形態のあり方であり、だからそれはある出来事として考察される」（V5, 1827, S.224）。ヘーゲルがここで捉えているのは、先に見た愛としての神が感性的表象的次元へと自らをへりくだらせるその仕方が、歴史ないし出来事としてのあり方を取ることの必然性である。愛は神による有限的世界の承認として、神と世界との対立の解消である。キリスト教的な救済は、それを世界の抹消ではなく、神による世界の承認という仕方によって導いている。世界の承認は神がそこで自己を見いだすことでなければならない。ここに、神自身が自らを有限化し、世界へと生成、形態化することが要求されるのである。

このように、世界への神の到来としての「神の歴史」が、キリスト教的世界観を構成する「第二のエレメント」として把握される。神を運動的に把握することによって、善悪の対立を解消するという思考形式は、それ以前のものとして論じられてきた諸宗教には認められないことであり、キリスト教に特有の形態化であると言える。ペルシアの宗教では、善と悪の対立は、善神と悪神の対立として、人間の外側での事柄として捉えられていた。ユダヤ教では神と世界との対立は深められ、ローマ的世界でも絶対的な目的の喪失のなかで救済の不在が苦痛として意識されていた。したがってキリスト教の成立は、世界を「神の歴史」の契機として捉えることで世界の意味を逆転させることであったが、それはこれらの世界観において要求されてきた和解への応答であったのである。

（3）歴史的思考の中心化

繰り返して注意されるべきなのは、ヘーゲルがこのような宗教史的整理を、キリスト教的主体自身の自己理解として提示していることである。絶対的和解への要求としてのキリスト教的信仰の成立は、人間の「もっとも深い深み」（V5, 1827, S.229）を示すものであるが、この主体の深まりは、「自己についての無限の苦痛」を苦痛として感じられることを条件とする。そしてこの苦痛は、先行する宗教的諸形態において形成され、もたらされたものであった。「このエレメント――普遍性から、上からやってくるかの苦痛を、我々はユダヤ民族においても見た。そこでは、絶対的な純粋性の無限の要求が、私の自然性、私の自然的な意欲と知における私に対してなされたままであった。他方の、自己における不幸から人間を引き戻そうとすることは、ローマ的世界が行き着いた立場である。世界において自己を満足させる形式的な内面性を、世俗的支配として表象され、思念され意識される神の目的の支配として、我々は見た」（V5, 1827, S.231）。

キリスト教的思考の特徴は、この時代的状況を自らの出現に対する歴史的前提として把握することである。このことを指摘するためにヘーゲルが注目するのは、キリスト教における「時の充実」という表象である。

> 先行する諸宗教の概念は、この対立へと純化されたが、この対立が現実存在する欲求として示され、叙述されていることにより、このことは次のように表現される。時は満ちたので、神は自らの息子を送った、と。それが意味するのは、精神、和解を示す精神の欲求が、現存している、ということである。（V5, 1827, S.233）

神は歴史として自らを示す、という神形態の誕生と呼応するように、自らを歴史的に根拠づける思考の型もここに生じているのである。そして哲学的宗教史はここに終了する。というのも、歴史化する精神の自己、および歴史という叙述形式そのものの、宗教という枠内における必然的生起が、キリスト教の誕生とともに確認されえたためである。

このように、キリスト教的な神の形態としての歴史が、ここでの「精神の証言」としての主体のあり方をも同時に規定している。苦痛と不幸は、神との対立によって構成される主体の基本的な態勢であった。その解決が「神の歴史」として示されるということは、その神を神として証言する精神もまた、真理に対する運動的把握を可能化する主体でなければならないのである。こうして、到来する時という観念に示されている歴史的正当化の思考が、証言する主体の基本的態勢として結晶化する。精神は自己を歴史として証言するのである。明らかなように、キリスト教の成立は、歴史概念および歴史的思考の、前哲学的な宗教的形態化として理解されている。自己を歴史化する神は、同様に自己を歴史化する主体の信仰を要求する。この態勢の成立において、すでに和解は潜在的に成就している、とヘーゲルは言う。「対立は自体的に止揚されているということが、主体もまた自己に対し対立を止揚することの条件、前提、可能性をなす」（V5, 1827, S.234）。

まさにこの議論において、ヘーゲル的宗教哲学の中心点を確認することができる。神との和解は、キリストが到来する以前に、それを待望する欲求として、あらかじめ自らの条件を整えているのでなければならない。主体性の深まりを形成するのは宗教の歴史であり、その形成作用の叙述こそ、「宗教史の哲学」としての宗教哲学の課題なのである。したがって、そのようなヘーゲルの視線にとって、キリストの言説、教説は宗教の問題において二次的なものに留まる。キリストをソクラテスのようにみなし、その言説を徳論として主題化することは、ヘーゲルに言わせれば、宗教に対する人間学的な、「非宗教的考察」（V5, 1827, S.239）にすぎない。むしろ、その言説と生涯に対し「そう、それこそ真理」として受け取る前概念的主体性と、絶対的な理念が「意識に来たる（zum Bewußtsein kommen）」（V5, 1827, S.235）あるいは「確信に来たる（zur Gewißheit kommen）」（V5, 1827, S.237）と表現される、確信の非哲学的な次元における形成こそ、宗教の考察において問われるべきなのである。

理念の意識への到来は、一方でこのように感性的次元への理念の降下であるとともに、他方で歴史的な事柄としても把握される。確信の内実は、神が自らの息子を送る「時」を選び取ったということ、したがって、歴史の過程全体がすでに神の計画のもとにある、ということである。理念の自己外化がその歴史化と重なり合うかたちで、ここで神の形態と、その形態化、歴史化に対して確信を持ちうる信仰形態が本質化する。

まさにこの境位において、歴史という観念は宗教的次元における正当性を獲得するのである。歴史の過程が真理審級として提示されうるということは、ヘーゲルによればキリスト教による独自の形成の結果である。それに付随してヘーゲルは、インドには「歴史記述」の伝統が欠けており、したがって統一的な民族的自己認識もまた欠如している、ということを語っている。あるいは、歴史記述に対する中国的伝統には、自己との結びつきがない。自己認識に結びつくかぎりでの、存在論化された歴史という表象は、それらの宗教には存在していなかったのである。

理念の感性化を捉えるキリスト教的な歴史的思考は、それが救済史であることによって、無限に開かれたプロセスではなく、自己回帰する精神の運動として、時間の経過を把握するものである。自己との関わりという契機は、可能態と現実態の連鎖を軸とするアリストテレス的運動論の伝統から、キリスト教的「神の歴史」を区別するものであろう。それはまさに過ぎ去った起源ではなく、現在の事柄としての救済へと視線を開くかぎりでの歴史的思考なのである。そのかぎりで、キリスト教そのものが、歴史を必然化する思考として、「起源への思考」に対する批判であるという意味を持っている。つまり、「起源への思考」への批判は、ヘーゲルの提示に従えば、キリスト教によって前哲学的に形成されるのであり、それに伴ってキリスト教的主体性は、ヘーゲル哲学に先立ってすでに、「起源への思考」を超えたところにあるものとして記述されうるのである。

(4) すでに成就した和解への確信　教団的思考と歴史

一八二七年講義における「第三のエレメント」節は、一八二四年講義とほぼ同様に三つの項からなっており、それらは「1．教団の生起」、「2．教団の存立」、「3．教団の精神的なものの実現」と題されている。「第三のエレメント」は「教団」の契機である。先行する二つのエレメント論が開いた歴史性を視野に入れるなら、過去的なものとして表象されるキリストの死復活を現在化し、救済の事実を自己のものとして取り戻すのが、教団の形成する共同的歴史的思考である、と言えよう。それは「聖霊の降臨」として表現される教団的表象の内実である。

精神とは、現象において生起するこの歴史を精神的に捉え、そこで神の理念を、その生を、その運動を認識するものである。教団は、神の精神にある個々の経験的な主体であり、しかし彼らからこの内容、この歴史、真理は同時に区別され、彼らに対峙している。この歴史、和解への信仰は、一方で直接知であり、信じること（ein unmittelbares Wissen, ein Glauben）である。（V5, 1827, S.252）

一八二七年講義の特徴として、この箇所でもまた「直接知」への言及が見られる。もはや言うまでもないが、教団における直接的確信は、ヤコービ的な孤立した直接性ではなく、「神の歴史」に媒介された直接性を表現するものである。信仰の直接的現在が歴史的共同的に確保される、という矛盾の「共感」こそ、キリスト教的な「精神の証言」としての主体性を最終的に構成する。

諸々の主体は、イエスの死復活を「神の歴史」として跡づけることにより、その理念を共有する。しかし和解の可能性はそれぞれの主体において、過ぎ去ったその歴史物語の「内化・想起」を前に、前提されているのでなければならない。

そのようにして神の歴史の叙述は他の諸々の主体にとって客観的なものであり、彼らはいまや彼ら自身に即してこの歴史、このプロセスを踏破しなければならない。しかしそこにはまず、和解が可能であることを彼らが前提している、ということが属していて、あるいは詳しく言えば、この和解が自体的かつ自身に対して生じているということ、それは自体的かつ自身に対して真理であるということ、和解が確信されている、ということが属している。自体的かつ自身に対して、このことは神の普遍的理念である。その理念はしかし人間に対して確信されており、この真理が思弁的思考によって人間に対してあるのではないということは、前提の別の側面である。つまり、和解は成就されている、ということが確信されているということ、すなわち、それが歴史的なものとして、すなわち地上において、現象のうちで成就されているものとして表象されていなければならない、ということである。それが、我々がさしあたり信じければならない前提である。（V5, 1827, S.252）

和解の前提とは、その事実を信じうることであり、信じうる主体の態勢が実現していることであるが、それは「思弁的思考によって」論証され導出されるものではない。すでに見てきたように、歴史的に証言する主体は、歴史的に形成されたものであり、そうした歴史的過程において自己を認識しうるものであった。「1．教団の生起」で論じられる信仰的共同体の成立は、そのような前概念的な次元において確認されるものである。もはやキリストは死んでおり、その神の死によってすでに和解は成就している。それに対して「教団そのものは現実存在する精神、その現実存在における精神、教団として現実存在する神」（V5, 1827, S.254）である。それゆえこの歴史的なものを賦活し、現在的なものとして再生させること、現在的な信仰を「絶対的に媒介すること」が教団的精神の課題となる。

いまや個別的主体が神的精神によって満たされるということが、それ自身における媒介によって生じるが、媒介とは、その主体がこの信仰を持っている、ということである。というのも信仰は、自体的かつ自身に対して確信しつつ和解が成就されているという真理、前提だからである。和解が自体的かつ自身に対して確信的に成就されているということこの信仰を介してのみ、主体は自己自身をこの統一に措定することができる。この和解は絶対的に必然的である。(V5, 1827, S.254f.)

「2. 教団の存立」において見られる共同体的機構は、個人を真理へと結びつけるという課題に対する制度化された儀礼的システムである。和解は前提され、悪はすでに乗り越えられているので、そこではただ「善と真理に習熟すること」(V5, 1827, S.259) がなされるのみである。「子どもは、教会に生まれるかぎりで、自由において生まれ、自由へと生まれる」(ebd.)。善と悪との戦いは終わった、ということを学習することで、自由な主体は制度的に再生産される。

(5) ヨーロッパ思想史の原理としてのキリスト教

「3. 教団の精神的なものの実現」では、教会と世俗的なものとの関係を歴史的展開に即して中心的に論じていた一八二四年講義と比較し、啓蒙主義や敬虔主義などのヨーロッパ近代の諸立場を形成する要素が、いかに教団の精神的なものから形態化してきたのかという観点が、ここでは前面に出される。教団的精神は自由の実現の意識を持つ。そこには「自由な人格」としての主体という観念が生起する。「主体は主体としてこの解放されたものであり、宗教を通じてこの解放へ到達したということ、主体はその宗教的規定に従って本質的に自由であるということが、主体の理性性であり、自由である」(VPR3, 1827, S.262f.)。したがって奴隷制はキリスト教の精神に反しているとされる。

「宗教改革」や「啓蒙主義」についてもまた、キリスト教的な精神の主観的自由からそれらの発生が理解される。一八二四年講義ではもっぱら否定的な役割のみ叙述されていたが、宗教として獲得された理性の自由、「自己のもとにあること」としての思考の自立こそ、啓蒙の起源である、とヘーゲルはここでは主張している。

> 思考は普遍的なものであり、普遍的なものの活動であって、外的なものならびに具体的なもの一般に対峙している。それは宗教のなかで獲得された理性の自由であり、いまや自己を精神において自己自身に対して知っている。この自由はいまや単なる精神を欠いた外面性、奴隷状態に反対している。というのも奴隷状態は、和解、解放の概念に端的に反しているからであり、このようにして、外面性に対し、それがどのような形で現象しようとも、反抗を示し、それを破壊する思考が登場する。これこそ、その具体的形態において啓蒙と呼ばれた、否定的かつ形式的な行為である。（V5, 1827, S.265）

また、プロテスタンティズムによってその自由は国家におけるその実現を見る。キリスト教的自由の制度化と世俗への組みこみが、ヨーロッパ近代を形成するのである。この議論は、法哲学および歴史哲学に対する宗教哲学の位置づけを明らかにする。まず、国家原理としての精神の自由が、キリスト教的精神に由来することが明確に述べられる。また、世界史はその自由の実現的展開である。そうだとすれば、歴史の原理としての精神の自由の形成そのものを追跡する宗教哲学の仕事は、それらに先立つ「自体的なものとしての内容」の発展の記述である、と言うことができよう。客観的精神の体系において、陶冶形成と形態化としての世界史と、概念的発展としての法権利とは、円環的な構造の相互関係にある。その前提としてあるのが、世界史の核としてのキリスト教であり、その形成としての宗教の歴史なのである[4]。

ヘーゲル的宗教研究の論点として重要なのは、死復活する神という表象の成立とともに、それを「理解」し、受け入れることのできる主体性の文化的形成である。この点への着目は一八三一年講義も変わらない。ところが、そこでは様々な論点の混入により、キリスト教論を総じて「精神の証言」論として提示するという一八二七年に見られた議論の統一性が、かえって犠牲にされていると言わざるをえない。したがって本書では、教団的精神の自由を結実させる歴史的過程として宗教史を叙述する一八二七年講義に留まり、その叙述がヘーゲル哲学全体に対して持つ意義を、以下で明確化することで、論を閉じることにしたい。

第四節　哲学的自己認識の文化的再文脈化について

（1）ヘーゲル哲学とキリスト教

本節では、一八二七年宗教哲学講義第三部のキリスト教論を確認してきた。たしかに、三位一体の神表象を三つの「エレメント」として分析する手法、およびその大筋の内容に関して、一八二七年講義と一八二四年講義とのあいだに、大きな相違を認めることはできない。しかしこれまで注目してきたように、一八二七年の構成変化、およびその新たな導入部によって、「精神の証言」の概念が議論の中心となり、それに付随するように、ヤコービ的な「直接知の立場」への批判が前面化したのであった。諸宗教に対するヘーゲルの考察を対象とした前章でも確認したように、一八二七年講義では、「主体性の強度」の展開が、宗教史記述固有の対象として注視されていた。とりわけ直観、象徴、記号などの主観的精神の諸能力が各文化宗教のなかでそれを構成する中心契機として凝集化し、本質化する様子が、宗教史叙述の主要な関心として認められた。その整理に従うなら、「完成した宗教」としてのキリスト教はいわば「思考の宗教」であり、また、そこで実現する「精神の証言」という主体性のあり方は、哲学的思考の前哲学的形態化を示すものとして位置づけられるだろう。このように、一八二七年講義は全体として、自由な主体性の形成という観点へと議論の照準を合わせているのである。

一八二七年講義の末尾もまた、他年度と同様、哲学との関係に触れることで締めくくられている。しかしこの最後の箇所でも、あるいはこの箇所にこそ、宗教の形成する主体性へと考察を集中する一八二七年特有の問題意識を読み取ることができるのである。先にも見たように、「第三のエレメント」「3．教団の精神的なものの実現」では、世俗との和解の形式として、啓蒙主義、敬虔主義、そして「哲学の立場」が、近代史における三つの段階をなすものとして描かれている。宗教的原理から出現したはずの前二者が宗教的真理の内容から「逃避」するのに対し、宗教的内容の「逃避」の先である哲学的思考は、その真理を受け入れ、正当化する。

内容は、精神の証言が思考するものであるかぎりで、証言によって正当化される。精神の証言は思考であり、現象の形式、規定性を認識もし、それとともに形式の制限も認識する。（V5, 1827, S.268）

ここでヘーゲルは第三部の導入部で展開した、思考あるいは哲学としての「精神の証言」という構想を活用する。ここではもはや、これまで宗教と哲学の関係を移行のモチーフによって捉える「概念への逃避」というコンセプトは背景へと退き、むしろ「逃避」の先が結論として語られるのである。「神の現象において神は規定される。哲学によって宗教は思考する意識からの自らの正当化を受け取り、受け入れるのである」（V5, 1827, S.268）。

宗教が哲学へと転身する必要はない、という認識は、「第一のエレメント」において確認した「万人のための宗教」という考え方とも連係する。たしかにここには、宗教に対する保守化した態度を読み取ることもできるかもしれない。しかし思考のみならず、感情や表象、あるいは「直接知」において真理が成就していることに意味がある、という言明には、それ以上のものが含まれているはずである。すでに「第一のエレメント」において示されていたように、理念としての神は感性化、表象化し、自らをへりくだらせることによって、自らの無限性を指し示さなければならないのであった。したがって、思考によって把握される真理は、自ら非思考的次元においても示すことがなければならない。すなわち、哲学的思考は宗教において自らを見いだし、認識するものでなければならないのである。哲学的思考がそこで見いだす自己とはなにか。本書はその答えを、宗教史とキリスト教によって形成された「精神の証言」という主体性の形態に見たわけである。

このように、「精神の証言」論は宗教哲学の議論全体に対して決定的な意味を持っていると考えられる。「概念への逃避」という考えを超え、「精神の証言」が宗教哲学のなかで中心化したのは、ヘーゲルの哲学が「精神の自己外化」としての自由という立場を設定するかぎり、むしろ当然であるように思われる。三位一体の神と同様に、哲学的思考もまた、自己を歴史的に啓示するのでなければならない。それは「他であることにおいて自己を認識する」という絶対知構想の具体化である。だとすれば、非哲学的領域において、自らの理性の雛形を認識しなければならないというその要請を全面的に引き受けるのが、「精神の証言」としての宗教哲学の課題となる。思考あるいは哲学としての「精神の証言」が、自己の「他であること」において発見し承認する自己こそ、キリスト教という宗教において前哲学的に形態化した「精神の証言」という主体性のあり方なのである。

本書第三部の冒頭でも引いたが、講義の末尾でヘーゲルはその連関を「和解」として示し、次のように述べている。

この和解は哲学である。そのかぎりで哲学は神学である。それは神と自己自身との、自然との和解を叙述する。それは、自然、他であることが自体的には神的であり、有限な精神が一方で自己自身に即し、自己を和解へと高めつつ、他方で世界史においてこの和解へと至り、この和解をもたらす、ということである。この和解は神の平和であるが、それはあらゆる理性よりも高次のものではなく、理性によってはじめて意識され、思考され、真なるものとして認識される。（V5, 1827, S.269）

「神と自己自身との、自然との和解」を叙述するものとして、哲学はいわば神学として、宗教の形成した内容を引き受ける。この提示によって、ヘーゲルは「表象から概念への形式的移行」というこれまで繰り返されてきた定式に伴う曖昧さ、すなわち移行後の宗教の所在に関する曖昧さを払拭する。哲学への移行において、宗教の領域はすでに用のなくなったものとして捨て去られるのではない。和解という「神の平和」を認識することは、そこへと向かう理性の自己自身と世界史のプロセスを必然性の相のもとで跡づけようとするものである。しかしその意図は単に系譜学の構築によって自らの正当性を確保しようとすることだけに限定されてはいない。宗教を感性的表象的次元における理念の実現として認識することは、その次元における理性の自己の形態化を容認し、かつ積極的に把握することをも意味しているのである。宗教において啓示と呼ばれていたその行為においてのみ、理性の絶対性が示されるのだとすれば、哲学もまた啓示的な性格を持つものとして理解されなければならず、また哲学的啓示の宛先としての宗教の次元は、哲学的思考の存立において欠くべからざる要素として絶えず要求される。ここに宗教が、哲学以前ではなく、哲学以後において、あるいは哲学の事柄として要求されてくる、という構図が描かれるのである。

（2）宗教史化する自己

思索が宗教を自己にとって不可欠なものとして認め、絶えずそこに向かうように定位しなおすこと、それは哲学的思索のあり方そのものを、自己に閉鎖する抽象的なあり方から解放し、再び構築し、新たに別様に方向づける試みであると言えよう。哲学的自己の宗教的形成に目を向けることは、「精神の自己外化」というヘーゲル精神哲学の理想を最終的に実現化するものである。本書第二部では、この観点から哲学（論理学）と哲学史の関係とを確認し、「三つの態度」の叙述に、哲学以前のみならず、その先にある課題を読み取った。その課題とはすなわち、哲学以後の事柄としての、哲学的自己の非哲学的領域における形態化である。このことを踏まえるのであれば、哲学史や宗教史の諸契機を論理学の思考諸規定と厳格に対応させようと試み、そこにヘーゲル哲学の本質を見ようとするヘーゲル解釈（例えば Wendte 2007, S.190）がいかに一面的であるかは明らかであろう。

宗教の「歴史」として、宗教史もまた哲学史と議論構造を共有するものである。しかし本章の考察で明らかになったように、宗教史が独自に備えているのは、歴史へと向かう主体的態勢そのものの形態化が、まさしくその歴史の終結において、埋め込まれている、という点である。導入的哲学史である「三つの態度」の最終的な契機はヘーゲル哲学ではなく、「直接知の立場」であった。直接性の知は、歴史的媒介を排除する「起源への思考」の典型であり、したがってそこに自らを歴史化する契機は存在しない。その意味で、哲学史の内部にその歴史へと向かう転換の理論的装置はなく、自己を哲学史において見いだそうとするその態度そのものもまた、哲学史において発見されることがない。哲学的自己の視点は、結局「論理的なものの三つの側面」として外的に備えつけられていただけであった。

それに対して、宗教史はその叙述の内部に、自己を歴史へと向かわせる態勢の分析を内属させている。自己を宗教史化するもの、それは神を啓示の運動として把握するキリスト教であり、「精神の証言」と呼ばれた特有の主体構造に求められるべきものであった。「精神の証言」は「神の歴史」としての神の形態を信じうる主体的態勢として、自己外化の構造を示しながら、「時の充実」として把握される自己の歴史性を認容する主体性である。キリスト教的主体によって、宗教の歴史は自己の前哲学的な形成過程として承認される。その把握は、呪術の段階からキリスト教までを概念の秩序によって俯瞰する哲学的思考とは次元を異にしつつ、歴史的自己認識という型そのものを非概念的に提示しているのである。自己を証言する主体は、自己を歴史化する神と相関する。すなわちキリストの死、すなわち神の死を受け入れることのできる主体のみが、神と世界との和解、神と自己との和解の表象を基盤として、救済の成就と、自己の真理性に対し確信を持つことができるのである。

自由な主体性の「そうだ、これこそが真理なのだ」と納得する内的権威の生成と実現こそ、宗教史が叙述する事柄である。先にも触れたように、キリストの言説ではなくその死復活と、それを「内化・想起」して実現する教団に考察のスポットがあてられるのは、宗教とその歴史に対するヘーゲルの視線が、このような「主体性の強度」の展開へと向けられていることによると言える。宗教史の記述において問題とすべきなのは、創唱者や特定の宗教的個人などのカリスマによる言動、あるいはそこに表現される神表象そのものではなく、むしろそれらを受け入れつつ変容させる主体の態勢なのである。

（3）宗教哲学的自己認識

こうしたヘーゲルの認識は、この認識そのものの形態化をキリスト教において認めようとする。三位一体の神についての意識は、キリストそのものではなく、キリストの死を意味づけ、媒介する教団において生じるのである。キリストの死復活を「内化・想起」することで、教団的意識は三位一体の理念を成立させる（V5, 1827, S.250f.）。この「アナムネーシス」は、過去にあった出来事としてのイエスの事跡を、「神の歴史」として観念的に活性化し、自己のものとして我有化する行為である。証言する主体にとって、それは単なる象徴（エジプト）ではなく、自己の歴史そのものである。この構造こそ、『精神の現象学』最終段落で予告されたような、精神の歴史的自己外化の理想を下書きするものである。そうだとすれば、宗教史における自己認識とは、その歴史のなかに、その歴史へと向かう自己探求の可能性を導き出すものでなければならないのである。他者へと向かうヘーゲル的好奇心は、異他的な文化宗教へと思考を駆り立てるのだが、それは同時に自己探求として、自己を基点としてそれらを整序する。すなわち諸宗教の連結を「歴史」として記述するのであるが、ヘーゲル的宗教哲学をそのようなものとして条件づけ、宗教史的自己認識へと駆り立てているものこそ、ほかならぬキリスト教が用意した主体の形態である、とみなされるのである。

キリスト教を、自己を歴史化し、自己へと還帰する「精神としての神」という観点からのみ規定するヘーゲルの解釈には、キリスト教研究の側からすれば、大いに検討の余地があるように受け取られるだろう。しかしここでは、キリスト教の自己理解からその妥当性を問うことではなく、まさにヘーゲル自身がキリスト教をそのようなものとして提示していることを受けとめ、その哲学的な意義を追求することに踏み留まりたい。歴史的自己認識として定式化されるヘーゲル哲学、あるいはヘーゲル的に哲学することを始めうる主体は、キリスト教として形態化した主体的態勢の隠れた「織りこみ」を、非概念的な次元における自己の可能性として見いだす。それが自己認識として機能するためには、そうした哲学そのものの可能性が、その「織りこみ」によって形成されているのでなければならないのである。この意味で、キリスト教はヘーゲル哲学の歴史的文化的形態化として、すなわち形態化の哲学を可能にするものの形態化として、理解されるのである。

（4）歴史的観念論の歴史的根拠

これらの点を確認することによって、「宗教史の哲学」が持つ、いくつかの特徴をより明確にすることができる。「宗教史の哲学」は、キリスト教的自己による前概念的な歴史的自己認識としてみなすことができる。したがって、自己と結びつきえない文化宗教の諸形態はその考察から除外される。そこでの自己とは概念的思考の自己であり、そのため、ロマン主義者たちの態度とは対照的に、ヘーゲルの議論に土着的なゲルマン宗教が論じられる余地はない。歴史哲学にあるように、ヘーゲルにとって「ゲルマン的」であるのは、あくまでキリスト教的近代なのである。

相互に史実的な関連性を確認することが困難な諸宗教に対して、それらをあくまで「宗教の歴史」として継起系列的に連関させるという、歴史性への執拗さについてもまた、この点から考察されうる。これまで本書では、ヘーゲル的「宗教史の哲学」について、「主体性の強度」の発展を主題とし、それを各文化宗教における形態化のもとで析出する作業とみなしてきた。諸々の立場の「反駁」の過程を、その発展の認識論的根拠とみなす哲学史とは異なり、宗教史において中心的である文化地理的な分類に「反駁」の弁証法は存在しない。一八二三年哲学史講義で、「演劇としての哲学史」と比較して、宗教史は「それ以上付け加わることのない単純な内容に固執すること」（V6, Ms.1823, S.12）と規定されていたように、相互的な反駁による陶冶形成の可能性を欠いた諸宗教の形態化は、むしろそれぞれの中心規定の結晶化、凝集化を第一義的に示す。本来的な無歴史性において諸宗教のあいだに弁証法的関係を設定するのは、ただ「世界の苦悩」を「時の充実」と捉えるキリスト教の自己理解のみなのである。ヘーゲルの歴史的思弁は、そこに自らの故郷を見いだすことで、宗教地理誌を歴史的に把握するという思考の方向性そのものの現象的な正当化を獲得するのである。したがって、このような設定において史実的な影響関係の確証は本質的な問題とはなりえない。ヘーゲルが描き出すのは、史実的な連関の保証とは無関係に、あるいはその手前において歴史へと向かう主体の態勢であり、歴史認識へと自らを駆り立てる信である。真理は歴史であると確信し、歴史を自己化する「精神の証言」こそ、自己の根拠を歴史へと求める探求を可能にする歴史意識の現象的形態化である。この歴史を自己化し、自己を歴史化する主体こそ、固有の文化の枠から超出して他の文化を含みこむ「宗教史の哲学」の可能性の条件でもある。このようなヘーゲルの提示は、歴史化を要求するものとしてのキリスト教を、歴史的観念論の歴史的根拠として指し示す。

（5）文化へと送り返される歴史的自己認識

したがって真に注目すべきなのは、「宗教史の哲学」を条件づける歴史化の要求を、キリスト教として形態化するひとつの文化宗教に見て取る、というヘーゲルの議論構成である。自己を歴史の相において把握することは、自らを取り巻く共時的なコンテクストからの離脱を意味している。すなわちそこには、自己の文化に対する異質的な要素を、自らの成立を鑑みるに際して関連づけるという側面が不可避的に付随しているのである。自己の文化性を超え、異他的なものを自己として引き受ける要求がキリスト教の原理である、という提示法は、そのような歴史化への要求、表面的に見いだされる自己の文化的コンテクストを超出し、新たに歴史的コンテクストとして再構築することへの要求が、あくまでひとつの文化として結実している、ということ表現する。つまり、自己認識の契機としての他文化への衝迫、「外化への衝迫」は、概念的に把握される以前に、現象の次元においてキリスト教として結晶化している、というのがヘーゲルの診断なのである。

自己認識における過去や他文化への視線そのものが、キリスト教において前哲学的な次元で成立している、というヘーゲルの主張は、たしかにこの世界宗教に対するある種の単純化ではある。先にも触れたように、ヘーゲルはキリスト教の本質を「神の歴史」、あるいは精神としての「三位一体の神」という側面に集中させるが、その点にキリスト教のすべてが尽くされると考えることは難しいであろう。とりわけイエスの言説に対するヘーゲルの否定的あるいは消極的な態度には、批判的な検討も可能であるように思われる。やはりヘーゲルはむしろ自らの哲学を前提とし、その型を諸宗教にあてはめることによって、自らの立場を現象的に支持してくれる要素を探しているだけなのではないか、キリスト教もまた、そのために仕立て上げられた姿の自称

「キリスト教」でしかないのではないか。ヘーゲルの牽強付会な議論に対して、これらの疑問は当然予想できるものであり、しかもそれらの指摘は、宗教史学やキリスト教学の立場からすれば、ほとんど正当であるだろう。

キリスト教の本質が歴史化する精神にある、ということは、ヘーゲルの宗教史的発見というよりも、彼の哲学的自己発見であった、というのはたしかなことであるように思われる。だからと言ってその宗教論を無意味なものとして突き放すのではなく、そのことの意義が理解されるべきである。注目されるべきなのは、そこで開示されている哲学的自己認識のあり方なのである。ヘーゲルは、「精神の自己外化」という理念に忠実であり、自らの哲学的思考の感性的表象的次元における実現を確証することによって、その理念を確保しようとした。一八二七年講義において明確なかたちをとって現れたのは、真理の歴史化を認容する主体性の成立を、ある文化に見いだす思考であり、その思考そのものを、それに固有の文化的コンテクストへと送り返そうとする作業である。それは一八二四年講義において叙述されていたような、歴史的思考の歴史的誕生を確認することに留まってはいない。議論の全体を「精神の証言」論として結実させる一八二七年の議論が目指すのは、哲学的思考の由来を宗教に見いだすというだけではなく、それを積極的に文化的文脈へと引き戻すことである。それこそ「宗教史の哲学」だけが到達しうる自己認識のあり方にほかならない。

（6）起源の不在における哲学的自己認識と宗教史

問題は哲学と宗教史の関係である。一方で、哲学は宗教史において自己の生成を把握する。そこでは、自然宗教から啓示宗教への道のりが、「自己へと来たる」精神の道として理解される。「宗教史の哲学」が持つこの側面は『精神の現象学』や歴史哲学、哲学史の理念と重なるものではある。他方で、そうした宗教史への前哲学的志向が、キリスト教的「精神の証言」の「衝動」として、宗教史そのもののなかに発見される。その発見によって、宗教における理性、表象における思考が可能なものとして認められる。この観点は宗教哲学独自のものである。というのも、他の哲学的諸領域において、理性の内在性は示されるものの、その原理そのものが形態化して捉えられるということは、歴史に内的な要素としては認められていなかったからである。それに対して、キリスト教は自己を歴史的なものとして、さらに自己を歴史化する主体性としてすでに知っているのである。これにより、歴史性はキリスト教の文化性へと還元される。

「宗教史の哲学」はキリスト教の成立を語るが、同時にキリスト教そのものについても語る。そこではもはや、自己の歴史的正当化が観点となっているのではない。むしろ、前項において述べたように、哲学が「精神の自己外化」という理念に忠実に、感性的表象的な次元における自己の実現を叙述することが課題となっているのである。それは思考の表象性、文化性を確保することであり、いわば世俗化とは逆の、宗教への再帰属化、文化への再文脈化であると言えよう。それによってはじめて、表象的諸変容の過程としての宗教史が、哲学的自己認識という場面の、もっとも内奥にある核心へと引き入れられることになる。

こうして「宗教史の哲学」は、キリスト教を取りこみながら、本書の第一部で確認した「文化宗教の哲学」として帰結する。このプロジェクト全体が開示しているのは、自己の文化的コンテクストを主題化することによって可能となる哲学的自己認識のあり方である。一八二七年の思考は、現象と切り離される「直接知」の抽象性とも、文化歴史的媒介を排除する「起源への思考」とも異なった、別の方向性において展開される自己認識である。

ヘーゲルは自らの哲学の感性的表象的形態として、キリスト教を指示する。しかしこの指示は、文脈を破棄して単一の起源へとすべてを還元することを意味していない。というのも、まず起源的要素そのものもまたひとつの形態である、という認識があくまで放棄されず、それゆえその成立過程を物語る宗教史は、絶えず参照を要求される項であり続けるからである。自己をキリスト教へと同定する自己認識は、絶えずその形成の文脈へと送り返される。なぜなら、そこで発見される、自己の起源なるものとしての前哲学的形態そのものが、自己を解体しつつ自己を歴史化するというあり方として、自己を固有の布置状況から解放し、脱文脈化することで、新たに自己へと回帰する歴史として再文脈化する態勢を、その本質として備えているからである。

キリスト教への指示は、自己をさらにそれ固有の文脈としての宗教史へと導く。自己を文脈へと送り戻すこと、まさにその文脈を自己として証言しうること、それこそ、キリスト教的「精神の証言」として形態化された主体のあり方である。哲学的思考そのものもまた、歴史的に文脈化されつつ、その文脈において自己を認めることができる。このように、歴史的文脈への立ち返りは、それを特権的な契機として自存させることなく、あたかも「精神としての神」が自己を啓示するかのように、前概念的に形成された文脈へと自己を開くこととなる。ここで「宗教史の哲学」の自己認識が発見するいわゆる「起源」とは、起源の不在を受け入れ、媒介のネットワークへと身を投ずるための、非根源的な根源としての主体性として明らかとなる。そこで哲学は固有の文脈へと引き戻されるのであるが、ヘーゲルに従えば、その文脈こそ宗教の歴史にほかならないのである。

注

（1）　旧版宗教哲学講義、あるいは一八二四年講義を参照するのであれば、『精神の現象学』との類比構造はヘーゲル自身も認めるところである、と言うことができるのかもしれない。パネンベルクもまたヘーゲルの宗教史記述が「感性的直観から絶対精神への段階への道行きと類比的に」（Pannenberg 1998, S.265）意識の陶冶形成と教育の役割を果たすと指摘しているが、これから論じられるように、一八二七年講義の議論が示すその奥行きは、そのような一般的な理解とは別のところに通じていると言わねばならない。

（2）「歴史の真に精神的で宗教的な内容と、主体はただ精神の証言によってのみ邂逅する。この精神の証言においては、信じるということに際してもなお、精神の自律性が存している。この証言は様々な形式において登場する、例えば、私が外から受け取るものはすでに私のものである、というプラトンの想起のように」（V3, 1827, S.357）。

（3）「精神の証言」がヤコービ的「直接知」を指すとともに、ヘーゲル自身の立場を表示するという二重性について、ミヒャエル・トイニッセンは、後者が「絶対精神についての精神の証言」であること、それが絶対媒介としての真理をプロセスとして示していることに注意を促している（Theunissen 1970, S.134f.）。

（4）この観点はやがて一八三一年講義において、「国家と宗教」の問題として新たに論じられることになろう。しかしヘーゲル宗教哲学における宗教史記述の問題を主題とする本書にとって、宗教哲学と客観的精神の諸学との関係をさらに問い究めることは、その本来的課題ではない。「精神の証言」というキリスト教的主体の形態へと定位する考察そのものに、一八三一年講義における変化は認められない。たしかに、その契機を「主体的側面におけるひとつの態勢（eine Disposition auf der subjektiven Seite）」、「欲望」あるいは「要求」として捉える次のような言及には、少なくとも問題意識の継続的な追求の痕跡を見ることはできよう。「――精神の証言とは主体的側面におけるひとつの態勢である。それはかの時代の精神における無限の欲求であり、その精神は諸々の特殊な民族精神とそれらの自然の神々を粉砕することによって生み出された、精神的なものとしての神を普遍的な形式において知ろうとする欲望である。この欲望は現実の人間という形式において無限の精神がそのように現象し、顕現することへの要求である」（V5, 1831, S.286）。

結論　哲学のまわり道

ベルリン期宗教哲学講義の多様性を一元的に整理することは困難である。そのつど新たに組み直されていく、宗教とその歴史をめぐる思考の実演こそ、宗教哲学講義の魅力であると考えるなら、無理な一元化はその意義を損なうものでしかないだろう。とはいえ、本書の検討で明らかにされたように、ヘーゲルの努力は方向性を欠いたものでもない。後期ヘーゲル特有の問題意識を補助線とすることで本書が描き出そうとしたのは、そうした変奏の根底にある宗教史研究の精神哲学的なオリエンテーションであった。それは哲学的思考に対して宗教の歴史的文化的事実へ、すなわち宗教の歴史へと迂回することを求め、最終的に前章の終わりで確認したように、哲学の自己認識を文化的な文脈へと引き戻そうとする。あえて定式化するならば、この「哲学的自己認識の文化的再文脈化」こそ、「宗教史の哲学」としてのヘーゲル宗教哲学の最終的な到達点である、と考えられる。だとすれば、本書が追求してきたヘーゲルの「宗教史の哲学」とは、すなわちこのような哲学のまわり道であり、仮定された形而上学的な起源の本質主義的把握へと直進するのではなく、むしろそれとは反対に、思考を媒介へと開く技法であり、誘いであったと言えるだろう。本書の結びとして、この点を再び明確化し、その意義をまとめてみることにしたい。

(1) 思考の再構築としての「宗教史の哲学」

ベルリン期ヘーゲル、ないし「後期ヘーゲル」をまず問題にしたのは、改版された『エンチュクロペディー』に対する本書第一部での考察であった。「哲学的諸学」の体系は、「経験」の「そこに居合わせていること(dabei sein)」を原理とする経験的諸学、およびヤコービ的な「自己のもとにあること(bei sich sein)」において真理を把握する「直接知の立場」との差異化によって特徴づけられる。一見するとまったく異なった立場として理解されうるこれらの同時代的思潮の共通項として、ヘーゲルは概念的媒介と体験的直接性との分離を確認する。さらに、論文全体を通して見てきたように、時代の反哲学的傾向はその二つの立場だけに留まらなかった。感情神学、歴史主義的な哲学史記述、宗教研究におけるロマン主義的な「起源への思考」もまた、媒介と直接性の分断に基礎づけられた態度決定なのである。

時代を席巻したこれらの脱文脈化的傾向が目指しているのは、ヘーゲルによれば、哲学への最終的な死亡宣告である。このような時代的雰囲気に抗い、反時代的に、なお哲学を企てるためには、前提とされた媒介と直接性の分離をそのまま受け入れ、知の媒介に固執するのではなく、むしろその分離そのものの克服が目指されなければならない。ベルリン時代のヘーゲルにおいて、媒介と直接性をめぐる問題は、このようにして前面化してくる。そこから、経験や自己意識の直接性と、概念による媒介との融和を表現する「媒介された直接性」の概念が、その哲学的主題化である『論理学』「本質論」の論述以外にも、様々な局面において求められてくることになる。「宗教史の哲学」はそのひとつの具体的なあり方にほかならなかった。

媒介を排除することなく、そのなかで、真理の契機である直接性を見いだすこと。それが宗教をめぐる思索においても中心的な課題となる。そのような問題を宗教哲学という領域において設定することで、ヘーゲルの文化哲学的定位は明らかとなる。たしかにヘーゲルは「文化(Kultur)」という言葉そのものを積極的に用いてはいない。文化ではなく、彼の哲学の中心には常に「精神」概念が見いだされる。精神哲学の目標は、精神の自己認識へと向けられている。とはいえ、そこで求められている自己認識のあり方は、必然的に文化的形態化の次元を要求するものであった。つまり、「宗教史の哲学」が目指す自己認識は、直接的に見いだされる自明性を破り、異文化を含む宗教的媒介へと探求を開く、という側面を備えているのである。とりわけ「祭儀（Kultus）」への着目と、そこに認められた宗教現象としての優位は、それを決定的に示唆するものである。

こうして文化宗教が、そしてその時間的形態化としての宗教史が、宗教哲学の現場として設定される。諸々の歴史的宗教、他者の宗教は、共感的な理解や抽象的な合理的把握を原理的に拒む、という点で、精神にとって「他であること」の極地に位置する。しかしだからこそ、その文化的形成と歴史的展開のなかに理性的なものを見いだす、という作業は、「他であることにおいて自己を認識する」という精神哲学的自己認識において要請されるべき契機なのである。それはたしかに、哲学的自己によって要請された「他であること」であるとしても、それはあくまで「他」としての次元を保持しなければならない。

ここから、クロイツァーとの比較で確認したような、「宗教史の哲学」の文献学との親近性が明らかとなる。経験科学や歴史学的態度に対し、ヘーゲルはそれらの反哲学的側面を批判した。しかし「宗教史の哲学」そのものは、歴史文化的探求において成立する哲学的自己認識である。そうであるかぎり、歴史主義や文化相対主義を避けるのではなく、その思索はむしろ、いわばそこへと潜りこみ、自己を内部から転倒させるような理路を自ら備えているのでなければならない。そうした歴史的文化的探求に開かれた態度において、思考は自己の抽象性を放棄し、絶えず文脈へと自らを送り返すことで、自己を絶えず再構築のプロセスへと差し出す。こうした思考のスタイルは、諸々の文化学、精神科学との積極的な関係において遂行される哲学のあり方を示唆するものである。

(2)『精神の現象学』以後の思索

宗教史記述を媒介とした精神的自己認識の可能性の成立は、第二部冒頭で触れた『精神の現象学』への自己反省と無関係ではない。「内容としての自体」の発展と形態化は、意識経験に先立つ、という認識において、意識の「自体」のプロセスとしての宗教史の記述は、その意義を前面化させる。宗教史記述の課題は、絶対者の観念（神）と主観性規定（人間的意識）の形態化の過程を描き、それによって、非哲学的領域における論理的思考規定の発展を叙述することであった。この意味で、宗教史もまた、哲学史と並び、哲学への導入として機能しうる。そこに、『精神の現象学』という著作の理念の形象と変奏を見ることは可能であろう。

一八二四年宗教哲学講義では頻繁に『精神の現象学』的モチーフが出現している。その序論では、宗教哲学の考察法として、「経験的観察」と「思弁的概念」が区別され、意識経験の叙述を否定的に介することで、後者への着手点が切り開かれた（本書第一部第三章第二節参照）。また、講義第三部では、キリスト教的教団の共同性が、『精神の現象学』の叙述原理であった「我々」の形成であることが述べられていた。そこでは、「我々」とは誰か、という問いに答えるのが、宗教史的考察の課題とされた（本書第三部第三章第四節参照）。

しかし本書は、宗教史として構築された自己の系譜学が、導入としての現象学理念の継承としてみなされうる、と主張するものではない。多様化する導入コンセプトに対する検討を経て導き出したのは、むしろ晩年における導入構想一般の弱体化という結論であった。その最たるものが「追考」の理念であろう。人がなにかについて考える。その時すでに学の境地は開かれている、というのである。『精神の現象学』一冊を数ページに縮約するこのあまりにも簡単な叙述こそ、ベルリン期のヘーゲルの関心を端的に示すものである。

「追考」の手前で、その条件としての表象形成の過程を語るのが宗教史である。そのような位置を占める宗教史記述がもし導入でありうるならば、導入を企てることとはすでに非哲学から哲学への移行であるだけではなく、哲学を非哲学へと開くという方向も備えているはずだ、というのが「精神の自己外化」理念を考察した際に立てた仮説であった。とりわけ一八二七年講義のキリスト教論における「精神の証言」の体系において、その宗教哲学的帰結は具体的に確認された。そこで示される自己認識こそ、「哲学的自己認識の文化的再文脈化」にほかならない。それは「他なるもの」へと思考を開くこととしての思考の再構築をさらに突き詰めたところで形成される認識であると言える。なぜならそれは、思考の再構築への要求を、そのほかならぬ「他なるもの」としての文化的コンテクストにおいて、その発生に即して確保する作業だからである。歴史探求へと導く哲学的自己認識の現在は、しかし歴史そのもののなかにその要求を胚胎させている。哲学的認識を徹底して文脈化しようとする作業には、循環の調和を期待する哲学的解釈学や、現在的自己の解体に終始する系譜学には見られない、ヘーゲル独自の立場が理解されるだろう。すなわちその自己認識のための歴史記述は、哲学的自己を歴史文化へと開放することによって企てられるのである。

（3）キリスト教主義の徹底的な無効化

ヘーゲルはキリスト教を宗教史の帰結として「完成した宗教」と呼んだ。ヘーゲルが哲学体系上の意味で宗教と名指すのは、「絶対精神の表象」としてのキリスト教のみである。ヘーゲル宗教哲学についてのこれまでの諸解釈は、主にこのような、彼の哲学と密接に結びついたキリスト教の優位という点を前提としてなされてきた。それらの批判は、ヘーゲルの宗教哲学的言説が、ヨーロッパ中心主義を補強し、オリエンタリズムを促進していること、あるいは哲学が特定の実定宗教であるキリスト教に従属してしまっていることを、しばしば批判的に取り上げてきたように思われる。

ヘーゲル哲学の肯定的な受容においても、ヘーゲル宗教哲学のそのような一面はまず切り離されなければならなった。弁証法論理を宗教的に中性化し、哲学的に純化して取り出すことにより、文化的制約に拘束されることのない、多様で生産的なアクセスが可能となった、ということはたしかだろう。キリスト教を中心化する理論と、それを歴史的に正当化するだけの宗教史記述は、その批判的継承の作業において除去されなければならない負の側面であった。とりわけ、キリスト教という宗教的地盤を欠いた文化圏における哲学的受容においては、その対決的な切り離しは実際に差し迫った課題だったと言えるだろう。

本書が試みたのは、このような切り離しのアプローチとは別の接近である。ヘーゲル哲学とキリスト教との分かちがたい結びつきの是非について争うのではなく、その結びつきに対する異なった視点の設置を追求したのである。すなわち、ヘーゲル宗教哲学によるキリスト教の中心化を、特定宗教への信仰告白や護教論的な正当化と同等視するのではなく、その事態を哲学的議論の現場へと引き戻したわけである。

ヘーゲル哲学はキリスト教的教理の理論的根拠づけでもなければ、キリスト教の世俗化した形態として提示されたわけでもない。ヘーゲルが宗教の頂点としてキリスト教を自覚的かつ積極的に取り上げることの根拠もまた、同時代の思想家たちとの比較で明らかなように、ある者は宗教を棄却し、またある者はインドあるいはゲルマン的古層へと向かっていった十九世紀前半という時代状況に還元できるものではない。これらの同時代的立場との対比においてもっとも際立つものこそ、彼の宗教史記述にほかならない。

ヘーゲル哲学とキリスト教との結びつきも、宗教史への特有の眼差しから捉え直されなければならない。宗教史を記述することの哲学的機能とは、とりわけ一八二七年講義で顕著に表れていたように、「精神の自己外化」という理念として表現される精神哲学の要請を充実させるものであった。「宗教の完成」とは、宗教自身の自己回帰的な円環の歴史的達成であり、宗教史とはそこへと向かう発展の過程である。しかし、そこで重視されている事柄は、帰結としてのキリスト教そのものではなく、あるいはそこへと思弁的に結びつけられた必然的過程の歴史的叙述でもない。むしろ、理性がその前哲学的な次元において自己を過程化しうること、そこにおいてなお自己を認識しうることの証示こそ、ヘーゲルの課題なのであった。精神は自己を外化し、思考の他者と化した状態においてなお自己を発見することが、精神の絶対性を確保する。こうした精神哲学的要請を実際にキリスト教という哲学以前の文化的宗教形態において確認し、その実現を把握する。「完成」とはなにより、自己外化とそこからの還帰という精神の円環構造の完成であり、宗教という前哲学的領域において実現する哲学的自己認識の事態を表現するものである。だとすればそれは、通常の意味でキリスト教に帰依する信仰的態度とはまったく異なっていると言わなければなるまい。

だとしても、諸文化に対する考察がなぜひとつの精神の歴史として目的論的に整序されるのか、「宗教史の哲学」は結局のところキリスト教へと奉仕するように機能するものであると考えるほかないのではないか。このような批判的な再反論も正当なものだが、それに対しても、「宗教史の哲学」は次のような独自の回答を用意していると考えられる。すなわち、宗教史が目的論的に記述されるのは、キリスト教が自己を歴史化する宗教の形態として、すなわち自己の真理を受肉と贖罪という運動により円環的に啓示される目的論的形態として理解されているからである。キリスト教の目的論的構造は、宗教自身の自己理解として提示される。ヘーゲルは諸宗教を、そのあいだに史実的な連結を見いだすことができなくとも、キリスト教という「完成」を目指して直線的に系列化された歴史として記述することに固執した。その努力の源泉は最終的に、キリスト教的主体の態勢そのものへと還元されうる。「哲学的自己認識の文化的再文脈化」の作業は、すべてのヘーゲル哲学の観点をキリスト教へと送り戻そうとする。なぜならヘーゲルの理解において、自己を歴史へと外化する精神に対して「そう、それこそ真理」と証言しうるのは、ただキリスト教的主体性のみであり、その発見こそが「精神の自己外化」の理念を保証するからである。

このように、精神哲学的自己認識の要請に基づくことで、ヘーゲルはキリスト教という具体的な歴史宗教を、哲学的自己の宗教として「発見」する。明らかなように、その作業においてキリスト教は、自ら歴史的に生成し、かつ自己外化の運動を肯定する、という二重の意味における「歴史の宗教」として、徹底的にデフォルメされる。すでにこのことが、ヘーゲルの意図とキリスト教的正統主義との距離を物語っているのではないか。それが史実に照らして、あるいは本質主義的に見て、真のキリスト教理解であるかどうか、それはすでにヘーゲルにとって問題ではないのである。このように、ヘーゲル宗教哲学は、キリスト教の哲学である以前に、精神哲学の枠組みにおいて構想された「宗教史の哲学」であり、キリスト教はそのなかで求められる「完成」としての一点にすぎない、と言えるのではないだろうか。

(4) 文化哲学の歴史におけるヘーゲルの位置

精神哲学的宗教史は、思考に先行する、思考それ自身の、非概念的な構築のプロセスであり、その構築を哲学的思考へと引き入れることが「宗教史の哲学」として定式化されうる思想の内実である。それは、思考の自己を宗教の歴史という異質な次元へと送り返すことでその抽象性を解体しつつ、再構築する作業である、とも言えよう。このようなかたちで、諸々の実定宗教の検討を媒介として徹底化される自己認識は、後の世代の宗教哲学に見ることもできず、宗教史学の立場からは徹底的に拒否されるような、ヘーゲル哲学独自の異端的思考である。

「宗教史の哲学」が、ヘーゲル宗教哲学の核心として捉えられることなく、宗教哲学史の古典にもなりえなかったのは、ヘーゲル哲学一般に対してなされてきた異議申し立てとも結びついているように思われる。成功が約束された精神哲学的自己認識のオプティミズムは、マルクスが「自己外化」を「自己疎外」と捉え、ジンメルが「文化の悲劇」という言葉で表現することで、批判的に捉えかえされる。多様化し、複雑化した文化的媒介に自己を見いだすことがもはや不可能となり、「精神の自己外化」とそこからの弁証法的な自己還帰という理想が空洞化した時代に、このようなもっとも鮮烈なヘーゲル批判は出現してきた。それとともに、ヘーゲルの叙述する精神哲学的宗教史が不可避的に帰結する、宗教史的事実と哲学的自己との同化は拒否されることになるだろう。

しかしそうした精神哲学的なオプティミズムへの断念は、どこかでまた生や実存といった直接的な根源への信頼や期待を背景として促されてきたのではなかっただろうか。哲学は再び媒介から直接性へ回帰することで、つまりヘーゲルからヤコービへと引き返すことによって、自己の延命を企ててきたのではなかっただろうか。そこで直接性と対峙させられた媒介は、再び媒介一般へと一元化され、原理へと回収されてしまう。すなわち宗教史的媒介は宗教的直接性に駆逐されるのである。

しかしながら、逆に、生の直接性という契機に対して疑問符が付けられたとき、「宗教史の哲学」の可能性もまた再び問うことができるようになるだろう。そもそも、直接性に対する反省は、「生の哲学」の興隆と同時期にすでになされたものでもある。例えば、カッシーラーは象徴的な「文化」の媒介を「精神の自己啓示」としてみなすことで、哲学の領域において再び媒介的多様性の主題化を企てた。たしかにカッシーラーは、ふたたびヘーゲルのいわゆる汎論理主義から距離を取ろうと試み、文化的媒介の核心を、論理的概念とともに非論理的な他の諸形式をも包括する「象徴形式」として把握した。そこで狙われている精神の自己認識は、文化的諸形態における表出そのものを精神の活動として把握するものである。したがって、それらの形態化において論理的発展を概念把握し、諸事象を哲学の自己へと系列化するというものではもはやない。とはいえ、文化哲学の立場がいかにヘーゲルから自身を差異化しようとしても、哲学が直接的根源へと向かうのではなく文化や歴史において開かれる諸々の媒介を自らの思考の場とするひとつの「迂回路（Umweg）」でなければならないこと、精神の自己は他であることのまわり道においてのみ発見されうるということ、これらの文化哲学の基礎的な確信が、「直接知の立場」や「起源への思考」との対決のもと、ヘーゲルによって獲得された視点であったことを忘れてはなるまい。抽象的な自閉的思考を批判し、哲学的自己認識の場へと文化的コンテクストを導き入れたという点について、ヘーゲルは正当に再評価されなければならない。

現代的文化哲学が、媒介の迂回路を経由することによって、哲学的理性の批判を企てるものであったとしても、文化的形態化の外延的拡散へと定位することで、その自己認識は原理的に開かれたものに留まる。その開放性はたしかに、哲学的理性を諸々の文化学との共同作業へと導く肯定的なものである。しかしそこには、文化学的拡散による自己喪失の危険が常に伴っている。事象への開かれが事象への埋没を帰結する可能性を、文化哲学的遂行は常に孕んでいるとも言えるだろう。しかも、距離の喪失は、翻って、ある特定の文化を同化的に称揚するような、直接性へのフェティッシュな回帰を招来するかもしれない。文化哲学もまた、ある種の文化学の実践と同様に、自らの学的動機について踏み込んで問うことがなかったとすれば、それもまた媒介忘却のひとつの類型となる危険は否定できないだろう。

文化哲学の理想が、歴史的文化的相対主義を誘い込む自己忘却を避けるべきものであったとすれば、ヘーゲル的「宗教史の哲学」の理路にはいまだ参照可能な道筋が残るはずである。それこそ、経験の Dabeisein と精神の Beisichsein を、「媒介された直接性」として調和させる「自由」の観点である。宗教史の次元において他であることにおいて自己を発見する、と表現された精神哲学の課題は、自己を異他的なものとしつつ、異他的なものを自己化するという運動的原理の実現へと向かっている。そうだとすれば、ヘーゲルによるその哲学的遂行は、文化的なものに対する距離を喪失して自文化を無批判に礼賛するのでもなく、距離を距離として客観化し、諸文化の形成を単なる鑑賞の対象とするのでもないはずである。それはむしろ、哲学的理性が距離と緊張を保ちながら、文化的現象と対峙しつつ行われる自己探求であり、理性が標榜する自律性を絶えず揺るがせ、試験にかけるものである。そこではじめて獲得されるものこそ、ヘーゲルが訴える精神の自由であるとするならば、それは、いわゆる自文化の枠を破り、親近性や類似性に頼ることなく、他の諸文化へと越境しながら、そうした越境の運動に自己の居場所を設定するという思考の行為そのものであると考えることができる。

あとがき

本書は二〇一七年度に京都大学宗教学研究室にて受理された課程博士論文「哲学的自己認識と宗教史――後期ヘーゲル宗教哲学における「宗教史の哲学」について」をもとに、出版にあたって若干の修正を施したものである。近年では詳細な専門研究が見られなくもないが、ヘーゲルの宗教史記述に関する研究というのは、宗教哲学研究として見ても、あるいはヘーゲル研究として考えたところで、相当にニッチなものであるという事情はそれほど変わらないだろうし、これからも変わることはないかもしれない。ヘーゲルの個々の宗教論であれば、例えば西洋におけるオリエント研究やキリスト教学の展開といったそれぞれのテーマ研究において重要な意味を持つだろうが、ここで取り出してみたかったのはむしろ、ヘーゲルの宗教史記述全体を方向づけている哲学的な動機であり、諸宗教と格闘しその歴史を記述する以外には実現することのないような、思考の可能性であった。そのため、ヘーゲルによる諸々の宗教解釈を批判的見地から分析・再評価する、という作業にはあえて踏み込まなかったわけであるが、それでも、研究視点を極度に限定することで、哲学者による宗教史記述、というどうにも救いがたい領域に対し、可能なアプローチもないわけではないだろう、という問題提起は少なくともできたのではないか、と信じている。それが果たしてほんとうに意義のあるものであるかどうか、その判断は賢明なる読者の見解に委ねるほかない。

宗教史をはじめとする歴史的・文化的諸事実へと「迂回」する哲学、という本書の中心的関心は、著者がこれまで重ねてきた研究経験の過程において培われてきたものだが、それ自体がひとつの「まわり道」であった、と言えなくもない。個人的経験の来歴を自伝的な語りによって「内化・想起」することを、本書で主題化したヘーゲル的な精神哲学と重ね合わせようというわけではもちろんないが、これまで賜った多大なる学恩を思い返し、その過程へと私の現在を開きなおす、という思いをこめて、本書へと至る紆余曲折を、少しだけここに書き出してみることにしたい。

父がプロテスタントの牧師であるという家庭に生まれついたが、身近で信徒の方が若くして亡くなっていくのを虚しい気持ちで眺めていた記憶がある。それだからか、キリスト教信仰が身に根づくまえに教会から足を遠ざけたようである。それでいてどこかで問題を引きずっていたらしく、結局は父の勧めで西洋哲学を学んでみることにした。そのためにまず学習院哲学科に入学したが、当初は古典に学ぶというよりも、現代思想をはじめとして新しいものに面白みを感じていたようである。ときには週に五日、勉強会に時間を費やすなど、思えば無茶なことをしていたが、体系的な勉強とはおよそ言うことのできない、めちゃくちゃな勉強によって得られた知識でも、いまになってふと思い出されたりするし、決定的なところで思考を左右したりするのを実感すると、そのような闇雲な時間がもてたこと、その機会を与えてくれた先生方、友人たちには感謝の念を覚えている。

哲学科で勉強を進めるうちに、現代思想を理解するためにも哲学史的知識がいかに重要であるかを痛感するようになり、関心は徐々に古典研究へと向かうようになった。自分の問題と哲学史の勉強を折り合わせる苦悶のなかで書き上げたのが、卒業論文「ヘーゲル『精神現象学』における主体」であった。「真理を実体としてではなく主体として理解しなければならない」という『精神の現象学』序文のテーゼを著作の全体において跡づけ、そこに示された主体観を明らかにする、という趣旨の論文であったが、そうしたテーマに取り組むに至ったのは、主体ないし主体性という問題への関心と、その問題を扱う二十世紀現代思想の源流として、ヘーゲルのインパクトを理解しなければならないという研究上の要請のためであった。しかしヘーゲルの思想に本格的に触れることができたのはなにより、当時の指導教授であった酒井潔先生による哲学史講義のおかげであったと思う。先生からは、主体の問題についてヘーゲルを扱うことの難しさについて指摘を受けてはいたが、その課題の難しさが持つ魅力に取り憑かれてしまったかのように、それ以後も酒井先生のもとでとにかくヘーゲル研究を続け、修士論文「ヘーゲル『精神現象学』における無限性の問題」を仕上げることになった。

義務感を越えた哲学史研究のおもしろさはようやくこのころ、先生方や先輩方との交流やいろいろな自主的な勉強会を通じて感じられるようになり、これからもここで研究を続けていくことになるのだろう、と自然に漠然と考えるようになっていたのだから、修士論文も仕上げの段階にさしかかったある日のこと、突如、酒井教授に呼び出されたときには、ある意味で不治の病を告知されたかのような心持ちになったのも当然のことだったのだろう。これ以上学習院大でヘーゲル研究を続けることは難しいから、というのは、専門領域の問題としてなんとなく理解できたが、そこから先生が、京都大学の宗教学研究室を進学先の候補として挙げてくださったことは、いま考えても不思議なことだった。その不思議な選択にたいした抵抗もなく賭けることができたのも不思議と言えば不思議ではあるが、とにかく「半分破門」（酒井先生ご自身の言）というお達しを受け、関東を離れることになったわけである。

そういうわけだから、京都に移ってからしばらくは、なぜ京都に来たのか、という類の身元証明に追われることになった。それは裏を返せば、ヘーゲル研究そのものに対する「なぜ」の問いかけでもあったように思う。なぜ君は、の問いに、当時はそのつど、哲学史上の重要性をもって軽く返すにとどめていた。しかし、現代哲学や西洋哲学史を理解するためにヘーゲルを勉強するのは当然だろう、と表面的に言ってみたところで、納得してくれる人はむしろ稀であった。そうした環境のなかで、むしろ哲学史研究の流儀を押し通して書いたのが、二つめの修士論文となった「ヘーゲル哲学における直接知論の形成と展開」である。内容としては、ヤコービの宗教哲学に対するヘーゲルの解釈を発展史的に追跡することで、ヘーゲル自身の思想変化を導き出す、というものであり、あまり注目されてはこなかったが重要な側面に光をあてるという意味で、ヘーゲル研究としての意義も少しはあったのではないか、といまでも思いこんでいる。しかしその一方で、そうした研究手法そのものに対して、なにか距離のようなものを感じ始めていたのも事実であった。筆者を揺さぶっていたものこそ、いまにして思うと、京都という地からの問いかけとしての、哲学史研究の「なぜ」というものであったのだろう。いずれにしても、二度目の修士論文以降は、そのことが絶えず気がかりとなり、結果として当初の問題意識へと立ち返ることとなったように思う。

とはいえ博士課程に進学してからしばらくは、学会発表や論文投稿のために先の修論を切り売りする作業に追われ、博士論文に結びつくかたちで具体的に新しい仕事に取り組む、ということはできないでいた。ドイツへの留学が決まったのは、そのような過渡的な時期であった。留学先であるボッフム大学は、文献学的なヘーゲル哲学研究の世界的中心である「ヘーゲル・アルヒーフ」を擁し、新設された「ドイツ古典哲学センター」には、ヤコービ研究を主導するビルギット・ザントカウレン教授が就任したばかりということもあって新鮮な活気があった。当初の計画としては、ザントカウレン教授のもとで修論執筆時に中途半端になっていたヤコービ研究を掘り下げつつ、同時にヘーゲル文献学の、とりわけ新講義録についての研究成果を摂取するという課題を持っていた。ヘーゲルのヤコービ解釈を研究のひとつの主軸としていた当時の筆者の立場からすれば、ボッフムの研究環境にはほぼ理想に近いものがあったと言える。しかし、高度に専門化された最先端の文献研究に触れるにつれ、筆者の問題意識は、京都で感じた疑問へとますますとらわれていったのである。文献学研究そのものの意義について疑念を抱くようになった、というのではない。とくにドイツ古典哲学におけるヤコービの重要性には疑いえないものがあり、その思想を解明することには、哲学思想史研究の仕事として非常に大きな意義があるだろうと現在でも思っている。とはいえ、哲学史研究の仕事が意味を持つ、とはいったいどのような事態なのだろうか。哲学史を叙述する、とはどのような知的作業であり、そこにはなにがなお期待できるのだろうか。これらのことが頭を離れなくなっていった。

思うにヘーゲル哲学をある種の権威とする読み方にどこかで（おそらくすでに渡独以前から）抵抗感が生まれていたのだろう。哲学研究そのものに対するそのような思いが、ボッフムを離れる決意を一方で促したに違いない。しかしそのまま日本へ戻るのではなく、ドイツにとどまったのは、当地の学術状況に対する否定的な印象だけを抱いていたのではなく、研究と研究への問いに対し、いまだ肯定的な期待をそこに見出していたからであろう。滞在予定の二年間を過ぎるころ、筆者は躊躇することなく北ドイツの港町キールへと居を移した。デンマークとの国境に位置するシュレスヴィヒ＝ホルシュタイン州のキールは、州都であるとはいえ、かつていわゆるルール工業地帯のひとつの中心として栄えた工業都市ボッフムと比べてみると、だいぶこぢんまりとした印象である。それは街と同様、大学もやはりそうであるが、それでも、学問とはそうしたサークルの量的な規模にかかわらない、ということを筆者は当地での熱意に満ちた議論において知ることになった。

キール大学で師事したラルフ・コナースマン教授は、いまや色褪せた感のある「文化哲学」なる立場をあえて現代において標榜し独自の思想を展開する哲学者であるとともに、雑誌やハンドブックの出版を通じて、当該分野の学術的ネットワークを構築する組織者でもある。教授の文化哲学理解は、その語の響きに反して、いわゆる哲学との距離によって特徴づけられる。文化哲学、という学問分野に期待されるのはおそらく、文化とはなにか、という問いに対する思慮深い答えであったりするかもしれない。しかし教授の思考はそのように直接的な哲学的思弁とは無縁であり、むしろそのような哲学的思弁がいかに文化的事実の問題と相性が悪いのか、という点に注意を払うことから始まっている。西洋哲学の歴史を一瞥すれば明らかなように、と彼は言うのだが、これまで文化の問題が主題的に扱われるのは稀であるか、あるいは二次的なものにとどまっていた。それはなぜか、と問うのである。そこで問題なのは、西洋哲学史の全体を総括的に批判することではない。その仕事はむしろ、問いの不在と隠蔽へのパースペクティブにおいて企てられる思考の系譜学（それをコナースマンは「歴史的意味論」と呼ぶ）として、哲学的理性の歴史的展開をその裏手から理解するという点で、哲学史研究を別様に遂行する道筋を指し示すものなのである。このように、哲学かあるいは文化か、といった二者択一が問題なのではなく、むしろ哲学の歴史において人知れず滲み出た両者の接合面にこそ、文化哲学と称する思考運動の領域は求められるのであり、西洋哲学史の研究はそのための作業場として新たな位置価を獲得するに至る。

ひねくれた思想ではある。しかし哲学史研究を進めていくために、思考の英雄の歴史として叙述されてきたものの背後へとまわりこんでみることではじめて見えてくるものもあるだろう、というのが筆者の直感でもあった。コナースマンによって開陳される、こうした「まわり道」に定位することで浮かび上がる問題系は、彼の師であったハンス・ブルーメンベルクによって切り開かれた地平であることは間違いないので、筆者はキールでしばらくのあいだ、ブルーメンベルク研究へ専心することに心を決めたわけである。とにかく驚いたのは、日本の哲学科の場合だとカントやハイデガー、あるいは西田幾多郎がそうであるように、コナースマンのゼミではブルーメンベルクが参加者間に共通するコーパスであったということである。ブルーメンベルク研究の現状に関して言うと、日本とドイツの状況がここまで乖離している研究分野も少ないように思われる。そうした状況を少しでも改善するため、ブルーメンベルク思想の哲学的な潜在力を明らかにし、日本においても紹介されていくべきだろう、というのが現在の切実なる思いである。

キール滞在で得られたのはそうした将来への研究展望だけではない。最大の収穫はまさに、年来のヘーゲル研究をまとめる糸口を見出し、博士論文として仕上げることができたことにある。しかし振り返ってみるならば、在独経験による成果の種子は、京都大学宗教学研究室での学びにおいてすでに撒かれていたものであったことに気づくのである。それこそ、先に語った動揺の源であり、ドイツでの研究を知らず方向づけていたものにほかならない。

宗教哲学において問題となるのは宗教と哲学の切れ結びである、という基礎的な理解を明確に示されたのは杉村靖彦先生であった。宗教が、哲学的考察の個別的一主題にとどまらず、むしろ哲学そのものの成立に深く関わってきた（杉村 二〇一〇、一一―一三ページ）という先生の視点は、本書の問題設定の直接的なヒントになった。本書で強調した証言の概念もまた、先生が現代フランス哲学と日本哲学を緊密に連絡させながら主題化してこられたものである。証言論が備えている、宗教と哲学との境界を揺さぶるその理論的ポテンシャルは、先生の仕事がなければ考えることのできなかったものであると言わなければならない。

博士論文の第一の宛先は、京都大学での修士・博士時代を通して、指導教官として様々な教えを賜った、氣多雅子先生であった。ヘーゲル宗教哲学を文化宗教の哲学として読む、という視点提示は、先生へのささやかな質問のつもりであった。先生が第一のご著書である『宗教経験の哲学』で問題とされたのは、世界信の崩壊として露わになる宗教経験の出来事であった。宗教が備えるその位相は、文化伝統の基盤である精神的土壌を形成する側面としての「文化―宗教」とは明確に区別されるべきであり、したがって宗教が持つ文化としての性格は、「宗教経験の哲学」からは退去を命じられることとなる（氣多 一九九二、とりわけ同書第一章（5）「文化の比較と宗教の比較」、三一ページ以下参照）。しかしながら、続く『ニヒリズムの思索』で提示された、「それぞれの文化の内に、言い換えればそれぞれの言語の内に、密やかに沈殿している宗教的諸観念」（氣多 一九九

九、一三〇ページ）へと向けられた視座、およびそれらの諸観念に畳みこまれた世界把握とその展開への着目によって成立するはずの宗教哲学は、強調点の差異はあったとしても、明晰判明な思考の背後へと迂回するブルーメンベルク的「隠喩学」と、はっきり響き合っているのである。してみると、筆者がブルーメンベルクへと導かれたのも、もしかしたら京都の恩師による隠れた導きがあったからなのかといまになって思われなくもない。少なくとも本書は、そこへと自覚的に向けられた最初の応答となっている。

京都の動揺からドイツへ、ドイツの確信から再び京都へ、というオデッセイには、もうひとつ重なる円環がある。キリスト教牧師の家に生を受けながら宗教から離れ哲学へと向かうことによって学問を開始し、そこで得たものを携えて再び（信仰とは別の意味での）宗教の事柄へと戻ってきたと見るなら、それは「ほんとうに、なんて遠いまわり道」であったかと思う（まだ終わってはいないかもしれないが）。

本書の刊行は、京都大学大学院文学研究科による、平成三十年度「卓越した課程博士論文の出版助成制度」により実現したものである。京都大学学術出版会の國方栄二さんには、本書の編集にあたって様々なアドヴァイスをいただいた。また、本書の執筆は、その大部分がドイツ滞在中に書き下ろされたものである。留学に際し、ドイツ学術交流会（DAAD）、京都大学教育研究振興財団、日本学生支援機構海外留学支援制度による経済的援助を受けることができた。関係者の方々、ならびにこれまでお世話になったすべての先生方、各大学、京都へーゲル読書会（特に酒井修先生にはあらゆる面においてお世話になった）、日本へーゲル学会をはじめとする各学会の皆様および友人諸君にここで深く御礼申し上げる。最後に、自分の不徳から非常に長くなってしまった修行期間を支えてくれた下田家、石川家、そしていつも勇気づけてくれる妻の智子に、心からの感謝の意を表したい。

二〇一八年一二月

下田和宣

索　引

人名索引

タ行

ナ行

ハ行

マ行

ヤ行

事項索引

サ行

タ行

ナ行

ハ行

マ行

ヤ行

ラ行

ワ行

The Philosophy of the History of Religion:
A Philosophical Detour by the Later Hegel

From a historical point of view, it can be said that, while religion has always been a major issue in Western philosophy, the diversity of religions essentially belonging to various other cultures could not be handled by philosophical traditions aiming mostly at self-knowledge. However, Georg Wilhelm Friedrich Hegel, an early nineteenth-century German philosopher, opened philosophical thinking to the colorful but averted field of historical religions. If this challenge is inevitable for Hegel's philosophy, a fundamental reconstruction of reason itself can be seen through his new orientation of philosophical thinking. How did Hegel do this and what does it mean? An effective approach to this problem will not be possible until rigid conceptions about the distinction between philosophical and religious studies are no longer dominant. Therefore, the aim of this book is to address this problematic situation and clarify some potentialities of Hegel's philosophy of the history of religion by examining his discussions about three main topics: religion (part one), history (part two), and the history of religion (part three).

Part one: Religion. Hegel's criticism of Jacobi and the philosophy of cultural religion

The motif of religious history was not a major theme in the development of Hegel's theory of religion until the Berlin Lectures on the Philosophy of Religion in his later years. For this reason, this book firstly investigates He-

gel's philosophical motives toward the history of religion by confirming his thoughts during the Berlin period.

Thereby, we first take up his brief argument concerning "thinking upon something" (*Nachdenken*), which was added as the introduction (preliminary notion; *Vorbegriff*) in the revised edition of *Encyclopedia of the Philosophical Sciences*. Through an analysis of empirical thinking, Hegel attempts to establish the horizon of speculative logic. Therefore, the structure of "thinking upon something" is linked to the problem of empirical sciences and is regarded as a philosophy supporting the system of "philosophical Sciences," which the *Encyclopedia* is about to present. During the activity of thinking upon something, the conflict between the mediation of thinking and the immediacy of experience is resolved. Hegel presented this argument, which described the dialectical unity of both concepts as "mediated immediacy," to confront the "position of immediate knowledge," for which the German non-philosopher Friedrich Heinrich Jacobi was regarded as the representative. In opposition to Hegel, Jacobi had taken a hostile attitude toward philosophy in general by emphasizing the theoretical conflict between mediation and immediacy.

The construction of the logic of "mediated immediacy" by Hegel also clearly appeared in his Lectures of the Philosophy of Religion, especially those of 1827, the same time the revised *Encyclopedia* was published, which confirm the importance of Hegel's critique of Jacobi in his religious research. Jacobi's position excluded every medium and was condemned by Hegel from this point of view. By contrast, Hegel aimed to restore the logical medium by excluding the position of emotional immediacy. Nonetheless, the

aim of Hegel's criticism of Jacobi was not limited to only this position; the expansion of the concept of mediation by Hegel necessitated a fundamental reestablishment of religious philosophy. It is not only the logical media that are rejected as secondary by Jacobi's position of faith, but also various mediations about historical and cultural events such as icons, myths, and rituals. Thus, the logical construction of Hegel's "mediated immediacy" concept reversed the philosophical order of emotional faith, which Jacobi recognized as the most fundamental factor of all human abilities. As a result, the mediation of diverse religious phenomena was transferred to the center of Hegel's philosophical considerations about religion; this is considered as a definitive and historical transformation of the concept of religious philosophy, as it led Hegel to develop further his own philosophy regarding the history of religion.

Part two: The idea of history and Hegel's reconsideration about of the necessary introduction to Science

Nevertheless, it remains unclear why Hegel constructed his cultural philosophy of religion as essentially a description of world historical religions in which Christianity is viewed as the "consummation" of religion. Therefore, in the second part of this book, we examine the historicity of religious history.

It is clear that in his *Phenomenology of Spirit* in an earlier period, Hegel had positioned historical religions, including Christianity, within his philosophical argument. However, what must be clarified here are not the commonalities, but rather the differences that characterize the unique aspect of

religious philosophy in the later period. Therefore, first, we compare this with the chapter on "Religion" in *Phenomenology of Spirit*, the proper theme of which was the necessary "introduction to Science" (*Einleitung zu Wissenschaft*), that is, Hegel's own philosophical position. This aim, which confirms the formation of religious concepts through the "experience of consciousness" as a series of religions leading to the Christian Trinity, and subsequently, to "Absolute Knowledge" as the position of Science, is also connoted in Hegel's account regarding the history of religion. In other words, *Phenomenology of Spirit* obviously presents a motif concerning the "transition from religion to philosophy" under the subject of the entire work to connect the natural consciousness with the absolute stage of knowledge." In this setting, both religion and religious history are positioned as inevitable preliminary stages to philosophy.

On the other hand, in later years, in the revised *Encyclopedia*, Hegel critically reexamines the introductory character of *Phenomenology of Spirit*. Upon this reexamination, what stood out was the aspect of "self-forming content," which is only possible before the "experience of consciousness," as the main subject of *Phenomenology of Spirit*. As long as the historical "development" (*Entwicklung*) and "figuration" (*Gestaltung*) of mental phenomena such as law, humanity, art, and religion precede the explanation of the "experience of consciousness," presupposing their hidden formation, it can no longer be the beginning of philosophy. Assuming that this was Hegel's own reflection, we can then ask the following question to discuss further what Hegel was attempting to reconstruct: Is it therefore possible to say that the "introduction to Science" attempted in *Phenomenology of Spirit* had already been abandoned in the framework of Hegel's overall phi-

losophy? Or, instead of describing the "experience of consciousness," will historical accounts discussing the development and figuration of various things play a new role in the introduction? If so, how can history be described as the introduction to philosophy?

To clarify these points, we focus on the important distinction between "development" and "figuration." According to Hegel, the aim of historical philosophy is to capture the process of history as conceptual self-development; however, on the other hand, it has a non-conceptual characteristic as a figuration in a temporal dimension, which is an external aspect of history and is distinguished momentarily from the necessity of self-developing logic. Nonetheless, Hegelian philosophy reveals a dialectic that captures this aspect of figuration as its main factor; it is an idealistic notion of the "self-externalization of spirit" (*Selbstentäußerung des Geistes*) that was briefly described at the end of *Phenomenology of Spirit*.

The self-recognition of the spirit involves knowing oneself not only as self, but also as other (*im Anderssein sich selbst zu erkennen*), where a non-identical self-identity is formed reflectively and regarded as the self of the spirit. To achieve this, the spirit determines a definitive strategy of abandoning its abstract nature. What is shown here is not a linear path from non-philosophy to philosophy, but rather a self-externalizing detour that branches out from philosophy to non-philosophy. According to this argument, the figuration of history takes the role of "to be others" to reveal developments in the spirit. Therefore, if the purpose of historical philosophical perception is to understand the phase of its necessary development in the figuration of history and grasp its own self-exteriorization of the spirit, then

the first approach to accomplish this task should be to describe the figuration of history.

Thus, the transition from non-philosophy to philosophy is carried out by self-negating in the spiritual detour. Although this philosophical assignment had already been presented as the "internalization and recollection (*Er-innerung*) of history" in *Phenomenology of Spirit*, it offers some clues for considering changes from the systematic position of Hegel's earlier main work. As we have already seen, its function of being an "introduction to Science," which Hegel had emphasized at the time of its publication, is no longer recognized as being in the Berlin period. Instead, the role of presenting an "introduction to Science" has now been adopted by the historiography of philosophy, especially the new concept of "three attitudes toward objectivity," which are described in the third edition of *Encyclopedia*.

However, here it must be stated that in addition to the change in the concept of the "introduction to Science" was a new idea about the relationship between philosophy and non-philosophy. The "introduction to Science" through the history of philosophy is not intended to establish and justify a compulsory relationship between present and past in a historical way, but rather, to reveal the conceptual logical factors within non-conceptual elements such as historical facts.

Therefore, Hegel's idea of self-externalization of the spirit requests a different philosophical view. In historical descriptions, both historical figuration and the perspective of logical development are of essential importance. The integration of this idea with the concept of the "introduction to Scien-

ce" positively affirms the initiation of the philosophical exploration of history and captures the ultimate form of self-recognition by spirit.

This idea, which is the central conclusion of the second part of this book, is also directly related to the consideration of the history of religion, which not only has the character of historiography, but also contains the concept of spiritual figurations. Moreover, while the history of philosophy is the representation of conceptual movement, considering the investigation in the first part of this book, the history of religion can be said to be a historical representation of representational elements. This double representational character suggests the problematic domain of the history of religion and therefore determines the task of a "philosophy of the history of religion," that is the main topic of the present book.

Part three, chapter one: The theoretical structure of Hegel's "philosophy of the history of religion"

After discussing the cultural turn in the philosophy of religion (part one) and the figuration of history (part two), we next thematize Hegel's historiography of world religions and its philosophical aim. Concerning these former argumentations, it must be considered the gradual weakening of the "transition from religion to philosophy" motif in the Berlin Lectures on the Philosophy of Religion. Admittedly, this subject remains in Hegel's fundamental thoughts, but with gradual changes in what he refers to as an "escape into the Notion" (*Flucht in den Begriff*). As Hegel notes in the finale of each Lecture, religion should change its prelogical representative figure in the end and transform it to the conceptual form. However, especially

in 1827, the year the revised *Encyclopedia* was published, Hegel stresses reconciliation between religion and philosophy as opposed to any type of negative transition, which runs parallel to the changes in his thoughts on the systematic construction of the philosophical Sciences. Therefore, to start an investigation into Hegel's historiography of religion from other philosophical perspectives, which would enable a better understanding of spiritual philosophy, we must avoid limiting our interpretation to the "transition" motif or the (although definitive) position of Christianity.

As we saw in part one of this book, Hegel's point of view about religion is not restricted to the objective aspect of God or subjective aspects such as feelings. According to Hegel, religious facts can indeed be found in the relation of both extreme sides—God and man—which is expressed as "knowledge about God." Therefore, what the history of religion actually describes, as long as the religions perform this relation between God and man in various historical and cultural ways, is individual religious phenomena such as myths and rituals. From this aspect, the main subject of Hegel's description of the history of religion can be considered the historical representation of the correlational movement between the "figuration of God and man" (*Gestaltung des Gottes und des Menschen*).

At the beginning of our inquiry into Hegel's history of religion, we consider some structural changes in Part II of the Berlin Lectures on the Philosophy of Religion. This change, which also involved a reconstruction of the connection between each religion, was principally caused by the dramatic augmentation of new information about this subject at that time; however, this change cannot be trivial because it concerns Hegel's philosophical ori-

entation itself, which leads to his description about the history of religion. Therefore, his "philosophy of the history of religion," if possible, must be defined with this orientation only, which we can only recognize from the structural changes of his Lectures.

Hegel's reconsideration about "immediate" or "natural religion" as the beginning of religious history reveals not only Hegel's intellectual struggle with the problem of the origin of religion, including those of the Orient, but also a fundamental interest of his "philosophy of the history of religion." The historical birth of religion, which was considered "knowledge of God," therefore corresponds with the genesis of human consciousness. The distance from natural conditions defined by the primeval fear of natural forces characterizes a state of "magic" as the seed of religion that, according to Hegel, distinguishes mankind from other animals. Hegel identifies the religion of ancient China as being in such a historical stage and producing the first form of objectification.

Hegel's examinations of how Buddhism can be positioned in this history show one of the most visible differences among the Berlin Lectures on the Philosophy of Religion. While a positive connection between Buddhism and the religion of ancient China was emphasized in the Lecture of 1824, in 1827, Hegel opposed both of these Asiatic religions by drawing attention to the first figuration of the idea of the reflective "self" in Buddhism. This change in characterization makes it obvious what Hegel was attempting to describe through the history of religion—the "intensity of subjectivity" in historical religions—and the criteria with which he ordered them.

Therefore, the history of religion can be delineated as a process that gradually demonstrates how the freedom of the spirit has been realized in various religions, using the "intensity of subjectivity" for a scale. Hegel's own methodology in analyzing historical religions to understand other religions and cultures takes this type of perspective.

Next, we examine his criticism of the modern rational notion of "natural religion," which before Hegel, was often praised by deistic philosophers and naturalists as an innocent ideal. According to Hegel, for such theorists, the historicity of religion means nothing else but to distance itself from the fundamental source of everything. Conversely, Hegel first determines natural religion historically as a stage of "magic" and focuses on its distance from the state of nature. The development but not the "origin" of religious history therefore acquires a positive meaning, which is especially noticeable in the Lecture of 1827.

A critical aspect of Hegel's "philosophy of the history of religion" is his confrontational stance with the metaphysical and naturalistic positions of "thought toward origin," which tend to regard all historical and cultural mediations as unnecessary and instead attempt to grasp only the essence of religion. Hegel's basic attitude is reflected in his approach to the problem of translation and interpretation in regard to Indian religions particularly centered upon the *Bhagavad Gita*. In a dispute with his contemporary, Wilhelm von Humboldt, concerning the increasing interest in ancient Indian culture, Hegel sounded the alarm on the extravagant praise of this Hindu

classic. According to Hegel, Humboldt attempts to abstract present and universal importance directly from this classical work, whereas Hegel tries to maintain the historical context in order to characterize the figurative potentiality of its subjective freedom of spirit.

Another type of "thought toward origin" can be found in the stance of the Romanticists from the same period, such as Joseph Görres, who attempted to return into the lost origin of history and was therefore attacked by Hegel, who saw this as an impetuous and anachronistic attitude that was negative toward historical figurations. However, it is more important to consider Hegel's exceptionally high evaluation of one of his colleagues in Heidelberg, Friedrich Creuzer, whose work on ancient symbolism and mythology promoted the tendency of religious romanticism in Heidelberg at the same time as Hegel's development of his "philosophy of the history of religion." Creuzer dismantled superficial cultural identities to the contextual elements of peculiar formations through pursuing the interchange of various symbols between several cultures. However, although Hegel was somewhat sympathetic toward Creuzer's position of philology, he took distance from it and elaborated his own historiography about world religions. A determination by Hegel about Egyptian religion as "symbolic," especially in the Lecture of 1827, can be discussed from this point of view. While Creuzer considered some cross-sectional types of symbols in ancient cultures, Hegel revealed the "intensity" that centralized the subjective ability of symbolic thinking in the historical culture of Egypt and its distinctive movement of contextual figuration through the crystallization of culture referred to as "Egypt."

Part three, chapter three: Toward Christianity. The historicity of self-testifying subject

In this chapter, to turn attention toward historical figurations and the development of religion through the criticism of "thought toward origin," and to reveal the cohesive power of culture and the crystallization of the subjective intensity of spiritual freedom on the basis of Hegel's "philosophy of the history of religion," we examine his description of Judaism, the religion of ancient Greek and Rome, and finally, Christianity as the "consummate religion". In the Lecture of 1824, it is clear that Hegel makes speculative efforts to define Judaism as a medium between Oriental and European religions and to construct a reverse correspondence between natural and spiritual religions. This complex structure changed in 1827 to a philosophical conception in which the elements of the subjective spirit, such as symbols, signs, pure ideas, and finite will, were figuratively formed in the Egyptian, Greek, Judaic, and Roman religions as their own central determinations. Furthermore, indicating the religion of thinking, namely Christianity, as its prolongation, the structure of the 1827 Lecture explicitly shows Hegel's specific awareness of the problem regarding the plural moments of reasoning in the pre-philosophical dimension.

Another important point in each Lecture is how Christianity is connected with other religions. In the Lecture of 1824, Hegel emphasized the historical connection between the situation in the Roman Empire and the emergence of Christianity. According to Hegel, the idea of the Judaic God being beyond the world and the feeling of fear toward it were followed by its absence and the denial of immanent meaning in the world. Subsequent-

ly, particular individuals raised their position to absolute subjects, but at the same time, lost their own dignity as human beings, as we can see in the example of the gladiatorial shows held in the Colosseum. Hegel here comprehends this absolutization of individuals and the painful deprivation of human value as a type of historical preparation for the arrival of Christianity, which Hegel views as the end point of the history of religion. Finally, by recognizing the new subjectivity created by this stage, the so-called testimony of the spirit (*Zeugnis des Geistes*) as a preliminary step of the philosophical "we," Hegel qualifies his historiography of religion as a genealogy of reason in the pre-philosophical dimension.

Part three, chapter four: A system of testimony of the spirit in the Lecture of 1827 and a cultural recontextualization of philosophical self-recognition as the conclusion to the "philosophy of the history of religion" by Hegel

However, this genealogy in 1824, which repeats the structure of *Phenomenology of Spirit*, cannot be regarded as the conclusion of this book or of Hegel's "philosophy of the history of religion." Rather, in the Lecture of 1827, we can find a distinctive orientation of thought after the "introduction to Science," which characterizes his Berlin period, as we have already seen in parts one and two of this book. Differing from the other Lectures, his discourses about Christianity here are concentrated into a Christian representation of the Trinity, which is also referred to as "God as Spirit." On the central point of his arguments stands a characteristic type of Christian subjectivity that is termed a "testimony of the spirit." His analysis in 1827 about the self-realizing "subjective intensity" within the history of religion is therefore accomplished through all of his arguments, from the most pri-

mitive to the highest stages of religion. The God of the Trinity is a God of love, thereby "externalizing" itself to the finite world and denying its abstract way of being before promising redemption in the representation of death through the resurrection of Jesus Christ. Hence, a possible type of faith that corresponds with this idea of God must be one that also "believes himself out of himself." In other words, this type of belief is a belief in a God capable of self-figuring to the outer world. Therefore, it constitutes the immanent authority of an absolutized subject capable of totally affirming itself in the presence of a self-realizing God.

It is already obvious that this testimonial disposition of the Christian subject shows Hegel's model of philosophical thinking as "recognition of itself out of itself" in a pre-philosophical dimension. Now Hegel confirms the pre-conceptual construction of his philosophy itself as a historical and cultural figure of Christianity. This recognition, so to speak, "*Nachdenken*" in religious history, performed under the double representative character of the "history" of "religion" positions the "self-externalization of the spirit" as the ultimate form of spiritual freedom. In addition, by establishing a logical reflective structure in Hegel's speculation, which was developed in the form of a historiography of religion, a representative figuration of philosophy itself as the self-testifying subject is finally discovered, and thus, all of the historical descriptions of world religions gain a special meaning in terms of philosophical self-recognition. In conclusion, this book confirms Hegel's philosophy of spirit as a consequence of his "philosophy of the history of religion" and defines it as a "cultural recontextualization of philosophical self-recognition." Therefore, Hegel's philosophy of religion realized in his later Berlin period was not a traditional attempt to reveal religious truths by re-

turning to historical or metaphysical origins, but rather, it was an inquiry to offer a new type of philosophy by reorienting philosophical insights making the philosophical reasoning accessible to religious facts and causing a detour in philosophical investigations to diverse mediations and figurations of historical cultures.

付録　ベルリン期宗教哲学講義目次

1821年

序論——草稿より Einleitung - nach dem Manuskript

宗教の概念——草稿より Der Begriff der Religion - nach dem Manuskript
（a）宗教一般の概念 Begriff der Religion überhaupt
（b）宗教的立場の学的概念 Wissenschaftlicher Begriff des religiösen Standpunkts
（c）この立場の必然性 Notwendigkeit dieses Standpunkts
（d）芸術と哲学に対する宗教の関係 Verhältnis der Religion zu Kunst und Philosophie

規定的宗教——草稿より Die bestimmte Religion - nach dem Manuskript
A．直接的宗教 Die unmittelbare Religion
（a）〔形而上学的概念〕[Metaphysischer Begriff]
（b）具体的表象 Die konkrete Vorstellung
（c）自己意識の側面、主体性、祭儀 Seite des Selbstbewußtseins. Subjektivität, Kultus
B．崇高と美の宗教 Religion der Erhabenheit und Schönheit
（a）形而上学的概念 Metaphysischer Begriff
（b）具体的表象、理念の形式 Konkrete Vorstellung, Form der Idee
（α）崇高の宗教において In der Religion der Erhabenheit
（β）必然性の宗教では違う Anders ist es in der Religion der Notwendigkeit
（c）祭儀 Kultus
（α）崇高の宗教 Religion der Erhabenheit
（β）美の宗教の祭儀 Kultus der Religion der Schönheit
（α）祭儀の精神——宗教的自己意識 Geist des Kultus – Religiöses Selbstbewußtsein
（β）祭儀そのもの Kultus selbst
C．さしあたりの合目的性の宗教すなわち我欲の、エゴイズムの宗教 Religion der Zweckmäßigkeit zunächst oder der Selbstsucht, des Eigennutzes

C．合目的性の宗教すなわち悟性の宗教 Die Religion der Zweckmäßigkeit oder des Verstandes

（a）抽象的概念 Abstrakter Begriff

（b）形態化、神的実在の表象 Gestaltung, Vorstellung des göttlichen Wesens

完成した宗教——草稿より Die vollendete Religion - nach dem Manuskript

A．抽象的概念 Abstrakter Begriff

B．具体的概念 Konkrete Vorstellung

［Sphäre］（a）

［Sphäre］（b）

［Sphäre］（c）

（α）

（β）

C．教団、祭儀 Gemeinde, Kultus

（α）教団の生起 Entstehung der Gemeinde

（β）教団の存在 Sein der Gemeinde

（γ）教団の消滅 Vergehen der Gemeinde

1824年

序論——草稿より Einleitung - nach dem Manuskript

A．哲学全体に対する宗教哲学の関係 Die Beziehung der Religionsphilosophie auf das Ganze der Philosophie

B．時代の要求に対する宗教哲学の立場 Die Stellung der Religionsphilosophie zum Zeitbedürfnis

C．実定宗教に対する宗教哲学の関係 Das Verhältnis der Religionsphilosophie zur positiven Religion

D．予備問題 Vorfragen

E．我々の論考の筋道についての概観 Übersicht über den Gang unserer Abhandlung

宗教の概念——1824年講義より Der Begriff der Religion - nach der Vorlesung von 1824

A．経験的観察 Die empirische Beobachtung

（a）直接知 Das unmittelbare Wissen

（b）感情 Das Gefühl

（c）さらに規定された意識 Das weiter bestimmte Bewußtsein
（d）有限性と無限性の関係 Das Verhältnis von Endlichkeit und Unendlichkeit
（e）思弁的概念への移行 Übergang zum spekulativen Begriff
B．宗教の思弁的概念 Der spekulative Begriff der Religion
（a）宗教の概念の定義 Definition des Begriffs der Religion
（b）宗教的立場の必然性 Die Notwendigkeit des religiösen Standpunkts
（c）宗教の概念の実現 Die Realisierung des Begriffs der Religion
（α）神の表象 Die Vorstellung Gottes
（β）祭儀 Der Kultus

規定的宗教——1824年講義より Die bestimmte Religion - nach dem Vorlesung von 1824
A．直接的宗教、すなわち自然的宗教、自然宗教 Die unmittelbare Religion, oder die natürliche Religion, die Naturreligion
（a）形而上学的概念 Metaphysischer Begriff
（b）神の表象 Vorstellung Gottes
（α）呪術の宗教 Die Religion der Zauberei
（β）空想の宗教 Die Religion der Phantasie
（γ）善の宗教、光の宗教 Die Religion des Guten, die Lichtreligion
（δ）自然宗教から精神的宗教への移行 Übergang von der Naturreligion zur geistigen Religion
謎の宗教 Die Religion des Rätsels
B．精神的個体性の宗教 Die Religionen der geistigen Individualität
（a）この領域の形而上学概念 Metaphysischer Begriff dieser Sphäre
（b）神の具体的な規定 Konkrete Bestimmung Gottes
（α）崇高の宗教 Die Religion der Erhabenheit
（β）美の宗教 Die Religion der Schönheit
（γ）合目的性の宗教 Die Religion der Zweckmäßigkeit

完成した宗教——1824年講義より Die vollendete Religion - nach der Vorlesung von 1824
A．形而上学的概念 Metaphysischer Begriff
B．具体的表象 Konkrete Vorstellung

第一のエレメント Das erste Element
第二のエレメント Das zweite Element
第三のエレメント Das dritte Element
1．教団の生起 Das Entstehen der Gemeinde
2．教団の存続 Das Bestehen der Gemeinde
3．信仰の実現 Die Realisierung des Glaubens

1827 年

序論――1827年講義より Einleitung - nach der Vorlesung von 1827
A．哲学一般に対する宗教哲学の関係 Die Beziehung der Religionsphilosophie auf die Philosophie überhaupt
B．我々の時代の諸要求に対する宗教学の関係 Das Verhältnis der Religionswissenschaft zu den Bedürfnissen unserer Zeit
C．我々の対象の考察の概要 Konspekt der Betrachtung unseres Gegenstands

宗教の概念――1827年講義より Der Begriff der Religion - nach der Vorlesung von 1827
A．神の概念 Der Begriff Gottes
B．神についての知 Das Wissen von Gott
(a) 直接知 Das unmittelbare Wissen
(b) 感情 Das Gefühl
(c) 表象 Die Vorstellung
(d) 思考 Das Denken
(α) 思考と表象の関係 Das Verhältnis von Denken und Vorstellung
(β) 直接知と媒介知の関係 Das Verhältnis von unmittelbarem und vermitteltem Wissen
(γ) 神への高まりとしての宗教的な知 Das religiöse Wissen als Erhebung zu Gott
C．祭儀 Der Kultus

規定的宗教――1827年講義より Die bestimmte Religion - nach der Vorlesung von 1827
A．直接的宗教すなわち自然宗教 Die unmittelbare Religion oder Naturreligion
諸々の自然宗教の形式 Formen der Naturreligionen
(a) 呪術の宗教 Die Religion der Zauberei

中華帝国の国家宗教 Die Staatsreligion des chinesischen Reiches

(b) 自己のうちへ行くことの宗教 Die Religion des Insichseins

(c) インドの宗教 Die indische Religion

続く段階への移行 Übergang zur folgenden Stufe

(d) 移行の諸宗教 Die Religionen des Übergangs

(α) 光の宗教 Die Religion des Lichts

(β) エジプトの宗教 Die ägyptische Religion

B. 美と崇高の宗教。ギリシア人の宗教とユダヤ人の宗教 Die Religion der Schönheit und Erhabenheit. Die Religion der Griechen und der Juden

(a) 美の宗教すなわちギリシアの宗教 Die Religion der Schönheit oder die griechische Religion

(b) 崇高の宗教すなわちユダヤの宗教 Die Religion der Erhabenheit oder die jüdische Religion

C. 合目的性の宗教。ローマ人の宗教 Die Religion der Zweckmäßigkeit. Die Religion der Römer

完成した宗教――1827年講義より Die vollendete Religion - nach der Vorstellung von 1827

区分 Einteilung

第一のエレメント Das erste Element

第二のエレメント Das zweite Element

第三のエレメント Das dritte Element

1. 教団の生起 Das Entstehen der Gemeinde
2. 教団の存続 Das Bestehen der Gemeinde
3. 教団の精神的なものの実現 Die Realisierung des Geistigen der Gemeinde

1831 年

D・F・シュトラウス：ヘーゲル宗教哲学1831年講義についての筆記録からの抜粋 D.F. Strauß: Auszüge aus einer Nachschrift von Hegels Religionsphilosophie - Vorlesung von 1831

導入 Einleitung.

第一部　宗教の概念 Erster Teil. Begriff der Religion.

第一章　一般的概念 Erstes Kapitel. Allgemeiner Begriff.

第二章　宗教の単純な諸形式 Zweites Kapitel. Die einfachen Formen der Religion.

第三章　祭儀の諸形式 Drittes Kapitel. Formen des Kultes.

第四章　国家に対する宗教の関係 Viertes Kapitel. Verhältnis der Religion zum Staat.

第二部　規定的宗教 Zweiter Teil. Die bestimmte Religion.

第一章　自然的宗教 Erstes Kapitel. Natürliche Religion.

第二章　宗教的意識の自己内分裂 Zweites Kapitel. Die Entzweiung des religiösen Bewußtseins in sich.

1．有限なものから無限なものへの意識の高まり Die Erhebung des Bewußtseins vom Endlichen zum Unendlichen.

2．実体と偶有の関係 Das Verhältnis der Substanz zu den Akzidenzien.

Ⅰ．中国の宗教 Die chinesische Religion.

Ⅱ．インドの宗教 Die indische Religion.

Ⅲ．仏教とラマ教 Der Buddhismus und Lamaismus.

第三章　自由の宗教 Drittes Kapitel. Die Religion der Freiheit.

A．移行の諸形式 Übergangsformen.

Ⅰ．善の宗教 Religion des Guten.

1．ペルシアの宗教 Persische Religion.

2．ユダヤの宗教 Jüdische Religion.

Ⅱ．苦痛の宗教 Die Religion des Schmerzes.

Ⅲ．エジプトの宗教 Ägyptische[n] Religion.

B．ギリシアの宗教 Griechische Religion.

C．ローマの宗教 Römische Religion.

第三部　完成した宗教 Dritter Teil. Die vollendete Religion.

参考文献表

一次文献

Blumenberg, Hans (1997), Ausblick auf eine Theorie der Unbegrifflichkeit, in: *Schiffbruch mit Zuschauer. Paradigma einer Daseinsmetapher*, Frankfurt am Main: Suhrkamp, S.87–106.

Blumenberg, Hans (2006), *Arbeit am Mythos*, Frankfurt am Main: Suhrkamp, 699 S.

Blumenberg, Hans (2007), *Theorie der Unbegrifflichkeit. Aus dem Nachlaß*, hrsg. von Anselm Haverkamp, Frankfurt am Main: Suhrkamp, 122 S.

Blumenberg, Hans (2013), Paradigmen zu einer Metaphorologie, Kommentar von Anselm Haverkamp unter Mitarbeit von Dirk Mende und Mariele Nientied, Frankfurt am Main: Suhrkamp, 535 S.

Cassirer, Ernst (1944), *An Essay on Man. An Introduction to a Philosophy of Human Culture*, New Haven and London: Yale University Press, 237 p.

Cassirer, Ernst (1979), Critical Idealism as a Philosophy of Culture (1936), in: Cassirer, *Symbol, Myth, and Culture. Essays and Lectures of Ernst Cassirer 1935–1945*, edited by Donald Phillip Verene, New Haven and London: Yale University Press, pp.64–94.

Cassirer, Ernst (2010), *Philosophie der symbolischen Formen, Erster Teil. Die Sprache*, bearbeitet von Claus Rosenkranz, Hamburg: Felix-Meiner, 330 S.

Creuzer, Friedrich (1990a), *Symbolik und Mythologie der alten Völker, besonders der Griechen. Erster Teil*, Hildesheim: Georg Olms, XVI, 575 S.

Creuzer, Friedrich (1990b), *Symbolik und Mythologie der alten Völker, besonders der Griechen. Vierter Teil*, Hildesheim: Georg Olms, 1990, 900 S.

Creuzer, Friedrich (2010), *Das akademische Studium des Alterthums, nebst einem Plane der humanistischen Vorlesungen und des philologischen Seminarium auf der Universität zu Heidelberg*, hrsg. von Jürgen Paul Schwindt, Heidelberg: Universitätsverlag Winter, 141 S.

Humboldt, Wilhelm von (1906), Über die Bhagavad-Gita. Mit Bezug auf die Beurtheilung der Schlegelschen Ausgabe im Pariser Asiatischen Journal, in: *Wilhelm von Humboldts Gesammelte Schriften, Bd. V: 1823–26*, hrsg. von Albert Leitzmann,

Berlin: Behr's, S.158–189.

Kant, Immanuel (1998), *Kritik der reinen Vernunft*, hrsg. von Jens Timmermann, mit einer Bibliographie von Heiner Klemme, Hamburg: Felix-Meiner, 995 S.

Jacobi, Friedrich Heinrich (2004), *Über die Lehre des Spinoza in Briefen an den Herrn Moses Mendelssohn*, hrsg. von Klaus Hammacher und Irmgard Maria Piske, bearbeitet von Marion Lauschke, Hamburg: Felix-Meiner, XI, 374 S.

Jacobi, Friedrich Heinrich (1827), *Friedrich Heinrich Jacobi's auserlesener Briefwechsel*, Band II, hrsg. von Friedrich von Roth, Leipzig: Gerhard, 494 S.

Schubarth, Karl E. und Carganico, Karl A. (1829), *Über Philosophie überhaupt und Hegel› Encyclopädie der philosophischen Wissenschaften insbesondere: Ein Beitrag zur Beurteilung der letztern*, Berlin: Enslin, 222 S.

『聖書』新共同訳（1996）、東京、日本聖書協会。

Vico, Giambattista (1977), *La scienza nuova*, Introduzione e note di Paolo Rossi, Milano: RCS Rizzoli Libri S.p.A., 749 p.

研究文献

赤松明彦（2008）『『バガヴァッド・ギーター』——神に人の苦悩は理解できるのか？』、東京、岩波書店、222ページ。

アンゲールン，エミール（2010）「歴史と体系——ヘーゲル哲学における歴史の意味」、日本ヘーゲル学会編『ヘーゲル哲学研究』、第16号、23–34ページ。

Biemel, Walter (2007), Heideggers „Gespräch" mit Hegel. Der Amsterdamer Vortrag Hegel und das Problem der Metaphysik, in: Dirk Westerkamp & Astrid von der Lühe (Hrsg.), *Metaphysik und Moderne. Ortsbestimmungen philosophischer Gegenwart - Festschrift für Claus-Artur Scheier*, Würzburg: Königshausen und Neumann, S.255–262.

Bollnow, Otto Friedrich (1966), *Die Lebensphilosophie F. H. Jacobis (1933)*, 2. Auflage, Stuttgart: Kohlhammer, 262 S.

Dilthey, Wilhelm (1921), Die Jugendgeschichte Hegels, in: *Gesammelte Schriften, Bd.4*, Leipzig: Teubner, 1921, X, S.2–187.

Donougho, Martin (1992), 5. Hegel and Creuzer: or, Did Hegel Believe in Myth? in: David Kolb (Ed.), *New Perspectives on Hegel's Philosophy of Religion*, Albany: State University of New York Press, pp.59–80.

Droit, Roger-Pol (1997), *Le culte du néant: Les philosophes et le Bouddha*, Paris: Édi-

tions du Seuil, 384 p.

Dupré, Louis (1992), 6. Transitions and Tensions in Hegel's Treatment of Determinate Religion, in: David Kolb (Ed.), *New Perspectives on Hegel's Philosophy of Religion*, Albany: State University of New York Press, pp.81–92.

海老澤善一 (2000a)「フンボルト書評――解題と解説」、海老澤善一訳編『ヘーゲル批評集Ⅱ』、千葉、梓出版社、149–159ページ。

海老澤善一 (2000b)「ゲレス書評――解題と解説」、海老澤善一訳編『ヘーゲル批評集Ⅱ』、千葉、梓出版社、2000年、330–335ページ。

Fink, Eugen (1977), *Hegel: Phänomenologische Interpretation der Phänomenologie des Geistes*, Frankfurt am Main: Vittorio Klostermann, IX, 362 S.

Flach, Werner (1978), Die dreifache Stellung des Denkens zur Objektivität und das Problem der speklativen Logik, in: Dieter Henrich (Hrsg.), *Die Wissenschaft der Logik und die Logik der Reflexion, Hegel-Studien Beiheft, Bd. 18*, Bonn: Bouvier, S.3–18.

藤田正勝 (1986)『若きヘーゲル』、東京、創文社、253ページ。

Fulda, Hans Friedrich (1965), *Das Problem einer Einleitung in Hegels Wissenschaft der Logik*, Frankfurt am Main: Vittorio Klostermann, 315 S.

Fulda, Hans Friedrich (1966), Zur Logik der Phänomenologie von 1807, in: Hans-Georg Gadamer (Hrsg.), *Beiträge zur Deutung der Phänomenologie des Geistes. Hegel-Tage Royaumont 1964, Hegel-Studien Beiheft 3*, Bonn: Bouvier, S.75–101.

Gadamer, Hans-Georg (1971), Hegel und die Heidelberger Romantik, in: Hans-Georg Gadamer, *Hegels Dialektik. Fünf hermeneutische Studien*, Tübingen: Mohr-Siebeck, S.71–80.

Gadamer, Hans-Georg (2010), *Gesammelte Werke, Bd. 1, Hermeneutik I, Wahrheit und Methode. Grundzüge einer philosophischen Hermeneutik*, 7. Auflage, Tübingen: Mohr-Siebeck, 494 S.

Gawoll, Hans-Jürgen (2008), *Hegel-Jacobi-Obereit*, Frankfurt am Main: Peter Lang, 152 S.

権左武志 (2003)「ヘーゲル歴史哲学講義に関する研究報告――クロイツァー論争の影響作用と1830年度講義の近代叙述」、『ヘーゲル哲学研究』、9号、東京、こぶし書房、110–125ページ。

権左武志 (2010)『ヘーゲルにおける理性・国家・歴史』、東京、岩波書店、404ページ。

Graf, Friedrich W. und Wagner, Falk (Hrsg.) (1982), *Die Flucht in den Begriff: Mate-*

rialien zu Hegels Religionsphilosophie, Stuttgart: Klett-Cotta, 357 S.

Greisch, Jean (2002), *Le buisson ardent et les lumières de la raison. L'invention de la philosophie de la religion, Tome I, Héritages et héritiers du XIX siècle*, Paris: Les Éditions du Cerf, 626 S.

Guzzoni, Ute (2005), Hegels Denken als Vollendung der Metaphysik: Eine Vorlesung, Freiburg: Karl Alber, 160 S.

原崎道彦（1994）『ヘーゲル「精神現象学」試論――埋もれた体系構想』、東京、未來社、289ページ。

Haym, Rudolf (1857), *Hegel und seine Zeit*, Berlin: R. Gaertner, 514 S.

Heidegger, Martin (1977), Hegels Begriff der Erfahrung (1942/43), in: *Holzwege, Gesamtausgabe Bd. 5*, Frankfurt am Main: Vittorio Klostermann, 382 S.

Heidegger, Martin (1997), *Hegels Phänomenologie des Geistes: Freiburger Vorlesung Wintersemester 1930/31, Gesamtausgabe, Bd. 32*, hrsg. von Görland Ingtraud, Frankfurt am Main: Vittorio Klostermann, VII, 221 S.

Henrich, Dieter (1960), Der ontologische Gottesbeweis. Sein Problem und seine Geschichte in der Neuzeit, Tübingen: Mohr-Siebeck, XII, 274 S.

Henrich, Dieter (1992), *Konstellationen: Probleme und Debatten am Ursprung der idealistischen Philosophie (1789-1795)*, Stuttgart: Klett-Cotta, 295 S.

Hjelde, Sigurd (2010), Die Geburt der Religionswissenschaften aus dem Geist der Protestantischen Theologie, in: Friedrich Wilhelm Graf, Friedemann Voigt (Hrsg.), *Religion (en) deuten: Transformationen der Religionsforschung*, Berlin: de Gruyter, S.9-28.

Hoffmeister, Johannes (1930), Hegel und Creuzer, in: *Deutsche Vierteljahrschrift für Literaturwissenschaft und Geistesgeschichte, 8 (1)*, Stuttgart: J.B. Metzler, S.260-282.

石川和宣（2009）「「時代と個人の精神的教養形成の転換点」としてのヤコービ――ヘーゲル哲学における「直接知」論の展開」、京都大学宗教学研究室編『宗教学研究室紀要』、第6号、京都、54-88ページ。

石川和宣（2010）「学への導入としての思惟の歴史――「思想（思惟）の客観性に対する態度」についての考察」、日本ヘーゲル学会編『ヘーゲル哲学研究』、16号、東京、こぶし書房、126-138ページ。

岩波哲男（1984）『ヘーゲル宗教哲学の研究』、東京、創文社、829ページ。

岩波哲男（2014）『ヘーゲル宗教哲学入門』、東京、理想社、414ページ。

Jamme, Christoph (2008), „Göttersymbole“ Friedrich Creuzer als Mythologe und seine philosophische Wirkung, in: Friedrich Strack (Hrsg.), *200 Jahre Heidelberger Romantik*, Berlin: Springer, S.487–498.

Jamme, Christoph (2012), Georg Wilhelm Friedrich Hegel, in: Ralf Konersmann (Hrsg.), *Handbuch Kulturphilosophie*, Stuttgart: J.B. Metzler, S.90–92.

Jaeschke, Walter (1986), *Die Vernunft in der Religion. Studien zur Grundlage der Religionsphilosophie Hegels*, Stuttgart: Frommann-Holzboog, 478 S.

Jaeschke, Walter (1993a), Einleitung, in: G. W. F. Hegel, *Vorlesungen über die Philosophie der Religion, Teil 1. Einleitung in die Philosophie der Religion. Der Begriff der Religion*, hrsg. von Walter Jaeschke, Hamburg: Felix-Meiner, XLVIII, 363 S, S.XLI.

Jaeschke, Walter (1993b), Einleitung, in: Hegel, *Vorlesungen über die Geschichte der Philosophie, Teil 1*, hrsg. von Walter Jaeschke, Hamburg: Felix-Meiner, S.XI-XLVIII.

Jaeschke, Walter (1994), Einleitung, in: Hegel, *Vorlesungen über die Philosophie der Religion, Teil 2*, hrsg. von Walter Jaeschke, Hamburg: Felix-Meiner, S.VII-XXXV.

Jaeschke, Walter (1995), Einleitung in: Hegel, *Vorlesungen über die Philosophie der Religion, Teil 3*, Hamburg: Felix-Meiner, S.IX-XXXIV.

イェシュケ, ヴァルター (2006)「ヘーゲルの体系」、日本ヘーゲル学会編『ヘーゲル哲学研究』、第12号、東京、こぶし書房、7-21ページ。

Jaeschke, Walter (2010), *Hegel Handbuch: Leben-Werk-Wirkung*, 2. Auflage, Stuttgart: J. B. Metzler, 583 S.

Jaeschke, Walter (2011), Zeugnis des Geistes oder: Vom Bedeutungswandel traditioneller Formeln, in: Jürgen Stolzenberg und Fred Rush (Hrsg.), *Internationales Jahrbuch des deutschen Idealismus. 2009, Bd. 7, Glaube und Vernunft*, Freiburg: De Gruyter, S.198–216.

Jaspers, Karl (1949), *Vom Ursprung und Ziel der Geschichte*, München: Piper, 349 S.

Jonkers, Peter (2004), Unmittelbares Wissen und absolutes Wissen, Göschels Aphorismen über Jacobis Nichtwissen, in: Walter Jaeschke und Birgit Sandkaulen (Hrsg.), *Friedrich Heinrich Jacobi: Ein Wendepunkt der geistigen Bildung der Zeit*, Hamburg: Felix-Meiner, S.359–375.

神山伸弘 (2012a)「オリエントの事実認識から紡ぎ出される実体性の内部プロセス――ヘーゲルのオリエント論がもつ特質の資料源泉からみた全体像」、『跡見学園女子

大学文学部紀要』、第47号、15-22ページ。
神山伸弘（2012b）「「ヘーゲルとオリエント」のあけぼの」、平成21～23年度　文部科学省科学研究費補助金　基礎研究（B）　研究成果報告書「ヘーゲル世界史哲学にオリエント世界像を結ばせた文化接触資料とその世界像の反歴史性」、代表：神山伸弘、課題番号：21320008、5-10ページ。
加藤尚武（1980）『ヘーゲル哲学の形成と原理――理念的なものと経験的なものの交差』、東京、未來社、332ページ。
加藤尚武編（1999）『ヘーゲル哲学への新視角』、東京、創文社、292ページ。
氣多雅子（1992）『宗教経験の哲学――浄土教世界の解明』、東京、創文社、287ページ。
氣多雅子（1999）『ニヒリズムの思索』、東京、創文社、262ページ。
Kimmerle, Heinz（2005）, *Georg Wilhelm Friedrich Hegel interkulturell gelesen*. Nordhausen: Traugott Bautz, 120 S.
Kippenberg, Hans Gerhard（1997）, *Die Entdeckung der Religionsgeschichte: Religionswissenschaft und Moderne*. München: C. H. Beck, 352 S.
Kohl, Evelin（2003）, *Gestalt: Untersuchungen zu einem Grundbegriff in Hegels Phänomenologie des Geistes*, München: Utz, 346 S.
Kojève, Alexandre（1947）, *Introduction à la lecture de Hegel, Leçons sur la Phénoménologie de l'Esprit professées de 1933 à 1939 à l'École des Hautes Études*, réunies et publiées par Raymond Queneau, 600 p.
Konersmann, Ralf（2010）, *Kulturphilosophie zur Einführung*, Hamburg: Junius, 189 S.
Kocziszky, Eva（2008）, „ Χαλεπὰ τὰ καλὰ" Das Konzept und die Rolle des Orients in Creuzers Werk im Vergleich zu Görres, in: Friedrich Strack（Hrsg.）, *200 Jahre Heidelberger Romantik*, Berlin: Springer, S.299-320.
Kroner, Richard（2006）, *Von Kant bis Hegel*. Tübingen: J.C.B. Mohr, 1138 S.
久保陽一（1993）『初期ヘーゲル研究――合一哲学の成立と展開』、東京、東京大学出版会、469ページ。
久保陽一（2010）『生と認識――超越論的観念論の展開』、東京、知泉書館、334ページ。
栗原隆（2006）『ドイツ観念論の歴史意識とヘーゲル』、東京、知泉書館、300ページ。
Labuschagne, Bart and Slooweg, Timo（Ed.）（2012）, *Hegel's Philosophy of the Historical Religions*. Leiden: Brill, 281 S.
Lasson, Georg（1930）, *Einführung in Hegels Religionsphilosophie*, Leipzig: Felix-Meiner, 150 S.
Leidi, Tamar Rossi（2009）, *Hegels Begrif der Erinnerung: Subjektivität, Logik, Ge-*

schichte, Frankfurt am Main: Peter Lang, 296 S.
Leuze, Reinhard (1975), *Die außerchristlichen Religionen bei Hegel*, Göttingen: Vandenhoeck & Ruprecht, 255 S.
Leuze, Reinhard (2014), *Theologie der Religionsgeschichte*, Berlin: Lit, 208 S.
Löwith, Karl (1941), *Von Hegel zu Nietzsche. Der revolutionäre Bruch im Denken des neunzehnten Jahrhunderts*, Zürich: Europa Verlag, 538 S.
Lucas, Hans-Christian (2004), Zum Problem der Einleitung in Hegels enzyklopädisches System: „Vorreden", „Einleitung" und „Vorbegriff" der Logik zwischen 1817 und 1830, in: Hans-Christian Lucas, Burkhard Tuschling und Ulrich Vogel (Hrsg.), *Hegels enzyklopädisches System der Philosophie: Von der „Wissenschaft der Logik" zur Philosophie des absoluten Geistes, Stuttgart*: Frommann-Holzboog, S.41–70.
牧野広義（2016）『ヘーゲル論理学と矛盾・主体・自由』、京都、ミネルヴァ書房、316ページ。
Marx, Karl (1844), Zur Kritik der Hegelschen Rechtsphilosophie. Einleitung, in: *Deutsch-Französische Jahrbücher*, Paris, S.378–391.
Mulsow, Martin und Stamm, Marcelo (Hrsg.) (2005), *Konstellationsforschung*, Frankfurt am Main: Suhrkamp, 369 S.
Nagl-Docekal, Herta und Kaltenbacher, Wolfgang (Hrsg.) (2008), *Viele Religionen - eine Vernunft? Ein Disput zu Hegel*. Wien: Böhlau, Berlin: Akademie, 254 S.
中村元（2006）「クロイツァーの象徴学とインド神話」、慶應義塾大学藝文学会編『藝文研究』、東京、第91巻第2号、85–101ページ。
Nuzzo, Angelica (2010), Das Problem eines »Vorbegriffs« in Hegels spekulativer Logik, in: Alfred Denker, Annette Sell und Holger Zaborowski (Hrsg.), *Der »Vorbegriff« zur Wissenschaft der Logik in der Enzyklopädie von 1830*, Freiburg: Karl Alber, S.84–113.
大河内泰樹（2015）「ヘーゲルとプラグマティズム」、『思想』、1100号、東京、岩波書店、94–107ページ。
大河内泰樹（2016），「「ドイツ観念論」とはなにか？――あるいは「ドイツ観念論」はなぜそう呼ばれるべきではないのか？」、『ニュクス』、第2号、東京、堀之内出版、8–24ページ。
Pannenberg, Wolfhart (1998), *Theologie und Philosophie, Göttingen*: Vandenhoeck & Ruprecht, 367 S.
Pöggeler, Otto (1961), Zur Deutung der Phänomenologie des Geistes, in: Friedhelm Ni-

colin und Otto Pöggeler (Hrsg.), *Hegel-Studien 1*, Bonn: Bouvier, S.255-294.

Pöggeler, Otto (1993), Hegels Idee einer Phänomenologie des Geistes, Freiburg: Karl Alber, 450 S.

Ricoeur, Paul (1988), The Status of *Vorstellung* in Hegel's Philosophy of Religion, in: Leroy S. Rouner (Ed.), *Meaning, Truth, and God*, London: University of Notre Dame Press, pp.70-88.

Richter, Susan (2008), Perspektiven idealistischer Symboltheorien - Creuzers Forschungen im Fokus von Schellings und Hegels Symbolverständnis, in: Frank Engehausen, Armin Schlechter und Jürgen Paul Schwindt (Hrsg.), Friedrich Creuzer 1771-1858. Philologie und Mythologie im Zeitalter der Romantik, Ubstadt-Weiher: Verlag Regionalkultur, S.89-98.

ロージャ，エルゼーベト（2009）「個体性、概念性、そして体系――ヘーゲルにおける実践的個体性の状況、そして意義について」、日本ヘーゲル学会編『ヘーゲル哲学研究』、第15号、18-27ページ。

Sandkaulen, Birgit (1999), *Grund und Ursache*, München: Fink, 277 S.

Schick, Stefan (2006), *Vermittelte Unmittelbarkeit*, Würzburg: Könighasen & Neumann, 320 S.

Schnädelbach, Herbert (1983), *Philosophie in Deutschland: 1831, S.1933*, Frankfurt am Main: Suhrkamp, 336 S.

Schnädelbach, Herbert (2008), Geist als Kultur? Über Möglichkeiten und Grenzen einer kulturtheoretischen Deutung von Hegels Philosophie des Geistes, in: *Zeitschrift für Kulturphilosophie*, hrsg. von Ralf Konersmann, John Michael Krois und Dirk Westerkamp, Bd. 2, Heft 2, S.187-207.

Schnädelbach, Herbert (2000), I Philosophie als spekulative Wissenschaft (§1-83), in: Herman Drüe u.a. (Hrsg.), *Hegels „Enzyklopädie der philosophischen Wissenschaften“ (1830) : Ein Kommentar zum Systemgrundriß*, Frankfurt am Main: Suhrkamp, S.21-86.

Schoeps, Hans Joachim (1955), Die ausserchristlichen Religionen bei Hegel, in: *Zeitschrift für Religions- und Geistesgeschichte*, Vol.7, No.1, pp.1-34.

Sell, Anette (2010), Der »Vorbegriff« zu Hegels enzyklopädischer Logik in den Vorlesungsnachsriften. in: Alfred Denker, Annette Sell und Holger Zaborowski (Hrsg.), *Der »Vorbegriff« zur Wissenschaft der Logik in der Enzyklopädie von 1830*, Freiburg: Karl Alber, S.65-83.

下田和宣（2012）「後期ヘーゲルの方法理念としての「追思惟」」、日本哲学会編『哲学』、第63号、東京、217-232ページ。

下田和宣（2015）「生きている哲学：ヤコービの「無知の学」と「信の実在論」が向かう先」、『nyx（ニュクス）』、第2号、東京、堀之内出版、116-129ページ。

杉村靖彦（2010）「＜ポスト哲学的＞思索と＜宗教的なもの＞：現代フランス哲学と京都学派の哲学から」、日本宗教学会編『宗教研究』83（4）、東京、日本宗教学会、1113-1133ページ。

Spivak, Gayatri Chakravorty (1999), *A Critique of Postcolonial Reason: Toward a History of the Vanishing Present*, Cambridge: Harvard University Press, 464 p.

Stewart, Jon (2013), Hegel, Creuzer, and the Rise of Orientalism, in: *The Owl of Minerva, 45 (1)*, edited by the Hegel Society of America, pp.13-34.

Theunissen, Brendan (2014), *Hegels „Phänomenologie“ als metaphilosophische Theorie: Hegel und das Problem der Vielfalt philosophischer Theorien. Eine Studie zur systemexternen Rechtfertigungsfunktion der „Phänomenologie des Geistes“*, Hamburg: Felix-Meiner, 356 S.

Theunissen, Michael (1970), *Hegels Lehre vom absoluten Geist als theologisch-politischer Traktat*, Freiburg: De Gruyter, 470 S.

飛田満（2006）「『精神現象学』研究史——ドイツにおける二〇〇年」、日本ヘーゲル学会編『ヘーゲル哲学研究』、第12号、東京、こぶし書房、84-97ページ。

Verene, Donald Phillip (1985), *Hegel's Recollection: a study of images in the Phenomenology of Spirit*, State University of New York Press: Albany, 148 p.

Vos, Lus de (2004), Unmittelbares Wissen und begriffenes Selbstbewusstsein des Geistes. Jacobi in Hegels Philosophie der Religion, in: Walter Jaeschke und Birgit Sandkaulen (Hrsg.), *Friedrich Heinrich Jacobi: Ein Wendepunkt der geistigen Bildung der Zeit*, Hamburg: Felix-Meiner, S.337-358.

Wendte, Martin (2007), *Gottmenschliche Einheit bei Hegel*, Freiburg: De Gruyter, 381 S.

山口祐弘（2010）『ドイツ観念論の思索圏』、東京、学術出版会、525ページ。

山口誠一（1998）『ヘーゲルのギリシア哲学論』、東京、創文社、357ページ。

山﨑純（1995）『神と国家　ヘーゲル宗教哲学』、東京、創文社、295ページ。

山脇雅夫（2009）「演劇的知識論の基礎付け——『精神の現象学』「緒論」における知の構造」、日本ヘーゲル学会編『ヘーゲル哲学研究』、15号、東京、こぶし書房、96-105ページ。

Zachhuber, Johannes (2017), The Absoluteness of Christianity and the Relativity of all History: Two Strands in Ferdinand Christian Baur's Thought, in: Martin Bauspiess, Christof Landmesser, and David Lincicum (Ed.), *Ferdinand Christian Baur and the History of Early Christianity*, Oxford: Oxford University Press, pp.287–306.

Ziolkowski, Theodore (2009), *Heidelberger Romantik: Mythos und Symbol*, Heidelberg: C. Winter Universitätsverlag, 241 S.

著者紹介

下田和宣（しもだ　かずのぶ）

1981年静岡県生まれ。旧姓石川。文学博士（京都大学、2018年）。京都大学大学院思想文化学専攻宗教学専修博士課程を経て、2012年から2018年までドイツ留学（ボッフム、キール）。現在、京都大学非常勤講師。専門はヘーゲルとブルーメンベルクを中心とする西洋宗教哲学・文化哲学。

主な論文

「後期ヘーゲルの方法理念としての「追思惟」」（日本哲学会編『哲学』第63号、2012年）、「生きている哲学：ヤコービの「無知の学」と「信の実在論」が向かう先」（『nyx（ニュクス）』第2号、堀之内出版、2015年）、「宗教史の哲学――ベルリン期ヘーゲル宗教哲学におけるその展開と意義」（宗教哲学会編『宗教哲学研究』第34号、2017年）、「ドイツの文化哲学――カッシーラーからブルーメンベルクへ」（寄川条路編『ヘーゲルと現代思想』第2章、晃洋書房、2017年）など。

（プリミエ・コレクション 98）
宗教史の哲学
――後期ヘーゲルの迂回路

2019年2月20日　初版第一刷発行

著　者　下　田　和　宣
発行人　末　原　達　郎
発行所　京都大学学術出版会
京都市左京区吉田近衛町69番地
京都大学吉田南構内（〒606-8315）
電　話（075）761-6182
FAX（075）761-6190
URL　http://www.kyoto-up.or.jp
振　替　01000-8-64677

ISBN978-4-8140-0197-2
Printed in Japan
印刷・製本　亜細亜印刷株式会社
定価はカバーに表示してあります